应用型高等教育财经类专业“十三五”规划教材

会 计 学

王明丽　王　歆　主　编

吴　敏　徐玄玄
林　波　王　珏　黄　甜　副主编

上海财经大学出版社

图书在版编目(CIP)数据

会计学/王明丽,王歆主编. 一上海:上海财经大学出版社,2017.4
(应用型高等教育财经类专业“十三五”规划教材)
ISBN 978-7-5642-2616-9/F·2616

Ⅰ.会… Ⅱ.①王…②王… Ⅲ.①会计学-高等学校-教材
Ⅳ.①F230

中国版本图书馆 CIP 数据核字(2016)第 298692 号

□ 责任编辑 徐 超
□ 封面设计 张克瑶

KUAI JI XUE
会 计 学

王明丽 王 歆 主 编
吴 敏 徐玄玄
林 波 王 珏 黄 甜 副主编

上海财经大学出版社出版发行
(上海市中山北一路 369 号 邮编 200083)
网 址:http://www.sufep.com
电子邮箱:webmaster @ sufep.com
全国新华书店经销
上海译文印刷厂印刷
上海淞杨装订厂装订
2017 年 4 月第 1 版 2017 年 4 月第 1 次印刷

787mm×1092mm 1/16 20 印张 512 千字
印数:0 001—4 000 定价:40.00 元

前　言

会计学是高等学校经济管理类各专业的专业基础课程，通过本课程的学习，广大学生能够掌握会计基本原理、基本理论和基本常识，从而具有从事会计相关工作的基本技能。为此，编者组织长期从事会计教学、会计实践工作的老师编写并出版了《会计学》教材。本教材的编写，旨在让学生获得会计基本知识，从而具有一定的实践运用能力。

经济越发展，会计越重要。随着国家经济体制改革的深入，财政部最近几年来不断修订或发布新的企业会计、税收等方面的法规，如：企业会计准则2014年陆续修订、制定了《企业会计准则第39号——公允价值计量》等3项准则，修订了《企业会计准则第2号——长期股权投资》等4项准则。财政部和国家税务总局发布《关于全面推开营业税改征增值税试点的通知》，自2016年5月1日起，在全国范围内全面推行营业税改征增值税试点，建筑业、房地产业、金融业、生活服务业等纳入试点范围，由缴纳营业税改为缴纳增值税。本教材对涉及相关内容的章节均按照最新的会计准则和最新的税收法规进行编写，增强了教材的实用性和可操作性。

本书具有以下三个鲜明特色：第一，以企业案例为导向。通过研读案例，使读者能够快速找到解决会计实践问题的思路，培养学生解决实际问题的能力。第二，深入浅出的阐述方法。围绕非会计专业学生作为会计信息使用者的定位，以小型工业企业会计核算为主线，把握会计报表阅读者的要求，阐述财务分析的方法。第三，财务会计与管理会计相结合。从会计两大分支入手，在对财务会计详细阐明的基础上，对管理会计的基本理论方法进行言简意赅的介绍，为学生增加学习兴趣、扩展知识面。

本教材是武汉华夏理工学院财务处和商学院会计系集体智慧的结晶，由王明丽、王歆任主编，分工如下：财务处财务总监高级会计师王明丽编写第二、九章；会计系王歆副教授编写第一章；吴敏老师编写第七、十一章；徐玄玄老师编写第四、五章；王珏老师编写第六章；王振秀老师编写第十二章；林波老师编写第八章；财务处注册会计师朱晓君编写第三章；黄甜老师编写第十章。全书由吴敏老师统稿。

本书可作为经济管理类本科专业会计学课程教材。

由于水平有限，本教材难免存在不足之处，恳请读者批评指正！

编　者

2017年2月

目　录

第一章 总 论

【案例导读】

S公司发生了以下两笔经济业务：(1)S公司林总经理将个人旅游的机票及住宿费8 500元作为差旅费报销，他觉得企业是他自己的，所以个人支出应由企业来负担。(2)S公司在建一个工程建筑项目，从2×16年9月15日开始，至2×17年11月1日结束，该公司因此编制了从9月15日至11月10日的会计报表。

请思考：

对S公司上述事项进行分析，该公司的经济业务处理是否正确？是否违背了会计基本假设？

【本章导读】

本章将在介绍会计的基本概念和基本理论的基础上，重点阐述会计的产生和发展、会计的职能、会计核算的基本规则以及会计要素和会计等式。通过本章学习，你应能够：(1)掌握会计基本假设和基本质量特征的含义；(2)理解会计信息的主要使用者及其会计信息需求；(3)理解并能解释会计要素及会计等式；(4)了解会计的产生和发展过程；(5)了解会计法规体系。

第一节 会计概述

一、会计的概念及基本职能

(一)会计的概念

会计是以货币为主要计量单位，采用一系列的专门方法和程序，对经济活动进行连续、完整、系统、综合的核算和监督，通过提供以财务信息为主的经济信息，旨在提高经济效益的一种管理活动。

会计学作为一门社会科学，是在人类的生产实践和经济发展达到一定程度之后，根据经济环境的需要产生和不断发展的。

会计的历史可以追溯到人类史前时期的原始计量与记录时代。在原始社会，由于物资极度贫乏，经济活动也未曾衍生，并不需要对经济活动的成果进行核算，因此并不存在会计。而到了奴隶社会和封建社会时期，由于生产力的进步，生产剩余产品的出现，人类为了控制私有财产，设立账目，记录进出仓库的生产剩余产品的种类和数量，产生了一种计量、记录思想的萌芽，形成了会计的雏形——单式簿记。在单式簿记中，会计记录以流水账为主，采用序时记录的方式记录经济活动，并以文字解释和说明，且每一笔业务中均包含时间、内容、数量和计量单位等基本要素。

考古发现证明，我国西周时期设立了名为“司会”的会计职位，专门进行政府财政收支的会计核算。继西周之后，“入－出＝余”的基本结算公式在秦代得到明确的运用，东汉时期对“上期结存”这个结算要素有了初步认识，唐宋时期产生了比较完善的官厅会计，创立了“四柱结算法”，明末清初在会计活动中出现了以四柱为基础的“龙门账”，清代又产生了“天地合账”。“龙门账”和“天地合账”是我国出现的最早的复式记账形式。复式记账的出现，是会计史上的一次大变革。但是由于我国封建制度的统治，经济发展缓慢，会计的发展也非常缓慢，中式簿记终于被西式簿记所代替。

会计在巴比伦、埃及、希腊，以及世界上其他古老的国度里同样具有悠久的发展历程。公元前 3 世纪，古埃及就有了相当详细的会计记录，用以反映奴隶主的收支状况。13～15 世纪，地中海沿岸出现了资本主义生产的最初萌芽，其中弗洛伦萨银行业的主要业务为银钱往来，其每笔经济业务的账务记录都涉及了借款方和贷款方。这种银行信贷业务的繁盛引领着单式簿记由此演变为复式簿记。1494 年，意大利数学家卢卡 · 帕乔利(Luca Pacioli)在《算术、几何、比与比例概要》中详细介绍了包括复式簿记的《簿记论》，由此会计学诞生并成为一门独立的科学。

1854 年，会计发展史上的第二个里程碑——爱丁堡会计师协会在苏格兰成立，说明了会计人员开始执行一种为社会服务的公证业务，并引起了会计的一些重大变化。

19 世纪末，随着生产规模的扩大，市场竞争的加剧，簿记学开始了向近代会计学的转变。除了复式簿记外，会计方面开始注重簿记记录的公允性，提出了会计基本等式、持续经营、折旧、资产估值、成本管理等一些新的概念和原则。

20 世纪 50 年代，尤其是第二次世界大战以后，先进科学技术在多方面得到应用，与之相适应，会计由手写簿记系统逐步发展为电子数据处理系统。随着企业组织制度的发展变化，特别是随着股份有限公司这种经济组织的形成与发展，出现了企业的所有者与经营者的分离，每一个现代企业就形成了以投资人、债权人为代表的企业外部利益关系集团和以管理当局为代表的企业内部利益关系集团，这两种不同类型的同企业有经济利益关系的集团基于不同的权益和责任，需要做出不同的决策，而不同的决策又需要不同的会计信息。为了满足两类不同信息使用者的需要，现代企业会计逐渐形成了相互配合又相对独立的两个分支——财务会计和管理会计。会计电算化和财务会计与管理会计两个会计新领域的形成，被认为是会计发展史上的第三个里程碑。随着经济活动的发展，现代会计学建立了较完善的成本会计、管理会计和审计理论和方法体系，确立了人力资源会计和社会责任会计等新研究方向。

20 世纪 90 年代以来，由于世界范围的经济竞争进一步加剧，从而导致世界经济秩序正在发生着巨大的变化和调整，呈现出世界经济一体化、地区经济集团化、全球贸易自由化的发展态势。随着国际资本市场的形成与发展，跨国公司的生产、销售、投资、融资作用的日趋扩大，会计信息突破了国界，会计已成为“国际商用语言”，它不仅要为本国的会计信息使用者服务，而且要为全球范围内的会计信息使用者服务。

从会计的发展过程来看，会计是伴随着人类的经济活动而产生的，会计的记录、核算、报告也将随着经济活动的需求变化而不断发展，为社会发展和经济管理提供服务。

（二）会计的基本职能

所谓会计的职能，是指会计在经济管理中客观上所具有的功能。马克思讲会计是对生产“过程的控制和观念的总结”就是对会计基本职能所做的高度的、科学的概括。马克思所讲的“过程”是指以生产为中心，包括交换、消费和分配的社会再生产过程。我国会计学界通常把“控制”理解为监督，把“观念总结”理解为核算（或反映），即对社会再生产过程的核算和监督是会计最主要的两项职能。

1. 会计的核算职能及其特点

会计的核算职能是指会计通过确认、计量、记录和报告的方式和方法，从数量上核算生产过程中包括的能用货币表现的已经发生或完成的经济活动，为经济管理提供经济信息的功能。核算职能是会计最基本的职能，与统计核算和业务核算相比较，会计核算职能有以下特点：

（1）会计从数量上核算经济活动时，要用到实物、劳动和货币三种量度，但应以具有综合特点的货币量度为主。①实物量度是为了核算不同物资数量而采用的计量单位，具有直观性，它能够提供经济管理上所需的各种实物指标，但实物计量单位只能用来总计同一种类的财产物资，而不能用来总计不同种类的财产物资，更不能总计各种不同的经济活动。②劳动量度是为了核算经济活动中消耗工作时间的数量而采用的计量单位，它有助于合理地安排工作和具体确定某一工作过程中的劳动消耗数量，但在商品经济条件下，由于有简单劳动和复杂劳动的区别，对各种人员都不能以某种劳动计量单位进行综合，各种劳动时间相加并不表明企业单位的劳动总成果。③货币量度具有质的同一性和量的可加性，为了克服实物计量的差异性和劳动计量的复杂性，会计核算应以货币量度为主来综合核算经济活动的过程和结果，为经济管理提供所需的价值指标。所谓“观念总结”，就是指用观念上的货币（货币的价值尺度职能）对各单位的经济活动情况进行综合的数量核算。

（2）会计核算经济活动不仅应记录已经发生或完成的经济业务，还应面向未来，为经济管理提供有关预测未来经济活动和效果的数据资料。随着客观经济环境的变化和经济活动的日趋复杂化，为了在经济管理中加强科学性、预见性和主动性，在如实反映已经发生或完成的经济活动的基础上，应充分考虑与企业经济活动有关的有利和不利因素，采用一定的方法对经济活动和经营成果的未来发展趋势做出科学推断和预测，为企业的发展和经济管理提供一些具有前瞻性的会计信息。

（3）会计在反映经济活动时具有完整性、连续性和系统性。所谓完整性，一方面是指对应由会计反映的会计事项不能遗漏和任意取舍，另一方面是指要将经济业务引起资金运动的来龙去脉反映出来，这样就能反映经济活动的全过程。所谓连续性，是指会计在核算经济活动时，应按其发生时间的先后顺序依次不间断地进行登记。所谓系统性，是指会计对经济活动的核算，既要全面且相互联系地记录，还必须进行科学的分类，使之成为系统的会计数据，便于进行经济管理。

2. 会计的监督职能及其特点

会计的监督职能，是指会计具有按照一定目的和监督标准，利用会计核算所提供的会计信息，对企业单位的经济活动进行查看和督促，使之达到预期目标的功能。其特点是：

（1）会计监督要依据会计的监督标准。会计的监督标准有：党和国家的路线、方针、政策和法律;会计法规、制度;企业单位内部控制制度、计划和定额等。

(2)会计监督是一个过程,是指会计监督贯穿于经济活动的全过程。它分为:①事前监督,是指依据会计的监督标准,主要采用预测的方法,预测和分析将要发生的经济活动可能达到的预期结果,看是否与决策和计划的目标一致。②日常监督,也称事中监督,是指按照会计的监督标准,主要采用控制和审核的方法,对进行中的经济活动进行审核和分析,对已发现的问题提出建议,督促有关部门采取措施,调整经济活动,使其按照预定的目标和要求进行。③事后监督,是指以会计的监督标准为准绳,通过检查和分析已取得的会计资料,对已完成的经济活动的合法性、合理性和有效性进行考核和评价。

(3)会计执行核算职能的同时,也应对经济活动的合法性、合理性和有效性进行监督,保证会计资料真实、完整。①合法性监督是指依据财务收支的监督标准,对企业单位发生经济业务而引起的现金或银行存款的收入和支出、应收和应付款项等在进行会计确认、计量、记录和报告的同时,是否符合党和国家有关的法律法规的监督。会计人员对于违反《会计法》和国家统一的会计制度规定的会计事项,有权拒绝办理或者按照职权予以纠正。②合理性和有效性监督是指依据提高工作效率和经济效益的监督标准,对经济活动在进行会计确认、计量、记录和报告的同时,是否符合节约和效率原则的监督。合理性和有效性监督可以揭露经济管理中的矛盾,促进企业开展增产节约,挖掘内部潜力,堵塞漏洞,防止损失和浪费,更好地提高经济效益。③保证会计资料真实、完整是指通过《会计法》及相关会计法规制度来规范会计行为,使会计在对经济活动进行确认、计量、记录和报告时所生成的会计资料真实和完整。会计资料作为重要的社会资源和"商业语言",越来越成为政府管理部门、投资者、债权人及社会公众进行宏观调控、改善经济管理、评价财务状况、防范经营风险、做出投资决策的重要依据。因此,《会计法》中突出"规范会计行为,保证会计资料真实、完整"的立法宗旨,是维护社会经济秩序正常运转的客观要求。

随着经济的发展和管理的需要,大量的科学管理方法和电子技术被引入会计领域,有人认为会计职能的内涵和外延已经发生变化,派生出许多新的会计职能,如利用各种预测数据来参与制定经济决策的"决策职能",再如利用责任会计对经济活动进行控制的"控制职能",等等。会计是否具有这些职能还需进一步探讨,但会计的基础职能即"核算和监督"是会计界对会计职能的共识。

3. 会计核算与会计监督的关系

会计的核算职能和监督职能是相辅相成、辩证统一的关系。会计核算是会计监督的基础,没有核算提供的各种信息,监督就没有依据;而会计监督又是会计核算质量的保证,有了严明的监督,才能确保会计信息真实、可靠。

二、会计对象和会计核算的具体内容

(一)会计对象

会计对象是指会计核算和监督的内容。凡是特定主体能够以货币表现的经济活动,都是会计核算和监督的内容,也就是会计对象。以货币表现的经济活动通常又称为价值运动或资金运动。

对于工业企业而言,资金是指企业所拥有的各项财产物资的货币表现。在生产经营过程中,资金的存在形态不断地发生变化,构成了企业的资金运动,表现为资金的投入、资金的运用(也称为资金的循环与周转)和资金的退出三个过程,既有一定时期内的显著运动状态(表现为收入、费用、利润等),又有一定日期中的相对静止状态(表现为资产与负债及所有者权益的恒等关系)。

1. 资金的投入

资金的投入是指资金的取得,是资金运动的起点。投入企业的资金包括投资者投入的资金和债权人提供的资金,前者形成企业的所有者权益,后者属于债权人权益(形成企业的负债)。投入企业的资金在形成企业的所有者权益和负债的同时形成企业的资产,一部分形成流动资产,另一部分构成非流动资产。

2. 资金的循环与周转

资金的循环与周转是资金运动的主要组成部分,企业将资金运用于生产经营过程就形成了资金的循环与周转,分为供应过程、生产过程、销售过程三个阶段 。

(1)供应过程是生产的准备过程。在供应过程中,随着采购活动的进行,企业的资金从货币资金形态转化为储备资金形态。

(2)生产过程既是产品的制造过程,又是资产的耗费过程。在生产过程中,在产品完工之前,企业的资金从储备资金形态转化为生产资金形态,在产品完工后又由生产资金形态转化为成品资金形态。

(3)销售过程是产品价值的实现过程。在销售过程中,销售产品取得收入,企业的资金从成品资金形态又转化为货币资金形态。

由此可见,随着生产经营活动的进行,企业的资金从货币形态开始,依次经过了供应过程、生产过程和销售过程三个阶段,分别表现为储备资金、生产资金、成品资金等不同的存在形态,最后又回到货币资金形态,这种运动过程称为资金的循环。资金周而复始地不断循环 ,称为资金的周转。

3. 资金的退出

资金的退出是指资金离开本企业退出资金的循环与周转,主要包括偿还各项债务、上缴各项税金以及向所有者分配利润等。资金的退出是资金运动的终点。

工业企业资金运动如图 1—1 所示。企业、行政事业单位在社会再生产过程中所处地位不同,担负的任务不同,经济活动的方式和内容也不同,因而其会计对象的具体内容也完全不相同。

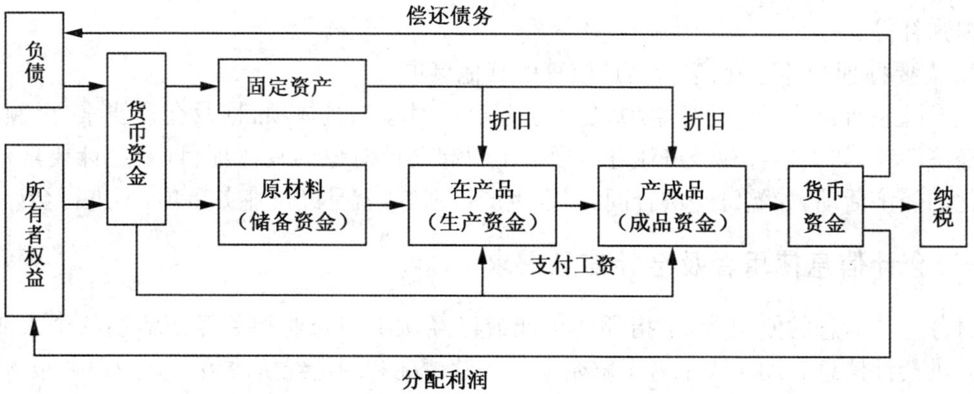

图 1—1 工业企业资金运动示意图

（二）会计核算的具体内容

单位在生产经营和业务活动中会发生各种各样的经济业务事项，如商品的买卖、提供劳务等。会计核算的具体内容就是单位发生的交易或事项。根据我国《会计法》第十条规定，单位发生的下列交易或事项应当办理会计手续、进行会计核算。

1. 款项和有价证券的收付

款项就是作为支付手段的货币资金，主要包括现金、银行存款以及其他视同现金和银行存款的银行汇票存款、银行本票存款、信用卡存款、信用证存款等。有价证券是指表示一定财产拥有权或支配权的证券，如国库券、股票、企业债券等。

2. 财物的收支、增减和使用

财物是财产、物资的简称，企业的财物是企业进行生产经营活动且具有实物形态的经济资源，一般包括原材料、燃料、包装物、低值易耗品、在产品、库存商品等流动资产，以及房屋、建筑物、机器、设备、设施、运输工具等固定资产。

3. 债权、债务的发生和结算

债权是企业收取款项的权利，一般包括各种应收和预付款项等。债务则是指由于过去的交易或事项形成的企业需要以资产或劳务等偿付的现时义务，一般包括各项借款、应付和预收款项以及应交款项等。

4. 资本的增减

资本是投资者为开展生产经营活动而投入的资金。会计上的资本专指所有者权益中的投入资本。

5. 收入、支出、费用、成本的计算

收入是指企业在销售商品、提供劳务及让渡资产使用权等日常活动中形成的经济利益的总流入。支出是指企业所实际发生的各项开支，以及在正常生产经营活动以外的支出和损失。费用是指企业为销售商品、提供劳务等日常活动所发生的经济利益的流出。成本是指企业为生产产品、提供劳务而发生的各种耗费，是按一定的产品或劳务对象所归集的费用，是对象化了的费用。

6. 财务成果的计算和处理

财务成果主要是指企业在一定时期内通过从事生产经营活动而在财务上取得的结果，具体表现为盈利或亏损。财务成果的计算和处理一般包括利润的计算、所得税的计算、利润分配或亏损弥补等。

7. 需要办理会计手续、进行会计核算的其他事项

《会计法》所指的经济业务事项，是指引起会计对象的具体项目（及会计要素）金额增减变化的经济活动，如上述各项经济业务事项。不引起会计对象的具体项目（及会计要素）金额增减变化的经济活动，如签订经济合同、制定生产计划等，就是经济业务事项，不进行会计核算。

三、会计信息使用者及会计信息需求

财务会计信息的使用者，是指那些可能或已经从事与企业相关经济活动的个人或单位。企业提供会计信息有助于决策者了解企业的经营情况和制定经济决策。企业财务报告就是企业信息使用者获取会计信息的主要来源。企业财务报告的使用者，按其与企业的关系可分为外部使用者和内部使用者两大类，前者是企业财务报告的主要使用者，后者是企业财务报告的次要使用者。

(一)外部使用者

财务报告的外部使用者是指企业外部的不直接参与企业的经营管理,但与企业有利害关系的组织和人士。财务报告的外部使用者按其与企业利害关系的程度,又可分为与企业有直接利害关系的外部使用者和与企业有间接利害关系的外部使用者。前者有企业的投资者、债权人等;后者有政府机构、企业职工、客户以及内部管理层等。

财务报告的外部使用者由于不直接参与企业的经营管理,他们取得财务会计信息的目的,在于了解企业过去某一时点的财务状况和某一期间的经营成果及现金流量,以便评价企业过去的经营业绩,分析企业未来的发展前景,为下一步的行动提供决策依据。

1. 投资者

在企业所有的利益相关群体中,投资者是与企业利益关系最为密切的群体。当企业是独资企业或合伙企业时,所有者与经营者合二为一,所有者通过参与企业的经营管理可以直接了解企业的财务状况和经营成果,这种情况下,会计信息对所有者来说可能并不是很重要。随着企业规模的扩大,资金需求的扩张,企业逐步改变所有权结构,很多企业发展成为股份公司或有限责任公司,大型公司将拥有成千上万股东,为数众多的股东不再可能直接行使企业管理职权,会计信息成为他们了解企业财务状况和经营成果的主要信息来源。于是通过正式公布的会计报表向广大股东汇报经营管理情况,就变得非常必要了。广大股东必须依据企业会计报表做出投资或撤资决策。特别是随着作为股权交易场所的资本市场的建立和完善,会计信息成为现有股东和潜在投资者进行投资决策的最基本和最主要的信息来源。

2. 债权人

在公司形式的企业组织出现后,由于公司只承担有限责任,所以公司的债权人也同样关心公司的财务状况,会计报表不仅需要向股东提供,而且还需要向债权人提供。债权人是企业重要的利害关系人,他们需要利用会计信息做出与投资或贷款相关的决策。债权人包括银行、非银行金融机构、债券的购买者、其他的提供贷款单位或个人,以及其他商业债权人等。企业成立之初所需资金主要由所有者提供,成立之后所需资金,特别是流动资金,主要通过贷款获得。金融机构在进行贷款决策时,需要了解企业的偿债能力。财务报表是金融机构了解企业偿债能力主要信息来源。在利率市场化条件下,金融机构通过企业提供的财务报表可以分析贷款的风险程度,由此决定贷款的利率水平。

3. 企业职工

作为一个利益集团,企业的职工是企业的劳动者,职工个人期望定期收到工资和薪金,并同时得到有关企业为个人提供社会保障的各类基金方面的信息和企业的某些综合性的信息,诸如企业的稳定性、劳动报酬的高低和职工福利的好坏等情况,以及公司的发展前途等方面的会计信息。职工代表大会、工会也会代表职工要求得到这些信息,这些信息的大部分是由会计信息系统提供的。

4. 客户

在市场经济条件下,客户是公司产品(劳务)的购买者,企业的客户可以说是最重要的外部利益集团。客户对于信息的需要,包括有关企业及其产品的信息,如价格、性能、质量、企业信誉、企业商业信用方面的政策、可得到的折扣额、支付的到期日及所欠金额等。这些常规的信息一般也是由会计提供的。

5. 政府机构

政府机构包括税务、海关、统计、工商行政和主管部门等。为了履行国家管理职能,他们需要用于决定税收政策、国民收入、统计、制定经济法规和方针等方面的资料。从微观上讲，企业的会计资料可以作为政府课税的基础资料。尽管税务部门在征税时不会完全按照企业提供的会计报表征税，但企业提供的会计资料仍然是征税的基本依据。从宏观上看，企业财务报告还可以成为政府宏观决策的依据。基层企业会计报表，通过有关部门的统计和汇总，可以反映国民经济运行的基本状况，可以作为政府检验宏观政策效果，进一步实施某些经济政策的依据。

向企业的外部使用者所提供的会计信息绝大部分是属于“强制性的”或是“必需的”。例如，向政府部门所报送的应税收益和代扣税款的报表，以及向股东所报送的财务报告，均属于强制性的信息。

(二)内部使用者

企业内部的管理部门为了完成职责都需要信息，不论是负责完成全公司目标的最高级管理部门，还是负责完成一项具体目标的某一个经营管理部门，都是如此。目前，会计是为大多数企业和组织提供会计信息的主要信息系统。会计信息系统根据搜集到的全部数据进行加工，将信息报送给企业管理部门；企业管理部门收到并利用这些信息做出有关决策，管理部门的决策反过来影响企业组织内部的经营管理，包括对会计信息系统的影响，同时也影响着企业组织与其外部环境的关系。

会计信息的内部使用者包括董事会、首席执行官(CEO)、首席财务官(CFO)、副董事长(主管信息系统、人力资源、财务等)、经营部门经理、分厂经理、分部经理、生产线主管等。企业内部管理部门在制定重大的投资、筹资和经营决策，进行财务预测和预算时，随时可取得的详细的会计信息是其决策基础。

会计信息的使用者不同，其对会计信息的内容、形式和侧重点也不同。投资人更关注资产的保值增值；债权人更关注企业的偿债能力；税务部门更关注利润数据是否符合税收法律法规的规定；职工最关心企业给予的职工薪酬和福利；客户认为产品的质量、价格等最重要；内部管理层要掌握企业的经营状况，等等。

三、会计信息的提供者

针对外部信息使用者和内部信息使用者两种不同的信息需求，会计信息的提供也划分为财务会计和管理会计两个领域。

(一)财务会计

外部信息使用者需要企业提供各会计期间的盈利、资产、负债和现金流情况等，而财务会计就负责提供这些信息。

财务会计是以货币为基本计量单位，通过确认、计量、记录、报告等方式，向企业信息使用者提供企业的财务状况、经营成果以及现金流量信息的报告体系。

(二)管理会计

企业内部管理层作为企业内部信息使用者，不仅要关注财务报告所提供的经营成果和财务状况，而且还需要更为详尽的、能够对经营决策起到支持作用的数据和资料。管理会计就是为企业内部管理和决策服务的。

管理会计信息由企业内部编制，供企业内部管理层使用，不同的决策需要不同的数据支持，所以具有多样性的特征。

在我国，根据企业提供财务会计报告的主要目的可以将企业分为三类：(1)上市公司：其提供财务报告的主要目的是向股东报告公司的财务状况、经营成果和现金流量情况；(2)大中型国有企业：其提供财务报告的主要目的是向国家报告企业国有资产的保管、使用以及经济效益情况；(3)各类小型企业与外商投资企业：其提供财务会计报告的目的是向国家税务机关申报纳税。上述各类企业提供财务会计信息，除了应共同遵守《会计法》、《企业会计准则》等国家法律和行政法规外，还必须遵守不同的有关法律和行政法规。上市公司提供财务会计信息，还应遵守《公司法》、《证券法》以及中国证监会的有关法规等法律、行政法规和规章的规定；大中型国有企业提供财务会计信息，还应遵守国家统一的企业会计制度的规定；各类小型企业和外商投资企业提供财务会计信息，还应遵守国家统一的小型企业制度和外商投资企业制度的规定。

在市场经济中，决定企业应否以及如何对外提供财务会计信息的主要因素是市场约束，即市场经济规律所决定的投资者、债权人对财务会计信息的客观需要。目前，由于我国的市场经济尚处于逐步完善阶段，某些市场(如资本市场)还不够活跃和规范，因此，决定我国企业应否以及如何对外提供财务会计信息的主要因素，并非来自于市场约束，而是来自于法制的约束和政府监管等因素。

第二节 会计基本假设和会计信息质量要求

一、会计核算的基本假设

会计核算的基本假设，是指对会计资料的记录、计算、归集、分配和报告进行处理和运用的假设前提和制约条件。它确定了会计核算的前提条件，界定了会计核算的时间和空间范畴。会计基本假设主要包括会计主体、持续经营、会计分期和货币计量。

(一)会计主体

会计主体(accounting entity)，是指会计工作为其服务的特定单位或组织。具体是指运用会计核算方法体系进行反映和监督活动，具有独立的生产经营活动资金，进行独立的生产经营活动，实行独立的财务报告的单位。

会计主体的实质在于它主要规定会计核算的范围，要求会计核算应当区分自身的经济活动与其他企业单位以及与企业投资者的经济活动，企业的会计记录和会计报表涉及的只是企业主体的活动，并不核算反映企业投资者或所有者的经济活动，也不核算反映其他企业或经济主体的经济活动。

会计主体与法律主体并不是同一概念。一般来说，法律主体必然是会计主体，但会计主体并不一定是法律主体。独资和合伙企业不是法律主体，但同样是会计主体；公司内部的某些责任单位(分部、部门)，也可以是会计主体。任何企业，不管是独资、合资还是合伙，不论哪一种组织形式，从会计的角度来看都被假定为一个会计主体。

(二)持续经营

持续经营(going concern)，是指会计主体的生产经营活动将无限期地持续下去，在可以预见的未来，会计主体不会面临破产、解散、倒闭而进行清算。

持续经营假设是财务会计某些原则和会计程序得以顺利建立的前提条件，如企业的财产分类、计价、费用分配和收益确定等均是以持续经营为基础。根据持续经营假设，会计原则就得以建立在非清算基础之上，从而解决很多常见的财产计价和收益确定问题。持续经营假设要求会计人员以会计主体持续正常的经营活动为前提，在此前提下选择会计程序及会计处理方法，进行会计核算。在持续经营的前提下，会计主体在会计信息的核算和处理上所使用的会计处理方法才能保持稳定，会计记录和会计报表才能真实可靠。如果有迹象表明，一个会计主体早已因不能履行它所承担的各种义务而难以为继，这一假设丧失了它正常经营的前提，则所有以这一假设作为基础的公认会计原则和方法自然就不适用。即在企业经济状况恶化，无法持续经营的情况下，也可以允许不采用持续经营假设，而另行做出合乎情理的会计处理。

(三)会计期间

会计期间(accounting period)，是指为了定期反映企业的生产经营管理活动情况，便于清算账目，编制会计报表，及时地提供有关财务状况和经营成果的会计信息，而人为地将一个企业持续不断的生产经营期间划分为若干个均等的会计期间。

企业的经济活动在时间上是持续不断的。为了及时地提供制定财务决策所需要的经济信息，对于那些引起资产和权益增减变化的经济活动，就必须设法定期地予以计量、登记和陈报。显然，会计人员不可能等到企业结束它的全部业务，并将各项资产变为现金，将各项负债清偿完毕以后，对它进行结算。由于会计人员无法知道企业将于何时结束它的业务，也就不能等到它结束经营时才为它编制会计报表。在持续经营的情况下，为了及时提供会计主体的利润实现情况，反映其生产经营成果，会计期间的划分对会计核算有着重要的影响和作用。由于有了会计期间，才产生了本期与非本期的区别；由于有了本期与非本期的区别，才产生了权责发生制和收付实现制，才使不同类型的会计主体有了记账的基准。

会计期间通常为一年，可以是日历年，也可以是营业年。企业还由于各种各样的用途而按季、按月编制财务报表。但需注意，会计期间的长度必须相等，以便进行比较。

(四)货币计量

货币计量(monetary measurement)，是指会计主体在会计核算过程中采用货币作为计量单位，记录、反映会计主体的生产经营活动。

企业的生产经营活动具体表现为商品的购销、各种原材料和劳务的耗费等实物运动。由于商品和各种原材料及劳务的耗费在实物上不存在统一的计量单位，无法比较。为了全面完整地反映企业的生产经营活动，会计核算客观上需要一种统一的计量单位作为其计量尺度。在商品经济条件下，货币是商品的一般等价物，是衡量商品价值的共同尺度，是交换的媒介和价值的储藏物，是债权和债务的清算手段。会计核算采用货币计量，使会计核算的对象——企业的生产经营活动统一地表现为货币资金运动，从而能够全面完整地反映企业的经营成果和财务状况。尽管会计产生于货币之前，但货币一经产生便天然成为会计核算的计量工具。货币计量假设表明，财务报表所陈报的内容，只限于那些能够用货币来计量的企业生产经营活动，而不反映其他情况。

以货币为统一的计量单位，是以币值稳定不变为附带假设条件的。但在现实经济社会中，币值经常发生变动，甚至有的国家在某个时期货币价值会发生急剧变化，出现恶性通货膨胀，这对货币计量提出了挑战。有的国家针对恶性通货膨胀的情况，已采用通货膨胀会计。尽管如此，货币计量仍然是会计核算的基本前提。

二、会计确认、计量和报告的基础

会计确认、计量和报告的基础是指会计确认的时间基础。在市场经济条件下，由于各种原因，往往会使企业经济业务发生的时间与相应的现金收支行为时间的发生不一致，因而会产生一些应收未收、应付未付等经济事项。为了真实地反映企业的财务状况和经营成果，会计实务中在选择确认的时间基础时，就有以下两种基础可供选择。

（一）现金收付基础

现金收付基础，通常也称为收付实现制。它是依据费用是否在本会计期间已经付出、收入是否已经收到现金，而不管其应否记入本期损益为标准，来处理有关的经济业务的一种会计处理基础。在这种会计处理基础下，凡在本期实现以现金（包括现金、银行存款、其他货币资金）付出的费用，不论其是否在本期收入中获得补偿，都应该作为本期的费用处理，凡在本期实际收到现金（包括现金、银行存款、其他货币资金）的收入，不论是否应该归入本期，都应该作为本期的收入处理。

这种方法比较适合一般人的生活习惯，核算手续也比较简单，但是不能合理计算确定本会计期间的经营成果。例如，某企业单位在本月初以银行存款一次支付租入房屋的两个月租金 5 000 元。如果按现金收付基础处理，就应把两个月的租金全都作为本月的费用从本月的收入中取得补偿，结果必将使本月的利润减少 2 500 元，而下月的利润自然多计 2 500 元。又比如，某企业单位在本月某日销售给某购货单位产品一批，销售价格为 8 000 元，已交货，货款于下一个月才收到。那么，如果按照收付实现制进行处理，虽然这项交易完成以后，企业取得了向购货方的应收账款的求偿权（债权），但由于在本月内并未实际收到货款，所以不能作为本月的收入，等到下月实际收到货款时作为下个月的收入，结果必然使得本月的经营利润少计 8 000元，而下个月的经营利润则会多计 8 000 元。由此看来，现金收付基础主要适用于非营利性的机关、事业和团体单位。

（二）应计基础

应计基础通常也称为权责发生制。权责发生制的“权”指某一会计期间取得收入的权利，责是指承担费用的责任的形成。权责发生制的含义是指收入应当在收入权利形成期间予以确认，而不管该期间是否收到现金或现金等价物；费用应当在费用责任形成期间予以确认，而不管该期间是否付出现金或现金等价物。

在这种会计处理基础下，凡在本期发生而且应该从本期收入中获得补偿的费用，不论其是否已经在本期实际付出货币资金，都应该作为本期的费用处理；凡在本期发生而且应归属于本期的收入，不论其是否已经在本期实际收到货币资金，都应作为本期的收入处理。权责发生制与收付实现制比较，核算手续虽然比较复杂，但能合理地计算确定本期的损益。仍按上例，如果采用权责发生制，支付租入房屋的两个月租金 5 000 元，由于此项费用发生使得本月和下个月都受益了，所以本月支付的租金应先作为待摊费用处理，然后摊配 2 500 元作为本月的费用，从本月的收入中得到补偿，待下个月再摊配 2 500 元作为下月的费用，从下月的收入中得到补偿。至于销售产品 8 000 元，由于此项交易是在本月发生并完成，并取得向购货单位的货款求偿权（债权），所以本月虽没有实际收到此项货款，但仍应将其作为本月的收入处理。显然，按应计基础处理有关收入与费用的经济业务，将使各有关会计期间损益的确定更为合理。所以，我国《企业会计准则》第 16 条规定：会计核算应当以权责发生制为基础。

【例 1—1】 S公司 11 月份发生下列有关收入和费用的经济业务：

(1)销售商品一批，进价为 6 500 元，售价 8 000 元已收到现金。

(2)收到上月销货款 5 000 元，其销货成本为 3 500 元。

(3)销售商品一批，进价为 7 000 元，售价为 11 000 元，未收到货款。

(4)用银行存款支付本月的电费 980 元。

(5)用银行存款预付下一年度的报刊费 1 200 元。

要求:试用收付实现制和权责发生制两种方法对上述业务进行比较。

运用权责发生制原则和收付实现制原则对以上业务进行收入和费用的确认、计量,如表1—1所示。

表 1—1　两种会计确认基础运用比较

业务 / 序号	收付实现制		权责发生制	
	收入	费用	收入	费用
1	8 000	6 500	8 000	6 500
2	5 000	3 500	—	—
3	—	—	11 000	7 000
4		980		980
5		1 200		—
合　计	13 000	12 180	19 000	14 480
损　益	820		4 520	

三、会计信息的质量要求

为了给会计主体提供决策有用的信息,会计信息需要达到一些基本质量要求,也就是会计信息的质量特征。会计信息的质量特征主要包括可靠性、相关性、可理解性、实质重于形式、重要性、谨慎性和及时性。

(一)可靠性

可靠性(reliability)要求企业应当以实际发生的交易或者事项为依据进行确认、计量和报告,如实反映符合确认和计量要求的各项会计要素及其他相关信息,保证会计信息真实可靠、内容完整。

会计信息要有用,必须以可靠为基础,如果财务报告所提供的会计信息是不可靠的,就会给投资者等使用者的决策产生误导甚至损失。为了贯彻可靠性要求,企业应当做到:

(1)以实际发生的交易或者事项为依据进行确认、计量,将符合会计要素定义及其确认条件的资产、负债、所有者权益、收入、费用和利润等如实反映在财务报表中,不得根据虚构的、没有发生的或者尚未发生的交易或者事项进行确认、计量和报告。

(2)在符合重要性和成本效益原则的前提下,保证会计信息的完整性,其中包括应当编报的报表及其附注内容等应当保持完整,不能随意遗漏或者减少应予披露的信息,与使用者决策有用的相关信息都应当充分披露。

(二)相关性

相关性(relevance)要求企业提供的会计信息应当与投资者等财务报告使用者的经济决策需要相关,有助于投资者等财务报告使用者对企业过去、现在或者未来的情况做出评价或者预测。

相关的会计信息应当有助于使用者评价企业过去的决策,证实或者修正过去的有关预测,因而具有反馈价值。相关的会计信息还应当具有预测价值,有助于使用者根据财务报告所提供的会计信息预测企业未来的财务状况、经营成果和现金流量。例如,在会计要素的确认上,区分收入和利得、费用和损失,区分流动资产和非流动资产、流动负债和非流动负债等,都可以提高会计信息的预测价值，进而提升会计信息的价值相关性。

为了满足会计信息质量的相关性要求，企业会计在收集、加工、处理和传递会计信息的过程中，要考虑会计报表的使用者对会计信息需要的不同特点，充分满足企业内外有关方面对会计信息的相关需求。当然，由于不同的会计报表使用者有着不同的需要，完全满足所有方面的需求也不可能，因此，企业对外编报的会计报表只要提供会计准则规定的通用的会计信息，就可以说符合相关性要求。对于某些特定目的或特定用途的信息，通用财务报告可能无法完全提供，此时，企业可通过其他形式予以提供。

（三）可理解性

可理解性（understandability）要求企业提供的会计信息应当清晰明了，便于财务报告使用者理解和使用。

企业编制财务报告、提供会计信息的目的在于使用，而要使使用者有效地使用会计信息，应当能让其了解会计信息的内涵，通晓会计信息的内容。这就要求财务报告所提供的信息应当清晰明了，易于理解。只有这样，才能提高会计信息的有用性，实现财务报告的目标。

鉴于会计信息是一种专业性较强的信息产品，因此，在强调会计信息的可理解性要求的同时，还应假定使用者具有一定的有关企业生产经营活动和会计核算方面的知识，并且愿意付出努力去研究这些信息。基于这一假设，对于某些复杂的信息，无论是交易本身较为复杂或者会计处理较为复杂，只要与其使用者的经济决策是相关的，就应当在财务报告中予以披露。

（四）可比性

可比性（comparability）要求企业提供的会计信息应当相互可比。具体包括两个方面：

（1）同一企业不同时期可比。为了满足会计信息使用者了解企业财务状况和经营成果的变化趋势，从而全面、客观地评价过去、预测未来，做出决策，会计信息质量的可比性要求同一企业不同时期发生的相同或者相似的交易或者事项，应当采用一致的会计政策，不得随意变更。确需变更的，应当在附注中说明。

（2）不同企业相同会计期间可比。不同企业同一会计期间发生的相同或者相似的交易或者事项，应当采用规定的会计政策，确保会计信息口径一致、相互可比，以使不同企业按照一致的确认、计量和报告要求提供有关会计信息。

可比性并不否认企业在必要时对所采用的会计政策作适当的变更。当企业的经营情况、经营范围和经营方式或者国家有关政策规定发生重大变化时，企业可以根据实际情况，选择使用更能客观真实反映企业经营情况的会计政策进行会计核算。但是，会计政策的变更应在财务报告中说明，以消除会计信息使用者可能产生的误解。

（五）实质重于形式

实质重于形式（substance over form）要求企业当按照交易或事项的经济实质进行会计确认、计量和报告，而不应仅仅以交易或事项的法律形式为依据。

在会计核算过程中，可能会碰到一些经济实质与法律形式不吻合的交易或事项，在此情况下，会计信息要想反映其所应反映的交易或者事项，就必须根据交易或事项的经济实质和经济现实来判断，而不能仅仅根据它们的法律形式。例如，融资租入的固定资产，在租赁期满以前，从法律形式上讲，所有权并没有转移给承租人，但是从经济实质上讲，与该项固定资产相关的报酬和风险已经转移给承租人，承租人实质上能够控制该项固定资产，因此承租人应将其视同自有的固定资产来管理和核算。

遵循实质重于形式，体现了对经济实质的尊重，能够保证会计信息与客观经济事实相符。

（六）重要性

重要性（materiality）要求企业提供的会计信息应当反映与企业财务状况、经营成果和现金流量等有关的所有重要交易或者事项。

如果企业会计信息的省略或者错报会影响使用者据此做出经济决策的，该信息就具有重要性。重要性的应用需要依赖职业判断，企业应当根据其所处环境和实际情况，从项目的性质和金额大小两方面来判断其重要性。

（七）谨慎性

谨慎性（prudence/conservatism）要求企业对交易或者事项进行会计确认、计量和报告时应当保持应有的谨慎，不应高估资产或者收益、低估负债或者费用。

在市场经济环境下，企业的生产经营活动面临着许多风险和不确定性因素，如应收款项的可收回性、固定资产的使用寿命、无形资产的使用寿命、售出存货可能发生的退货或者返修等。会计信息质量的谨慎性要求，即需要企业在面临不确定性因素的情况下做出职业判断时，保持应有的谨慎，充分估计到各种风险和损失，既不高估资产或收益，也不低估负债或者费用。

谨慎性原则的目的在于确保企业具有正常、坚实的财务状况，保持继续经营的经济实力。但谨慎并不意味着可以任意高估费用、压低利润、建立“秘密准备”，因为这将会扭曲企业实际的财务状况和经营成果，从而对使用者的决策产生误导。

（八）及时性

及时性（timeliness）要求企业对于已经发生的交易或者事项，应当及时进行会计确认、计量和报告，不得提前或者延后。

会计信息的价值在于帮助所有者或者其他方面做出经济决策，具有时效性。即使是可靠的、相关的会计信息，如果不及时提供，就失去了时效性，对于使用者的效用就大大降低，甚至不再具有实际意义。及时性原则包括三方面内容：

(1)及时收集会计信息，即在经济交易或者事项发生后，及时收集整理各种原始单据或者凭证。

(2)及时处理会计信息，即按照会计准则的规定，及时对经济交易或者事项进行确认或者计量，并编制财务报告。

(3)及时传递会计信息，即按照国家规定的有关时限，及时地将编制的财务报告传递给财务报告使用者，便于其及时使用和决策。

在实务中，为了及时提供会计信息，可能需要在有关交易或者事项的信息全部获得之前即进行会计处理，这样就满足了会计信息的及时性要求，但可能会影响会计信息的可靠性；反之，如果企业等到与交易或者事项有关的全部信息获得之后再进行会计处理，这样的信息披露可能会由于时效性问题，对于投资者等财务报告使用者的决策有用性大大降低。这就需要在及时性和可靠性之间作相应权衡，以最好地满足投资者等财务报告使用者的经济决策需要。

第三节 会计要素及会计等式

一、会计要素

会计要素（accounting elements）是对会计对象具体内容所做的最基本分类，是会计对象的基本组成部分，也是会计报表的组成项目。因此，会计要素也可以理解为财务报表要素。会计要素可以划分为两大类，即反映财务状况的会计要素和反映经营成果的会计要素。反映财务状况的会计要素包括资产、负债和所有者权益；反映经营成果的会计要素包括收入、费用和利润。

（一）反映财务状况的会计要素

1. 资产

资产（assets）是指企业过去的交易或事项形成的、由企业拥有或者控制的、预期会给企业带来经济利益的资源。包括各种财产、债权和其他权利。

企业过去的交易或事项包括购买、生产、建造的行为或其他交易或者事项。预期会在未来发生的交易或者事项不形成资产。由企业拥有或者控制，是指企业享有某项资源的所有权，或者虽然不享有某项资源的所有权，但该资源能被企业所控制。预期会给企业带来经济利益，是指直接或者间接导致现金和现金等价物流入企业的潜力。

资产按流动性质划分，可分为流动资产和非流动资产。流动资产是指可以在一年或者超过一年的一个营业周期内变现或耗用的资产，包括现金及各种存款、短期投资、应收及预付款项、存货等。非流动资产是指不准备在一年内变现或使用、摊销时间超过一年的资产，包括长期投资、固定资产、无形资产和其他资产等。企业符合资产定义的资源，在同时满足以下条件时，确认为资产：①与该资源有关的经济利益很可能流入企业；②该资源的成本或者价值能够可靠地计量。

2. 负债

负债（liabilities）是指企业过去的交易或事项形成的、预期会导致经济利益流出企业的现时义务。现时义务是指在现行条件下已承担的义务。未来发生的交易或者事项形成的义务，不属于现时义务，不应当确认为负债。符合负债定义的义务，在同时满足以下条件时，确认为负债：①与该义务有关的经济利益很有可能流出企业；②未来流出的经济利益的金额能够可靠地计量。

负债如按偿还期限的长短划分，可分为流动负债和长期负债。流动负债是指将在一年或超过一年的一个营业周期内偿还的债务，包括短期借款、应付票据、应付账款、预收账款、应付职工薪酬、应交税费、应付股利、其他应付款、预提费用等。长期负债是指偿还期在一年或超过一年的一个营业周期以上的债务，包括长期借款、应付债券、长期应付款等。负债是目前和过去经济活动所形成的当前的债务，是在将来要支付的经济责任。负债有确定的或可以估计的数额，需要以现金、其他货币资金偿付。

3. 所有者权益

所有者权益（owner's equity）是指企业资产扣除负债后由所有者享有的剩余权益。公司的所有者权益又称为股东权益。所有者权益的来源也包括所有者投入的资本、直接计入所有者权益的利得和损失、留存收益等。

直接计入所有者权益的利得和损失，是指不应计入当期损益、会导致所有者权益发生增减变动的、与所有者投入资本或者向所有者分配利润无关的利得或者损失。利得是指由企业非日常活动所形成的、会导致所有者权益增加的、与所有者投入资本无关的经济利益的流入。损失是指由企业非日常活动所发生的、会导致所有者权益减少的、与向所有者分配利润无关的经济利益的流出。

所有者权益表明企业的产权关系，即企业是归谁所有，是属于谁投资的。所有者权益与负债有着本质的不同。负债是对内和对外所承担的经济责任，企业负有偿还的义务，而所有者权益在一般情况下企业不需要归还其投资者；使用负债所形成的资金通常需要企业支付报酬，如借款利息支出等，而企业使用所有者权益所形成的资金时，则不需要支付费用；在企业清算时，负债拥有优先清偿权，而所有者权益则只有在清偿所有负债后，才返还给投资者；所有者权益中的基本部分可以参与企业当期实现利润分配，而负债则不能参与利润分配，只能按照预先约定的条件取得利息收入。

（二）反映经营成果的会计要素

1. 收入

收入（revenue）是指企业在日常活动中形成的、会导致所有者权益增加的、与所有者投入资本无关的经济利益的总流入。

对于某一会计主体来说，收入表现为一定期间现金的流入、其他资产的增加或者负债的清偿。收入是企业持续经营的基本条件，企业要持续经营下去，必须在销售商品或者提供劳务等经营业务中取得收入，以便能补偿经营活动中的耗费，重新购买商品（或原材料），支付工资和费用，从而保证生产经营活动不间断地进行。收入的确认是财务成果的最初形式，也是企业获得利润、实现盈利的前提条件。企业只有取得收入，并补偿在生产经营活动中已消耗的各种支出，不能形成利润。

2. 费用

费用（expenses）是指企业在日常活动中发生的、会导致所有者权益减少的、与向所有者分配利润无关的经济利益的总流出，是企业在生产经营过程中发生的各种耗费，费用可分为直接费用、间接费用和期间费用。

企业要进行生产经营活动必然要发生一定费用，如工业企业生产经营过程中要耗费原材料、燃料和动力，要发生机器设备的折旧费和修理费，要支付职工的工资和各项生产费用。费用中能予以对象化的部分就是成本，即制造成本。能直接计入成本对象的费用为直接费用，如直接材料、直接人工及其他直接费用；需要采用一定标准分配计入成本计算对象的费用为间接费用，如生产管理人员的工资等。费用中不能予以对象化的部分，则是期间费用。期间费用直接计入当期损益，包括管理费用、财务费用和销售费用。费用是经营成果的扣除要素。

3. 利润

利润（profits）也称为收益（income），是企业在一定期间的经营成果，包括收入减去费用后的净额、直接计入当期利润的利得和损失等。直接计入当期利润的利得和损失，是指应当计入当期损益的、会导致所有者权益发生增减变动的、与所有者投入资本或者向所有者分配利润无关的利得或者损失。

利润是企业生产经营活动的最终财务成果，企业一定时期的收入与费用支出相抵，收入大于费用支出的余额为利润，反之为亏损。

二、会计等式的表现形式

会计等式（accounting equation）又称为会计恒等式、会计方程式或者会计平衡公式，它是反映各会计要素之间基本关系的等式。

会计发生的每一项经济交易或者事项，都是资金运动的一个过程。在该过程中，会计要素之间存在一定的内在联系，这种内在联系可以通过会计平衡公式表现出来。会计等式从形式上看，它反映了各项会计要素之间的内在联系；从实质上看，它揭示了会计主体的产权关系、基本财务状况和经营成果。

（一）财务状况等式

任何企业要从事生产经营活动，必须拥有一定数量和质量的能给企业带来经济利益的资产，这些资产要么是所有者的投入资本，要么是债权人的借入资金。因此，每一项资产都有其来源，都代表着相应的权益。也就是说，所有者的投入不是无偿的，而是对所提供的资产存在相应的要求权，在会计上称为“权益”。

资产表明了企业的资金占用，即企业拥有什么样的经济资源和多少经济资源。资金来源即权益，表明谁提供了这些经济资源，谁对这些经济资源拥有要求权。由此可见，资产与权益实际上是所拥有的经济资源在同一时点上所表现的不同形式。企业有多少数额的资产必有其等量的权益，即资产与权益在任何一个时点上都必然保持恒等的关系，这种恒等关系用公式表示，即

资产＝权益

企业的资产来源于企业的所有者和债权人，所以权益又分为所有者权益和债权人权益，在会计上债权人权益称为负债。因此，会计恒等式也可以表示为：

资产＝负债＋所有者权益

这一等式反映企业在某一特定时点上的资产、负债和所有者权益三者之间的平衡关系，因此，该等式又称为财务状况等式、静态会计等式。由于该等式是会计等式中最通用、最一般的形式，因此，它通常也称为会计基本等式，它既是复式记账的理论依据，也是编制资产负债表的基本依据。

（二）经营成果等式

企业经营的目的之一是为了获取收入，实现盈利。企业在取得收入的同时，必然要发生相应费用。通过收入与费用的比较，才能确定一定时期内企业的盈利水平，即确定实现的利润总额。在不考虑利得和损失的情况下，这些要素之间的关系用公式表示为：

收入－费用＝利润

收入、费用、利润等会计要素之间的这种基本关系，实际上是企业利润计量的基本模式，其含义为：①收入的取得和费用的发生，直接影响企业利润的确定；②来自于特定会计期间的收入与其相关费用进行配比，可以确定该期间企业的利润数额；③利润是收入与相关费用之间进行比较形成的差额。

这一等式反映了利润的实现过程，称为经营成果等式或动态会计等式。收入、费用和利润之间的上述关系，是编制利润表的基本依据。

（三）财务状况等式与经营成果相结合的等式

“资产＝负债＋所有者权益”反映企业资金运动的静态状况，“收入－费用＝利润”则反映企业资金运动的动态状况。静止是相对的，运动则是绝对的，但运动的结果最终将以相对静止的状态表现出来。从而，不难得出如下的勾稽关系：

资产＝负债＋所有者权益＋(收入－费用)

或 资产＝负债＋所有者权益＋利润

有上述等式，可见企业一定期间的经营成果必然会影响一定时点的财务状况。即收入可导致企业资产增加或负债减少，最终将导致所有者权益增加；费用可导致企业资产减少或负债增加，最终将会导致所有者权益减少。

第四节 会计法规体系

会计法规是组织和从事会计工作必须遵守的规范。我国会计法规体系由三个层次构成，即会计法、会计准则和会计制度。

一、会计法

会计法是指所有对会计工作具有规范和约束作用的各种法律。会计法由全国人民代表大会常务委员会制定和通过，是会计法规制度中层次最高的法律规范。

《会计法》全称《中华人民共和国会计法》。中华人民共和国成立后，《会计法》于1985年首次颁发施行。1993年12月，经第八届全国人民代表大会常务委员会第五次会议修正，1999年10月，再次经第九届全国人民代表大会常务委员会第十二次会议修正，由国家主席签令公布，于2000年7月1日起施行。

《会计法》是制定其他会计法规的依据，也是指导会计工作的最高准则。《会计法》全文共七章、五十二条，除了指出立法目的、规定适用范围、划分会计工作的管理权限，以及国家统一会计制度的制定外，还分会计核算、会计监督、会计机构和会计人员、法律责任等方面，规定了会计工作应当达到的要求。

二、会计准则

会计准则是关于会计核算工作的统一规范，是企业进行价值确认、计量、记录和报告必须遵循的基本规则。会计准则从国际范围来讲，影响较大的有由国际会计准则委员会制定的“国际会计准则”(International Accounting Standards，IAS)，由美国财务会计准则委员会(Financial Accounting Standards Board，FASB)制定的美国会计准则。

我国会计准则分为基本准则和具体准则。基本准则是进行会计核算工作必须共同遵守的基本要求，体现了会计核算的基本规律。基本准则一般由会计核算的前提条件、一般原则、会计要素准则和会计报表准则组成，是对会计核算要求所做的原则性规定；具体准则是根据基本准则的要求，对经济业务的会计处理所做出具体规定的准则。

2006年2月15日，财政部发布了新的会计准则体系，包括1个基本准则和38个具体准则。基本准则名称为《企业会计准则——基本准则》，38个具体准则分别为保险合同、财务报表列报、分部报告、合并财务报表、金融工具列报和披露、金融工具确认和计量、金融资产转移、政府补助、每股收益、企业合并、企业年金、生物资产、石油天然气开采、所得税、套期保值、投资性房地产、外币折算、再保险合同、职工薪酬、资产减值、关联方关系及其交易披露、现金流量表、资产负债表日后事项、债务重组、收入、投资、建造合同、会计政策、会计估计变更和前期差错更正、非货币性交易、或有事项、无形资产准则应用指南、借款费用、租赁、中期财务报告、固定资产、存货、股份支付、首次执行企业会计准则体系等。

2014年又新增和修订了8项具体准则，分别为长期股权投资、职工薪酬、财务报表列报、合并财务报表、金融工具列报、公允价值计量、合营安排和在其他主体中权益的披露，这些准则的目标适用范围为上市公司和所有大中型企业

四、会计制度

会计制度是根据会计准则的要求并结合企业经营管理的具体情况制定而成，直接具体地指导会计核算工作的规则与规范。我国的会计制度分为企业会计制度、非营利组织会计制度。

（一）企业会计制度

我国自1993年会计制度改革后，陆续制定和实施了体现行业经营特点和管理要求的分行业的企业会计制度，包括工业企业、商品流通、交通运输、铁路运输、民用航空、房地产开发、施工企业、对外经济合作、旅游服务、金融保险等13个分行业的企业会计制度、此外还颁发了分经济成分的企业会计制度，包括股份有限公司会计制度，外商投资企业会计制度等。分行业的会计制度有其历史的局限性，即仅规范会计科目和报表，而缺乏对会计政策和方法的统一规范，从而影响会计信息的质量。当前，我国企业会计制度分为三个层次：

(1)企业会计制度。企业会计制度属于国家统一的会计核算制度。适用于我国境内除金融保险业和小企业以外的全部企业。

(2)金融企业会计制度。金融企业会计制度适用于我国境内依法成立的各类金融企业，包括银行、信用社、保险公司、证券公司、信托投资公司、基金管理公司、租赁公司、财务公司等。

(3)小企业会计制度。在国际上，很多国家对小企业都有单独的会计标准。小企业有其自身的特点，不仅规模小，筹资困难，且财务会计与税务会计统一。由于我国小企业众多，执行统一的《企业会计制度》比较困难，因而，颁发并执行《小企业会计制度》尤为必要。2004年4月27日财政部颁布了《小企业会计制度》，并于2005年1月1日起在小企业范围内执行。

（二）非营利组织会计制度

我国现行的非营利组织会计制度有：《事业单位会计制度》、《行政单位会计制度》、《财政总预算会计制度》。

本章小结

会计是一门古老而年轻的学科，本章追溯了会计学的产生和发展历程，就会计学科发展到今天，其职能、对象、含义都得到了进一步延伸和发展。会计从原有的单一的核算职能，发展到今天，控制职能的地位逐渐上升，与核算职能并重。会计的对象是资金运动，会计通过对资金运动的反映和控制，实现提升经济效益的目的。同时，在总结学者们对会计定义的不同观点后提出，会计的定义可以表述为：会计是以货币为主要量度，采用一系列的专门方法和程序，对经济活动进行连续、完整、系统、综合的核算和监督，通过提供以财务信息为主的经济信息，旨在提高经济效益的一种管理活动。

目前我国把会计要素分为：资产、负债、所有者权益、收入、费用和利润六类，会计要素之间的关系可以用“资产＝负债＋所有者权益”、“收入－费用＝利润”来描述。

会计对资金运动的反映和控制活动，必须在特定的框架中运行，会计假设和基本原则作为会计信息系统运行的约束条件，决定着其运行的边界。会计主体、持续经营、会计分期和货币计量构筑了会计系统运行的时空边界；权责发生制奠定了会计系统运行的基础；可靠性、相关性、可比性、及时性、可理解性、谨慎性、重要性和实质重于形式界定了会计信息需要达到的质量要求。

委托代理和信息不对称问题的出现，要求必须对会计信息的加工生成等会计行为进行规范，会计法律、会计准则、企业内部会计制度等各种层级不一的规范构筑了会计规范体系，为会计信息质量提供了法规保障。

复习思考题

一、简答题

1. 会计核算有哪些基本假设？其内容如何？
2. 会计信息质量要求有哪些？简述其含义。
3. 为什么资产等于负债加上所有者权益之和？
4. 资产和费用的区别体现在哪里？
5. 我国会计规范体系的主要构成内容是什么？

二、单项选择题

1.（　　）是财务会计数据进入会计系统进行记录和报告（仅限于财务报表）的程序。

A. 确认　　B. 计量　　C. 记录　　D. 报告

2.（　　），是为了将符合确认条件的会计要素登记入账，并列报于财务报表而确定其金额的过程。

A. 确认　　B. 计量　　C. 记录　　D. 报告

3.（　　）要求企业应当以实际发生的交易或者事项为依据进行确认、计量和报告，如实反映符合确认和计量要求的各项会计要素及其他相关信息，保证会计信息真实可靠、内容完整。

A. 可靠性　　B. 相关性　　C. 可理解性　　D. 可比性

4.（　　）要求企业应当按照交易或事项的经济实质进行会计确认、计量和报告，而不应仅仅以交易或事项的法律形式为依据。

A. 及时性　　B. 重要性　　C. 实质重于形式　　D. 谨慎性

5. 现阶段，我国会计法规体系由三个层次构成，不包括（　　）。

A. 会计法　　B. 会计准则　　C. 会计制度　　D. 内部控制

三、业务题

S公司2×16年9月发生下列业务：

(1)销售商品83 000元，其中50 000元当即收款，存入银行；另33 000元尚未收到。

(2)收到上个月提供劳务的款项16 000元存入银行。

(3)用银行存款支付本月的电费5 400元。

(4)用现金2 800元预付下半年的房租。

(5)用银行存款7 500元支付本季度银行借款利息（其中本月2 500元）。

(6)本月提供劳务获得收入38 000元，款项未收到。

(7)按照合同规定预收客户的订货款30 000元，存入银行。

(8)年初已付款的保险费24 000元，本月应负担其中2 000元。

要求：分别按收付实现制和权责发生制计算公司本月的收入、费用和利润。

第二章　会计核算基础知识

【案例导读】

光谷公司是一家小型加工企业，企业为小规模纳税人，注册资本为200万元。公司现有管理人员6人，合同制生产人员30人。开户银行为中国建设银行，账号为02345678，库存现金限额为5 000元。公司的财务小李最近才到单位工作，由于对单位情况不熟悉和缺乏工作经验，在工作中遇到了以下难题：

(1)在办理报销工作时，发现收到的两张发票被人为地涂改了金额，并且还发现收到的发票经常有缺页、缺角、字迹模糊不清等情况。

(2)在抽查企业现金日记账的时候，由于企业日常的现金流动金额比较大，小李发现公司的出纳员小周利用手头上掌握的现金进行个人储蓄，月末要结账时再将储蓄存款提出来存到公司的账户里面，从而赚取存款利息。出纳员小周已经是公司的资深员工，且与公司经理关系较好。

请思考：小李对这些问题很是苦恼，不知该如何处理，请给小李一些建议。

【本章导读】

本章重点介绍了会计科目、会计账户的设置和复式记账原理，阐述了会计凭证、账簿的内容和种类，以及对账、结账、财产清查的重要性。通过本章的学习，你应能够：(1)理解会计科目的概念，了解会计科目的作用和设置账户的必要性，掌握会计科目的内容和账户的基本结构；(2)理解借贷记账法，掌握不同账户的结构特点，学会运用复式记账原理编制会计分录、进行试算平衡，掌握总账和明细账的平行登记；(3)了解会计凭证的意义、种类和基本内容，了解设置账簿的意义，掌握账簿的种类和格式；(4)理解财产清查的意义及种类，熟悉各种财产清查的程序和方法；(5)理解并掌握会计循环。

第一节 会计科目与会计账户

一、会计科目

会计科目是对会计要素的具体内容进行分类的标志。

(一)会计科目的设置

会计要素是把会计核算和监督的具体内容进一步划分所做的最基本的分类项目。然而,如果仅仅利用资产、负债、所有者权益、收入、费用和利润这六大类会计要素来记录和反映企业的每一笔经济业务,那么会计信息就太过于简略,远远不能满足会计信息使用者对会计信息的不同需求。为了使种类繁多的经济业务获得具体、适当归纳,以便于会计系统地、连续地记录和反映,就必须把会计要素的具体内容作进一步分类,即设置会计科目(account title)。

(二)会计科目的分类

1. 会计科目按照会计要素分类

我国自 2007 年 1 月 1 日起在上市公司范围内执行的《企业会计准则》,将会计科目分为资产类科目、负债类科目、共同类科目、所有者权益类科目、成本类科目和损益类科目六大类,是根据会计要素分类的。现将 2016 年 10 月颁布的《企业会计准则——应用指南》会计科目名称和编号简要列表,如表 2—1 所示。

表 2—1 **企业会计科目表**

序号	编号	科目名称	序号	编号	科目名称
一、资产类			80	2202	应付账款
1	1001	库存现金	81	2203	预收账款
2	1002	银行存款	82	2211	应付职工薪酬
3	1003	存放中央银行款项	83	2221	应交税费
4	1011	存放同业	84	2231	应付利息
5	1012	其他货币资金	85	2232	应付股利
6	1021	结算备付金	86	2241	其他应付款
7	1031	存出保证金	87	2251	应付保单红利
8	1101	交易性金融资产	88	2261	应付分保账款
9	1111	买入返售金融资产	89	2311	代理买卖证券款
10	1121	应收票据	90	2312	代理承销证券款
11	1122	应收账款	91	2313	代理兑付证券款
12	1123	预付账款	92	2314	代理业务负债
13	1131	应收股利	93	2401	递延收益
14	1132	应收利息	94	2501	长期借款
15	1201	应收代位追偿款	95	2502	应付债券
16	1211	应收分保账款	96	2601	未到期责任准备金
17	1212	应收分保合同准备金	97	2602	保险责任准备金

续表

序号	编号	科目名称	序号	编号	科目名称
18	1221	其他应收款	98	2611	保户储金
19	1231	坏账准备	99	2621	独立账户负债
20	1301	贴现资产	100	2701	长期应付款
21	1302	拆出资金	101	2702	未确认融资费用
22	1303	贷款	102	2711	专项应付款
23	1304	贷款损失准备	103	2801	预计负债
24	1311	代理兑付证券	104	2901	递延所得税负债
25	1321	代理业务资产		三、共同类	
26	1401	材料采购	105	3001	清算资金往来
27	1402	在途物资	106	3002	货币兑换
28	1403	原材料	107	3101	衍生工具
29	1404	材料成本差异	108	3201	套期工具
30	1405	库存商品	109	3202	被套期项目
31	1406	发出商品		四、所有者权益类	
32	1407	商品进销差价	110	4001	实收资本
33	1408	委托加工物资	111	4002	资本公积
34	1411	周转材料	112	4101	盈余公积
35	1421	消耗性生物资产	113	4102	一般风险准备
36	1431	贵金属	114	4103	本年利润
37	1441	抵债资产	115	4104	利润分配
38	1451	损余物资	116	4201	库存股
39	1461	融资租赁资产		五、成本类	
40	1471	存货跌价准备	117	5001	生产成本
41	1501	持有至到期投资	118	5101	制造费用
42	1502	持有至到期投资减值准备	119	5201	劳务成本
43	1503	可供出售金融资产	120	5301	研发支出
44	1511	长期股权投资	121	5401	工程施工
45	1512	长期股权投资减值准备	122	5402	工程结算
46	1521	投资性房地产	123	5403	机械作业
47	1531	长期应收款		六、损益类	
48	1532	未实现融资收益	124	6001	主营业务收入
49	1541	存出资本保证金	125	6011	利息收入
50	1601	固定资产	126	6021	手续费及佣金收入
51	1602	累计折旧	127	6031	保费收入
52	1603	固定资产减值准备	128	6041	租赁收入
53	1604	在建工程	129	6051	其他业务收入
54	1605	工程物资	130	6061	汇兑损益

续表

序号	编号	科目名称	序号	编号	科目名称
55	1606	固定资产清理	131	6101	公允价值变动损益
56	1611	未担保余值	132	6111	投资收益
57	1621	生产性生物资产	133	6201	摊回保险责任准备金
58	1622	生产性生物资产累计折旧	134	6202	摊回赔付支出
59	1623	公益性生物资产	135	6203	摊回分保费用
60	1631	油气资产	136	6301	营业外收入
61	1632	累计折耗	137	6401	主营业务成本
62	1701	无形资产	138	6402	其他业务成本
63	1702	累计摊销	139	6403	税金及附加
64	1703	无形资产减值准备	140	6411	利息支出
65	1711	商誉	141	6421	手续费及佣金支出
66	1801	长期待摊费用	142	6501	提取未到期责任准备金
67	1811	递延所得税资产	143	6502	提取保险责任准备金
68	1821	独立账户资本	144	6511	赔付支出
69	1901	待处理财产损溢	145	6521	保单红利支出
二、负债类			146	6531	退保金
70	2001	短期借款	147	6541	分出保费
71	2002	存入保证金	148	6542	分保费用
72	2003	拆出资金	149	6601	销售费用
73	2004	向中央银行借款	150	6602	管理费用
74	2011	吸收存款	151	6603	财务费用
75	2012	同业存放	152	6604	勘探费用
76	2021	贴现负债	153	6701	资产减值损失
77	2101	交易性金融负债	154	6711	营业外支出
78	2111	卖出回购金融资产款	155	6801	所得税费用
79	2201	应付票据	156	6901	以前年度损益调整

2. 会计科目按照反映信息详细程度分类

会计科目按照反映信息详细程度，可以分为总分类科目和明细分类科目。

总分类科目，亦称一级科目，是对会计要素的具体内容进行总括分类的科目；明细分类科目，简称明细科目，是对总分类科目进一步分类的科目，它所反映的经济内容或提供的指标比较具体详细。

二、会计账户

会计账户(accounting account)是以会计科目为名称，具有特定的结构和明确的核算内容，用以系统地、连续地记录和反映由企业经济业务所引起的相关会计要素增减变化及其结果的一种会计核算方法。

（一）会计账户的设置

会计账户的设置应与会计科目的设置相适应。首先，根据总分类会计科目开设总分类账户，以提供总括分类的核算指标，总分类账户一般只用货币作为计量单位，明细分类账户除了用货币作为计量单位外，有的还用实物量度（如件、千克、吨等）来适应明细核算的需要。

（二）会计账户的结构

每个账户都有专门的结构，严格反映一定的经济内容。随着经济业务的不断发生，账户所反映的经济内容也随之发生变化，这种变化在账户中得到体现。账户的格式通常如表 2—2 所示。

表 2—2　　会计账户结构

会计科目（账户名称）

年		凭证编号	摘　要	借　方	贷　方	借或贷	余　额
月	日						

表 2—2 是手工记账经常采用的格式之一，账户所记载的各项经济业务所引起的会计要素在数量或金额上的变动只有增加和减少两种情况，因此账户也应划分为两个部分，分别记录账户的增加额和减少额。账户通常分为左右两方，其中一方记增加，另一方记减少。

一般来说，账户的基本结构应包括如下几点：

（1）账户名称及编号，即会计科目及其编号。

（2）经济业务发生日期和内容摘要。

（3）凭证号数，即账户记录的来源和依据。

（4）增加或减少的金额。

每个账户都有 4 个金额要素，即期初余额、期末余额、本期增加额、本期减少额。其左方和右方登记的增减金额称为本期发生额，到期末应结算出期末余额。本期期末余额转入下期即为下期的期初余额。它们之间的关系用公式表示为：

期末余额＝期初余额＋本期增加额－本期减少额

账户的本期发生额反映一定时期内该账户核算内容的增减变动情况，而期末余额则反映其变动的结果。账户的余额一般与记录的增加额在同一方向。

在理论研究和教学工作中，为了便于说明，常常将账户格式简化为图 2—1T 形账户所示。

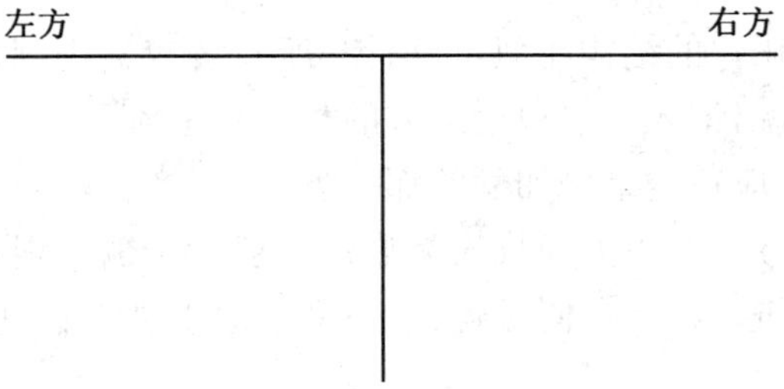

图 2—1　T 形账户

账户的具体格式取决于企业采用的记账方法。根据《企业会计准则》规定，企业会计记账应采用借贷记账法。在借贷记账法下，账户的左方称为“借方”，账户的右方称为“贷方”。

第二节 复式记账原理与借贷记账法

设置会计科目，按照会计科目开设账户，是会计核算的基本环节。在确立账户体系之后，除要完整地、真实地、连续地对某一账户所反映的经济内容的增减变化情况进行核算和监督外，还必须采用特定的方法对账户的左右两方进行登记。这种方法通常称为记账方法。

一、复式记账原理

现代会计采用复式记账法。复式记账法(double-entry accounting method)是相对单式记账法而言的，是对发生的每一项经济业务都要以相等的金额在两个或两个以上相互联系的账户中进行登记的一种记账方法。复式记账法具备的优点包括：①能够反映每一项经济业务的来龙去脉；②对账户记录的结果进行试算平衡；③有利于检查账户记录的正确性。

复式记账法以“资产＝负债＋所有者权益”这一会计恒等式为理论依据。按照会计恒等式的平衡原理，任何一项经济业务的发生，必然会引起会计恒等式在某一会计要素增加的同时，另一会计要素等额地减少，或者引起会计恒等式左右两方会计要素同时发生等额的增减变化；而无论怎样变化都不会破坏会计恒等式的平衡关系，会计恒等式两端的金额永远保持相等。

二、借贷记账法

借贷记账法(debit-credit accounting method)是以“借”“贷”作为记账符号，运用复式记账原理，记录反映资产、负债和所有者权益等会计要素的增减变化及其结果的一种记账方法。

(一)记账符号

借贷记账法以“借”“贷”作为记账符号，表示记账方向。将所有账户的左方称为“借”方(debit)，右方称为“贷”方(credit)，其中一方登记增加数，另一方登记减少数。

(二)账户结构

在借贷记账法下，按照所反映的会计要素划分，账户分为六大类：资产类、负债类、所有者权益类、收入类、成本费用类和利润类等。在借贷记账法下，这六大类账户的具体结构如图2—2所示。

从图2—2可以看出，资产类、成本费用类账户的借方登记增加数，贷方登记减少数，期末若有余额，余额在借方；负债类、所有者权益类和收入类、利润类账户的贷方登记增加数，借方登记减少数，期末若有余额，余额在贷方。

资产类和成本费用类账户的结构相似，负债类、所有者权益类、收入类和利润类的账户结构相似。对于一个账户来说，记入该账户增加方的数额一般都要大于或等于记入其减少方的数额，所以账户正常的余额应在记录增加额的那一方，即资产类账户余额在借方，负债类和所有者权益类账户余额在贷方。费用类和收入类账户一般无余额。根据这个规律，我们可以从账户的方向判断账户的性质。为了方便了解、掌握借贷记账法的账户结构，现将各类账户的结构列示如表2—3所示。

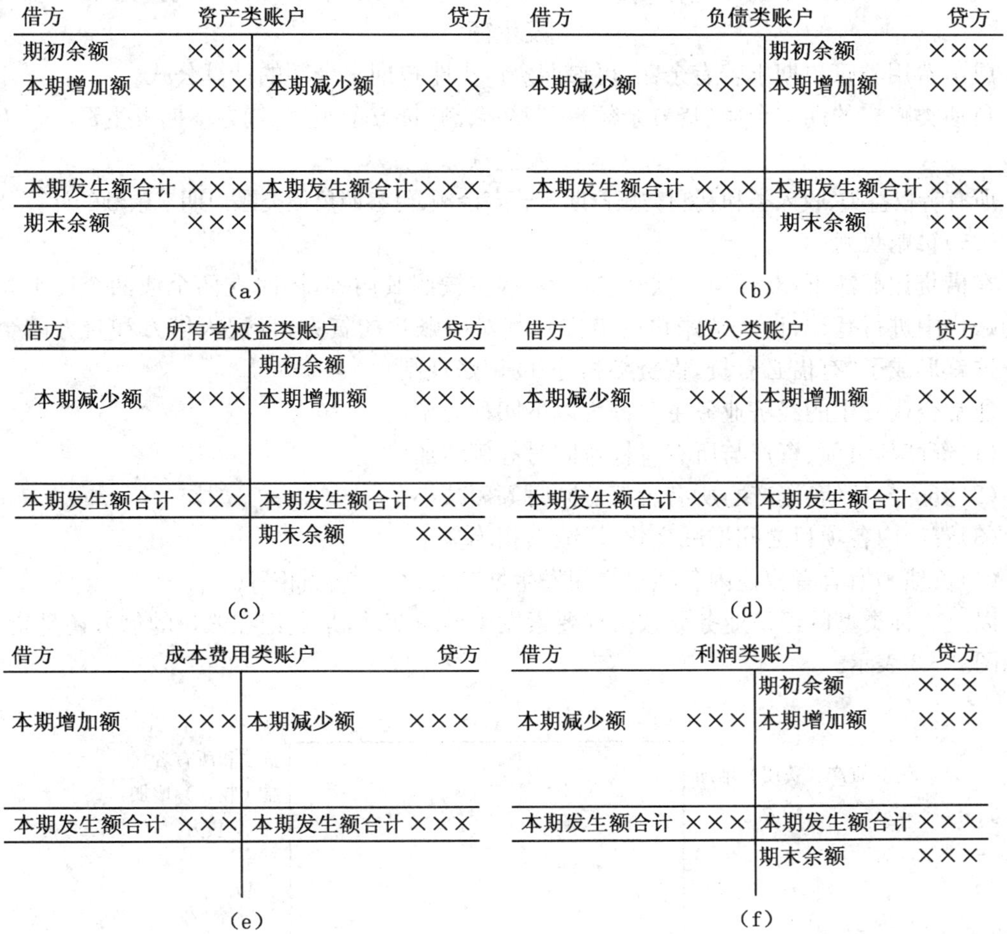

图 2—2　六类账户具体结构

表 2—3　　各类账户性质的结构

账户种类	借方	贷方	余额方向
资产类	增加	减少	借方
负债类	减少	增加	贷方
所有者权益类	减少	增加	贷方
收入类	减少	增加	一般无余额
成本费用类	增加	减少	一般无余额
利润类	减少	增加	贷方

运用借贷记账法在账户中登记经济业务时，凡是记入账户借方的账项称为借项，凡是记入账户贷方的账项称为贷项。每个账户的借方和贷方在一定时期内所登记的金额合计称为本期发生额，账户借方的金额合计称为借方发生额，账户贷方的金额合计称为贷方发生额。各类账户如果有期末余额，分别按如下公式计算：

资产类账户的期末余额(借方余额)＝期初余额(借方余额)＋借方本期发生额－贷方本期发生额

成本费用类账户期末若有余额,可参照资产类账户期末余额的计算公式。

负债类账户的期末余额(贷方余额)＝期初余额(贷方余额)＋贷方本期发生额－借方本期发生额

所有者权益类、收入类和利润类账户期末若有余额,可参照负债类账户期末余额的计算公式。

(三)记账规则

在借贷记账法下,对任何一项经济业务,都应按照其内容,同时在两个或两个以上相互联系的账户中进行登记,记入某账户的借方和其对应账户的贷方,且记入借方和贷方的金额相等。这就形成了"有借必有贷,借贷必相等"的记账规则。

通常企业发生的经济业务主要分为以下四种类型。

(1)资产与负债、资产与所有者权益同时等额增加。

(2)资产与负债、资产与所有者权益同时等额减小。

(3)资产内各项目之间增减变化,增减额相等。

(4)负债和所有者权益内各项目之间发生增减变化,增减额相等。

以上4种类型的经济业务导致会计要素发生增减变动,是登记在账户的借方还是贷方,可以用图2—3表示。

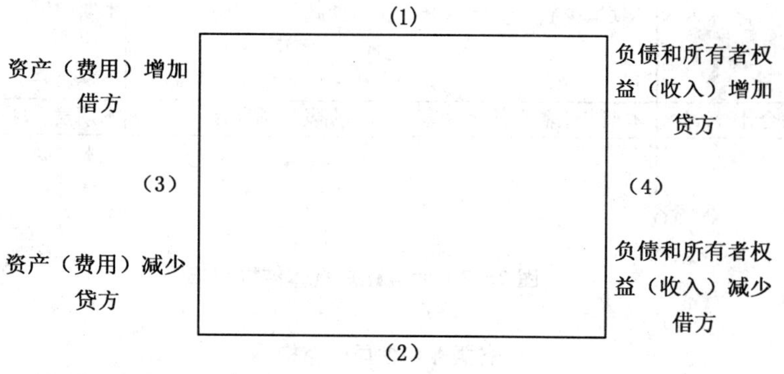

图2—3 不同类型的经济业务发生的账户记录

从图2—3可以看出,每一种类型的经济业务发生,都会记入一个账户的借方,同时记入另一个账户的贷方,且记入借方的金额和记入贷方的金额必然相等,从而归纳出借贷记账法的记账规则。

1. 资产与负债、资产与所有者权益同时等额增加

经济业务的发生导致资产和负债,或者资产和所有者权益同时等额增加。

【例2—1】 瑞兴公司1月5日,购入原材料50 000元,货款尚未支付。

该项经济业务使得资产和负债两个会计要素发生变化。一方面购入原材料使得资产增加50 000元,应在"原材料"账户的借方登记;另一方面货款尚未支付使得负债增加50 000元,应在"应付账款"账户的贷方登记。

【例2—2】 瑞兴公司2月5日接受昌盛公司追加投资200 000元,款项存入银行。

该项经济业务使得资产和所有者权益两个会计要素发生变化。一方面收到货币资金使得资产增加200 000元,应在"银行存款"账户的借方登记;另一方面接受投资使得所有者权益增

加200 000元，应在“实收资本”账户的贷方登记。

2. 资产与负债、资产与所有者权益同时等额减小

经济业务的发生导致资产和负债，或者资产和所有者权益同时等额减少。

【例2—3】 瑞兴公司2月20日，以银行存款偿还短期借款100 000元。

该项经济业务使得资产和负债两个会计要素发生变化。一方面支付货币资金使得资产减少100 000元，应在“银行存款”账户的贷方登记；另一方面偿还借款使得负债减少100 000元，应在“短期借款”账户的借方登记。

【例2—4】 瑞兴公司3月1日，因资本过剩而决定减资，用银行存款偿还投资者投资100 000元。

该项经济业务使得资产和所有者权益两个会计要素发生变化。一方面支付货币资金使得资产减少100 000元，应在“银行存款”账户的贷方登记；另一方面偿还投资使得所有者权益减少100 000元，应在“实收资本”账户的借方登记。

3. 资产内各项目之间增减变化，增减额相等

经济业务的发生导致资产类账户内部项目有增有减，增减额相等。

【例2—5】 瑞兴公司3月10日，购入运输汽车1辆，以银行存款支付价款400 000元(假定支付的增值税不得抵扣，应计入运输汽车成本)。

该项经济业务使得资产会计要素发生一增一减变化。一方面支付货币资金使得资产减少400 000元，应在“银行存款”账户的贷方登记；另一方面购入运输汽车使得资产增加400 000元，应在“固定资产”账户的借方登记。

4. 负债和所有者权益内各项目之间发生增减变化，增减额相等

经济业务的发生导致负债类和所有者权益类账户各自内部有关项目之间，或者两类账户有关项目之间发生增减变化。

【例2—6】 瑞兴公司4月1日，开出商业汇票一张，抵偿应付账款5 000元。

该项经济业务使得负债会计要素发生一增一减变化。一方面开出商业汇票使得负债增加5 000元，应在“应付票据”账户的贷方登记；另一方面抵偿货款使得负债减少5 000元，应在“应付账款”账户的借方登记。

【例2—7】 瑞兴公司4月30日，将所有者权益项目中的资本公积50 000元转增资本。

该项经济业务使得所有者权益会计要素发生一增一减变化。一方面转增资本使得所有者权益增加50 000元，应在“实收资本”账户的贷方登记；另一方面用资本公积转增资本使得所有者权益减少50 000元，应在“资本公积”账户的借方登记。

【例2—8】 瑞兴公司5月31日，宣布将向股东分配现金股利40 000元，实际尚未办理发放手续。

该项经济业务使得负债和所有者权益两个会计要素发生变化。一方面宣布分配现金股利使得所有者权益减少40 000元，应在“利润分配”账户的借方登记；另一方面尚未支付股利使得负债增加40 000元，应在“应付股利”账户的贷方登记。

【例2—9】 瑞兴公司5月31日，应付丙公司的长期应付款150 000元，经双方协商，丙公司将该长期应付款转为对甲公司的股权投资。

该项经济业务使得负债和所有者权益两个会计要素发生变化。一方面长期应付款转销使得负债减少150 000元，应在“长期应付款”账户的借方登记；另一方面接受投资使得所有者权益增加150 000元，应在“实收资本”账户的贷方登记。

三、试算平衡

试算平衡(trial balance)是根据复式记账原理,利用会计要素之间的平衡关系来检查各类账户的记录是否正确的一种方法。

由于借贷记账法对每一笔经济业务的账务处理是按照“有借必有贷,借贷必相等”的规则进行的,因此一定时期全部科目的借方发生额合计数必然等于全部科目的贷方发生额合计数,全部科目的借方期末余额合计数也必然等于全部科目的贷方期末余额合计数。但应注意,试算达到平衡,并不能代表账务处理一定正确,因为有些账务处理错误并不影响试算平衡,如漏记或重记一笔业务,或一个记账错误的金额正好被另一个记账错误的金额所抵消等。

在借贷记账法下,进行试算平衡的方法包括如下两种。

(一)发生额试算平衡法

当我们要检验所有账户在某一期间内对各项经济业务的记录是否正确时,可用这种方法,其平衡公式是:

所有总分类账户本期借方发生额合计=所有总分类账户本期贷方发生额合计

发生额试算平衡表如表2—4所示。

表2—4 **发生额试算平衡表**

____年____月

会计科目	借方发生额	贷方发生额
合　计		

(二)余额试算平衡法

当我们要检验所有账户记录的内容经过一个时期的增减变动之后,在某一时点上(期末)结果是否正确时,可采用这种方法,其平衡公式是:

所有总分类账户期末借方余额合计=所有总分类账户期末贷方余额合计

余额试算平衡表如表2—5所示。

表2—5 **发生额试算平衡表**

____年____月

会计科目	期初余额		本期发生额		期末余额	
	借　方	贷　方	借　方	贷　方	借　方	贷　方
合计						

四、会计分录

为了清晰地反映账户间的对应关系，每项经济业务登记入账的时候，都要编制会计分录。

编制会计分录，是一种以货币为计量单位，按照每一笔经济业务所涉及的会计科目，根据账户结构和记账符号，分别记录各账户增加或减少金额的会计方法。在借贷记账法下，会计分录(accounting entry)就是对每笔经济业务列示其应借记或应贷记的账户名称及其金额的一种记录。

(一)编制会计分录的步骤

对于发生的每一笔经济业务，应按照以下步骤编制会计分录。

(1)确定该经济业务涉及的账户及其性质。

(2)确定各账户的变动是增加还是减少，增减的金额分别是多少。

(3)根据“有借必有贷，借贷必相等”的记账规则，确定各账户的记录应记入借方还是贷方。

(4)按照规定的格式编制会计分录。

(二)会计分录的格式

在实际工作中，编制会计分录是通过填制记账凭证的方式进行的。在理论教学过程中，会计分录具有规定的简化格式，具体表示如下。

借：账户名称	×××(金额)	
贷：账户名称		×××(金额)

由上可知，会计分录包含三个要素：账户名称、借贷方向和记账金额。

现仍以本章所举例 2—1 至例 2—9 的经济业务为例，编制会计分录如下：

例 2—1	借：原材料	50 000	
	贷：应付账款		50 000
例 2—2	借：银行存款	200 000	
	贷：实收资本		200 000
例 2—3	借：短期借款	100 000	
	贷：银行存款		100 000
例 2—4	借：实收资本	100 000	
	贷：银行存款		100 000
例 2—5	借：固定资产	400 000	
	贷：银行存款		400 000
例 2—6	借：应付账款	5 000	
	贷：应付票据		5 000
例 2—7	借：资本公积	50 000	
	贷：实收资本		50 000
例 2—8	借：利润分配	40 000	
	贷：应付股利		40 000
例 2—9	借：长期应付款	150 000	
	贷：实收资本		150 000

(三)会计分录的分类

会计分录按其结构不同，分为简单会计分录和复合会计分录。

简单会计分录是指仅涉及两个对应账户，由一个借方账户与一个贷方账户所组成的会计分录，账户对应关系为一借一贷。如会计分录的格式中所表述的9个分录。

复合会计分录是指涉及两个以上对应账户，由一个借方账户与几个贷方账户或一个贷方账户与几个借方账户所组成的会计分录，账户对应关系可以是一借多贷、一贷多借和多借多贷。但为了保证账户对应关系的清晰性，一般不宜编制多借多贷的会计分录。当经济业务比较复杂、涉及两个以上的账户时，就需要编制复合会计分录。

【例2—10】 甲公司6月2日，购入原材料一批，买价及运杂费共计10 000元，已用银行存款付清50%货款，余款开具商业汇票，3个月后支付。这项业务涉及三个账户：资产类的“原材料”账户要登记增加，资产类的“银行存款”账户要登记减少，负债类的“应付票据”账户要登记增加。会计分录编制如下：

借：原材料	10 000	
贷：银行存款		5 000
应付票据		5 000

以上会计分录为复合会计分录。一笔复合会计分录可分解为几笔简单会计分录。如本例的复合会计分录就是分别由两笔简单会计分录组成，列示如下：

借：原材料	5 000	
贷：银行存款		5 000
借：原材料	5 000	
贷：应付票据		5 000

编制复合会计分录的目的是简化会计分录的编制，提高记账工作效率。初学者宜在熟练掌握简单会计分录的基础上，再练习编制复合会计分录。

第三节　会计凭证与账簿

一、会计凭证

会计凭证(accounting document)是记录经济业务的发生情况，明确经济责任，作为记账依据的书面证明。

任何单位，对所发生的每一项经济业务都必须按照规定的程序和要求，由经办经济业务的有关人员填制或取得会计凭证。在会计凭证中，应注明经济业务的内容，并由相关人员在会计凭证上签名或盖章，以对该项经济业务的真实性、准确性负责。只有经过有关人员审核无误的会计凭证，才可以作为记账的依据。

会计凭证按其填制的程序和用途可分为原始凭证和记账凭证。

(一)原始凭证

原始凭证(source document)又称单据，是在经济业务发生或完成时取得或填制的，用以记录或证明经济业务的发生或完成情况的书面证明，是进行会计核算的原始资料和重要依据。

1. 原始凭证的种类

原始凭证按其来源，可分为外来原始凭证和自制原始凭证两种。

(1)外来原始凭证是经济业务发生时从外单位取得的，如购货时取得的发票、付款时取得的收据等；

(2)自制原始凭证是本单位经办人员填制的，如收款时开出的收据、商品入库时的收货单、销售商品时开出的发票等。

2. 原始凭证基本内容

原始凭证多种多样，但不论是外来原始凭证还是自制原始凭证，作为记录和证明经济业务的发生或完成情况、明确经办单位和人员的经济责任的原始证据，都必须具备以下基本内容：

(1)原始凭证的名称。

(2)填制凭证的日期。

(3)填制和接受凭证的单位名称。

(4)经济业务的基本内容，其中包括经济业务发生的数量和金额。

(5)填制单位和有关人员的签名或盖章。

此外，有些原始凭证为了满足计划、统计或其他业务方面工作的需要，还要列入有关的计划任务、合同号码和预算项目等，以便使原始凭证能够发挥多方面的作用。

3. 原始凭证的填制

自制原始凭证按其填制方法，可分为一次凭证和累计凭证两种。

一次凭证是对一项经济业务或若干项同类经济业务，在其发生后一次填制完毕的原始凭证。大部分自制原始凭证都是一次凭证，如收货单、发货单、收款收据和费用报销单等。外来原始凭证是由外单位或个人填制的，都是一次凭证。

累计凭证是在一定时期内连续记载同类经济业务，至期末按其累计数作为记账依据的自制原始凭证。它主要适用于某些经常重复发生的经济业务，如商业企业收购农副产品的收购单、工业企业用的限额领料单等。

原始凭证作为经济业务的原始证明，其填制必须符合一定的要求：

(1)真实可靠。凭证填制的内容、数字等，必须根据实际情况填列，确保原始凭证所反映的经济业务真实可靠，符合实际情况。

(2)内容完整。原始凭证的内容必须完整、齐全。原始凭证的填制日期，经济业务的内容、数量、金额都必须认真填写，不得遗漏。经办人员或责任人要签名或盖章，对外开具的原始凭证应加盖公章或财务专用章，不得遗漏。

(3)填制及时。原始凭证应在经济业务发生或完成时及时填制，并按照规定的程序和手续传递至有关业务部门和会计部门，以便及时办理后续业务。

(4)填写规范。原始凭证的填写应做到文字简明、字迹清晰、书写规范。

4. 原始凭证的审核

各种原始凭证除由经办业务的有关部门审核外，最后须由会计部门进行审核。对原始凭证的审核主要有以下三个方面：

(1)合法性、合规性、合理性审核。即审核经济业务内容是否符合有关政策、法令、制度、计划、预算和合同等规定，是否符合审批权限和手续，以及开支是否符合节约原则等。

(2)完整性审核。即审核原始凭证填写的手续是否完备，项目是否填写完全，有关经办人员是否都已签名或盖章，是否经过主管人员审批同意等。对内容填写不全、手续不完备的凭证，应退还经办人员补办完整后，才能据以办理收付业务，登记入账。

(3)正确性审核。即原始凭证的摘要和数字是否填写清楚、正确，数量、单价、金额、合计数等有无差错，大写、小写金额是否相等。对于数字填写有差错的凭证，应退还经办人员进行更正后才能据以入账。

本章"案例导读"中，公司会计小李在履行原始凭证审核工作时，对发现的有涂改痕迹、字迹模糊的发票应拒绝受理，退还经办人员，并要求其重新开具书写规范、手续完整的发票。

(二)记账凭证

记账凭证(journal voucher)是会计人员根据审核无误的原始凭证，按照经济业务的内容加以归类，并确定会计分录而填制的、直接作为记账依据的会计凭证。

记账凭证的作用是便于登记账簿，减少差错，保证账簿记录的质量。

1. 记账凭证的种类

记账凭证按其所反映的经济业务是否与现金和银行存款的收付有联系，可以分为收款凭证、付款凭证和转账凭证。

(1)收款凭证。收款凭证是用来反映现金和银行存款收入业务的记账凭证，应根据有关现金和银行存款收入业务的原始凭证填制。收款凭证的格式如表 2—6 所示。

表 2—6 **收款凭证**

应借科目： ____年____月____日 编号：

摘 要	应贷科目		记 账	金 额
	一级科目	二级或明细科目		

附件 张

会计主管： 记账： 出纳： 复核： 制单：

(2)付款凭证。付款凭证是用来反映现金和银行存款付出业务的记账凭证，应根据有关现金和银行存款付出业务的原始凭证填制。付款凭证的格式如表 2—7 所示。

表 2—7 **付款凭证**

应贷科目： ____年____月____日 编号：

摘 要	应借科目		记 账	金 额
	一级科目	二级或明细科目		

附件 张

会计主管： 记账： 出纳： 复核： 制单：

(3)转账凭证。转账凭证是用来反映不涉及现金和银行存款收付业务的记账凭证，应根据有关不涉及现金和银行存款收付业务的原始凭证填制。转账凭证的格式如表 2—8 所示。

表 2—8

转账凭证

____年___月___日　　　　　　　　　　　　编号：

摘　要	一级科目	二级或明细科目	记　账	借方金额	贷方金额
合　计					

附件　张

会计主管：　　　记账：　　　出纳：　　　复核：　　　制单：

实际工作中，有些企业并不专门设置收款凭证和付款凭证，而统一采用记账凭证，一般称为通用凭证。这种凭证的格式与转账凭证一致，只是凭证的名称改为通用凭证，凭证号统一编排。

2. 记账凭证的内容

为了保证会计核算的基本要求，记账凭证必须具备以下基本内容：

(1)填制单位的名称。

(2)记账凭证的名称。

(3)凭证的填制日期和编号。

(4)经济业务的内容摘要。

(5)应借、应贷的科目名称和记账金额，包括总分类科目、二级科目和明细分类科目的名称和金额。

(6)记账备注和所附原始凭证的张数。

(7)会计主管、制证、审核、记账等有关人员的签名或盖章。其中，收付款凭证还要有出纳人员的签名或盖章。

3. 记账凭证的填制

记账凭证可以根据每一张原始凭证直接填制，也可以根据若干反映同类经济业务的原始凭证汇总填制，还可以先将若干反映同类经济业务的原始凭证汇总编制成汇总原始凭证，再根据汇总原始凭证填制记账凭证。

4. 记账凭证的审核

记账凭证在记账前须经过审核。审核的内容主要有：

(1)记账凭证是否附有原始凭证，所附原始凭证的内容和张数是否与记账凭证相符。所附原始凭证的经济内容应与记账凭证核对一致。

(2)应借、应贷的科目名称和金额是否正确，科目对应关系是否清晰。所用的账户名称、账户的核算内容，必须符合会计制度的规定。

(3)记账凭证中的有关项目是否填列齐全，有关人员是否签名或盖章。

审核中如发现差错，应查明原因予以重填或用划线更正法改正，并在更正处由更正人员盖章，以示负责。

二、会计账簿

会计账簿(book of accounts)是由一定格式、相互连接的账页组成，用来序时地、分类地记录和反映各项经济业务的簿籍。

(一)会计账簿的设置

记账凭证比较分散,而且日积月累,往往数量很多,如果不予以集中,既容易散失,也不便于保管,因此需要设置账簿,将会计凭证反映的内容在账簿中进行登记。

设置和登记账簿的意义主要在于,可以为有关方面提供连续、系统、完整的核算资料,据以反映企业的财务状况和经营成果;利用账簿提供的资产账面数量与实务数量进行核对,可以检查账实是否相符,有利于保证各项资产的安全完整和合理利用;账簿所提供的资料既是编制会计报表的主要依据,又是进行会计监督的必要依据。此外,账簿还便于会计工作的分工。账簿是企业的重要经济档案,有利于保存资料,供日后查考。所以,每一个企业都应当根据具体情况和实际需要设置必要的账簿,并认真做好记账工作。

(二)账簿的种类

1. 按用途分类

账簿按用途,一般分为序时账簿、分类账簿和备查账簿。

序时账簿又称为日记账(journal),是对各项经济业务按照发生时间的先后顺序进行登记的账簿。常见的日记账有现金日记账、银行存款日记账等。

分类账簿(ledger)又称分类账,是对各项经济业务按照总分类账户和明细分类账户分类登记的账簿。分类账簿按照反映指标的详细程度划分,分为总分类账簿和明细分类账簿。

备查账簿又称辅助账簿,是对某些未能在日记账和分类账中记录的业务事项进行补充登记的账簿。例如,租入固定资产登记簿、受托加工材料登记簿、应收票据备查簿等。

2. 按外表形式分类

账簿按其外表形式,可以分为订本式账簿、活页式账簿和卡片式账簿。

订本式账簿又称订本账,是在使用前就将若干账页固定地装订成册的账簿。这种账簿的优点是能够避免账页散失,防止抽换账页;缺点是同一本账簿在同一时间内只能由一人登记,不能分工。订本账主要适用于现金日记账、银行存款日记账和总账。

活页式账簿又称活页账,是把若干张零散的账页放置在活动账夹之内的账簿。这种账簿的优点是可以任意增减空白账页,不会浪费账页,使用灵活,便于账页重新排列,也便于分工记账,有利于提高工作效率;缺点是账页容易散失,容易被抽换。活页账主要适用于各种明细账。

卡片式账簿又称卡片账,是由若干分散的具有专门格式的硬卡组成,存放在卡片箱内的账簿。这种账簿的优、缺点与活页账相同。卡片账主要适用于记载内容比较复杂的财产明细账,如固定资产、低值易耗品等。

3. 按账页格式分类

账簿按账页的格式分为三栏式、数量金额式和多栏式。

三栏式账簿,设有借方、贷方和余额三个栏目,没有数量栏。它适用于只需要反映金额的经济业务,如应收账款、应付账款等。

数量金额式账簿,设有收入、发出和结存的数量、单价和金额栏。它可以反映经济业务的数量和金额。适用于既要金额又要数量的经济业务,如材料、产成品等的记账。

多栏式账簿,是根据经济业务的特点和经营管理的需要,在账页上设置若干栏。它用于登记明细项目多、借贷方向单一的经济业务,如费用成本、收入成果等经济业务。

(三)日记账的设置与登记

企业一般应该设置现金日记账和银行存款日记账。

1. 现金日记账

现金日记账是指由出纳员根据库存现金的收款凭证和付款凭证，逐日逐笔顺序登记的账。其中，“收入”栏应根据收款凭证登记，“支出”栏应根据付款凭证登记；但对于从银行提取现金的收入数，由于已填制银行存款的付款凭证，为避免重复记账不再填制库存现金的收款凭证，所以应直接根据银行存款的付款凭证登记。每日登记完毕后，应该结算出库存现金的余额。现金日记账的格式如表2—9所示。

表2—9　现金日记账(三栏式)　第　页

年		凭证号数	摘要	对方科目	收入	支出	结余
月	日						

2. 银行存款日记账

银行存款日记账是指按照银行的存款类别设置，由出纳员根据各种银行存款的收款凭证和付款凭证逐笔登记的账。其中“收入”栏应根据收款凭证登记。“支出”栏应根据付款凭证登记；但对于把现金存入银行的收入数或者从其他银行存款户转存的收入数，也应该根据现金的付款或者银行存款的付款凭证登记。每日登记完毕后，应该结算出银行存款的余额。银行存款日记账的格式如表2—10所示。

表2—10　银行存款日记账　第　页

年		凭证号数	结算方式		对方单位	摘要	对应科目	收入	支出	结余
月	日		种类	支票号码						

(四)分类账簿的设置与登记

早期的分类账多为一本，随着交易的增加，同一性质的项目，除应用相同账户外，还另按子目或细目分设账户，以反映辅助性补充信息的详细情况，所以原分类账便称为总分类账，或简称总账，而补充披露总分类账详情的分类账则称为明细分类账或辅助分类账。

1. 总分类账簿

总分类账簿又称总分类账、总账，是根据总分类科目开设账户，用来分类记录全部经济业务，提供总括核算指标的分类账簿，其总括反映资产、负债、所有者权益、收入、费用、利润各个账户的会计信息。账页格式一般采用“借方”、“贷方”、“余额”三栏式。

2. 明细分类账簿

明细分类账簿又称明细分类账、明细账，是根据总分类科目所属二级或明细科目开设账户，用来分类记录某类经济业务，提供比较详细的核算指标的分类账簿。明细账必须按照二级或明细科目设置，一般采用活页式账簿，有“三栏式”、“数量金额式”和“多栏式”三种。

3. 总分类账户与明细分类账户的平行登记

总分类账户和明细分类账户的关系，决定了两者必须平行登记。总分类账户与明细分类账户平行登记的要点如下。

(1)对于需要提供详细核算指标的每一项经济业务，根据原始依据，一方面要记入有关的总分类账户，另一方面要记入该总分类账户所属的有关明细分类账户。

(2)将经济业务记入某一总分类账户及其所属的明细分类账户时，必须记在相同的方向。以借贷记账法为例，应记入借方的都记借方，应记入贷方的都记贷方。

(3)记入某一总分类账户的金额和必须与记入其所属的有关明细分类账户的金额相等。

以上要点可以概括为，记账依据相同、记账方向一致、记账金额相等。

总分类账户与其所属的明细分类账户进行平行登记，其结果是：

某一总分类账户的期初余额＝该总分类账户所属明细分类账户期初余额之和

某一总分类账户的借方发生额＝该总分类账户所属明细分类账户借方发生额之和

某一总分类账户的贷方发生额＝该总分类账户所属明细分类账户贷方发生额之和

某一总分类账户的期末余额＝该总分类账户所属明细分类账户期末余额之和

(五)账簿启用的规则

账簿是储存数据资料的重要会计档案，登记账簿要有专人负责。为了保证账簿记录的严肃性和合法性，明确记账责任和资料完整，在账簿启用时，应在“账簿启用和经营人员一览表”中详细载明：单位名称、账簿名称、账簿编号、账簿册数、账簿共计页数和启用日期，并加盖单位公章。经营人员(包括企业和单位的负责人、主管会计、复核和记账人员)均应写明姓名并加盖印章。记账人员调动工作或因故离职时，应办理交接手续，在交接记录栏内填写交接日期和交接人员姓名(签章)。将“账簿启用和经营人员一览表”列入账簿扉页。

(六)账簿登记的规则

(1)必须根据经过审核无误的会计凭证进行登记。企业单位每天发生的各种各样经济业务，都要记账，记账的依据是会计凭证。

(2)记账必须用蓝、黑墨水笔书写，不许用铅笔或圆珠笔记账。这是因为，各种账簿归档保管的年限，国家规定一般都在10年以上，有些关系到重要经济资料的账簿，则要长期保管。因此，要求账簿记录保持清晰、耐久，以便长期查核使用，防止涂改。

(3)记账时应按账户页次顺序逐页登记，不得跳行、隔页。如果发生跳行、隔页时，应在空行、空页处用红色墨水划对角线注销，注明“此行空白”或“此页空白”字样，并由记账人员签章。

(4)记账除结账、改错、冲销账簿记录外，不能用红色墨水。因为在会计核算工作中，红色数字表示对蓝色数字的冲销、冲减数或表示负数。

(5)记账时，每一笔账都要记明日期、凭证号数、摘要和金额。记账后，要在记账凭证上注明所记账簿的页数，或划“√”，表示已经登记入账，避免重记、漏记。

(6)记账要保持清晰、整洁，记账文字和数字都要端正、清楚，严禁刮擦、挖补、涂改或用药水消除字迹。

(7)凡需结出余额的账户，结出余额后，应在“借或贷”栏内写明“借”或“贷”字样。没有余额的账户，应在该栏内写“平”字，并在余额栏“元”位上用“0”表示。现金日记账或银行存款日记账必须逐日结出余额。

(8)各账户在一张账页记满，要在该账页的最末一行加计发生额合计数和结出余额，并在该行“摘要”栏内注明“转次页”字样；然后，再把这个发生额合计数和余额填列在下一页的第一行内，并在“摘要”栏内注明“承前页”，以保证账簿记录的连续性。

(9)订本式的账簿，都编有账页的顺序号，不得任意撕毁。活页式账簿也不得随便抽换账页。

(10)记账时书写文字和数字时要符合规范。不要写怪体字、错别字，不要潦草。

(七)更正错账的方法

在日常会计工作中，如果发生错误，应视错误的不同情况采用规定的会计方法更正。错账的更正方法可分为划线更正法、红字更正法和补充登记法。

1. 划线更正法

在结账之前，如果发现账簿记录有错误，而记账凭证无错误，即纯属文字或数字上的错误，应采用划线更正法更正。具体做法：先在错误的文字或数字上划一红线，然后在划线上方填写正确的记录。在划线时如果是文字错误，可只划销错误部分；如果是数字上错误，应将全部数字划销，不得只划销错误数字；划销时必须注意使原来的错误字迹仍可辨认；然后，将正确的数字用蓝字写在划线上面，并由经办人员在更正处盖章，以明确责任。

【例 2—11】 将记账凭证上现金借方余额 4 130 元，过入总账时误记为 4 730 元，应采用划线更正法，将错误数字全部用红线注销，而不能只删改其中的一个“7”字，然后写上正确的数字。

2. 红字更正法

红字更正法一般适用于下列两种情况：(1)记账以后，发现记账凭证中应借、应贷符号、科目或金额有错误时，可采用红字更正法更正。更正时应用红字填写一份与原用科目、借贷方向和金额相同的记账凭证，以冲销原来的记录；然后用蓝字重新填制一份正确记账凭证，一并登记入账。(2)在记账以后，如发现记账凭证和账簿记录的金额有错误，而原记账凭证中应借、应贷会计科目并无错误，记账错误表现是：所记金额大于应记金额。这时可采用红字更正法。将多记的金额(即正确数与错误数之间的差额)用红字填写一张记账凭证，用以冲销多记金额，并据以记入账户。

红字更正法不仅能保持账户间的对应关系，而且还能保持账户中的正确发生额，不会出现因改正错账而数字虚增或虚减。

【例 2—12】 通过银行收到客户赊欠的贷款 8 000 元，在收款凭证上误记为：

借：银行存款　　8 000

　　贷：应付账款　　8 000

用红字更正法如下，先用红字全额冲销原错误记账凭证，会计分录为：

借：银行存款　　[8 000]

　　贷：应付账款　　[8 000]

(注：加框的数字应为红字)

再填制一张正确的记账凭证，会计分录为：

借：银行存款　　8 000

　　贷：应收账款　　8 000

【例 2—13】 从银行提取现金 300 元，记账凭证上误记为 500 元，原错记的会计分录为：

借：库存现金　　500

　　贷：银行存款　　500

更正时用红字填制的会计分录为：

借：库存现金　　200（红字）

　　贷：银行存款　　200（红字）

3. 补充登记法

记账以后，如果发现记账凭证上应借、应贷的会计科目并无错误，但所填金额小于应填金额，可采用补充登记法更正，即再填一张补充少记金额的记账凭证，并将其补记入账。

【例 2—14】 企业用银行存款支付奖金 800 元，误记的会计分录为：

借：应付职工薪酬　　300

　　贷：银行存款　　300

更正是用蓝字填制的会计分录为：

借：应付职工薪酬　　500

　　贷：银行存款　　500

(八)对账和结账

1. 对账

对账(checking)是对账簿记录进行的核对工作。

(1)账证核对。账证核对是指根据各种账簿记录与记账凭证及其所附原始凭证进行核对。这种核对除在日常制证、记账过程中进行以外，每月终了，如果发现账账不符时，需追本溯源，进行账簿与会计凭证的检查核对，以确保账证相符。

(2)账账核对。账账核对是指对各种账簿之间的有关数字进行核对，主要内容包括：①总分类账各账户本月借方发生额合计数与贷方发生额合计数是否相等；②总分类账各账户余额与其所属有关明细分类账各账户余额合计数是否相等；③现金日记账和银行存款日记账的余额与总分类账账户余额是否相符；④会计部门有关财产物资的明细分类账金额，应该同财产物资保管或使用部门的登记簿所记录的内容，按月或定期相互核对，保证相符。

(3)账实核对。账实核对是指各种财产物资的账面余额与实存数额相核对，包括：①现金日记账账面余额与现金实际库存数相核对；②银行存款日记账账面余额与开户银行账目相核对；③各种材料、物资明细分类账账面余额与材料、物资实存数相核对；④各种应收、应付款明细分类账账面余额与有关债务、债权单位的账目相核对。在实际会计核算工作中，账实核对一般是通过财产清查进行的。

2. 结账

结账(closing account)是指会计期末将各账户余额结清或转至下期，使各账户记录暂告段落的过程。

每到会计期末，为了解当期的经营成果和期末财务状况，必须将所有账户的数据汇总编表。利润表账户的用途是归集各期的收入、费用数，故期末应予汇总，并结转至“本年利润”账户中反映当期盈亏，同时也便于下期重新开始记录新会计期的收入、费用。这种将收入账、费用账结清的工作，称为结账。另外，经过一个会计期间的经营之后，资产负债表账户也发生了增减变化，为了解期末财务状况，应计算这些账户的期末余额，并结转到下期，这也称为结账。

(1)结账的主要程序：

①结账前，应将本期发生的经济业务全部登入各有关账簿中，不能提前结账，也不能将本期发生的业务延至下期入账。

②结账时，应结出各账簿中全部账户的本期发生额和期末余额。

(2)结账的方法。先计算登记各种账簿本期发生额和期末余额，并加以划线结束，然后将期末余额结转下期。

①月结。月终结账时，可在账户记录的最末一行之下划一道单红线，在下一行“摘要”栏内注明“本期发生额和期末余额”，然后再在“本期发生额和期末余额”行之下划一道单红线，以表示本期账簿记录已经结束。紧接一行，在“日期”栏填写下月的1日，在“摘要”栏内注明“期初余额”，并在“金额”栏将上期期末余额转为本期的期初余额。这样，下一月份的经济业务，即可在期初余额以下继续登记。

②年结。年度结账时，要将各个账户结平，并将各账户余额结转到下年度新开的账户中。结账时，可在上年账户最后一笔记录的下一行“摘要”栏内，注明“结转下年”字样，并以与期末余额相反的方向，以同一数额记入“借方”或“贷方”金额栏内，即借方期末余额记入“贷方”金额栏，贷方期末余额记入“借方”金额栏，然后在其下划单红线，并结出借、贷方合计数，再在其下划双红线，以表示该账户已在本年底结束。在下年度新开的账户第一行填写日期1月1日，在“摘要”栏中注明“上年结转”字样，并记入余额。上年为借方余额的，结转至下年仍为借方余额；贷方余额亦同。

第四节　财产清查

一、财产清查概述

财产清查是指通过对实物、现金的实地盘点和对银行存款、债权债务的查对，以确定财产物资、货币资金和债权债务的实存数，并查明账面结存与实存数是否相符的一种专门方法。

1. 财产清查的意义

(1)可以确定各项财产物资的实用数，将实存数与账存数进行对比，确定各项财产的盘盈、盘亏，并及时调整账簿记录，做到账实相符，以保证账簿记录的真实、可靠，提高会计信息的质量。

(2)可以揭示各项财产物资的使用情况，改善经营管理，挖掘各项财产物资的潜力，加速资金周转，提高财产物资的使用效果。

(3)可以查明各项财产物资的储备和保管情况以及各种责任制度的建立和执行情况，揭示各项财经制度和结算纪律的遵守情况，促使财产物资保管人员加强责任感，保证各项财产物资的安全、完整，促使经办人员自觉遵守财经制度和结算纪律，及时结清债权债务，避免发生坏账损失。

2. 财产清查的种类

(1)按照财产清查的对象和范围不同，可以分为全部清查和局部清查。全部清查是指对企业的全部资产、负债进行清查，包括对货币资金、存货、固定资产、应收应付账款及各种借款的清查。由于全面清查的工作量很大，涉及面很广，一般只在年终或企业进行清算时进行。局部清查就是根据需要，对企业的部分财产、部分负债进行盘点、核对。企业进行局部清查的时间可以采取定期的或不定期的临时清查，视具体情况而定。

(2)按照财产清查的时间分类，可以划分为定期清查和临时清查。定期清查是按预先规定的时间进行的清查，如在年末按规定进行的清查，以便编制年度会计报表。临时清查是指事前不规定清查日期，根据实际需要而进行的财产清查，如企业遭受水灾、台风等自然灾害以后，必须进行临时清查；为了加强对货币资金的内部控制，也必须进行临时清查。

3. 财产清查的组织

财产清查也是为了加强财务管理，发挥会计监督的职能，是一项十分复杂而细致的工作。因此，在进行财产清查以前，要做好各项准备工作，包括组织准备和业务准备。

(1)组织准备。无论是内部清查还是外部清查，都要抽调专职人员组成清查小组，执行财产清查的任务。他们在财产清查工作开始前必须经过短期的学习、培训，明确本次清查的目的，掌握财产清查的方法、技术，清查完毕，要如实提交清查报告。

(2)业务准备。要使清查工作迅速地、顺利地完成，清查之前必须做好以下几点：清查之前必须将所有经济业务全部入账，并试算平衡，认真核对总账与其所属明细账的余额，以保证账簿记录的正确性，否则账账不相符；各个仓库管理人员必须在清查之前将各种实物进行整理；清查前必须按照国家标准计量校正各种度量衡器具，减少误差；准备好各种空白的清查盘来保存报告表。

4. 财产物资的盘存制度

财产物资的盘存有永续盘存制和实地盘存制两种方法。

(1)永续盘存制，也称为账面盘存制，是指对实物资产项目设置经常性的库存记录，即逐笔或逐日的登记相关实物资产的收入、发出和结存情况。永续盘存制手续严密，并且可以随时了解财产物资的收、发、存的情况，可以加强对资产的管理。但因为要经常进行盘存，核算的工作量很大。这种方法适用范围比较广泛。

(2)实地盘存制，也称为定期盘存制，是指会计期末通过对全部实物资产进行实地盘点，以确定期末实物资产的结存数量，然后分别乘以各项实物资产的盘存单价，计算出期末实物资产的总金额，记入各相关项目，倒轧出本期已耗用或已销售实物资产的成本。采用这种方法，平时对相关科目只记借方，不记贷方，每一期末，通过实地盘点确定实物资产数量，据以计算期末实物资产成本，然后计算出当期耗用或销货成本，记入相关科目的贷方。

二、财产清查方法

财产清查的方法有技术推算、核对账目法、询证核对等。一般而言，对于现金的清查采用实地盘点，银行存款采用核对账目法，对于应收应付账款可采用信函查询或开出结算资金核对表等一些其他的清查方法。

(一)货币资金的清查方法

1. 现金的清查

现金的清查主要是通过实地盘点的方法来确定库存现金的实存数，然后再与现金日记账的账面余额相核对，确定账存与实存是否相等以及盈亏情况。

实际工作中，除了由出纳人员对现金进行经常性清查外，还应由清查小组对库存现金进行定期或不定期的清查。现金清查时，出纳人员必须在场，现金由出纳人员经手盘点，清查人员从旁监督。同时，清查人员还应认真审核现金收付凭证和有关账簿，检查财务处理是否合理合法、账簿记录有无错误，以确定账存与实存是否相符等。

现金清查结束后应填写“库存现金盘点报告表”，并据以调整现金日记账的账面记录。本章“案例导读”中，出纳人员挪用公司现金的情况可以通过不定期进行现金清查发现问题。

2. 银行存款的清查

银行存款清查是通过与开户银行转来的对账单进行核对，查明银行存款的实有数额。银行存款日记账与开户银行转来的对账单不一致的原因有两个方面：一是双方或一方记账有错误；二是存在未达账项。

所谓未达账项，是指企业与银行之间，由于凭证传递上的时间差，一方已登记入账，而另一方因尚未接到凭证因而未登记入账的款项。具体地说，未达账项大致有下列4种情况：

(1)企业已收，银行未收。即企业已收款入账，银行尚未收款入账。

(2)企业已付，银行未付。即企业已付款入账，银行尚未付款入账。

(3)银行已收，企业未收。即银行已收款入账，企业尚未收款入账。

(4)银行已付，企业未付。即银行已付款入账，企业尚未付款入账。

其中(1)、(4)两种情况下，会使企业账面的存款余额大于银行对账单的余额；而在(2)、(3)两种情况下，又会使企业账面的存款余额小于银行对账单的余额。因此，在清查银行存款时，如出现未达账项，应通过编制“银行存款余额调节表”进行调整。

(二)实物的清查方法

实物的清查方法主要有两种，即实地盘点法和技术推算法。

(1)实地盘点法。实地盘点法就是运用度、量、衡等工具，在财产物资存放现场逐一清点数量，逐一确定被清查实物实有数的一种方法。这种方法适应范围较广，大多数财产物资都可采取这种方法。这种方法数字准确可靠，但工作量较大。

(2)技术推算法。技术推算法是按照一定标准推算出其实有数的一种方法。这种方法适用于堆垛量很大而不便一一清点、单位价值又比较低的实物的清查，如露天堆放的燃料用煤、砂石等大宗物资就可以用技术推算法。

对各项财产物资的盘点结果，应逐一填制盘存单，并同账面余额记录核对，确认盘盈盘亏数，填制实存账存对比表，作为调整账面记录的原始凭证。

(三)往来款项的清查方法

各种结算往来款项一般采取询证核对法进行清查，即通过证件同经济往来单位核对账目的方法。清查单位按每一个经济往来单位编制“往来款项对账单”(一式两份，其中一份作为回执联)送往各经济往来单位。对方经过核对相符后，在回联单盖公章退回，表示已核对；如果经核对数字不相符，对方应在回联单上注明情况，或另抄写对账单，退回本单位，进一步查明原因，再行核对，直到相符为止。

三、财产清查结果的账务处理

财产清查的结果不外乎三种情况：账存数与实存数相等；账存数大于实存数，表示财产物资发生短缺；账存数小于实存数，表示财产物资发生溢余。

一旦发生账实不符，无论是短缺还是溢余，原则上都必须认真调查，分析原因，按规定程序进行处理：

(1)当发生财产的短缺和溢余时，设置“待处理财产损溢”进行核算，下设两个明细科目“待处理流动资产损溢”、“待处理固定资产损溢”。

(2)认真查明财产发生账实不符的性质和原因，明确经济责任，经股东大会或董事会，或厂长经理会议，或类似机构批准后，在期末结账前处理完毕，分别调整“管理费用”、“营业外支出”和“其他应收款”等会计科目。如果在期末结账前未经批准的，在对外提供会计报告时先按规定处理，并在会计报表附注中做出说明；如果其后批准处理的金额与已处理的金额不一致，调整报表相关项目的年初数。

第五节 会计循环

根据会计期间假设，一个企业从一个会计期间的开始日起就需要记录发生的所有经济业务事项；在会计期间结束时则根据所记录的所有资料编制各种供不同对象阅读的会计报表。这种工作在企业延续的每一个会计期间会周而复始地循环进行。在每个会计期间完成会计核算的过程中，要运用一系列的会计处理方法和程序。我们把在一个会计期间，从一切交易和经济业务的发生起到编制出财务报表为止的一系列会计处理程序称为会计循环(accounting cycle)。

经济业务发生后，会计工作要按一定程序来进行会计处理。其一般要经过根据原始凭证填制记账凭证，根据记账凭证登记账簿并进行试算平衡，经过调整、结清和结算各账户的记录，进行结账、清查，最后编制会计报表的基本程序。会计循环的基本步骤流程如图 2—4 所示。

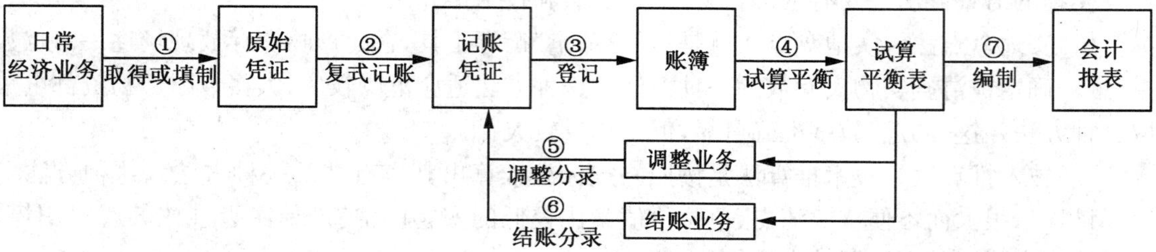

图 2—4 会计循环基本步骤流程

对于会计循环的主要步骤说明如下：

(1)取得或填制原始凭证。经济业务发生后，取得或填制原始凭证，作为原始记录。原始凭证根据经济业务的需要采用自制原始凭证或外来原始凭证；如果同类经济业务较多，可以采用汇总原始凭证。

(2)复式记账。按复式记账原理，根据原始凭证或汇总原始凭证编制记账凭证。记账凭证可以采用收款凭证、付款凭证、转账凭证的格式。

(3)登记账簿。根据记账凭证，按经济业务发生时间的先后顺序，登记账簿，包括日记账、明细账和总分类账。

(4)试算平衡。根据各种分类账，编制本期发生额及期末余额试算平衡表。

(5)调整分录。根据权责发生制和配比原则的要求，按照收入、费用的归属期，对账本记录进行必要的调整，从而正确地计算出当期损益和反映企业会计期末的财务状况。

(6)结账分录。在会计期末结账时，结转计算当期损益。结账时，将本期各收入类账户和成本、费用类账户的发生额转入"本年利润"账户，从而结平收入、成本及费用类账户。

(7)编制会计报表。会计期期末，依据账簿之间的平衡关系进行对账，包括账账核对、账证核对和账实核对。以账簿资料为依据，按照规定的格式和要求，编制会计报表。

电子计算机在会计领域的广泛应用，改变了会计数据处理的技术手段，使得会计处理的速度和效率得到很大程度的提高。为适应计算机高效、自动化的特点，手工操作下形成的会计核算流程也相应地发生较大变化，有关此方面内容在“计算机会计”等课程中作详细介绍。

本章小结

运用复式簿记法加工处理会计信息时，需要设置账户，对会计要素的内容进行科学的再分类，具体可分为资产类账户、负债类账户、所有者权益类账户、收入类账户、费用类账户、利润类账户。会计科目是会计账户的标准名称。

国际上通用的复式记账法是借贷记账法。这一方法采用“借”“贷”作为记账符号，遵循“有借必有贷，借贷必相等”的记账规则。

会计信息系统的运行，需要在特定的载体——会计凭证、会计账簿和会计报表上进行。每一项经济业务的发生都要通过会计凭证来接受其信息，并进行审核确定，才能输入复式簿记系统。进而利用会计账簿把凭证中分散的会计信息，按照经济业务发生的时间顺序和科目的不同性质加以归类、加工和整理。这一会计信息在进入会计报表之前，必须对账簿信息的真实可靠性进行核实，通过对账、财产清查来保证账簿记录的准确性和账实相符。

会计信息系统在数据收集、加工和处理等过程中，其运行过程是按照一定次序依次继起、周而复始进行的，具有“循环的特征”，被称为会计循环。会计循环的运行过程，也是会计发挥反映和控制职能的过程。

复习思考题

一、简答题

1. 借贷记账法的记账规则是什么？
2. 什么是原始凭证？主要有哪几种类型？
3. 什么是账簿？可分为哪几类？
4. 错账的更正方法有几种？分别适用于什么情况？
5. 什么是对账和结账？它们各自包括哪些内容？

二、单项选择题

1. 6月30日，“本年利润”账户有借方余额13万元，表示(　　)。

A. 1～6月累计实现的利润为13万元　　B. 1～6月累计发生的亏损为13万元
C. 6月份实现的利润为13万元　　D. 6月份发生的亏损为13万元

2. 下列不应计入营业利润的是(　　)。

A. 管理费用　　B. 财务费用　　C. 营业费用　　D. 营业外支出

3. “主营业务成本”账户的借方登记“(　　)”账户中结转的本期已售商品的成本。

A. 生产成本　　B. 库存商品　　C. 管理费用　　D. 原材料

4. 已知某企业商品销售利润480万元，管理费用120万元，财务费用8万元，营业费用42万元，营业外收入12万元，则营业利润是(　　)万元。

A. 310　　B. 350　　C. 322　　D. 298

5. 投资者向企业投入一项资产，其影响的结果为(　　)。

A. 资产增加，收入增加　　B. 资产增加，负债增加
C. 资产增加，所有者权益增加　　D. 资产增加，费用增加

6. 企业用存款偿还借入的短期债务，其影响的结果为(　　)。

A. 资产增加，负债增加　　B. 资产增加，负债减少

C. 资产减少，负债减少　　D. 资产减少，负债增加

7. 会计分录的载体为(　　)。

A. 原始凭证　　B. 记账凭证　　C. 转账凭证　　D. 付款凭证

8. 一般账户的余额与本期发生额之间的关系为：(　　)。

A. 期末余额＝期初余额＋本期增加额－本期减少额

B. 期末余额＝期初余额－本期增加额＋本期减少额

C. 期初余额＝期末余额＋本期增加额－本期减少额

D. 本期增加额＝期末余额－期初余额－本期减少额

9. 从银行提现金的业务应编制(　　)。

A. 现金收款凭证　　B. 现金付款凭证　　C. 银行收款凭证　　D. 银行付款凭证

10. 日记账又叫作(　　)。

A. 序时账　　B. 分类账　　C. 备查账　　D. 总账

三、多项选择题

1. 下列错误不能通过试算平衡检查出来的有(　　)。

A. 借贷双方重复多记或完全漏记的错误

B. 借贷方向记反了的错误

C. 借贷双方同样金额的错误

D. 借贷方有一方金额错误

2. 企业对账的目的是保证(　　)。

A. 账证相符　　B. 账账相符　　C. 账实相符　　D. 证实相符

3. 遵循"有借必有贷，借贷必相等"原则的有(　　)。

A. 单式记账法　　B. 复式记账法

C. 编制试算平衡表　　D. 编制银行的存款余额调节表

4. 当出现以下错误时，可采用红字更正法更正错账的有(　　)。

A. 记账凭证无误，但登记的账簿有误

B. 记账凭证上的借贷科目正确，但所记金额比应计金额高

C. 记账凭证上的借贷科目正确，但所记金额比应计金额低

D. 记账凭证上的借贷科目有误

5. 负债类账户符合的特征有(　　)。

A. 负债增加记在借方　　B. 负债增加记在贷方

C. 通常余额方向为借方　　D. 通常余额方向为贷方

四、业务题

资料：某企业 2×15 年 8 月份发生部分经济业务如下：

(1)所有者投入资本 150 000 元，存入银行。

(2)购入新机器 2 台，价值 80 000 元，以银行存款支付。(不考虑应交增值税)

(3)向 A 工厂购入材料一批，计 60 000 元，材料已验收入库，货款以银行存款支付(不考虑

应交增值税)。

(4)管理人员出差回来报销差旅费1 600元,原借支2 000元,余款交回现金。

(5)7月份预付报刊费中,本月应由管理部门负担400元。

(6)预提本月固定资产修理费1 100元。

(7)以银行存款支付职工医药费2 500元。

要求:

(1)根据上述资料编制会计分录。

(2)假定2×15年7月31日资产负债表中资产和负债及所有者权益的合计数为1 200 000元。上述经济业务发生后,2×15年8月31日资产负债表的资产和负债及所有者权益的合计数应各为多少?(要求列出计算过程)

第三章　货币资金与应收款项

【案例导读】

大发公司的出纳员小李刚参加工作，对于如何管理和核算货币资金的相关规定还不是很了解，在最近一个月的工作中，小李对如下会计事项进行了处理。

(1)1 月 8 日进行现金清查时，小李发现现金短缺了 100 元。小李认真思考后也没发现现金短缺的原因。为了保全自己的面子和息事宁人，小李自掏腰包把钱补齐了。31 日现金清查时，小李又发现现金溢余 50 元，小李把现金暂时收起。

(2)初来乍到的小李对于公司银行存款的工作也不是很熟悉，银行存款实有额经常出现不准确的情况，有几次甚至影响到了公司的日常结算。为此，公司的财务经理指派有关人员检查小李的工作，结果发现小李在编制银行存款余额调节表时，只根据公司银行存款日记账的余额加减对账单中企业的未入账款项，小李依此来确定银行存款的实有数，并在每次完成此项工作后，小李就立即将这些未入账的款项登记入账。

请思考：小李这样做是正确的吗？如果不是，应如何处理这些业务？

【本章导读】

本章将在介绍货币资金和应收款项概念的基础上，重点介绍货币资金的内容、库存现金的管理，各种银行结算方式的运用，以及银行存款余额调节表的编制；应收票据的入账价值及核算方法；应收账款的核算及坏账损失的核算。通过本章学习，你应能够：(1)掌握现金管理制度的主要内容及现金的核算；(2)掌握银行的结算方式及银行存款的核算；(3)了解其他货币资金的核算；(4)掌握应收票据、应收账款和坏账准备的核算；(5)了解预付账款和其他应收款的内容及核算。

第一节　货币资金

货币资金(monetary capital)是指企业生产经营过程中处于货币形态的资产。根据货币资金的存放地点不同及其用途不同，货币资金可分为库存现金、银行存款和其他货币资金。

企业为了保证生产经营活动的正常进行，必须拥有一定数额的货币资金，用以购买材料、固定资产、缴纳税金、发放工资，或进行对外投资活动。企业货币资金拥有量的多少，在一定程度上反映企业偿债能力与支付能力的大小，是债权人和管理者分析企业财务状况的重要指标之一。此外，货币资金属于一般等价物，本身具有高度的流动性，使得货币资金的管理和控制显得十分重要。

一、库存现金

库存现金(cash on hand)是指存放于企业会计部门、由出纳人员保管并用于日常零星开支所需的现钞，包括人民币现金和外币现金。在货币资金中，库存现金流动性最强，最易被挪用或侵占。因此，企业必须加强对库存现金的管理，保护其完整和安全。

(一)库存现金的管理制度

1. 库存现金的使用范围

国务院颁发的《现金管理暂行条例》对库存现金的使用范围作了具体的规定。按照规定，各单位可以在下列范围内使用现金：(1)职工工资、津贴；(2)个人劳动报酬；(3)根据国家规定颁发给个人的科学技术、文化艺术和体育等各种奖金；(4)各种劳保、福利费用以及国家规定的对个人的其他支出；(5)向个人收购农副产品和其他物资的价款；(6)出差人员必须随身携带的差旅费；(7)结算起点(1 000 元)以下的零星支出；(8)中国人民银行确定需要支付现金的其他支出。

2. 库存现金的限额

企业库存现金的限额由开户银行根据企业的实际情况核定，一般以满足企业 3～5 天的零星开支为标准核定库存现金的限额。边远地区和交通不便地区的企业可以多于 5 天，但不能超过 15 天的日常零星开支确定限额。

3. 库存现金日常收支的管理

企业在办理库存现金日常收支时，应做到以下几点：(1)企业库存现金收入应于当日送存开户银行。当日送存银行有困难的，由开户银行确定送存时间。(2)企业支付库存现金，可以从本企业库存现金限额中支付或者从开户银行提取，不得从本企业的库存现金收入中直接支付(即坐支)。因特殊情况需要坐支库存现金的，应事先报经开户银行批准。(3)企业从开户银行提取库存现金，应当写明用途，由本单位财会部门负责人签字盖章，经开户银行审核后予以支付。(4)企业因采购地点不固定、交通不便以及其他特殊情况必须使用库存现金的，应向开户银行提出申请，经开户银行审核后予以支付。

4. 库存现金的内部控制制度

为了加强对库存现金的管理，应建立库存现金的内部控制制度：(1)将经管库存现金和会计记账分开。经管库存现金收支的出纳员不得进行会计记账，进行库存现金收付记账的会计人员不得经管库存现金。在会计实务中，为了使经管库存现金的出纳员能随时了解现金结存的情况，一般可由出纳员兼管现金日记账的登记工作。(2)对涉及库存现金收付的交易必须按原始凭证编制收付款凭证，并要在原始凭证与收付款凭证上盖上“现金收讫”或“现金付讫”章。(3)会计人员根据“收款或付款清单”和“银行存款回单”等，经核对无误后编制凭证、登记有关账簿。(4)企业的出纳人员应定期进行轮换。不得一人长期从事出纳工作。

(二)库存现金的核算

为了总括地反映企业库存现金的收支和结存情况，企业会计准则要求设置“库存现金”账户，该账户的借方登记企业现金的增加额，贷方登记现金的减少额，期末借方余额表示库存现金的结余额。

企业收入现金时，应根据审核无误的收款凭证，借记“库存现金”科目，贷记有关科目；企业支出现金时，应根据审核无误的付款凭证，借记有关科目，贷记“库存现金”科目。

【例3－1】 润达公司2×15年6月1日发生下列现金收支业务。

(1)从开户银行提取现金800元备用。

借：库存现金	800	
贷：银行存款		800

(2)职工王明原出差借2 000元，报销1 500元，剩余现金500元交回。

借：库存现金	500	
管理费用	1 500	
贷：其他应收款——王明		2 000

(3)以现金支付职工困难补助500元。

借：应付职工薪酬——福利费	500	
贷：库存现金		500

(4)以现金支付公司购买邮票款100元。

借：管理费用	100	
贷：库存现金		100

为了加强对库存现金的管理，随时掌握库存现金收付的动态和库存余额，保证库存现金的安全，企业应设置“库存现金日记账”，所发生的库存现金收支业务必须通过出纳人员，由出纳人员根据审核无误的收、付款凭证，按照库存现金业务发生的先后顺序逐日、逐笔登记，每日终了时应计算现金收入合计、现金支出合计及现金结余数，并将结余数与实际库存现金数核对，保证账款相符。如果发生账款不符的情况，应及时查明原因，并进行处理。月份终了，库存现金日记账的余额应与库存现金总账的余额核对，做到账账相符。

(三)库存现金的清查

为了及时、准确地反映库存现金的余额，加强对出纳工作的监督，确保库存现金的安全，应于每日终了对库存现金进行清查，保证账实相符。如果发现有挪用现金、白条顶库的情况，应及时予以纠正；对于超限额留存的现金应及时送存银行。在发现账面余额与库存实有数不符的情况下，应查明原因，及时报告主管领导，进行相应处理。

如果发生现金短缺，应将短缺的现金核减，保证库存现金的账实相符，借记“待处理财产损溢——待处理流动资产损溢”科目，贷记“库存现金”科目。待查明原因后作如下处理：属于应由责任人赔偿的部分，借记“其他应收款——现金短款”或“库存现金”等科目，贷记“待处理财产损溢——待处理流动资产损溢”科目；属于应由保险公司赔偿的部分，借记“其他应收款”科目，贷记“待处理财产损溢——待处理流动资产损溢”科目；属于无法查明的其他原因，根据管理权限，经批准后，借记“管理费用”科目，贷记“待处理财产损溢——待处理流动资产损溢”科目。

如果发生现金溢余，应将溢余的现金入账，保证库存现金的账实相符，借记“库存现金”科目，贷记“待处理财产损溢——待处理流动资产损溢”科目。待查明原因后进行相应处理：如属于应支付给有关人员或单位的，借记“待处理财产损溢——待处理流动资产损益”科目，贷记“其他应付款”科目；属于无法查明原因的，经批准后，借记“待处理财产损溢——待处理流动资产损溢”科目，贷记“营业外收入”科目。本章“案例导读”中出纳员小李在发现现金长、短款时，应填写现金盘点单，报主管领导处理，并通过“待处理财产损益”科目进行反映，不应为保全面子自行补齐现金短款或私吞现金长款。

【例 3—2】 润达公司 2×15 年 7 月 31 日在现金清查中发现现金长款 800 元。无法查明原因，转作营业外收入。

(1)报经批准前的会计分录：

借：库存现金　　800

　　贷：待处理财产损溢——待处理流动资产损溢　　800

(2)报经批准后的会计分录：

借：待处理财产损溢——待处理流动资产损溢　　800

　　贷：营业外收入　　800

(四)备用金的核算

企业在核算库存现金时应注意的是，企业内部各部门、各单位周转使用的备用金，应在“其他应收款”科目中核算，或单独设置“备用金”科目核算，而不应在“库存现金”科目中核算。

二、银行存款

银行存款(bank deposits)是指企业存入银行和其他金融机构的货币资金。广义的银行存款包括银行结算户存款、其他货币资金和专项存款等一切存入银行及其他金融机构的款项。狭义的银行存款仅指存入银行结算户的款项。企业的银行存款包括人民币存款和外币存款。本节所述为狭义的银行存款。

(一)银行存款的管理

按照中国人民银行《支付结算办法》的有关规定，企业应在银行开立账户，办理存款、取款和转账等结算。

根据《银行账户管理办法》的有关规定，企业单位在银行开立的账户分为：基本存款账户、一般存款账户、临时存款账户和专用存款账户。基本存款账户是企业办理日常结算和现金收付的账户。企业的工资等现金的支取，只能通过基本存款账户办理。一般存款账户是企业在基本存款账户以外开设的账户，可以办理转账结算和现金缴存，但不能办理支取现金。临时存款账户是企业因临时经营活动需要开立的账户，可以通过本账户办理转账结算和根据国家现金管理的规定办理现金收付，临时经营活动完成后应及时注销。专用存款账户是企业因特定用途需要开立的账户。一个企业只能选择一家银行的一个营业机构开立一个基本存款账户，不得在多家银行机构开立基本存款账户；不得在同一家银行的几个分支机构开立一般存款账户。

企业在银行开立账户后，可到开户银行购买各种银行往来使用的凭证(如送款簿、进账单、现金支票、转账支票等)，用以办理银行存款的收付款项。企业除了按规定留存的库存现金以外，所有货币资金都必须存入银行；企业与其他单位之间的一切收付款项，除制度规定可用现金支付的部分以外，都必须通过银行办理转账结算。因此，企业不仅要在银行开立账户，而且账户内必须要有可供支付的存款。

(二)银行转账结算方式

根据中国人民银行《支付结算办法》的有关规定，企业发生的货币资金收付业务可以采用票据、结算凭证和信用卡三类结算工具，通过银行办理转账结算。

我国支付结算方式的具体分类如图 3—1 所示。

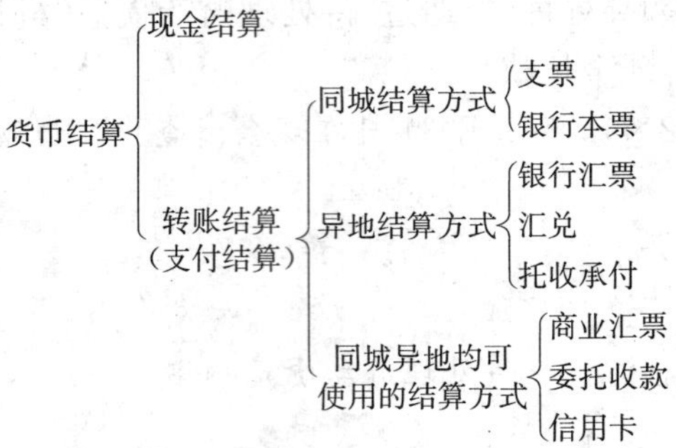

图 3—1　支付结算方式的种类

1. 银行汇票

银行汇票(bank draft)是出票银行签发的，由其在见票时按照实际结算金额无条件支付给收款人或者持票人的票据。采用银行汇票结方式的付款单位，向银行申请办理银行汇票时，应先将款项交存银行，并向出票银行提交“银行汇票申请书”。出票银行受理申请书并收妥款项后，签发银行汇票给申请人。收款单位在收到银行汇票时，应在票面金额内，根据实际需要的款项办结算，并将多余的金额退给汇票申请人。银行汇票一律记名，允许背书转让，其有效期限最长为 1 个月。这种结算方式适用于异地各种款项的结算。

银行汇票具有使用灵活、票随人到、兑现性强等特点，适用于先收款后发货或钱货两清的商品交易，单位和个人各种款项结算，均可使用银行汇票。

2. 银行本票

银行本票(bank cashier order)是银行签发的，承诺自己在见票时无条件支付确定的金额给收款人或持票人的票据。银行本票分定额本票和不定额本票。定额银行本票面额分别为 1 000元、5 000 元、10 000 元和 50 000 元，不定额银行本票的金额起点为 100 元。银行本票一律记名，其提示付款期限为自出票日起最长不得超过 2 个月，在付款期内银行本票见票即付，这种结算方式适用于同城各种款项的结算。

银行本票由银行签发并保证承兑，而且见票即付，具有信誉高、支付功能强等特点。

3. 商业汇票

商业汇票(commercial draft)是出票人签发的，委托付款人在指定日期条件下，支付确定的金额给收款人或持票人的票据。商业汇票适用于在银行开立账户的法人以及其他组织之间，具有正式交易关系或债权债务关系的款项结算。商业汇票的付款期限由交易双方商定，但最长不得超过 6 个月。商业汇票一律记名，可以背书转让或贴现。商业汇票按承兑人的不同，分为商业承兑汇票和银行承兑汇票。这种结算方式适用于同城异地商品交易或债权债务的结算。

商业承兑汇票(trade acceptance)由付款人承兑，商业承兑汇票可由销货企业或购货企业签发，但由购货企业承兑。

银行承兑汇票(bank acceptance)由银行承兑，由在承兑银行开立存款账户的存款人签发，承兑银行按票面金额向出票人收取 5‰的手续费。

4. 支票

支票(check)是出票人签发的，委托办理支票存款业务的银行在见票时无条件支付确定的金额给收款人或者持票人的票据。支票由银行统一印制，一般分为现金支票和转账支票。现金支票只能用于支取现金；转账支票只能用于转账结算。企业签发支票的金额，应小于或等于银行存款余额，不得签发“空头支票”（即签发支票的金额大于银行存款余额）；收款单位收到支票时，应将支票连同进账单一并送交开户银行。支票的提示付款期限为自出票之日起 10 日内，这种结算方式适用于同城各种款项的结算。

5. 信用卡

信用卡（credit card）是商业银行向个人和单位发行的，凭以向特约单位购物、消费和向银行存取现金，且具有消费信用的特制载体卡片。信用卡按使用对象分为单位卡和个人卡；按信誉等级分为金卡和普通卡。这种结算方式适用于同城异地各种款项的结算。

单位卡账户的资金一律从其基本存款账户转账存入，在使用过程中，需要向其账户续存资金的，也需一律从其基本存款账户转账存入，不得交存现金，不得将销货收入的款项存入其账户。单位卡一律不得用于 10 万元以上的商品交易、劳务供应款项的结算，不得支取现金。个人卡账户的资金以其持有的现金存入或以其工资性款项及属于个人的劳务报酬收入存入。严禁将单位的款项存入个人卡账户。

6. 汇兑结算方式

汇兑（conversion）是汇款人委托银行将其款项支付给收款人的结算方式。单位和个人的各种款项的结算，均可使用汇兑结算方式。这种结算方式适用于异地各种款项的结算。这种结算方式划、拨款项简便、灵活。

7. 托收承付结算方式

托收承付结算（settlement via bank with purchaser's acceptance）是根据购销合同由收款人发货后委托银行向异地付款人收取款项，由付款人向银行承认付款的结算方式。承付货款分为验单付款和验货付款两种，验单付款的承付期为 3 天，验货付款的承付期为 10 天，如果购货单位在承付期内发现单据或货物与合同不符，可向银行提出全部或部分拒绝付款。使用托收承付结算方式的收款单位和付款单位，必须是国有企业、供销合作社，以及经营管理状况较好并经开户银行审查同意的城乡集体所有制工业企业。办理托收承付结算的款项，必须是商品交易以及因商品交易而产生的劳务供应的款项。代销、寄销、赊销商品的款项，不能办理托收承付结算。采用托收承付结算，每笔金额起点为 10 000 元。这种结算方式适用于异地各种款项的结算。

8. 委托收款结算方式

委托收款（trust acceptance）是收款人委托银行向付款人收取款项的结算方式。委托收款按款项划回方式分为邮划和电划两种。凡在银行或其他机构开设账户的单位和个人的商品交易、劳务款项以及其他应收款项的结算，均可以使用委托收款结算方式。委托收款结算方式适用于供货关系稳定、信用较好的企业或单位。委托收款方式便于收款人主动收款，适用于同城异地各种款项的结算。

（三）银行存款的核算

为了核算和反映企业银行存款收支和结存情况，企业应设置“银行存款”账户，该账户借方登记企业银行存款的增加额，贷方登记企业银行存款的减少额，期末借方余额表示企业银行存款的结余额。“银行存款”科目应根据企业在银行开设的基本存款账户、一般存款账户、临时存款账户和专项存款账户设置明细科目。

“银行存款”账户相关业务流转过程如图 3—2 所示。

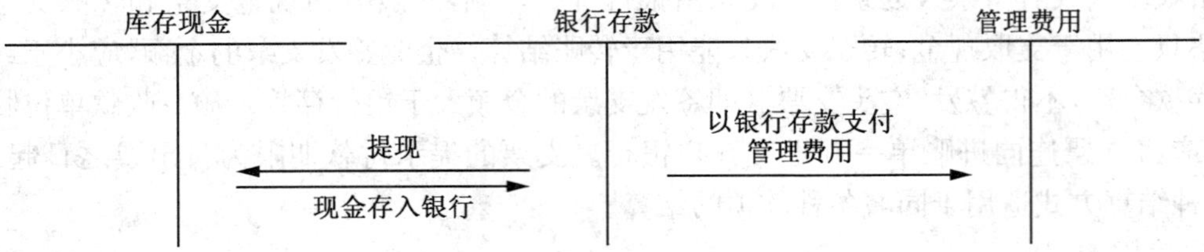

图 3—2 “银行存款”账户流转过程

企业在不同的结算方式下，应当根据有关的原始凭证编制银行存款的收、付款凭证，并进行相应的账务处理。

【例 3—3】 润达公司于 2×15 年 8 月 1 日发生下列有关银行存款的收付业务。

(1)将现金 5 000 元存入银行。根据“现金解款单”回单联编制记账凭证，做会计分录如下：

借：银行存款　　5 000

　　贷：库存现金　　5 000

(2)开出支票支付办公用品费 7 500 元。依据支票存根联编制记账凭证，做会计分录如下：

借：管理费用　　7 500

　　贷：银行存款　　7 500

企业采用其他结算方式，如银行汇票结算、银行本票结算、汇兑结算、信用证结算等，在“其他货币资金”账户核算，不通过“银行存款”账户进行结算。

企业应当设置“银行存款日记账”，按照银行存款收付业务发生的先后顺序逐笔序时登记，每日终了应结出余额。“银行存款日记账”应定期与“银行对账单”核对，至少每月核对一次。企业账面结余与银行对账单余额之间如有差额，必须逐笔查明原因，并按月编制“银行存款余额调节表”调节相符。月份终了，“银行存款日记账”的余额必须与“银行存款”总账科目的余额核对相符。

为了检查银行存款记录的正确性，查明银行存款的实际余额，企业应定期将银行存款日记账与银行提供的银行对账单逐笔核对。如果同一时点的企业银行存款日记账余额与银行对账单余额不符，可能是以下两个原因造成的：(1)企业和银行任何一方或双方记账错误；(2)存在未达账项(account in transit)(见本书第二章第四节)。当出现记账错误或发生未达账项，引起企业银行存款账面余额与银行对账单余额不符时，应逐笔核对，查明原因，将两者调节相符。一般通过编制“银行存款余额调节表”来进行调节。

【例 3—4】 润达公司 2×15 年 9 月 30 日对银行存款进行核对：银行存款日记账余额为 275 600 元，同日银行对账单余额为 247 000 元。经银行存款日记账与银行对账单逐笔核对，发现两者的不符是由下列原因造成的。

(1)公司于 9 月 27 日开出支票购买办公用品 5 000 元，公司根据支票存根和有关发票等原始凭证已记账，但收款人尚未到银行办理转账。

(2)9 月 28 日公司的开户银行代公司收进一笔托收的货款 26 400 元，银行已记账，但尚未通知公司。

(3)9 月 29 日开户银行代公司支付当月的水电费 6 000 元，银行已记账，但付款通知单尚未送达公司，因而公司未记账。

(4)公司于9月30日收到客户交来的购货支票，金额54 000元当即存入银行，公司根据进账单等已记账，但因跨行结算，所以银行未记账。

根据以上资料编制“银行存款余额调节表”如表3—1所示。

表3—1　银行存款余额调节表

2×15年9月30日　单位：元

项　目	金　额	项　目	金　额
银行存款日记账余额	275 600	银行对账单余额	247 000
加： 银行已收，企业未收的款项	(2)26 400	加： 企业已收，银行未收的款项	(4)54 000
减： 银行已付，企业未付的款项	(3)6 000	减： 企业已付、银行未付的款项	(1)5 000
调节后存款余额	296 000	调节后存款余额	296 000

调节后如果双方账目的余额相等，一般说明双方记账没有错误。如果不相符，应进一步查明原因，进行更正。至于未达账项，应在结算凭证到达后再记账，调节表中所列双方相等的调节后的余额，是企业在编表日可以动用的银行存款实存数。本章“案例导读”中出纳员小李不应将“银行存款余额调节表”作为原始凭证，将未达账项入账。

三、其他货币资金

其他货币资金是指企业在生产经营过程中，与库存现金和银行存款存放的地点及用途不同，属于货币资金的款项，主要包括企业的外埠存款、银行汇票存款、银行本票存款、信用卡存款、信用证保证金存款、存出投资款和在途货币资金等。

1. 外埠存款

外埠存款(deposit in other cities)是指企业到外地进行临时或零星采购时，汇往采购地银行开立采购专户的款项。企业汇出款项时，须填列汇款委托书。汇入银行对汇入的采购款项，以汇款单位的名义开设采购专户。采购资金存款除采购员差旅费可以支取少量现金外，一律转账。这种采购专户只付不收，付完结束账户。企业在采购时，通过采购专户结算货款。采购结束后有结余款的，将其退回汇款企业开户银行。

【例3—5】 润达公司委托当地开户银行汇款100 000元给采购乙地银行开立采购专户。根据汇款单回单联，做会计分录如下：

借：其他货币资金——外埠存款　100 000

　贷：银行存款　100 000

【例3—6】 润达公司从采购专户支付货款20 000元，增值税3 400元。根据发票等有关凭证，做会计分录如下：

借：材料采购　20 000

　应交税费——应交增值税(进项税额)　3 400

　贷：其他货币资金——外埠存款　23 400

2. 银行汇票存款

银行汇票存款是指企业为取得银行汇票按规定存入银行的款项。企业在向银行申请取得银行汇票时，应填写“银行汇票申请书”。

【例3—7】 润达公司向银行申请办理银行汇票用以购货，将款项5 000元交存银行转作银行汇票存款。应根据银行盖章退回的申请书存根联，做会计分录如下：

借：其他货币资金——银行汇票	5 000	
贷：银行存款		5 000

【例3—8】 润达公司购入原材料，价款4 000元，增值税680元，已用银行汇票办理结算。银行汇票多余款项320元退回开户银行，企业已收到开户银行转来的银行汇票第四联（多余收账通知），做会计分录如下：

借：原材料	4 000	
应交税费——应交增值税（进项税额）	680	
贷：其他货币资金——银行汇票		4 680
借：银行存款	320	
贷：其他货币资金——银行汇票		320

3. 银行本票存款

银行本票存款是指企业为取得银行本票，按照规定存入银行的款项。企业向银行提交“银行本票申请书”并将款项交存银行，取得银行本票时，应根据银行盖章退回的申请书存根联编制记账凭证，借记“其他货币资金——银行本票”科目，贷记“银行存款”科目，企业用银行本票支付购货款等款项后，应根据发票账单等有关凭证，借记“在途物资”、“应交税费——应交增值税（进项税额）”等科目，贷记“其他货币资金——银行本票”科目。如企业因本票超过付款期等原因未曾使用而要求银行退款时，应填制进账单一式二联，连同本票一并交给银行，然后根据银行收回本票时盖章退回的一联进账单，应借记“银行存款”科目，贷记“其他货币资金——银行本票”科目。

4. 信用卡存款

信用卡存款是指企业为取得信用卡而存入银行信用卡专户的款项。企业申请信用卡，按照有关规定填制申请表，并按银行要求交存备用金，银行开立信用卡存款账户，发给信用卡。企业根据银行盖章退回的交存备用金的进账单，借记“其他货币资金——信用卡存款”科目，贷记“银行存款”科目。企业收到开户银行转来的信用卡存款的付款凭证及所附发票账单，经核对无误后进行会计处理，借记“管理费用”等相关科目，贷记“其他货币资金——信用卡存款”科目。

5. 信用证保证金存款

信用证保证金存款是指采用信用证结算方式的企业为开具信用证而存入银行信用证保证金专户的款项。企业向银行申请开出信用证用于支付供货单位购货款项时，根据开户银行盖章退回的“信用证委托书”回单，借记“其他货币资金——信用证存款”科目，贷记“银行存款”科目。企业收到供货单位信用证结算凭证及所附发票账单，经核对无误后进行会计处理，借记“在途物资”“应交税费——应交增值税（进项税额）”等科目，贷记“其他货币资金——信用证存款”科目。如果企业收到未用完的信用证存款余额，应借记“银行存款”科目，贷记“其他货币资金——信用证存款”科目。

6. 存出投资款

存出投资款是指企业已存入证券公司但尚未进行投资的现金。企业向证券公司划出资金时，应按实际划出的金额，借记“其他货币资金——存出投资款”科目，贷记“银行存款”科目。

企业收到开户银行转来的付款凭证及所附单据，经核对无误后进行会计处理，借记“交易性金融资产”等科目，贷记“其他货币资金——存出投资款”科目。

7. 在途货币资金

在途货币资金是指企业同所属单位之间或上下级之间的汇、解款项业务中，到月终时尚未到达的汇入款项。

企业收到所属单位或上级汇出款项的通知，根据汇出金额，借记“其他货币资金——在途物资”科目，贷记“其他应收款”科目。收到款项时，根据银行通知，借记“银行存款”科目，贷记“其他货币资金——在途物资”科目。

第二节　应收票据

一、应收票据概述

应收票据(notes receivable)，是指企业持有的还没有到期的、尚未兑现的票据。在我国，应收票据是指商业汇票。

商业汇票按承兑人不同，分为商业承兑汇票和银行承兑汇票。商业承兑汇票的出票人为该商业汇票的承兑人，也可以是收款人出票，交由付款人承兑的票据。银行承兑汇票是在承兑银行开立存款账户的存款人签发，由开户银行承兑付款的票据。

商业汇票按是否计息可分为不带息商业汇票和带息商业汇票。不带息商业汇票是指商业汇票到期时，承兑人只按票面金额(即面值)向收款人或被背书人支付款项的汇票。带息票据是指商业汇票到期时，承兑人必须按票面金额加上应计利息向收款人或被背书人支付票款的票据。

二、应收票据核算

为了反映商业汇票的取得、兑现和贴现的情况，企业应设置“应收票据”账户。该账户的借方登记因销售产品等而应收的商业汇票的票面金额，贷方登记到期收回的或未到期向银行贴现的商业汇票的票面金额，期末借方余额表示尚未收回的商业汇票的票面金额。“应收票据”科目应根据商业汇票的种类设置明细科目。

(一)不带息应收票据的账务处理

不带息票据的到期价值等于应收票据的面值。企业销售商品或提供劳务收到商业汇票时，借记“应收票据”科目，贷记“主营业务收入”“应交税费——应交增值税(销项税额)”等科目。应收票据到期收回时，应按票面金额，借记“银行存款”科目，贷记“应收票据”科目。

商业承兑汇票到期，承兑人违约拒付或无力支付票款，企业收到银行退回的商业承兑汇票、委托收款凭证、未付票款通知书或拒绝付款证明等，应将到期票据的票面金额转入“应收账款”科目。

“应收票据”账户相关业务流转过程如图3—3所示。

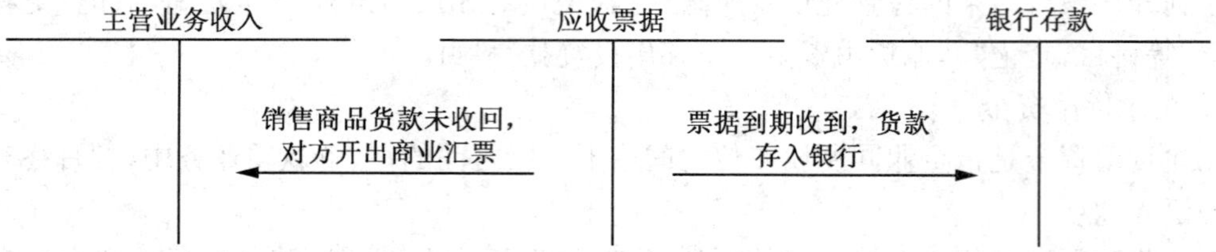

图 3—3 “应收票据”账户流转过程

【例 3—9】 润达公司 2×15 年 3 月 1 日销售库存商品一批，价款 100 000 元，增值税 17 000元。收到对方一张已承兑的期限为 3 个月商业汇票。3 个月后，收到该批货款及增值税存入银行。则有关会计分录如下：

(1)销售商品：

借：应收票据 117 000

贷：主营业务收入 100 000

应交税费——应交增值税(销项税额) 17 000

(2)3 个月后收到货款及增值税：

借：银行存款 117 000

贷：应收票据 117 000

假定该票据到期，客户无力偿还该批货款及增值税，其会计分录如下：

借：应收账款 117 000

贷：应收票据 117 000

(二)带息应收票据的账务处理

企业收到的带息应收票据，除按照上述原则进行核算外，还应于中期期末和年度终了，按规定计提票据利息，并增加应收票据的账面价值，同时冲减“财务费用”。票据利息的计算公式为：

应收票据利息＝应收票据票面金额×票面利率×期限

式中，“利率”一般指年利率；“期限”指签发日至到期日的时间间隔(有效期)。

票据的期限，有按月表示和按日表示两种。票据期限按月表示时，应以到期月份中与出票日相同的那一天为到期日，如 4 月 16 日签发的期限为 1 个月的票据，到期日为 5 月 16 日。如果出票日是月末日，则不论月份大小，到期日均为月末日，如 5 月 31 日签发的期限为 1 个月的票据，到期日为 6 月 30 日。同时，计算利息使用的利率，要换算成月利率(年利率÷12)。票据期限按日表示时，应从出票日起按实际经历天数计算；通常出票日与到期日，只能计算其中的一天，即“算头不算尾”或“算尾不算头”，如 4 月 16 日签发的 90 天票据，其到期日应为 7 月 15 日(90 天－4 月份剩余天数－5 月份实有天数－6 月份实有天数＝90－14－31－30＝15)。同时计算利息使用的利率，要换算成日利率(年利率÷360)。

带息的应收票据到期收回款项时，应按收到的本息，借记“银行存款”科目，按账面价值，贷记“应收票据”科目，按其差额，贷记“财务费用”科目。

【例 3—10】 润达公司于 2×15 年 9 月 30 日销售产品一批。价款 2 000 000 元，增值税 340 000 元。收到一张商业汇票，期限为 3 个月，年利率为 6%。

(1)销售商品，收到票据时的账务处理如下：

借：应收票据　　2 340 000

　贷：主营业务收入　　2 000 000

　　应交税费——应交增值税(销项税额)　　340 000

(2)10月末计算应收票据利息为：

2 340 000×6%÷12=11 700(元)

会计分录如下：

借：应收票据　　11 700

　贷：财务费用　　11 700

至12月31日，应收票据账面价值2 375 100元，累计确认票据利息35 100元。

(三)应收票据转让的账务处理

应收票据转让是指持票人因偿还欠货款等原因，将未到期的商业汇票背书后转让给其他单位或个人的业务活动。

企业可以将自己持有的商业汇票背书转让。背书(endorse)是指持票人在票据背面签字转让票据权利的行为，签字人称为背书人，背书人对票据的到期付款负连带责任。

企业将持有的应收票据背书转让，以取得所需物资时，按应计入物资成本的价值，借记"在途物资"、"原材料"等科目，按取得的专用发票上注明的增值税，借记"应交税费——应交增值税(进项税额)"科目，按应收票据的账面价值，贷记"应收票据"科目，如有差额，借记或贷记"银行存款"等科目。

【例3-11】 润达公司将一张金额为50 000元的不带息应收票据，背书转让给星宇公司，用以购入原材料一批，材料价款40 000元，增值税额6 800元，多余部分用银行存款收取。则应编制会计分录如下：

借：原材料　　40 000

　应交税费——应交增值税(进项税额)　　6 800

　银行存款　　3 200

　贷：应收票据　　50 000

(四)应收票据贴现

票据贴现(discounting of bills)是指持票人为了解决临时的资金需要，将尚未到期的商业汇票在背书后送交其开户银行，银行受理后从票据到期价值中扣除按银行的贴现率计算确定的贴现利息后，将余额付给贴现企业的业务活动。在贴现中，企业付给银行的利息称为贴现利息，银行计算贴现利息的利率称为贴现率，企业从银行获得票据到期价值扣除贴现利息后的货币收入，称为贴现所得。其计算公式为：

贴现期 =票据期限-企业已持有票据期限

贴现利息=票据到期值×贴现率×贴现期

贴现所得=票据到期值-贴现利息

式中，贴现期是指票据贴现日至票据到期日的间隔期。通常，贴现日与到期日两天，只计算其中的一天。

1. 银行承兑汇票贴现

在我国，采用银行承兑汇票进行结算，收款企业不存在财务风险，在到期日能够足额收到商业汇票款。银行承兑汇票贴现后可以视为该汇票的风险和报酬全部转移，不存在追索权，因此，应将应收票据予以核销。

对于不带息的银行承兑汇票，应根据贴现所得金额，借记“银行存款”等科目；根据贴现银行承兑汇票的面值，贷记“应收票据”科目；根据贴现银行扣除的贴现息，借记“财务费用”科目。

对于带息的银行承兑汇票，应根据贴现所得金额，借记“银行存款”等科目；根据贴现银行承兑汇票的余额，贷记“应收票据”科目；根据银行承兑汇票贴现金额与票面余额的差额，借记或贷记“财务费用”科目。

【例3—12】 根据例3—9，假定该商业汇票为不带息银行承兑汇票，润达公司2×16年4月1日贴现，贴现率为10%，则贴现金额的计算及编制的会计分录如下：

到期值＝117 000（元）

贴现天数＝（30＋31＋1）－1＝61（天）

贴现利息＝117 000×10%÷360×61＝1 982.5（元）

贴现金额＝117 000－1 982.5＝115 017.5（元）

会计分录如下：

借：银行存款	115 017.5	
财务费用	1 982.5	
贷：应收票据		117 000

【例3—13】 根据例3—10，假定该商业汇票为带息银行承兑汇票，润达公司2×16年11月11日贴现，贴现率为10%，则贴现金额的计算及编制的会计分录如下：

到期值＝2 340 000＋2 340 000×6%÷12×3＝2 375 100（元）

贴现天数＝（20＋31）－1＝50（天）

贴现利息＝2 375 100×10%÷360×50＝32 987.50（元）

贴现金额＝2 375 100－32 987.50＝2 342 112.50（元）

已确认10月份的票据利息为11 700元

未确认11月和12月的票据利息为23 400元

会计分录如下：

借：银行存款	2 342 112.50	
财务费用	9 587.50	
贷：应收票据		2 351 700

2. 商业承兑汇票贴现

企业的商业承兑汇票贴现后，由于在到期时因付款人无力偿还票据款而可能承担连带偿还责任，存在追索权，该汇票的风险和报酬并未实质转移，因此不应核销应收票据，而应将贴现金额确认为一项负债。

对于不带息商业承兑汇票，应根据贴现所得金额，借记“银行存款”等科目；根据贴现商业承兑汇票的面值，贷记“短期借款”科目；根据银行扣除的贴现息，借记“财务费用”科目。

对于带息商业承兑汇票，应根据贴现所得金额，借记“银行存款”等科目；根据贴现商业承兑汇票的到期价值，贷记“短期借款”科目；根据银行扣除的贴现息，借记“财务费用”科目。

到期日，如果付款人支付了票据款，企业注销应收票据和短期借款，借记“短期借款”科目，贷记“应收票据”科目；如果付款人无力偿还票据款，企业应代为偿还票据款，借记“短期借款”科目，贷记“银行存款”科目；同时将应收票据转为应收账款，借记“应收账款”科目，贷记“应收票据”科目。

【例3—14】 根据例3—9，假定该商业汇票为不带息商业承兑汇票，润达公司2×16年4

月1日贴现，贴现率为10%，则贴现金额的计算及编制的会计分录如下：

(1)4月1日贴现。

到期值=117 000(元)

贴现天数=(30+31+1)-1=61(天)

贴现利息=117 000×10%÷360×61=1 982.5(元)

贴现金额=117 000-1 982.5=115 017.5(元)

会计分录如下：

借：银行存款　115 017.5

　　财务费用　1 982.5

　　贷：短期借款　117 000

(2)6月1日，客户支付了票据款。

借：短期借款　117 000

　　贷：应收票据　117 000

(3)6月1日，客户因存款不足，无法支付票据款，润达公司代为偿还票据款。

借：短期借款　117 000

　　贷：银行存款　117 000

借：应收账款　117 000

　　贷：应收票据　117 000

【例3-15】 根据例3-10，假定该商业汇票为带息商业承兑汇票，润达公司2×16年11月11日贴现，贴现率为10%，则贴现金额的计算及编制的会计分录如下：

(1)11月11日贴现。

到期值=2 340 000+2 340 000×6%÷12×3=2 375 100(元)

贴现天数=(20+31)-1=50(天)

贴现利息=2 375 100×10%÷360×50=32 987.50(元)

贴现金额=2 375 100-32 987.50=2 342 112.50(元)

已确认10月份的票据利息为11 700元，未确认11月和12月的票据利息为23 400元，会计分录如下：

借：银行存款　2 342 112.50

　　应收票据　23 400

　　财务费用　9 587.50

　　贷：短期借款　2 375 100

(2)12月31日，客户支付了票据款。

借：短期借款　2 375 100

　　贷：应收票据　2 375 100

(3)12月31日，客户因存款不足，无法支付票据款，润达公司代为偿还票据款。

借：短期借款　2 375 100

　　贷：银行存款　2 375 100

借：应收账款　2 375 100

　　贷：应收票据　2 375 100

第三节 应收账款

应收账款(accounts receivable)是指企业因销售商品、产品或提供劳务而形成的债权。具体来说,应收账款是指企业因销售商品、产品或提供劳务(企业的主营业务)而应向购货(或接受劳务)单位收取的款项或代垫的运杂费等。

一、应收账款的确认

应收账款的确认,是要解决何时确认应收账款及确认多少金额的问题,即包括入账时间的确认和入账金额的确认。

(一)应收账款入账时间的确认

应收账款是由于赊销业务而产生的,因而在销售成立时既要确认销售收入,又要确认应收账款,即应收账款入账时间与确认销售收入的时间是一致的。它们的入账时间可以根据确认收入实现的时间来定,具体方法将在本书第九章“收入、费用与利润”中论述。

(二)应收账款入账金额的确认

在通常情况下,应根据实际发生的交易价格确认应收账款的入账金额,它包括发票金额和代购货单位垫付的运杂费两个部分;但是还应考虑折扣因素,企业的折扣主要有商业折扣和现金折扣两种。

1. 商业折扣

商业折扣(trade discount)是指企业根据市场供需情况或针对不同的顾客,在商品标价上给予的扣除。商业折扣一般按照报价的一定百分比表示。在提供商业折扣的情况下,应按扣除商业折扣后的实际销售价格(发票价格)确认应收账款。例如,A 公司的产品报价为 2 000 元,按 10%的商业折扣售出,则应按 1 800 元同时确认应收账款和销售收入。商业折扣的作用仅仅是确定实际销售价格,不需要在会计账面上反映,应收账款的入账金额应按扣除商业折扣以后的实际售价加以确认和计量。

2. 现金折扣

现金折扣(cash discount)是指债权人为鼓励债务人在规定的期限内付款,而向债务人提供的债务扣除。现金折扣通常发生在以赊销方式销售商品或提供劳务的交易中。现金折扣一般用符号“折扣/付款期限”表示,写成“2/10,1/20,n/30”,其含义为:10 天内付款给予 2%的折扣,第 11 天至第 20 天付款给予 1%的折扣,第 21 天至第 30 天付款,则不给予折扣,付款期限为 30 天。例如,一笔 200 000 元的赊销账款,规定的现金折扣条件为“2/10,1/20,n/30”;若客户于 10 天内付款,享受 2%的折扣,实际支付的款项为 196 000 元(200 000－200 000×2%);若客户于第 20 天付款,实际支付的款项为 198 000 元(200 000－200 000×1%)。我国企业会计准则规定,在现金折扣条件下,应收账款应按照未扣除现金折扣的金额入账,购货方提前付款取得的现金折扣视为企业的利息支出。

由于现金折扣是为了鼓励客户提前支付全部价款(包含增值税税额)而给予的付款优惠,因而现金折扣一般应按照全部价款和现金折扣率计算。但是,按照增值税税额计算的现金折扣不得抵扣增值税税额,应一并作为财务费用处理。

二、应收账款核算

为了反映应收账款的增减变动和结余情况，应设置“应收账款”账户。该账户的借方登记应收账款的增加数，贷方登记应收账款的减少数，期末借方余额为尚未收回的应收账款。“应收账款”科目应根据债务人设置明细科目。

企业发生的应收账款，在没有商业折扣的情况下，按照应收的全部价款（发票金额）记账；在有商业折扣的情况下，按照扣除了商业折扣后的金额（发票金额）记账；在有现金折扣的情况下，将未扣除现金折扣前的发票金额，记入“应收账款”科目和“主营业务收入”等相关科目；对于客户提前付款而给予客户的现金折扣视为融资费用，记入“财务费用”科目。

“应收账款”账户相关业务流转过程如图3—4所示。

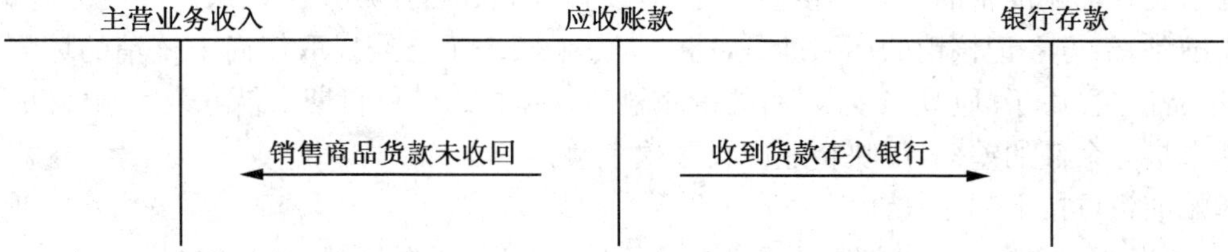

图3—4　“应收账款”账户流转过程

【例3—16】 润达公司为增值税一般纳税人，适用的增值税税率为17%；6月1日，采取赊销方式销售给星宇公司商品一批，售价6 000元，商业折扣为87.75折；发票上注明付款条件“2/10，n/30”。润达公司有关该商品销售及收款的会计分录如下。

（1）按商业折扣后、现金折扣前的全部价款入账：

借：应收账款——星宇公司　5 265
　贷：主营业务收入　4 500
　　应交税费——应交增值税（销项税额）　765

（2）若在折扣期内收到星宇公司货款：

借：银行存款　5 159.70
　财务费用　105.30
　贷：应收账款——星宇公司　5 265

（3）若过了折扣期收到星宇公司货款：

借：银行存款　5 265
　贷：应收账款——星宇公司　5 265

三、坏账及坏账损失概述

坏账（bad debt），又称为呆账，是指无法收回的应收账款。由于发生坏账而使企业遭受的损失，称为“坏账损失”，通常又称为“坏账费用”。

企业确认坏账时，应遵循财务报告的目标和会计核算的基本原则，具体分析各应收账款的特性、金额的大小、信用期限、债务人的信誉和当时的经营情况等因素。一般来说，企业的应收账款符合下列条件之一的，应确认为坏账：

（1）债务人死亡，以其遗产清偿后仍然无法收回；

(2)债务人破产，以其破产财产清偿后仍然无法收回；

(3)债务人较长时期内未履行其偿债义务，并有足够的证据表明无法收回或收回的可能性极小。

对已确认为坏账的应收账款，并不意味着企业放弃了追索权，一旦重新收回，应及时入账。

四、坏账损失的核算

坏账损失的核算有两种基本方法：直接转销法和备抵法。我国企业会计准则规定，坏账损失的核算应采用备抵法。备抵法(allowance method)要求在每一会计期间，采用一定方法估计坏账损失，计入当期费用，同时形成坏账准备。当某一笔应收账款全部或部分被确认为坏账时，根据其金额冲减坏账准备，同时转销相应的应收账款金额。

为了反映坏账准备的提取和核销情况，应设置“坏账准备”账户。该账户的贷方登记提取的坏账准备，借方登记核销的坏账准备，期末贷方余额表示已经提取但尚未核销的坏账准备。“坏账准备”科目属于“应收账款”科目的抵减科目，应收账款”科目期末借方余额与“坏账准备”科目期末贷方余额的差额，反映企业应收账款净额。

坏账准备可按下列公式计算：

当期应提取的坏账准备 = 当期按应收账款计算应提坏账准备金额 − “坏账准备”科目的贷方余额(或＋“坏账准备”科目的借方余额)

如果当期按应收账款计算应提坏账准备金额大于“坏账准备”科目的贷方余额，应按其差额提取坏账准备；如果当期按应收账款计算应提坏账准备金额小于“坏账准备”科目的贷方余额，应按其差额冲减已计提的坏账准备；如果当期按应收账款计算应提坏账准备金额为零，应将“坏账准备”科目的余额全部冲回。

坏账准备的核算主要包括以下内容：

(1)计提坏账准备。借记“资产减值损失”科目，贷记“坏账准备”科目。本期应提取的坏账准备大于其账面余额的，应按其差额提取；应提数小于账面余额的差额，借记“坏账准备”科目，贷记“资产减值损失”科目。

(2)核销坏账。实际发生坏账时，借记“坏账准备”科目，贷记“应收账款”科目。

(3)已经核销的坏账收回。如果已确认并转销的坏账以后又收回，则应按收回的金额，借记“应收账款”科目，贷记“坏账准备”科目，以恢复企业债权并冲回已转销的坏账准备金额；同时，借记“银行存款”科目，贷记“应收账款”科目，以反映账款收回情况。

企业采用备抵法进行坏账核算时，首先应按期估计坏账损失。估计坏账损失的方法主要有应收账款余额百分比法、账龄分析法、赊销净额百分比法和个别认定法等。

1. 应收账款余额百分比法

应收账款余额百分比法是根据会计期末应收账款的余额和估计的坏账率，估计坏账损失，计提坏账准备的方法。通常情况下，应收账款余额越大，可能发生的坏账也越多。因此，坏账损失的估计可以以期末应收账款的余额为基础。

【例3－17】 润达公司采用应收账款余额百分比法从2×13年开始计提坏账准备，坏账准备的提取比例为5‰。润达公司根据2×13至2×16年发生的经济业务，编制的会计分录如下：

(1)2×13年12月31日应收账款余额为500 000元，则计提的坏账准备金额为：

500 000×5‰＝2 500(元)

借：资产减值损失　　2 500

　　贷：坏账准备　　2 500

(2)2×14 年 10 月 31 日，公司发现有 800 元的应收账款无法收回，按有关规定确认为坏账损失：

借：坏账准备　　800

　　贷：应收账款　　800

(3)2×14 年 12 月 31 日，公司应收账款余额为 600 000 元。按本年年末应收账款余额应保持的坏账准备金额(即坏账准备的余额)为：

600 000×5‰=3 000(元)

年末计提坏账准备前，"坏账准备"科目的贷方余额为：

2 500－800=1 700(元)

本年度应补提的坏账准备金额为：

3 000－1 700=1 300(元)

有关的会计分录如下：

借：资产减值损失　　1 300

　　贷：坏账准备　　1 300

(4)2×15 年 6 月 30 日，接银行通知，企业上年度已冲销的 800 元坏账又收回，款项已存入银行。会计分录如下：

借：应收账款　　800

　　贷：坏账准备　　800

借：银行存款　　800

　　贷：应收账款　　800

(5)2×15 年 12 月 31 日，公司应收账款余额为 400 000 元。按本年年末应收账款余额应保持的坏账准备金额为：

400 000×5‰=2 000(元)

年末计提坏账准备前，"坏账准备"科目的贷方余额为：

3 000+800=3 800(元)

本年度应冲销多提的坏账准备金额为：

3 800－2 000=1 800(元)

有关的会计分录如下：

借：坏账准备　　1 800

　　贷：资产减值损失　　1 800

(6)2×16 年 9 月 30 日，公司发现有 2 500 元的应收账款无法收回，按有关规定确认为坏账损失。会计分录如下：

借：坏账准备　　2 500

　　贷：应收账款　　2 500

(7)2×16 年 12 月 31 日，公司应收账款余额为 800 000 元。按本年年末应收账款余额应保持的坏账准备金额为：

800 000×5‰=4 000(元)

年末计提坏账准备前，"坏账准备"科目的借方余额为：

2 500－2 000＝500(元)

本年度应计提的坏账准备金额为：

4 000＋500＝4 500(元)

有关的会计分录如下：

借：资产减值损失　　4 500

　　贷：坏账准备　　4 500

2. 账龄分析法

账龄分析法是根据应收账款入账时间的长短来估计坏账损失的方法。虽然应收账款能否收回以及收回多少，不一定完全取决于应收账款时间的长短，但一般来说，账款拖欠的时间越长，产生坏账的可能性就越大。

账龄分析法的具体做法是：

(1)首先对客户所欠账款按赊欠时间的长短进行分组。例如，未到期、过期 1 年内、过期 2 年内和过期 3 年内等。

(2)编制应收账款账龄分析表。通过该表，在对每个客户所欠的应收账款进行分组的基础上，计算出各组的应收账款总额。

(3)拟定各组应收账款的估计坏账百分比。一般情况下，赊欠时间越长，估计坏账百分比就越大。

(4)编制坏账损失估计表。

3. 赊销净额百分比法

赊销净额百分比法，就是根据赊销净额的一定百分比估计坏账损失的方法。只有在赊销情况下，才有可能发生坏账。另外，在赊销中，已折让或退回的部分，亦不存在坏账的问题。因此，坏账损失的估计应以赊销净额为基础。

在采用赊销净额百分比法的情况下，估计坏账损失百分比可能由于企业生产经营情况的不断变化而不相适应。因此，应当至少每年检查一次百分比，以确定按百分比记入"坏账准备"科目的数额是否足以反映企业坏账损失的实际情况。倘若发现过高或过低的情况，应及时调整所用的百分比。

4. 个别认定法

个别认定法就是根据每一项应收账款的情况来估计坏账损失的方法。在采用账龄分析法、应收账款余额百分比法等方法的同时，如果某项应收账款的可收回性与其他各项应收账款存在明显的差别(例如，债务单位所处的特定地区等)，导致该项应收账款如果按照与其他应收账款同样的方法计提坏账准备，将无法真实反映其可收回金额的，可对该项应收账款采用个别认定法计提坏账准备。在同一会计期间内运用个别认定法的应收账款，应从用其他方法计提坏账准备的应收账款中剔除。

不论采用何种方法估计坏账损失，计提坏账准备的核算方法均完全相同。

第四节　预付账款与其他应收款

一、预付账款

预付账款(accounts prepaid)是指企业按照购货合同或劳务合同规定，预先支付给供货方或提供劳务方的账款。预付账款属于企业的短期性债权。

为了核算和监督预付账款的支出和结算情况，企业应设置“预付账款”账户进行总分类核算。其借方登记企业向供应单位预付的货款，贷方登记企业收到所购材料物资应结转的预付货款，期末借方余额反映企业已向供货单位预付的货款。“预付账款”科目应根据不同的债务人设置明细科目。

企业按购货合同的规定预付货款时，按预付金额借记“预付账款”科目，贷记“银行存款”科目。企业收到预定的货物时，应根据发票账单等列明的计入购入货物成本的金额，借记“原材料”等科目，按专用发票上注明的增值税，借记“应交税费——应交增值税(进项税额)”科目，按应付的金额，贷记“预付账款”科目；补付货款时，借记“预付账款”科目，贷记“银行存款”科目。退回多付的款项，借记“银行存款”科目，贷记“预付账款”科目。

“预付账款”账户相关业务流转过程如图 3—5 所示。

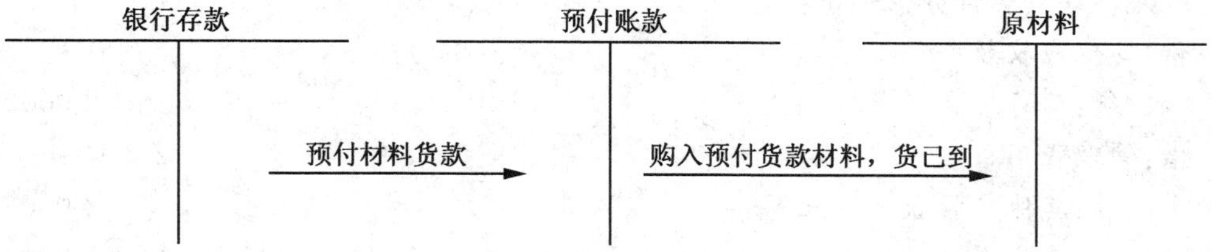

图 3—5　“预付账款”账户流转过程

【例 3—18】 润达公司为增值税一般纳税人，适用的增值税税率为 17%。6 月 15 日，润达公司为购买原材料向星宇公司预付货款 280 000 元；7 月 2 日，润达公司收到星宇公司发来的原材料并验收入库，不含增值税的价款为 200 000 元，增值税税额为 34 000 元；7 月 8 日，星宇公司将剩余的款项 46 000 元退回润达公司。润达公司编制的会计分录如下：

(1)借：预付账款	280 000	
贷：银行存款		280 000
(2)借：原材料	200 000	
应交税费——应交增值税(进项税额)	34 000	
贷：预付账款		234 000
(3)借：银行存款	46 000	
贷：预付账款		46 000

二、其他应收款

其他应收款(other receivables)是指除应收票据、应收账款和预付账款以外的企业其他各种应收、暂付款项。其核算范围主要包括：

(1)预付给企业内部单位或个人的备用金；

(2)应收保险公司或其他单位和个人的各种赔款；

(3)应收的各种罚款；

(4)应收出租包装物的租金；

(5)存出的保证金；

(6)应向职工收取的各种垫付款项；

(7)应收、暂付上级单位或所属单位的款项;

(8)其他不属于上述各项的其他应收款项。

为了反映和监督其他应收款的发生和结算情况,企业应设置“其他应收款”账户进行总分类核算。其借方登记企业发生的各项其他应收款,贷方登记企业收到和结转的其他应收款,期末借方余额表示企业应收未收的各项其他应收款。该账户应根据不同的债务人设置明细科目。

企业发生其他应收款时,按应收金额借记“其他应收款”科目,贷记有关科目。收回各种款项时,借记有关科目,贷记“其他应收款”科目。

【例 3-19】 2×16 年 7 月,润达公司根据发生的以下有关其他应收款的经济业务,编制会计分录。

(1)公司采购员王军出差,预借差旅费现金 2 000 元;出差回来后,实际报销 2 200 元,补付现金 200 元。编制会计分录如下:

借:其他应收款——王军　　2 000

　　贷:库存现金　　2 000

借:管理费用　　2 200

　　贷:其他应收款——王军　　2 000

　　　　库存现金　　200

(2)公司仓库发生火灾,共计损失 200 000 元。公司曾向保险公司投保,向保险公司索赔。经保险公司核准后收到保险公司的赔款,款项存入银行。编制会计分录如下:

借:其他应收款——保险公司赔款　　200 000

　　贷:待处理财产损溢——待处理流动资产损溢　　200 000

借:银行存款　　200 000

　　贷:其他应收款——保险公司赔款　　200 000

(3)公司用银行存款支付星宇公司一笔包装物押金 5 000 元,编制会计分录如下:

借:其他应收款——星宇公司　　5 000

　　贷:银行存款　　5 000

企业应定期或者至少于每年年度终了,对其他应收款进行检查,预计其可能发生的坏账损失,并计提坏账准备。对于不能收回的其他应收款,应查明原因,追究责任。对确实无法收回的,按照企业的管理权限,经相关部门批准作为坏账损失,冲减坏账准备。

本章小结

货币资金是企业资产中流动性最强的一种资产,根据货币资金的用途和存放地点,可将货币资金分为库存现金、银行存款和其他货币资金。货币资金作为企业流动性最强、控制风险最高的资产,企业有必要加强对货币资金的管理和控制,建立健全货币资金内部控制,确保经营管理活动合法而有效。

由于大量的经济活动都是通过货币资金的收支进行的,因此选择合理的银行结算方式,是企业财务决策的重要内容。银行结算方式主要有支票、银行本票、银行汇票、商业汇票、汇兑、委托收款与托收承付等。不同的结算方式具有不同特点和局限性。企业单位合理选择银行结算方式对加速资金周转,抑制货款拖欠,加强财务管理,促进经济发展具有重要意义。

应收款项是指企业在市场经济环境下,因为商品销售、提供劳务等经营活动形成的各种应收未收的债权，包括应收账款、应收票据、预付账款和其他应收款等。它是信用关系的产物。在企业确实已经具备了收取款项权利时，应确认应收款项。其中，应收账款是指企业因商品销售、提供劳务等，应向购货或接受劳务单位收取的款项；应收票据是指企业因销售商品、提供劳务等而收到的商业汇票。

在激烈的市场竞争中，存在着不能收回应收款项的风险，因此企业必须关注应收款项的预期可变现净值，进行坏账的确认和计量。坏账的核算方法有直接转销法和备抵法。备抵法下坏账损失的估计方法有应收账款余额百分比法、账龄分析法、赊销百分比法与个别认定法等。

复习思考题

一、简答题

1. 什么是货币资金？它包括哪些内容？
2. 什么是库存现金？它使用范围包括哪些？
3. 银行转账结算方式有哪些？
4. 如何编制银行存款余额调节表？
5. 什么叫票据贴现？如何进行应收票据贴现的核算？
6. 什么条件下应收账款可确认为坏账？
7. 在备抵法下，估计坏账损失的方法有哪几种？
8. 什么是其他应收账款？它核算范围主要包括哪些？

二、单项选择题

1. 某企业按销货百分比法计提坏账准备，2×15 年赊销金额为 500 000 元，根据以往的资料和经验，估计坏账损失率为 6%，企业在计提坏账准备前坏账准备账户有借方金额 1 000 元。该企业 2×15 年应计提坏账准备为(　　)元。

A. 30 000　　B. 31 000　　C. 0　　D. 29 000

2. 某企业赊销商品一批，商品标价 10 000 元，商业折扣 20%，增值税率为 17%，现金折扣条件为“2/10，n/20”。企业销售商品时代垫运费 200 元，则应收账款的入账金额为(　　)元。

A. 9 560　　B. 9 360　　C. 11 700　　D. 11 900

3. 2×16 年 7 月 2 日，某企业将一张带息应收票据到银行贴现。该票据面值为 1 000 000 元，2×16 年 6 月 30 日已计提利息 1 000 元，尚未计提利息 1200，银行贴现息为 900 元。该应收票据贴现时计入财务费用的金额为(　　)元。

A. －300　　B. －100　　C. －1 300　　D. 900

4. 预付账款不多的企业，可以将预付的货款直接计入(　　)科目的借方，而不单独设置“预付账款”科目。

A. “应收账款”　　B. “其他应收款”

C. “应付账款”　　D. “应收票据”

5. 对于银行已经入账而企业尚未入账的未达账项，我国企业应该(　　)。

A. 根据“银行对账单”记录的金额入账

B. 根据“银行存款余额调节表”和“银行对账单”自制原始凭证入账

C. 在编制“银行存款余额调节表”的同时入账

D. 待有关结算凭证到达后入账

6. 在以应收账款余额百分比法计提坏账准备的情况下，已确认的坏账又收回时，应借记(　　)科目，贷记“坏账准备”科目。

A.“应收账款”　　B.“银行存款”

C.“资产减值损失”　　D.“营业外收入”

7. 应收票据的入账价值为(　　)。

A. 票据面值　　B. 票据到期值　　C. 票据贴现息　　D. 票据贴现收入

8. 应收票据到期，如果付款人无力支付，票据被退回，则收款单位应该做的分录为(　　)。

A. 借：应收票据
　　贷：银行存款

B. 借：应收账款
　　贷：应收票据

C. 借：应收账款
　　贷：银行存款

D. 借：银行存款
　　贷：应收票据

三、多项选择题

1. 根据《企业会计制度》规定，下列各项中，属于其他货币资金的有(　　)。

A. 银行汇票存款　　B. 信用证保证金存款

C. 信用卡存款　　D. 存出投资款

2. 下列各项中，应记入“坏账准备”科目借方的有(　　)。

A. 提取坏账准备 20 000 元　　B. 冲回多提坏账准备 20 000 元

C. 收回以前确认并转销的坏账　　D. 备抵法下实际发生坏账

3. 在会计实务中，企业的应收账款包括(　　)。

A. 销售商品、产品应向客户收取的款项

B. 提供主要经营业务、劳务应向客户收取的款项

C. 购货的预付定金

D. 存出的保证金和押金

4. 下列各项中，属于其他应收款核算的内容有(　　)。

A. 存出保证金　　B. 备用金　　C. 赊销商品款　　D. 应收赔款

5. 企业的应收账款不应包括(　　)。

A. 应收利息　　B. 预付货款

C. 对职工的预付款　　D. 超过一年的应收分期销货款

四、业务题

1. 飞腾公司为增值税一般纳税人，适用的增值税税率为 17%。2×16 年发生的有关经济业务如下：

(1)3 月 5 日，向新化公司赊销商品一批，货款 500 000 元，增值税销项税额 85 000 元。销售成本 400 000 元。付款条件为“2/10，n/30”。另以银行存款代垫运杂费 4 000 元。

(2)3 月 9 日，以银行本票支付广告费 4 000 元。

(3)3 月 15 日，收到新化公司开出的支付代垫运杂费 4 000 元的转账支票一张和用以偿付货税款的商业汇票一张，商业汇票面值为 58 5000 元、票面利率 6%、期限 6 个月。

(4)4 月 15 日，将新化公司的商业汇票送至银行申请贴现，贴现率为 8%。

(5)5 月 13 日，委托银行开出银行汇票一张，金额 80 000 元，准备用于支付购货款。

(6)9 月 15 日，新化公司的商业汇票到期，因新化公司存款不足，无法将款项付给银行。银行按商业汇票的到期值及对方拒付手续费 50 元，一并从飞腾公司的银行存款账户中扣除。

(7)11 月 20 日，应收东方公司的账款 6 000 元，因对方企业已经倒闭，无法收回。经有关部门批准，注销应收账款。

(8)年末提取坏账准备 5 000 元。

要求：根据上述业务为飞腾公司编制会计分录。

2. 企业销售产品一批，售价 100 000 元，成本 85 000 元，增值税率 17%，对方开出一张期限 5 个月、票面利率 9%的银行承兑汇票并承兑。

要求：在计算基础上，编制以下会计分录：

(1)收到汇票。

(2)若企业在持有汇票 40 天后到银行办理贴现，银行规定贴现率为 8%。假定 5 个月按 150 天计算，全年按 360 天计算。

(3)若企业未办理汇票贴现，票据到期，收到全部款项。

第四章　存　货

【案例导读】

和风公司系2×09年组建的股份制企业，公司年加工小麦42万吨，拥有员工500余人，总资产3.5亿元。年产优质小麦专用粉和高等级面粉10万吨、食用油3 000吨、豆粕1.2万吨。2×16年实现销售收入1.8亿元。随着企业逐步发展壮大，原材料和备品备件的采购资金占公司总体成本的70%以上。生产规模的不断扩大，经济形势的变化，原材料的价格频繁调高，存货积压不断上升，使产品成本有了较大的增长。但是对于公司原材料仓库的管理方法一直很落后，存货不合理，查询不方便等。因此，公司内物品超储、积压现象严重，资金占用多、周转速度慢等情况已成为存货管理中相当严重的问题。公司物品品种成百计，其重要程度、消耗数量、资金占用等各不相同。

请思考：

针对和风公司积压的存货，期末是否应该计提存货跌价准备？如何进行会计处理？和风公司可以采取什么措施来对存货进行清查？

【本章导读】

本章将在介绍存货的性质和分类的基础上，重点介绍存货的确认条件、存货取得与发出时的计价问题，以及各类存货的具体核算方法。通过本章学习，你应能够：(1)了解存货的性质与分类；(2)掌握发出存货的计价方法及其核算；(3)掌握外购存货实际成本计价与计划成本计价的核算；(4)了解包装物与低值易耗品发出以及摊销的账务处理；(5)掌握存货的期末计价；(6)了解存货清查的账务处理。

第一节　存货概述

存货是指企业在日常活动中持有以备出售的产成品或商品，处在生产过程中的在产品，在生产过程或提供劳务过程中耗用的材料、物料等，主要包括原材料、在产品、半成品、产成品、商品、周转材料等。存货区别于固定资产等非流动性资产的最基本的特征是，企业持有存货的最终目的是为了出售。有些存货可供直接销售，如企业的产成品、商品等；有些存货需进一步加工后才能出售，如原材料等。

一、按经济内容分类

企业的存货按照经济用途可以划分为以下七类：

(1)原材料。原材料是指企业在生产过程中经过加工改变其形态或性质并构成产品主要实体的各种原料、主要材料、外购半成品、修理用备件、包装材料和燃料等。

(2)在产品。在产品是指企业正在制造、尚未完工的产品，包括正在各个生产工序加工的产品和已加工完毕但尚未检验或已检验但尚未办理入库手续的产品。

(3)半成品。半成品是指经过一定生产过程并已检验合格并交付半成品仓库保管，但尚未制造完工成为产成品，仍需进一步加工的中间产品。

注意：半成品不包括从一个生产车间转给另一个生产车间待继续加工的自制半成品以及不能单独计算成本的自制半成品。

(4)库存商品。企业已经完成全部生产过程并验收入库，可以按照合同规定的条件送交订货单位，或者可以作为商品对外销售的产品。

注意：企业接受外来原材料加工制造的代制品和为外单位加工修理的代修品，制造和修理完成验收入库后，应视同企业的库存商品。

(5)商品。商品是指商品流通企业外购或委托加工完成验收入库用于销售的各种商品。

(6)周转材料。企业能够多次使用，逐渐转移其价值但仍保持原有形态，且不确认为固定资产的材料。主要包括包装物和低值易耗品。

(7)委托加工物资。委托加工物资是指企业委托外单位加工的各种材料、商品等物资。

二、按来源分类

存货按不同的来源，可以分为以下八类：

(1)外购存货，是指从企业外部购入的存货，如外购原材料、外购包装物和外购零部件等；

(2)自制存货，是指经企业加工制造的存货，包括在产品、产成品、自制半成品和自制包装物等；

(3)委托加工存货，是指企业以提供部分原材料或主要材料并支付一定加工费的方式委托外单位生产的存货；

(4)投资者投入的存货；

(5)接受捐赠的存货；

(6)通过债务重组取得的存货；

(7)通过非货币性交易换入的存货；

(8)盘盈的存货，是指存货清查过程中发现的账外存货。

第二节　存货的计价

存货主要包括原材料、库存商品、周转材料等。

原材料，指企业在生产过程中经过加工改变其形态或性质并构成产品主要实体的各种原料及主要材料、辅助材料、外购半成品、修理用备件、燃料和包装材料等。但不包括企业购入的低值易耗品、包装物，以及对外进行来料加工、装配业务而收到的原材料、零部件等。

工业企业的库存商品主要是指产成品，即已经完成全部生产过程并验收入库的合乎标准规格和技术条件，可以按照合同规定的条件送交订货单位，或者可以作为商品对外销售的产品。

一、入库存货的计价

《企业会计准则第 1 号——存货》规定："存货应当按照成本进行初始计量。"这表明企业在持续经营的前提下，存货入账价值的基础也即初始计量的基础是历史成本或者说是实际成本。

按照《企业会计准则第 1 号——存货》的规定，存货应当按照成本进行初始计量，初始计量的存货成本包括采购成本、加工成本和其他成本。

存货的采购成本，包括购买价款、进口关税和其他计入成本的税金、运输费、装卸费、保险费，以及其他可归属于存货采购成本的费用，如运输途中的合理损耗、存货入库前的挑选整理费用等，其中：存货的购买价款是指企业购入的材料或商品的发票账单上列明的价款，但不包括按规定可以抵扣的增值税额。

存货的加工成本，包括存货的加工过程中发生的追加费用，包括直接人工费，以及按照一定方法分配的制造费用。

存货的其他成本，是指除采购成本、加工成本以外的，使存货达到目前场所和状态所发生的其他合理和必要的支出。

除企业外购或委托加工收回的存货采用上述原则计量其成本外，对其他来源的存货按照相关准则确定成本。实务中具体按以下原则确定存货入账价值。

(1)购入的存货，按照采购成本入账。

(2)自制的存货，按照加工成本入账。

(3)委托加工存货，以实际耗用的原材料或者半成品，以及加工费、运输费、装卸费和保险费等费用，还有按规定应计入成本的税金，作为实际成本入账。

(4)投资者投入存货的成本，应当按照投资合同或协议约定的价值确定，但合同或协议约定价值不公允的除外。

(5)接受捐赠的存货，应当分别以下列情况确定实际成本来入账。①捐赠方提供了有关凭据(如发票、报关单和有关协议)的，按照凭据上标明的金额加上应支付的相关税费，作为实际成本。②捐赠方没有提供有关凭据的，应当参照同类或类似存货的市场价格估计的金额加上应支付的相关税费，作为实际成本。

(6)企业接受的债务人以非现金资产抵偿债务方式取得的存货，或者以应收款项换入存货的，应当对存货按其公允价值入账，重组债权的账面余额与受让的存货的公允价值之间的差额，计入当期损益。

(7)企业通过以非货币性资产交换方式取得的存货，应分别以下列情况确认其入账价值。

①非货币性资产交换同时满足下列条件的，应当以公允价值和应支付的相关税费作为存货的成本，公允价值与换出资产账面价值的差额计入当期损益：一是该项交换具有商业实质；二是存货或换出资产的公允价值能够可靠地计量。其中，存货和换出资产公允价值均能够可靠计量的，应当以换出资产的公允价值作为确定存货成本的基础，但有确凿证据表明存货的公允价值更加可靠的除外。

②未同时满足①规定条件的非货币性资产交换，应当以换出资产的账面价值和应支付的相关税费作为存货的成本，不确认损益。

③在①中，如果涉及补价，应当分别以下列情况处理：一是支付补价的，存货成本与换出资产账面价值加支付的补价、应支付的相关税费之和的差额，应当计入当期损益；二是收到补价的，存货成本加收到的补价之和与换出资产账面价值加应支付的相关税费之和的差额，应当计入当期损益。

④在②中，如果涉及补价，应当分别以下列情况处理：一是支付补价的，应当以换出资产的账面价值，加上支付的补价和应支付的相关税费，作为存货的成本，不确认损益。二是收到补价的，应当以换出资产的账面价值，减去收到的补价并加上应支付的相关税费，作为存货的成本，不确认损益。

(8)盘盈的存货，按照同类或类似存货的市场价格，作为实际成本入账。

二、发出和结存存货的计价

(一)存货数量的确定

为了使存货的账实数量相符，企业应定期或于资产负债表日对存货数量进行盘存。常用的存货盘存制度主要有两种：永续盘存制和实地盘存制。

1. 永续盘存制

永续盘存制又称账面盘存制，就是对各项财产物资的收入和发出，平时都要根据会计凭证，在有关账簿中逐笔进行连续登记，并随时结出账面结存数。在永续盘存制下，期末账面结存数的计算公式如下：

期末结存数＝期初结存数＋本期收入数－本期发出数

永续盘存制的优点是核算手续严密，能够通过账面记录及时反映各项存货的增减变动和结余情况，有利于加强对财产物资的管理；其缺点是核算工作量大，且期末对存货进行实地盘点时，有时会出现账实不符。在实际中除特殊情况外，企业均应采用永续盘存制。

2. 实地盘存制

实地盘存制又称定期盘存制。就是平时根据有关会计凭证，只登记财产物资的收入数，不登记发出数，月末对财产物资进行实地盘点，将盘点的实存数作为账面结存数，然后倒推算出本期发出数，将其计入账簿。在实地盘存法下，本期发出数的计算公式如下：

本期发出数＝期初结存数＋本期收入数－期末实地盘存数

实地盘存制的优点是核算工作比较简单，期末存货不会出现账实不符；其缺点是核算手续不严密，不能通过账簿随时反映和监督各项财产物资的增加、减少和结余情况，工作中如出现差错、毁损、盗窃和丢失等情况，均计入本期发出数，不利于加强对财产物资的管理。所以，若无特殊情况，一般不适宜采用实地盘存制。

(二)存货盘盈、盘亏的账务处理

企业进行存货清查盘点，应当编制“存货盘点报告表”，并将其作为存货清查的原始凭证。经过存货盘存记录的实存数与存货的账面记录核对，若账面存货小于实际存货，则为存货的盘盈；反之，则为存货的盘亏。对于盘盈、盘亏的存货要计入“待处理财产损溢”科目，待查明原因后进行处理。

(1)对于盘盈的存货，应按照企业存货入账成本的确定方式及时办理入账手续，调整企业存货的账面数额，待查明原因后再冲减相关的费用。入账时，借记“原材料”、“库存商品”等科目，贷记“待处理财产损溢”科目。

(2)对于盘亏的存货，应当将处置收入扣除账面价值和相关税费后的金额计入当期损益。存货的账面价值是存货成本扣减累计跌价准备后的金额，存货盘亏造成的损失，应当计入当其损益。发生盘亏时，借记“待处理财产损溢”、“存货跌价准备”等科目，贷记“原材料”、“库存商品”、“应交税费——应交增值税（进项税额转出）”等科目；材料、库存商品采用计划成本（或售价）核算的，还应同时结转成本差异。

(3)盘盈、盘亏、毁损的财产，按管理权限报经批准后处理时，按残料价值，借记“原材料”等科目，按可收回的保险赔偿或过失人赔偿，借记“其他应收款”科目，按“待处理财产损溢”科目余额，借记或贷记该科目，按其借方差额，属于管理原因造成的，借记“管理费用”科目，属于非正常损失的，借记“营业外支出——非常损失”科目；按其贷方差额，贷记“管理费用”等科目。企业的财产损溢，应查明原因，在期末结账前处理完毕，处理后本科目应无余额。

（三）发出存货的计价方法

发出存货的计价，即发出存货成本的确定，一般根据不同的存货流转假设而确定。存货流转包括实物流转和成本流转两个方面。

理论上，存货的成本流转与其实物流转应当一致，但在实际工作中，由于企业的存货进出量很大，存货的品种繁多，存货的单位成本多变，难以保证各种存货的成本流转与实物流转相一致。

由于同一种存货尽管单价不同，但均能满足生产和销售的需要，在存货被销售或耗用后，无需逐一辨别哪一批实物被发出，哪一批实物被留做库存，这样成本流转顺序和实物流转顺序就可以分离，只要按照不同的成本流转程序确定已发出存货的成本和库存存货的成本即可。而且从全部存货的发出来看，不会影响企业利润的总额，只会影响利润在各个期间的分配。所以，在计算发出存货成本时，需要对存货的成本流转进行假设，以此为依据计算发出存货和期末存货的实际成本。

存货发出成本的计价方法有三种，即个别计价法、先进先出法和加权平均法。

1. 个别计价法

个别计价法，又称个别认定法、具体辨认法和分批实际法。采用这一方法，是假定存货的成本流动与实物流动完全一致，按照各种存货，逐一辨认各批发出存货和期末存货所属的购进批别或生产批别，分别按其购入或生产时所确定的单位成本作为计算各批发出存货和期末存货成本的方法。在这种方法下，是把每一种存货的实际成本作为计算发出存货成本和期末存货成本的基础。

【例4—1】 华夏公司2×16年11月有关A材料的收发情况，如表4—1所示。

表4—1 **A材料收发情况表**

2×16年11月30日

单位：元

日期	内容	购进		发出(件)	结存(件)
		数量(件)	单价(元/件)		
11/01	期初存货	300	5		300
11/05	购入	400	6		700
11/15	发出			550	150

续表

日　期	内　容	购　进		发出(件)	结存(件)
		数量(件)	单价(元/件)		
11/18	购入	500	6.5		650
11/20	发出			350	300
11/25	购入	100	7		400

假定经确认，该企业 11 月 15 日发出的 550 件 A 材料中，400 件是 11 月 5 日购入的，150 件是期初结存的；11 月 20 日发出的 350 件 A 材料是 11 月 18 日购入的。按个别计价法计算：

11 月份发出 A 材料总成本＝150×5＋400×6＋350×6.5＝5 425(元)

11 月份月末结存 A 材料总成本＝150×5＋150×6.5＋100×7＝2 425(元)

采用个别计价法，计算发出存货的成本和期末存货的成本比较合理、准确，但这种方法的前提是需要对发出和结存存货的批次进行具体认定，以辨别其所属的收入批次，所以实务操作的工作量繁重、困难较大。另一方面，这一方法容易被人为利用，虚构利润。如果营业不佳，估计利润不高，管理人员就可以高价售出低成本的货品，以提高利润。个别计价法适用于一般不能替代使用的存货和为特定项目专门购入或制造的存货，以及提供劳务的成本等，如飞机、珠宝和名画等贵重物品。

2. 先进先出法

先进先出法是以先购入的存货先发出(销售或耗用)这一存货实物流转假设为前提，对发出存货进行计价的一种方法。具体方法是：收入存货时，逐笔登记收入存货的数量、单位成本和金额；发出存货时，按照先进先出的原则逐笔登记存货的数量、发出成本和结存金额。

【例 4—2】 以例 4—1 题中 A 材料为例，在材料明细账中进行先进先出法下的发出存货和期末存货的成本计算，如表 4—2 所示。

表 4—2　　A 材料明细账(先进先出法)

2×16 年 11 月 30 日　　单位：元

2×16 年		摘　要	收　入			发　出			结　存		
月	日		数量	单位成本	总成本	数量	单位成本	总成本	数量	单位成本	总成本
11	1	期初							300	5	1 500
	5	购入	400	6	2 400				300 400	5 6	1 500 2 400
	15	发出				300 250	5 6	1 500 1 500	150	6	900
	18	购入	500	6.5	3 250				150 500	6 6.5	900 3 250
	20	发出				150 200	6 6.5	900 1 300	300	6.5	1 950
	25	购入	100	7	700				300 100	6.5 7	1 950 700
		本月合计	1 000	—	6 350	900	—	5 200	300 100	6.5 7	1 950 700

从表4－2可以看出，按先进先出法发出存货是以最先购入存货的单位成本计算，如果发出的存货数量超过了先购入存货数量时，超过部分依次按下一批购入存货的单位成本计算。

采用先进先出法，期末存货按最近的单位成本计价，比较接近现行的市场价值，其优点是可以防止任意计价调整当期损益，缺点是工作量比较大，特别对于存货进出量频繁的企业更是如此。在物价持续上升时，期末存货成本接近于市价，而发出成本偏低，会高估企业当期利润和库存存货价值；反之，会低估企业当期利润和库存存货价值。

3. 加权平均法

加权平均法也称全月一次加权平均法，是指以本月全部进货数量加月初存货数量为权数，去除本月全部进货成本加上月初存货成本，计算出存货的加权平均单位成本，从而确定存货的发出和库存成本。其计算公式如下：

$$\text{存货单位成本}=\frac{\text{月初存货实际成本}+\sum[\text{本月某批进货的实际单位成本}\times\text{本月某批进货的数量}]}{\text{月初库存存货的数量}+\text{本月各批进货数量之和}}$$

月末库存存货成本＝月末库存存货数量×存货单位成本

本月发出存货成本＝本月发出存货数量×存货单位成本

＝月初存货实际成本＋本月进货实际成本－月末库存存货成本

【例4－3】 仍以例4－1中A材料为例，采用加权平均法计算其存货成本如下：

A存货平均单位成本＝6.04(元)

月末库存存货成本＝400×6.04＝2 416(元)

本月发出A材料成本＝1 500＋6 350－2 416＝5 434(元)

采用加权平均法对存货进行计价，只在月末一次计算加权平均单价，比较简单，而且在物价波动时所计算出来的单位成本平均化，对存货成本的分摊较为折中；由于加权平均法所确定的存货成本，受各批进货数量的影响，因而对存货计价的数据比较客观，不易被人为任意调控，并且操作手续简便，便于操作。但是，加权平均法平时无法从账面上提供发出和结存存货的单价和金额，因而不利于对存货的管理。

从上述例题中可看出，采用先进先出法计算发出存货成本为5 200元，月末结存存货成本为2 650元；而采用加权平均法计算发出存货成本为5 434元，月末结存存货成本为2 416元。

第三节 存货的核算

一、按实际成本计价的核算

存货按实际成本计价，就是对存货的收入、发出和期末结存，从存货收发凭证到明细分类账和总账，均按照其实际成本进行核算的方法。实际成本法，一般适用于规模较小、存货品种简单、采购业务不多的企业。

为进行存货核算，企业应设置“原材料”、“库存商品”、“在途物资”、“应付账款”、“预付账款”和“周转材料”(或者分设“包装物”、“低值易耗品”，下同)等科目。

“原材料”、“库存商品”和“周转材料”等科目，用来核算企业库存各种存货的实际成本。

“在途物资”科目，核算企业已经付款或已开出商业承兑汇票，但尚未收到或已经收到但尚未验收入库的各种原材料、周转材料以及库存商品的实际成本。

"在途物资"账户相关业务流转过程如图 4—1 所示。

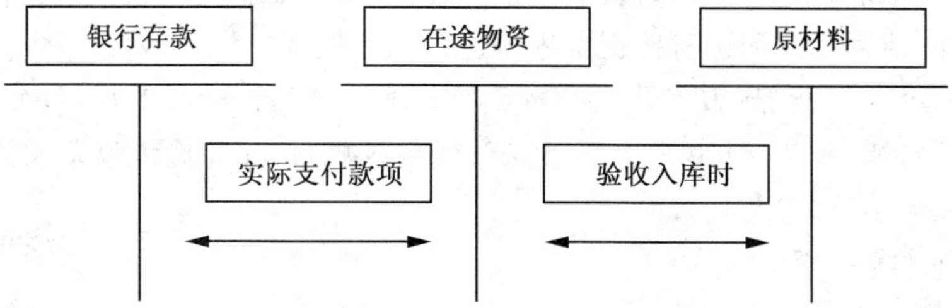

图 4—1　"在途物资"账户流转过程

(一)购入存货按实际成本计价的核算

一般来说,企业取得存货的主要方式是外购。

(1)对于发票账单与存货同时到达的采购业务,企业在支付货款或开出商业承兑汇票,存货验收入库后,根据发票账单等结算凭证确定的存货成本借记"原材料"等科目,根据取得的增值税专用发票上注明的税额,借记"应交税费——应交增值税(进项税额)"(一般纳税人,下同,对于小规模纳税人该进项增值税不单独核算,应进入存货的成本)科目,按照实际支付的款项或应付票据面值,贷记"银行存款"、"应付票据"等科目。

【例 4—4】 华夏公司是增值税一般纳税人,2×16 年 8 月 8 日,由同城通达公司购入甲材料 2 000 千克,单价 4.4 元,共计 8 800 元。原材料验收入库,货款及增值税以转账支票方式支付,并取得增值税专用发票。华夏公司的相关会计处理如下:

借:原材料——甲材料	8 800	
应交税费——应交增值税(进项税额)	1 496	
贷:银行存款		10 296

(2)对于已经付款或已开出商业承兑汇票,但存货尚未到达或已到达但尚未验收入库的采购业务,企业应根据发票账单等结算凭证,借记"在途物资"、"应交税费——应交增值税(进项税额)"科目,贷记"银行存款""应付票据"等科目;待存货到达、验收入库后,再根据材料单,借记"原材料"、"库存商品"、"周转材料"等科目,贷记"在途物资"科目。

【例 4—5】 承上例,8 月 25 日,华夏公司再次购买甲材料 3 000 千克,单价 4.6 元,共计 13 800 元。收到发票等结算单据,货款已经支付,但材料尚未运到。几天后收到仓库转来的验收单,甲材料如数验收入库。华夏公司的相关会计处理如下:

支付货款时:

借:在途物资	13 800	
应交税费——应交增值税(进项税额)	2 346	
贷:银行存款		16 146

材料验收入库时:

借:原材料——甲材料	13 800	
贷:在途物资		13 800

(3)对于存货已经到达并验收入库,但发票账单等结算凭证未到,货款尚未支付的采购业务,如果这类业务发生在月中,可暂不做账务处理,等到相关凭证到达后再根据存货和结算凭

证同时到达的情况做账务处理。如果到相同月份的月末，相关的结算凭证仍未到达，为了正确、全面地反映存货及负债情况，企业应按照合同价格或者类似存货的市场价格等暂估入账，但不暂估增值税；暂估时，借记"原材料"等科目，贷记"应付账款"科目，下月初做相反的会计分录予以冲回，以便结算凭证到达时按正常程序进行账务处理。

【例4－6】 承上例资料，假定华夏公司已经将该批甲材料验收入库，但直至8月末，仍未收到有关的结算凭证。8月末，按照合同价格暂估价入账，估计其价值为13 000元。华夏公司的相关会计处理如下：

8月末，估价入账。

借：原材料——原料及主要材料　　13 000

　　贷：应付账款——暂估应付账款　　13 000

9月初做相反的会计分录予以冲回。

(4)预付货款购进材料。预付货款购进材料，是指企业按照购货合同的约定，先将一部分款项支付给货物供应方，随后才取得货物，并结清剩余货款的情况。在预付货款时，借记"预付账款"科目，贷记"银行存款"科目。已经预付货款的材料验收入库后，根据发票单据所列的价款、税额等，借记"原材料"、"应交税费——应交增值税(进项税额)"等科目，贷记"预付账款"等科目。当预付货款不足补付时，借记"预付账款"科目，贷记"银行存款"科目；当预付货款多于购货所需，货款退回时，借记"银行存款"科目，贷记"预付账款"科目。

【例4－7】 华夏公司按照购货合同约定，向通达公司预付购买甲材料的货款20 000元。收到通达公司发来甲材料和有关的结算凭证，货款30 000元，增值税5 100元。华夏公司随即补付了相关款项。华夏公司的相关会计处理如下：

(1)预付款项：

借：预付账款——通达公司　　20 000

　　贷：银行存款　　20 000

(2)收到材料：

借：原材料——原料及主要材料　　30 000

　　应交税费——应交增值税(进项税额)　　5 100

　　贷：预付账款——通达公司　　35 100

(3)补付货款：

借：预付账款——通达公司　　15 100

　　贷：银行存款　　15 100

(5)购入材料超过正常信用条件延期支付价款(如分期付款来购买材料)，实质上具有融资性质的，应按购买价款的现值金额，借记"在途材料"、"原材料"等科目，按可抵扣的增值税额，借记"应交税费——应交增值税(进项税额)"科目，按应付金额，贷记"长期应付款"科目，按其差额，借记"未确认融资费用"科目。

(二)发出存货按实际成本计价的核算

1. 发出原材料的核算

发出材料业务频繁，为简化核算，平时一般只登记存货明细账。月末，按存货领用部门和用途汇总，编制存货发出凭证汇总表，据以编制会计分录并登记总账。

(1)生产经营领用的原材料。按照实际成本，分别借记"生产成本"、"制造费用"、"销售费用"、"管理费用"等科目，贷记"原材料"科目。

(2)企业基建工程、福利部门领用的原材料。按实际成本加上不予抵扣的增值税额等,借记"在建工程""应付职工薪酬"等科目,按实际成本,贷记"原材料"科目,按不予抵扣的增值税额,贷记"应交税费——应交增值税(进项税额转出)"科目。

(3)企业出售的原材料。按照已收或应收的价款,借记"银行存款"或"应收账款"等科目,按实现的收入,贷记"其他业务收入"科目,按应交的增值税额,贷记"应交税费——应交增值税(销项税额)"科目;按出售原材料的实际成本,借记"其他业务成本"科目,贷记"原材料"科目。

(4)因委托加工而发出的原材料。应按实际成本计价核算,其实际成本包括:加工中实际耗用材料的实际成本、支付的加工费用、支付的税金和支付加工材料往返运杂费等。企业发出材料时,应按其实际成本,借记"委托加工物资"科目,贷记"原材料"科目;支付加工费和增值税时,借记"委托加工物资"、"应交税费——应交增值税(进项税额)"科目,贷记"银行存款"科目;需要缴纳消费税的委托加工物资,收回后直接用于销售的,应将受托方代收代交的消费税计入委托加工物资成本,借记"委托加工物资"科目,贷记"应付账款"、"银行存款"等科目;收回后用于连续生产应税消费品的,按规定准予抵扣的受托方代收代交的消费税,借记"应交税费——应交消费税"科目,贷记"应付账款"、"银行存款"等科目。加工完成验收入库的材料和剩余材料,应按其实际成本,借记"原材料"科目,贷记"委托加工物资"科目。

【例 4-8】 华夏公司委托通达公司加工材料一批,原材料成本为 10 000 元,支付的加工费为 8 000 元(不包括增值税),材料加工完毕后验收入库,加工费已经支付,适用的增值税税率为 17%。要求做出委托方的账务处理。

(1)发出委托加工材料时:

借:委托加工物资	10 000	
贷:原材料		10 000

(2)支付加工费时:

借:委托加工物资	8 000	
应交税费——应交增值税(进项税额)	1 360	
贷:银行存款		9 360

(3)收回委托加工物资时:

借:原材料	18 000	
贷:委托加工物资		18 000

"周转材料"账户是用来核算企业周转材料的计划成本或实际成本,包括包装物、低值易耗品,以及企业(建造承包商)的钢模板、木模板、脚手架等。企业的包装物和低值易耗品,也可以单独设置"包装物"和"低值易耗品"账户。"周转材料"可按周转材料的种类,分别在"在库"、"在用"和"摊销"中进行明细核算。

包装物和低值易耗品,应当采用一次转销法或者五五摊销法进行摊销,计入相关资产的成本或者当期损益;企业(建造承包商)的钢模板、木模板、脚手架和其他周转材料等,可以采用一次转销法、五五摊销法或者分次摊销法进行摊销。

一次转销法是指在领用时,将成本一次性全部摊销。领用时,应按其账面价值,借记"管理费用"、"生产成本"、"销售费用"、"工程施工"等科目,贷记"周转材料"科目;报废时,按报废材料的残料价值,借记"原材料"等科目,贷记"管理费用"、"生产成本"、"销售费用"、"工程施工"等科目。这种方法账务处理简单,主要是用于价值不高且易毁损的包装物。

五五摊销法是指包装物在领用时先摊销其价值的一半,在报废时再摊销其价值的另一半。

这种方法适用于各期使用数量和报废数量大致相等的包装物。

采用五五摊销法时，领用时应按其账面价值，借记"周转材料——在用"等科目，贷记"周转材料——在库"科目；摊销时应按其账面价值的50％，借记"管理费用"、"生产成本"、"销售费用"、"工程施工"等科目，贷记"周转材料——摊销"科目；报废时，应补提摊销额，借记"管理费用"、"生产成本"、"销售费用"、"工程施工"等科目，贷记"周转材料——摊销"科目。同时，按报废周转材料的残料价值，借记"原材料"等科目，贷记"管理费用"、"生产成本"、"销售费用"、"工程施工"等科目；并转销全部已提摊销额，借记"周转材料——摊销"等科目，贷记"周转材料——在用"科目。

二、按计划成本计价的核算

存货按计划成本法进行日常收发核算的特点是，从存货的收发凭证到明细分类账和总分类账，全部按计划成本计价。存货的实际成本与计划成本的差异通过"材料成本差异"账户核算。月末，要把本月发出存货的计划成本调整为实际成本，以便如实反映当期的生产成本和销售成本。

在按计划成本计价进行存货的收入、发出和结存核算时，企业要设置"原材料"、"周转材料"等科目，按计划成本计价反映各种存货的增减变动。为了核算购入存货的实际成本与计划成本，以及入库存货的成本差异额，还应设置"材料采购"、"材料成本差异"科目。

"材料采购"科目核算企业购入存货的采购成本，该科目借方登记购入存货的货款和采购费用，以及结转入库存货实际成本小于计划成本的节约差异额；贷方登记结转入库存货的计划成本，以及入库存货实际成本大于计划成本的超支差异额；借方余额为月末在途存货的实际成本。该账户按存货类别设置明细账。

"材料成本差异"科目核算企业各种存货实际成本与计划成本的差异额，是"原材料"、"周转材料"等存货科目的调整科目。该科目借方登记材料实际成本大于计划成本的超支差异额；贷方登记材料实际成本小于计划成本的节约差异额，以及月末结转发出材料应负担的成本差异(超支差异额用蓝字)，若为节约差异则编制相反的会计分录；期末借方余额反映各种库存材料的实际成本大于计划成本的差异，期末贷方余额反映实际成本小于计划成本的差异。该账户按存货类别设置明细账。

"材料"账户相关业务流转过程如图4－2所示。

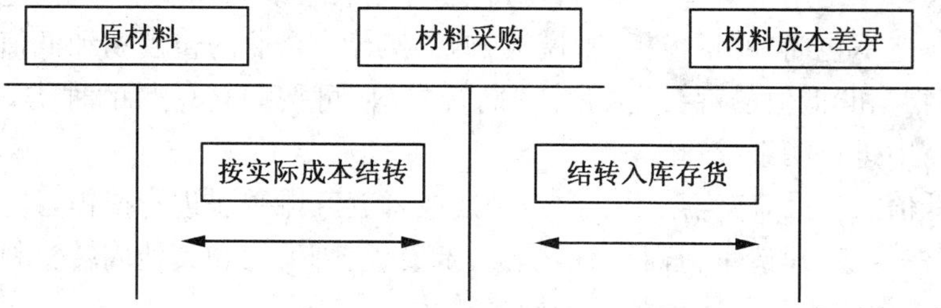

图4－2 "材料采购"账户流转过程

(一)外购存货按计划成本计价的核算

企业外购存货的货款及发生的采购费用，在取得和审核有关结算凭证后，按实际成本借记"材料采购"科目，贷记"银行存款"、"应付账款"、"应付票据"等科目；存货验收入库时，结转入库存货按计划成本，借记有关存货科目，贷记“材料采购”科目；将实际成本大于计划成本的差异，借记“材料成本差异”科目，贷记“材料采购”科目；将实际成本小于计划成本的差异，借记“材料采购”科目，贷记“材料成本差异”科目；为简化核算工作，外购存货入库时不必逐笔按计划成本结转，可于月末汇总结转，即月末将本月收到结算凭证的收料凭证按存货类别，分别汇总其实际成本和计划成本，计算成本差异额，据以编制结转入库存货计划成本和结转成本差异额的会计分录。

（二）发出存货按计划成本计价的核算

采用计划成本计价时，月末也要根据计划成本计价的领发存货凭证，按领用部门和用途进行归类汇总，同时计算发出存货应负担的材料成本差异，汇总编制存货发出凭证汇总表，据以编制记账凭证，月末一次登记总分类账。

同时，通过“材料成本差异”账户，将发出存货成本由计划成本调整为实际成本。

发出存货应负担的材料成本差异，必须按月份计算，不得在季末或年末一次计算。有关计算公式如下（以原材料为例）：

$$本月材料成本差异率=\frac{月初结存材料的成本差异+本月收入材料的成本差异}{月初结存材料的计划成本+本月收入材料的计划成本}\times 100\%$$

本月发出材料应负担的成本差异＝发出材料的计划成本×材料成本差异率

发出材料的实际成本＝发出材料的计划成本±发出材料应负担的成本差异

结存材料应负担的成本差异＝结存材料的计划成本×材料成本差异率

结存材料的实际成本＝结存材料的计划成本±结存材料应负担的成本差异

如果本月需要使用上月材料成本差异率，上月材料成本差异率的计算公式如下：

$$上月材料成本差异率=\frac{月初结存材料的成本差异}{月初结存材料的计划成本}\times 100\%$$

【例 4－9】 华夏公司为一般纳税人，2×16 年 6 月份该公司发生的有关原材料收发的业务如下：

6 月 3 日，购入原材料一批，取得的增值税专用发票上注明的原材料价款为 20 000 元，增值税额为 3 400 元，发票等结算凭证已经收到，货款已通过银行转账支付。材料已验收入库。该批材料的计划成本为 21 000 元。

借：材料采购　　20 000
　　应交税费——应交增值税（进项税额）　　3 400
　　贷：银行存款　　23 400

6 月 6 日，购入原材料一批，发票等结算凭证已到，其中列明价款 10 000 元，增值税额 1 700元，货款已经支付，但到月末材料尚未运到。该批材料的计划成本为 9 000 元。

借：材料采购　　10 000
　　应交税费——应交增值税（进项税额）　　1 700
　　贷：银行存款　　11 700

6 月 10 日，购入原材料一批，材料已经运到，并验收入库，但发票等结算凭证尚未收到，货款尚未支付。该批材料的计划成本为 30 000 元。

暂不进行会计处理。

6 月 12 日，收到有关结算凭证并支付货款，假设该批材料的实际成本为 35 000 元，支付的增值税额为 5 950 元。

借:材料采购 35 000
　应交税费——应交增值税(进项税额) 5 950
　　贷:银行存款 40 950

6 月 15 日,购进材料一批,取得的增值税专用发票上注明的原材料价款 3 000 元,增值税额为 510 元。双方商定采用商业承兑汇票结算方式支付货款,付款期限为 3 个月。材料已经到达并验收入库。该批材料的计划成本为 2 800 元。

借:材料采购 3 000
　应交税费——应交增值税(进项税额) 510
　　贷:应付票据 3 510

6 月 30 日,汇总本月已付款或已开出商业承兑汇票的入库原材料计划成本为 53 800 元。

借:原材料 53 800
　　贷:材料采购 53 800

6 月 30 日,结转本月已经付款或已开出商业承兑汇票的入库原材料的材料成本差异,其实际成本为 58 000 元,材料成本差异额为 58 000－53 800＝4 200(元)(超支额)。

借:材料成本差异 4 200
　　贷:材料采购 4 200

假设该企业月初“材料成本差异”科目贷方余额为 2 600 元,“原材料”科目借方余额 26 200元。计算本月材料成本差异率如下:

本月材料成本差异率＝(4 200－2 600)/(26 200＋53 800)＝2%

6 月 30 日,原材料“发料凭证汇总表”表明,生产车间领用原材料 10 000 元,车间管理部门领用原材料 3 000 元,厂部管理部门领用原材料 7 000 元,销售部门领用原材料 1 000 元,售出原材料 4 000 元。

(1)发出材料:

借:生产成本 10 000
　制造费用 3 000
　管理费用 7 000
　销售费用 1 000
　其他业务成本 4 000
　　贷:原材料 25 000

(2)分配材料成本差异:

借:生产成本 200
　制造费用 60
　管理费用 140
　销售费用 20
　其他业务成本 80
　　贷:材料成本差异 500

第四节 存货的期末计价与披露

一、存货的期末计价方法

按照《企业会计准则第1号——存货》的规定，期末存货应当按照成本与可变现净值孰低来计量。

所谓成本与可变现净值孰低(lower of cost or net realizable value)，是指对期末存货按照成本与可变现净值两者之中较低者进行计价的方法。即当成本低于可变现净值时，存货按成本计价；当可变现净值低于成本时，存货按可变现净值计价。这里的“成本”是指存货的历史成本，即按照以历史成本为基础的发出存货计价方法，如个别计价法、先进先出法、加权平均法计算确定的期末存货成本。这里的“可变现净值”是指存货预计的未来净现金流入量，即在正常生产经营过程中，以存货的估计售价减去至完工估计将要发生的成本、估计的销售费用及相关税金后的金额。

(一)可变现净值的确定

1. 确定可变现净值应考虑的主要因素

企业确定存货的可变现净值，应当以取得的确凿证据为基础，并且考虑持有存货的目的、资产负债表日后事项的影响等因素。

(1)在对可变现净值加以确定时，应当以取得的可靠证据为基础。此处所讲的“可靠证据”是指对确定存货的可变现净值有直接影响的确凿证明，如商品或产品的市场销售价格、与企业产品相同或类似商品的市场销售价格、供货方(销货方)提供的有关资料、产品的生产成本等。

(2)考虑存货的持有目的。企业存货的持有目的是不同的，有的是为了在生产过程或提供劳务过程中消耗的，如原材料等；有的则是为了以备出售的，如库存商品。在库存以备出售的库存商品中，有的已经签订了销售合同，有明确的销售对象，有的则还没有明确的销售对象。存货持有的目的不同，其可变现净值的确定也不同。

2. 可变现净值的确定方法

(1)为生产而持有的材料等，用其生产的产成品的可变现净值高于成本的，该材料仍然应当按照成本计量；材料价格的下降表明产成品的可变现净值低于成本的，该材料应当按照可变现净值计量。

(2)为执行销售合同或者劳务合同而持有的存货，其可变现净值应当以合同价格为基础计算。企业持有存货的数量多于销售合同订购数量的，超出部分的存货的可变现净值应当以一般销售价格为基础计算。

【例4—10】 华夏公司2×16年12月31日有库存A商品10台，单位成本38万元，账面价值380万元，12月31日市场每台售价36万元。①假定12月曾与客户签订合约，销售A商品10台，每台售价40万元。②假定12月曾与客户签订合约，销售A商品8台，每台售价40万元。分别计算不同情况下A商品的可变现净值。

假定1:12月31日A商品的可变现净值＝10×40＝400(万元)。

假定2:12月31日A商品的可变现净值＝8×40＋2×36＝392(万元)。

（二）存货跌价准备的计提方法

运用成本与可变现净值孰低法对存货计价时有三种方法：单项比较法、分类比较法和总额比较法。

单项比较法是指按单个存货项目比较其成本价和可变现净值，以其较低的数额作为存货的价值；分类比较法是指按存货类别（或产品系列）比较其成本价和可变现净值，以其较低的数额作为存货的价值；总额比较法是指比较全部存货的成本和可变现净值，以其较低的数额作为存货的价值。

【例 4—11】 华夏公司存货 2×16 年 12 月 31 日，采用"成本与可变现净值孰低法"三种计提方法进行了统计，结果如表 4—3 所示。

表 4—3 **存货期末计价的金额统计表**

2×16 年 12 月 31 日 单位：元

项　目	成　本	可变现净值	期末存货		
			单项比较法	分类比较法	总额比较法
男西装	2 000	2 500	2 000		
男裤	1 000	850	850		
合　计	3 000	3 350		3 000	
女上装	5 000	4 500	4 500		
女裤	4 000	4 400	4 000		
合　计	9 000	8 900		8 900	
总　计	12 000	12 250	11 350	11 900	12 000

（三）成本与可变现净值孰低的账务处理

采用成本与可变现净值孰低法，会计期末，对可变现净值低于成本的存货跌价损失，会计上有直接转销法和备抵法两种处理方法。直接转销法是将可变现净值低于成本的损失直接计入当期"管理费用"科目，并按低于成本的可变现净值调整存货账面价值。备抵法是设置"存货跌价准备"科目，单独记录存货跌价准备（即：期末存货可变现净值低于成本的差额）。我国企业会计准则规定，企业应当采用备抵法计提存货跌价准备。

1. 存货跌价准备计提的情形

资产负债表日，企业在检查存货时，如果发现了以下情形之一，应当考虑计提存货跌价准备：①市价持续下跌，并且在可预见的未来无回升的希望；②企业使用该项原材料生产的产品的成本大于产品的销售价格；③企业因产品更新换代，原有库存原材料已不适应新产品的需要，而该原材料的市场价格又低于其账面价值；④因企业所提供的商品或劳务过时或消费者偏好改变而使市场的需求发生变化，导致市场价格逐渐下跌；⑤其他足以证明该项存货实质上已经发生减值的情形。

当存在以下一项或若干项情况时，应当将存货账面价值全部转入当期损益：①已霉烂变质的存货；②已过期且无转让价值的存货；③生产中已不再需要，并且已无使用价值和转让价值的存货；④其他足以证明已无使用价值和转让价值的存货。

2. 存货跌价准备的账务处理

资产负债表日，企业应当重新确认存货的可变现净值，根据成本与可变现净值计算出“存货跌价准备”科目应有的余额，然后与“存货跌价准备”科目已有的余额进行比较。若应提取数大于已提取数，应予补提，借记“资产减值损失”科目，贷记“存货跌价准备”科目；若以前减记存货价值的影响因素已经消失，减记的金额应当予以恢复，并在原已计提的存货跌价准备金额内转回，转回的金额计入当期损益，借记“存货跌价准备”科目，贷记“资产减值损失” 科目。发出存货结转计提的存货跌价准备的，借记“存货跌价准备”科目，贷记“主营业务成本”“生产成本”等科目。

【例 4-12】 华夏公司采用“成本与可变现净值孰低法”进行期末存货的计价核算，并运用“备抵法”进行相应的账务处理。假设 2007 年年末存货的账面余额为 50 000 元，预计可变现净值为 45 000 元，当年应计提的存货跌价准备为 5 000 元。华夏公司应编制如下会计分录：

借：资产减值损失　　5 000

　　贷：存货跌价准备　　5 000

假设 2008 年年末该存货预计可变现净值 40 000 元，应补提存货跌价准备为 5 000 元，会计分录如下：

借：资产减值损失　　5 000

　　贷：存货跌价准备　　5 000

假设 2009 年年末，该存货的可变现净值有所恢复，预计可变现净值为 47 000 元，则应冲减计提的存货跌价准备 7 000 元，会计分录如下：

借：存货跌价准备　　7 000

　　贷：资产减值损失　　7 000

假设 2010 年年末，该存货的可变现净值进一步恢复，预计可变现净值为 53 000 元，则应冲减计提的存货跌价准备 3 000 元（以以前已入账的减少数为限），会计分录如下：

借：存货跌价准备　　3 000

　　贷：资产减值损失　　3 000

二、存货的披露

按照《企业会计准则第 1 号——存货》的规定，企业应当对报表科目“存货”按其明细科目名称，在报表附注中进行披露。

存货的披露信息主要包括：①各类存货的期初和期末账面价值；②确定发出存货成本所采用的方法；③存货可变现净值的确定依据，存货跌价准备的计提方法，当期计提的存货跌价准备的金额，当期转回的存货跌价准备的金额，以及计提和转回的有关情况；④用于担保的存货账面价值。

存货准则的这些规定更有利于信息使用者了解和掌握企业当前存货的流转和使用情况，并据此判断企业的财务与经营状况，如：企业存货的当期期初和期末账面价值过高，则表明企业存货库存状况较差；企业计提的存货跌价准备越多，则说明企业的存货持有损失越大；企业用于债务担保的存货的账面价值越多，则表明企业的财务状况存在一定的隐患；主营业务成本越低，则表明企业销售能力越弱，企业经营效率越低等。总之，存货准则在披露方面体现了应遵循信息使用者对信息的需要和“充分披露”的原则，是准则规范内容最终在会计报表中的反映和总结。

本章小结

本章主要介绍了存货的概念及其分类、存货的初始计量、存货发出的计价、计划成本下存货的核算以及存货的期末核算等内容。

存货是指企业在日常活动中持有以备出售的产成品或商品、处在生产过程中的在产品、在生产过程或提供劳务过程中耗用的材料、物料等，主要包括原材料、在产品、半成品、产成品、商品、周转材料等。存货应当按照成本进行初始计量。存货成本包括采购成本、加工成本和使存货到达目前场所和状态所发生的其他成本等三个部分。存货的取得方式不同，其实际成本的构成也有所不同。取得方式主要包括外购的存货、通过加工取得的存货、其他方式取得的存货等。

企业发出存货可以采用的计价方法包括个别计价法、先进先出法和加权平均法。对于性质和用途相似的存货应采用相同的成本计算方法确定存货的发出成本；对于不能替代使用的存货、为特定项目专门购入或制造的存货以及提供劳务的成本，通常采用个别计价法确定存货的发出成本。对于已售存货，应当将其成本结转为当期损益，相应的存货跌价准备也应当予以结转。

计划成本法是指企业存货的每一笔收入、发出和结存均按预先确定的成本计价，期末再一次性将其调为实际成本计价的核算方法。采用计划成本法的前提条件是合理制定每一品种、规格材料的计划成本。为控制成本，有些企业会对外购材料采用计划成本核算。材料的计划成本一般由企业采购部门同财会等有关部门共同制定，制定的计划成本应尽可能接近实际成本。

企业应当当期或者至少于每年年度终了，对存货进行全面清查。按照《企业会计准则第1号——存货》的规定，期末存货应当按照成本与可变现净值孰低计量。当存货成本低于可变现净值时，存货按成本计价，不作调整；当存货成本高于可变现净值时，存货按可变现净值计价，应当计提存货跌价准备，并计入当期损益。

复习思考题

一、简答题

1. 什么是永续盘存制？其具有哪些优缺点？
2. 什么是实地盘存制？其具有哪些优缺点？
3. 存货发出的计价方法有哪些？
4. 试述个别计价法的优缺点。
5. 比较企业采用先进先出法和加权平均法的优缺点。
6. 实际成本法和计划成本法在会计核算时有什么区别？
7. 确定存货可变现净值应考虑的主要因素有哪些？
8. 试述存货可变现净值的确定方法。
9. 简述计提存货跌价准备的三种方法。
10. 简述企业计提存货跌价准备需符合的条件。

二、单项选择题

1. 甲公司采用成本与可变现净值孰低法计量期末存货，按单项存货计提存货跌价准备。2×15年12月31日，甲公司库存自制半成品成本为35万元，预计加工完成该产品尚需发生加工费用11万元，预计产成品不含增值税的销售价格为50万元，销售费用为6万元。假定该库存自制半成品此前未计提存货跌价准备，不考虑其他因素。2×15年12月31日，甲公司该库存自制半成品应计提的存货跌价准备为(　　)万元。

A. 2　　B. 4　　C. 9　　D. 15

2. 某公司采用成本与可变现净值孰低法按单项存货于期末计提存货跌价准备。2×15年12月31日，该公司拥有甲、乙两种商品，成本分别为240万元、320万元。其中，甲商品全部签订了销售合同，合同销售价格为200万元，市场价格为190万元；乙商品没有签订销售合同，市场价格为300万元；销售价格和市场价格均不含增值税。该公司预计销售甲、乙商品尚需分别发生销售费用12万元、15万元，不考虑其他相关税费；截至2×15年11月30日，该公司尚未为甲、乙商品计提存货跌价准备。2015年12月31日，该公司应为甲、乙商品计提的存货跌价准备总额为(　　)万元。

A. 60　　B. 77　　C. 87　　D. 97

3. 某增值税一般纳税工业企业本期购入一批材料，进货价格为80万元，增值税为13.60万元。运杂费为1万元。所购材料到达后验收发现商品短缺5%，属于运输途中合理损耗，该商品应计入存货的实际成本为(　　)万元。

A. 93.6　　B. 56　　C. 80　　D. 81

4. 物价上涨时，能使企业计算出来的净利最大的存货计价方法是(　　)。

A. 个别计价法　　B. 后进先出法

C. 先进先出法　　D. 加权平均法

5. 下列各项支出中，一般纳税企业不计入存货成本的是(　　)。

A. 仓储费用　　B. 入库前的挑选整理费

C. 购买存货而发生的运输费用　　D. 购买存货而支付的进口关税

6. 采用"先进先出法"计算发出存货的成本，期初库存硬盘的数量为50件，单价为1 000元；本月购入硬盘100件，单价1 050元；本月领用硬盘100件，其领用总成本为(　　)元。

A. 102 500　　B. 100 000　　C. 105 000　　D. 100 500

7. 在企业外购材料中，若材料已收到，而至月末结算凭证仍未到，对于该批材料，企业的处理方式是(　　)。

A. 不做任何处理　　B. 按该材料市价入账

C. 按合同价格或计划价格暂估入账　　D. 按上批同类材料价格入账

8. 某企业对发出存货采用月末一次加权平均法计价，本月期初不锈钢数量为40吨，单价为3 100元/吨，本月一次购入数量为60吨，单价为3 000元/吨，则本月发出存货的单价为(　　)元/吨。

A. 3 060　　B. 3 040　　C. 3 100　　D. 3 050

9. 存货清查中，盘盈的存货，应(　　)。

A. 冲减"管理费用"　　B. 计入"营业外收入"

C. 计入"其他业务收入"　　D. 计入"本年利润"

10. 对一般纳税企业的工业制造企业来说，不计入存货成本的项目是（　　）。

A. 增值税　　B. 直接人工费

C. 直接材料费　　D. 生产产品的间接费用

三、多项选择题

1. 下列有关确定存货可变现净值基础的表述，正确的有（　　）。

A. 无销售合同的库存商品以该库存商品的估计售价为基础

B. 有销售合同的库存商品以该库存商品的合同价格为基础

C. 用于出售的无销售合同的材料以该材料的市场价格为基础

D. 用于生产有销售合同产品的材料以该材料的市场价格为基础

2. 下列关于存货会计处理的表述中，正确的有（　　）。

A. 存货采购过程中发生的合理损耗计入存货采购成本

B. 存货跌价准备通常应当按照单个存货项目计提也可分类计提

C. 债务人因债务重组转出存货时不结转已计提的相关存货跌价准备

D. 发出原材料采用计划成本核算的应于资产负债表日调整为实际成本

3. 按我国企业会计制度规定，下列资产中，应在资产负债表的“存货”项目中反映的有（　　）。

A. 工程物资　　B. 委托代销商品　　C. 周转材料　　D. 库存商品

4. 下列各项属于购货方存货的有（　　）。

A. 对销售方按照销售合同、协议规定已确认销售，而尚未发运给购货方的商品

B. 购货方已收到商品但尚未收到销货方结算发票等的商品

C. 对于购货方已经确认为购进而尚未到达入库的在途商品

D. 销货方已经发出商品但尚未确认销售的存货

5. 对于工业企业一般纳税人而言，下列费用应当在发生时确认为当期损益的有（　　）。

A. 非正常损耗的直接材料、直接人工和制造费用

B. 生产过程中为达到下一个生产阶段所必需的仓储费用

C. 不能归属于使存货达到目前场所和状态的其他支出

D. 采购存货所支付的保险费

6. 企业的库存材料发生盘亏或毁损，应先计入“待处理财产损溢”账户，待查明原因后按情况可分别计入（　　）。

A. 管理费用　　B. 营业外支出　　C. 财务费用　　D. 其他应收款

四、业务题

1. A股份有限公司期末存货计价采用成本与可变现净值孰低法，并采用备抵法进行会计处理。该公司各期末存货的账面实际成本和可变现净值如下：

	账面实际成本(元)	可变现净值(元)
2×14年12月31日	500 000	480 000
2×15年6月30日	450 000	425 000
2×15年12月31日	465 000	455 000

要求：计算各期末应提取的存货跌价准备并编制相关的会计分录。

2. 甲公司在财产清查时盘亏L材料300千克，实际单位成本100元，经查属于材料保管员的过失造成，按规定由其个人赔偿20 000元，残料已办理入库手续，价值2 000元。假定不考虑相关税费，编制甲公司的会计分录。

3. 根据下表中所列的资料，分别采用“先进先出法”、“个别计价法”和“加权平均法”来确定领用该材料的成本。

日期	摘 要	数量(件)	单价(元)	金额(元)
1日	期初余额	100	300	30 000
3日	购入	50	310	15 500
10日	生产领用	125		
20日	购入	200	315	63 000
25日	生产领用	150		

第五章　对外投资

【案例导读】

S 集团公司发生以下两笔经济业务:(1)S 集团将目前闲置的 20 万元资金购买 B 公司的股票,打算在 B 公司股票价格上涨后售出获利;(2)S 集团拟用 100 万元资金购买材料供应商 A 公司的股票并长期持有,买入 A 公司股票后 S 集团持有 A 公司的股份比例达到 30%,能对 A 公司的经营决策产生重大影响。

请思考:

同样是购买股票的经济业务,S 集团购买 A、B 股票的主观目的不同,其账务处理是否应有所区别? 如果有区别,会计在进行账务处理时的侧重点应是什么?

【本章导读】

本章将在介绍金融资产投资的特点和目的的基础上,重点介绍各项金融资产的初始计量与后续计量,以及成本法和收益法的应用。通过本章学习,你应能够:(1)了解金融资产、交易性金融资产、持有至到期投资、可供出售金融资产及长期股权投资的概念;(2)掌握交易性金融资产、持有至到期投资、可供出售金融资产及长期股权投资的核算;(3)掌握长期股权投资核算的成本法与权益法的适用范围、会计核算。

投资(investment),指企业为通过分配来增加财富,或为谋求其他利益而将资产让渡给其他单位所获得的另一项资产。一般来说,企业常常出于各种目的而进行不同种类的投资。例如,企业为正常的生产经营需要,购置有形资产和无形资产而进行实际投资;或者为获取资本利得、利息或股利收入,或为控制、共同控制、实施重大影响,去购买其他公司的股票与债券而进行长期的或短期的证券投资。投资的最终目的是通过分配,使企业资产增值、财富增加。

金融工具(financial instrument)是指形成一个企业的金融资产,并形成其他单位的金融负债或权益性工具的合同。金融资产(financial asset)的种类包括交易性金融资产、直接指定为以公允价值计量且其变动计入当期损益的金融资产、持有至到期投资、可供出售金融资产以及贷款和应收款项。

第一节 交易性金融资产

以公允价值计量且其变动计入当期损益的金融资产包括交易性金融资产和直接指定为以公允价值计量且其变动计入当期损益的金融资产。

一、交易性金融资产的确认

交易性金融资产(held for trading financial assets)主要是指企业为了近期内出售或回购的金融资产。例如,企业以赚取差价为目的从二级市场购入的股票、债券和基金等。衍生金融资产不作为有效套期工具的,也应划分为交易性金融资产。

金融资产满足下列条件之一的,应划分为交易性金融资产:

(1)取得该金融资产的目的主要是为了在近期内出售。如企业以赚取差价为目的,而从二级市场中购入的股票、债券和基金等。

(2)属于进行集中管理的可辨认金融工具组合的一部分,并且有客观证据表明企业近期采用短期获利方式对该组合进行管理。

(3)属于衍生金融工具,但是,被指定为有效套期工具的衍生工具、属于财务担保合同的衍生工具除外,还有在活跃市场中没有报价,且与公允价值不能可靠计量的权益工具投资挂钩的,并须通过交付该权益工具结算的衍生工具除外。其中,财务担保合同是指保证人和债权人约定,当债务人不履行债务时,保证人按照约定,履行债务或者承担责任的合同。直接指定为以公允价值计量且其变动计入当期损益的金融资产,主要是指基于统一计量基础、风险管理和战略投资等所做的指定,在活跃市场中没有报价、公允价值,不能可靠计量的权益工具投资,不得指定为以公允价值计量且其变动计入当期损益的金融资产。

二、交易性金融资产会计科目设置

企业通过“交易性金融资产”、“公允价值变动损益”、“投资收益”等科目核算交易性金融资产的取得、收取现金股利或利息处置等业务。

“交易性金融资产”科目核算企业为交易目的所持有的债券投资、股票投资和基金投资等交易性金融资产的公允价值。企业持有的直接指定为以公允价值计量且其变动计入当期损益的金融资产也在“交易性金融资产”科目核算。“交易性金融资产”科目的借方登记交易性金融资产的取得成本、资产负债表日其公允价值高于账面余额的差额等;贷方登记资产负债表日其公允价值低于账面余额的差额,以及企业出售交易性金融资产时结转的成本和公允价值变动损益。企业应当按照交易性金融资产的类别和品种,分别设置“成本”和“公允价值变动”等明细科目进行核算。

“公允价值变动损益”(profit and loss from fair value changes)科目核算企业交易性金融资产等因公允价值变动而形成的,应计入当期损益的利得或损失。贷方登记资产负债表日,企业持有的交易性金融资产等的公允价值高于账面余额的差额;借方登记资产负债表日其公允价值低于账面余额的差额。

“投资收益”(investment income)科目核算企业持有交易性金融资产等期间取得的投资收益以及处置交易性金融资产等实现的投资收益或投资损失,贷方登记企业出售交易性金融资产产等实现的投资收益；借方登记企业出售交易性金融资产等发生的投资损失。

"投资收益"账户相关业务流转过程如图5—1所示。

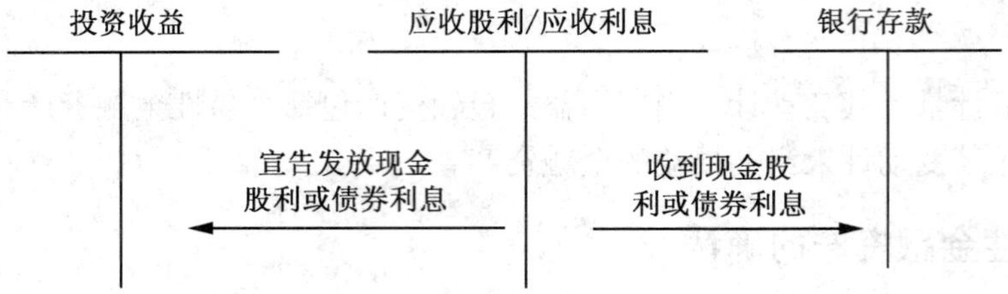

图5—1 "投资收益"账户流转过程

三、交易性金融资产的取得

企业在取得交易性金融资产时，应当按照取得金融资产的公允价值作为初始确认金额，相关的交易费用在发生时计入当期损益。交易费用，是指可直接归属于购买、发行或处置金融工具新增的外部费用，包括支付给代理机构、咨询公司、券商等的手续费和佣金及其他必要支出，不包括债券溢价、折价、融资费用、内部管理成本及其他与交易不直接相关的费用。如果实际支付的金额当中含有已宣告但未派发的现金股利或已到付息期但尚未领取的债券利息（代垫的股利或利息），应计入应收股利或应收利息，不计入交易性金融资产的初始确认金额。

企业取得交易性金融资产，按公允价值（不含支付的价款中包括已宣告但未派发的现金股利或已到付息期但尚未领取的债券利息），借记"交易性金融资产——成本"科目；按发生的交易费用，借记"投资收益"科目；按已宣告但未派发的现金股利或已到付息期但尚未领取的债券利息，借记"应收股利"或"应收利息"科目；按实际支付的金额，贷记"银行存款"。收到上列现金股利或债券利息时，借记"银行存款"科目，贷记"应收股利"或"应收利息"科目。

【例5—1】 2×16年2月1日，华夏公司按每股6元的价格购入通达公司每股面值1元的股票40 000股作为交易性金融资产，并支付交易费用1 200元。华夏公司的相关会计处理如下：

借：交易性金融资产——通达公司股票（成本）　240 000
　　投资收益　1 200
　贷：银行存款　241 200

【例5—2】 2×16年3月1日，华夏公司按每股7.2元的价格购入通达公司每股面值1元的股票30 000股作为交易性金融资产，并支付交易费用1 400元。股票购买价格中包含每股0.2元已宣告但尚未领取的现金股利，该现金股利于2016年4月2日发放。华夏公司的相关会计处理如下：

借：交易性金融资产——通达公司股票（成本）　210 000
　　投资收益　14 000
　　应收股利　6 000
　贷：银行存款　217 400

2×16年4月2日现金股利发放后，会计分录如下：

借：银行存款　6 000
　贷：应收股利　6 000

【例 5－3】 2×16 年 1 月 1 日，华夏公司按 86 800 元的价格购入名都公司于 2015 年 1 月 1 日发行的面值 80 000 元、期限 5 年、票面利率 6%、每年 12 月 31 日付息、到期还本的债券作为交易性金融资产，并支付交易费用 300 元。债券购买价格中包含已到付息期但尚未支付的利息 4 800 元。华夏公司的相关会计处理如下：

借：交易性金融资产——名都公司债券（成本）　82 000
　　投资收益　300
　　应收利息　4 800
　　贷：银行存款　87 100

债券利息支付后会计分录如下：

借：银行存款　4 800
　　贷：应收利息　4 800

四、交易性金融资产持有期间取得现金股利和债券利息的账务处理

企业持有交易性金融资产期间所获得的现金股利或债券利息，应确认为投资收益。持有交易性金融资产期间，被投资单位宣告发放现金股利时，投资企业应按享有的份额，借记“应收股利”科目，贷记“投资收益”科目；资产负债表日，投资企业按分期付息，一次还本债券的票面利率计提利息时，借记“应收利息”科目，贷记“投资收益”科目；收到上述现金股利或债券利息时，借记“银行存款”科目，贷记“应收股利”或“应收利息”科目。

【例 5－4】 承例 5－3，华夏公司对持有的交易性债券投资每半年计提一次利息。2×16 年 6 月 30 日，华夏公司对持有的面值 80 000 元、期限 5 年、票面利率 6%、每年 12 月 31 日付息的名都公司债券计提利息。华夏公司的相关会计处理如下：

借：应收利息　2 400
　　贷：投资收益　2 400

五、交易性金融资产的期末计量

交易性金融资产在最初取得时，是按公允价值入账的，反映了企业取得交易性金融资产的实际成本；但交易性金融资产的公允价值是不断变化的，会计期末的公允价值则代表了交易性金融资产的现时可变现价值。根据企业会计准则的规定，交易性金融资产的价值应按资产负债表日的公允价值反映，公允价值的变动计入当期损益。

资产负债表日，交易性金融资产的公允价值高于账面余额时，应按公允价值与账面余额间的差额，调增交易性金融资产的账面余额，同时确认公允价值上升的收益，借记“交易性金融资产——公允价值变动”科目，贷记“公允价值变动损益”科目；交易性金融资产的公允价值低于账面余额时，应按公允价值与账面余额间的差额，调减交易性金融资产的账面余额，同时确认公允价值下跌的损失，借记“公允价值变动损益”科目，贷记“交易性金融资产——公允价值变动”科目。

【例 5－5】 承例 5－4，华夏公司每年 6 月 30 日和 12 月 31 日对持有的交易性金融资产按公允价值进行再计量。2×16 年 6 月 30 日，名都公司债券公允价值为 85 000 元。华夏公司的相关会计处理如下：

借：交易性金融资产——名都公司债券（公允价值变动）　3 000
　　贷：公允价值变动损益　3 000

六、交易性金融资产的处置

企业出售交易性金融资产时，应将出售时的公允价值与其账面余额之间的差额确认为处置损益。其中，交易性金融资产的账面余额，是指交易性金融资产的初始计量金额加上或减去资产负债表日公允价值变动后的金额。如果在处置交易性金融资产时，已计入应收项目的现金股利或债券利息尚未收回，还应先从处置价款中扣除该部分现金股利或债券利息之后，确认处置损益。企业在确认交易性金融资产处置损益的同时，应将持有期间已确认的公允价值变动净损益转为投资收益。

处置交易性金融资产时，应按实际收到的处置价款，借记"银行存款"科目，按该交易性金融资产的初始成本，贷记"交易性金融资产——成本"科目；按该项交易性金融资产的公允价值变动，贷记或借记"交易性金融资产——公允价值变动"科目；按其差额，贷记或借记"投资收益"科目。同时，将该交易性金融资产持有期间已确认的公允价值变动净损益，转入"投资收益"科目，借记或贷记"公允价值变动损益"科目，贷记或借记"投资收益"科目。

【例5—6】 承例5—5，2×16年11月1日，华夏公司将名都公司债券售出，实际收到出售价款88 600元。债券出售日，名都公司债券已计提利息2 400元，债券账面价值85 000元，其中，成本82 000元，已确认公允价值变动收益3 000元。华夏公司的相关会计处理如下：

借：银行存款	88 600	
贷：交易性金融资产——名都公司债券（成本）		82 000
交易性金融资产——名都公司债券（公允价值变动）		3 000
应收利息		2 400
投资收益		1 200
借：公允价值变动损益	3 000	
贷：投资收益		3 000

或者，

借：银行存款	88 600	
公允价值变动损益	3 000	
贷：交易性金融资产——名都公司债券（成本）		82 000
交易性金融资产——名都公司债券（公允价值变动）		3 000
应收利息		2 400
投资收益		4 200

第二节 持有至到期投资

持有至到期投资（held-to-maturity investment），是指到期日固定、回收金额固定或可确定、企业有明确意图和能力持有至到期的非衍生金融资产。例如，企业从二级市场上购入的固定利率国债、浮动利率公司债券等，符合持有至到期投资条件的，可以划分为持有至到期投资；购入的股权投资因没有固定的到期日，不符合持有至到期投资的条件，不能划分为持有至到期投资。持有至到期投资通常具有长期性质，但期限较短（1年以内）的债券投资，符合持有至到期投资条件的，也可将其划分为持有至到期投资。若企业的持有意图或能力发生变化，在持有至到期投资到期前，可以重分类为可供出售金融资产，也可以将其出售。

一、持有至到期投资会计科目设置

企业应当设置“持有至到期投资”科目，核算持有至到期投资的摊余成本，并按照持有至到期投资的类别和品种，分别对“成本”、“利息调整”、“应计利息”等进行明细核算。

“持有至到期投资——成本”科目，反映持有至到期投资的面值。

“持有至到期投资——利息调整”科目，反映持有至到期投资的初始确认金额与其面值的差额，以及按照实际利率法分期摊销后该差额的摊余金额。

“持有至到期投资——应计利息”科目，反映企业计提的到期一次还本付息持有至到期投资应计未付的利息。

“持有至到期投资——利息调整”账户相关业务流转过程如图 5－2 所示。

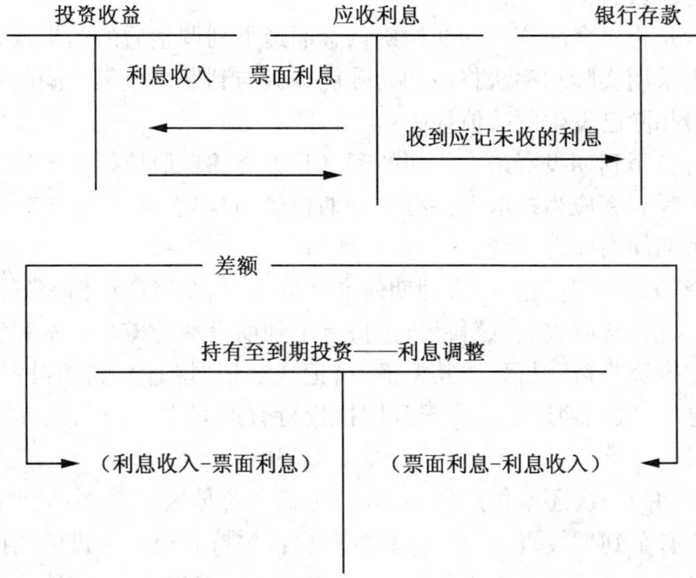

图 5－2 “持有至到期投资——利息调整”账户流转过程

二、持有至到期投资的取得

持有至到期投资应当按取得时的公允价值与相关交易费用之和作为初始确认金额。如果支付的价款中包含已到付息期但尚未领取的利息，应单独确认为应收项目。

企业取得持有至到期投资，应按该投资的面值，借记“持有至到期投资——成本”科目，按实际支付的价款中包含的已到付息期但尚未领取的利息，借记“应收利息”科目，按实际支付的金额，贷记“银行存款”等科目，按其差额，借记或贷记“持有至到期投资——利息调整”科目。收到支付的价款中包含的已到付息期但尚未领取的利息，借记“银行存款”科目，贷记“应收利息”科目。

【例 5－7】 2×16 年 1 月 1 日，华夏公司购入名都公司于 2015 年 1 月 1 日发行的面值 800 000元、期限 5 年、票面利率 5%、每年 12 月 31 日付息、到期还本的债券作为持有至到期投资，实际支付的购买价款为 818 500 元，该价款中包含已到付息期但尚未支付的利息 40 000 元。华夏公司的相关会计处理如下：

(1)购入债券：

借：持有至到期投资——成本	800 000	
应收利息	40 000	
贷：银行存款		818 500
持有至到期投资——利息调整		21 500

(2)收到债券利息：

借：银行存款	40 000	
贷：应收利息		40 000

三、持有至到期投资利息收入的确认

持有至到期投资在持有期间应当按照摊余成本计量，并按摊余成本和实际利率计算确认当期利息收入，计入投资收益。

其中，摊余成本，是指该金融资产的初始确认金额经下列调整后的结果：(1)扣除已偿还的本金；(2)加上或减去采用实际利率法将该初始确认金额与到期日金额之间的差额进行摊销形成的累计摊销额；(3)扣除已发生的减值损失。

实际利率是使持有至到期投资未来收回的利息和本金的现值恰好等于持有至到期投资取得成本的折现率。实际利率应当在取得持有至到期投资时确定，在该持有至到期投资预计存续期间或适用的更短期间内保持不变。

持有至到期投资如为分期付息、一次到期还本债券，应当于资产负债表日按票面利率计算确定的应收未收利息，借记“应收利息”科目，按持有至到期投资的摊余成本和实际利率计算确定的利息收入，贷记“投资收益”科目，按其差额，借记或贷记“持有至到期投资——利息调整”科目。收到分期付息、一次到期还本持有至到期投资持有期间支付的利息，借记“银行存款”，贷记“应收利息”科目。

持有至到期投资如为一次还本付息债券，应当于资产负债表日按票面利率计算确定的应收未收利息，借记“持有至到期投资——应计利息”科目，按持有至到期投资的摊余成本和实际利率计算确定的利息收入，贷记“投资收益”科目，按其差额，借记或贷记“持有至到期投资——利息调整”科目。

【例5—8】 华夏公司对持有至到期投资采用实际利率法确认利息收入。该公司2×12年1月1日购入面值500 000元、期限5年、票面利率6%、每年12月31日付息、取得成本528 000元的长空公司债券。

(1)计算实际利率。

由于华夏公司取得长空公司债券的成本高于长空公司债券的面值，因此，该项持有至到期投资的实际利率一定低于票面利率。先按5%作为折现率进行测算。查年金现值系数表和复利现值系数表可知，5期、5%的年金现值系数和复利现值系数分别为4.329 476 67和0.783 526 17。

按折现率$r=5\%$，长空公司债券的利息和本金计算的现值如下：

债券年利息额＝500 000×6%＝30 000(元)

利息和本金的现值＝30 000×4.329 476 67＋500 000×0.783 526 17＝521 647(元)

上式计算结果小于长空公司债券的初始确认金额，说明实际利率小于5%，再按4%作为折现率进行测算。查年金现值系数表和复利现值系数表可知，5期、4%的年金现值系数和复利现值系数分别为4.451 822 33和0.821 927 11。

按折现率$r=4\%$，长空公司债券的利息和本金计算的现值如下：

利息和本金的现值＝30 000×4.451 822 33＋500 000×0.821 927 11＝544 518(元)

上式计算结果大于长空公司债券的初始确认金额，说明实际利率大于4%。因此，实际利率介于4%和5%之间。使用插值法估算实际利率如下：

$r=4\%+(50\%-4\%)\times[(544\ 518-528\ 000)\div(544\ 518-521\ 647)]$

由此得出：

$r\approx4.72\%$

(2)采用实际利率法编制利息收入与摊余成本计算表。

华夏公司采用实际利率法编制的利息收入与摊余成本计算表，见表5—1。

表5—1　　利息收入确认及溢价摊销表

（实际利率法）

单位：元

计息日期	应计利息	实际利率	利息收入	应摊销溢价	期末摊余成本
2×12年01月01日	30 000	4.72%			528 000
2×12年12月31日	30 000	4.72%	24 922	5 078	522 922
2×13年12月31日	30 000	4.72%	24 682	5 318	517 604
2×14年12月31日	30 000	4.72%	24 431	5 569	512 035
2×15年12月31日	30 000	4.72%	24 168	5 832	506 203
2×16年12月31日	30 000	4.72%	23 797	6 203	500 000
合　计	150 000		122 000	28 000	

(3)编制各年确认利息收入和摊销利息调整的会计分录。

根据表5—1的计算结果，华夏公司的有关账务处理如下：

2012年12月31日，确认实际利息收入、摊销溢价：

借：应收利息　30 000

　贷：投资收益　24 922

　　持有至到期投资——利息调整　5 078

2013年12月31日，确认实际利息收入、摊销溢价：

借：应收利息　30 000

　贷：投资收益　24 682

　　持有至到期投资——利息调整　5 318

2014年12月31日，确认实际利息收入、摊销溢价：

借：应收利息　30 000

　贷：投资收益　24 431

　　持有至到期投资——长空公司债券(利息调整)　5 569

2015年12月31日，确认实际利息收入、摊销溢价：

借：应收利息　30 000

　贷：投资收益　24 168

　　持有至到期投资——长空公司债券(利息调整)　5 832

2016年12月31日，确认实际利息收入、摊销溢价：

借：应收利息　　30 000

　　贷：投资收益　　23 797

　　　　持有至到期投资——长空公司债券(利息调整)　　6 203

债券到期，收回债券本金和最后一期利息：

借：银行存款　　530 000

　　贷：持有至到期投资——长空公司债券(成本)　　500 000

　　　　应收利息　　30 000

四、持有至到期投资减值

在资产负债表中，持有至到期投资通常应按账面摊余成本列示其价值。但有客观证据表明持有至到期投资发生了减值的，应当将其账面价值与预计未来现金流量现值之间的差额确认为减值损失，计入当期损益。资产负债表日的未来现金流量现值按初始确认时确定的实际利率作为折现率。

资产负债表日，持有至到期投资发生减值的，按其账面价值与预计未来现金流量现值之间的差额，借记“资产减值损失”科目，贷记“持有至到期投资减值准备”科目。

已计提减值准备的持有至到期投资，若其价值又得以恢复，应在原已计提的减值准备金额内，借记“持有至到期投资减值准备”科目，贷记“资产减值损失”科目。

【例5－9】 华夏公司2×13年1月1日(债券发行日)购入面值200 000元、期限6年、票面利率6%、每年12月31日付息的长空公司债券作为持有至到期投资。2×15年12月31日，华夏公司在对持有至到期投资进行减值测试时发现，因长空公司发生财务困难，所持有的长空公司债券预计只能收回分期支付的利息以及80%的本金。该项持有至到期投资在初始确认时确定的实际利率为5%，2×15年12月31日，长空公司债券账面摊余成本为205 000元。

长空公司债券预计到期可收回本金＝200 000×80%＝160 000(元)

长空公司债券预计每年可收回利息＝200 000×6%＝12 000(元)

复利现值系数：$(P/S,i,n)$

$(1+i)^{-n}=(1+5\%)^{-3}=0.863\ 8$

年金现值系数：$(P/A,i,n)$

$[1-(1+i)^{-n}]/i=[1-(1+5\%)^{-3}]/5\%=2.723\ 2$

长空公司债券预计到期可收回本息的现值(复利现值＋年金现值)

$=160\ 000\times[(1+5\%)^{-3}]+12\ 000\times[1-(1+5\%)^{-3}]/5\%$

$=160\ 000\times0.863\ 8+12\ 000\times2.723\ 2=170\ 886$(元)

(按折现率计算的未来现金流量现值)

长空公司债券减值损失＝205 000－170 886＝34 114(元)

借：资产减值损失　　34 114

　　贷：持有至到期投资减值准备　　34 114

五、持有至到期投资的处置与重分类

如果将某持有至到期投资处置或重分类为其他类金融资产的金额，相对于该类投资在处置或重分类前的总额较大时，则企业在处置或重分类后，应立即将剩余的持有至到期投资重分类为可供出售金融资产。但是，遇到下列情况可以除外：

(1)处置日或重分类日距离该项投资到期日或赎回日较近(如到期前三个月内)，且市场利率变化对该项投资的公允价值没有显著影响。

(2)根据合同约定的偿付方式，企业已几乎收回所有初始本金。

(3)处置或重分类是由于企业无法控制、预期不会重复发生且难以合理预计的独立事项所引起。

企业处置持有至到期投资时，应将所取得的价款与该投资账面价值之间的差额计入“投资收益”科目。投资的账面价值是指，投资的账面余额减掉已经计提的减值准备后的差额。

企业将持有至到期投资重分类为可供出售金融资产时，应将其账面价值与公允价值之间的差额计入所有者权益，在该可供出售金融资产发生减值或终止确认时转出，计入当期损益重分类为可供出售金融资产后，应以公允价值进行后续计量。

企业处置或重分类的持有至到期投资已计提减值准备的，在处置或重分类时还应结转减值准备。

第三节　可供出售金融资产

可供出售金融资产(available-for-sale financial assets)，是指企业没有划分为以公允价值计量且其变动计入当期损益的金融资产、持有至到期投资和应收款项的金融资产。比如，企业购入的在活跃市场上有报价的股票、债券，没有划分为以公允价值计量且其变动计入当期损益的金融资产或持有至到期投资等金融资产的，可归为此类。

一、可供出售的金融资产会计科目设置

企业应当设置“可供出售金融资产”科目，核算持有的可供出售金融资产的公允价值，并按照可供出售金融资产类别与品种，分别对“成本”、“利息调整”、“应计利息”、“公允价值变动”等进行明细核算。

“可供出售金融资产——成本”科目，反映可供出售权益工具投资的初始确认金额或可供出售债务工具投资的面值。

“可供出售金融资产——利息调整”科目，反映可供出售债务工具投资的初始确认金额与其面值的差额，以及按照实际利率法分期摊销后该差额的摊余金额。

“可供出售金融资产——应计利息”科目，反映企业计提的到期一次还本付息的可供出售债务工具投资应计未付的利息。

“可供出售金融资产——公允价值变动”科目，反映可供出售金融资产公允价值变动金额。

“可供出售金融资产——利息调整”账户相关流转过程如图 5－3 所示。

二、可供出售金融资产的取得

可供出售金融资产应当按取得该金融资产的公允价值和相关交易费用之和作为初始确认金额。如果支付的价款中包含已到付息期但尚未领取的债券利息或已宣告但尚未发放的现金股利，应单独确认为应收项目，不构成可供出售金融资产的初始确认金额。

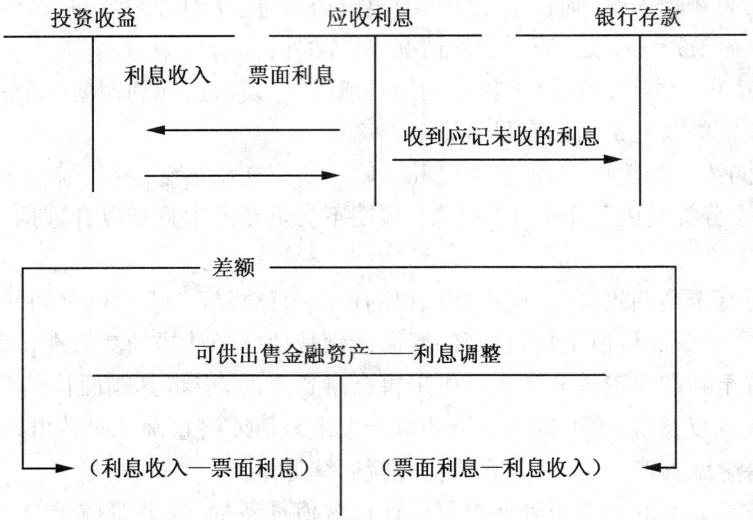

图 5-3 “可供出售金融资产——利息调整”账户流转过程

企业取得可供出售金融资产，应按其公允价值和交易费用之和，借记“可供出售金融资产——成本”科目，按支付的价款中包含的已宣告但尚未领取的现金股利，借记“应收股利”科目，按实际支付的价款，贷记“银行存款”等科目。

企业取得的可供出售金融资产为债券投资的，按其债券的面值，借记“可供出售金融资产——成本”科目，按支付的价款中包含的已到付息期但尚未领取的利息，借记“应收利息”科目，按实际支付的价款，贷记“银行存款”等科目，按差额，借记或贷记“可供出售金融资产——利息调整”科目。

收到支付的价款中包含的已宣告但尚未领取的现金股利或已到付息期但尚未领取的利息，借记“银行存款”科目，贷记“应收股利”或“应收利息”科目。

【例 5-10】 2×16 年 4 月 20 日，华夏公司按每股 7.60 元的价格购入通达公司每股面值 1 元的股票 80 000 股作为可供出售金融资产，并支付交易费用 2 500 元。股票购买价格中包含每股 0.20 元已宣告但尚未领取的现金股利，该现金股利于 2×16 年 5 月 10 日发放。华夏公司的相关会计处理如下：

(1)2×16 年 4 月 20 日，购入通达公司股票，会计分录如下：

借：可供出售金融资产——通达公司股票(成本)	594 500	
应收股利	16 000	
贷：银行存款		610 500

(2)2×16 年 5 月 10 日，收到通达公司发放的现金股利，会计分录如下：

借：银行存款	16 000	
贷：应收股利		16 000

三、可供出售金融资产持有收益的确认

可供出售金融资产在持有期间取得的现金股利或债券利息，应当计入投资收益。

可供出售权益工具投资持有期间被投资单位宣告发放现金股利的，按应享有的份额，借记“应收股利”科目，贷记“投资收益”科目；收到可供出售权益工具投资发放的现金股利，借记“银

行存款”科目，贷记“应收股利”科目。

可供出售债务工具投资在持有期间确认利息收入的方法与持有至到期投资相同，即采用实际利率法确认当期利息收入，计入投资收益。

分期付息、一次还本债务工具，应于付息日或资产负债表日，按票面利率计算确定的应收未收利息，借记“应收利息”科目，按可供出售债券摊余成本和实际利率计算确定的利息收入，贷记“投资收益”科目，按其差额，借记或贷记“可供出售金融资产——利息调整”科目。

到期一次还本付息债务工具，应于资产负债表日，按票面利率计算确定的应收未收利息，借记“可供出售金融资产——应计利息”科目，按可供出售债券摊余成本和实际利率计算确定的利息收入，贷记“投资收益”科目，按其差额，借记或贷记“可供出售金融资产——利息调整”科目。收到可供出售债券投资持有期间支付的利息，借记“银行存款”科目，贷记“应收利息”科目。

【例5—11】 2×16年1月1日，华夏公司支付价款1 028.244元购入长空公司发行的3年期公司债券，该公司债券的票面总金额为1 000元，票面年利率为4%，实际利率为3%，利息每年末支付，本金到期支付。华夏公司将该公司债券划分为可供出售金融资产。2016年12月31日，该债券的市场价格为1 000.094元。假定不考虑交易费用和其他因素的影响，华夏公司的账务处理如下：

(1)2×16年1月1日，购入债券：

借：可供出售金融资产——成本	1 000	
——利息调整	28.244	
贷：银行存款		1 028.244

(2)2×16年12月31日，收到债券利息、确认公允价值变动：

借：应收利息	40	
贷：投资收益		30.85
可供出售金融资产——利息调整		9.15
借：银行存款	40	
贷：应收利息		40
借：资本公积——其他资本公积	19	
贷：可供出售金融资产——公允价值变动		19

四、可供出售金融资产的期末计量

可供出售金融资产的价值应按资产负债表日的公允价值计量，且公允价值的变动计入所有者权益，即资本公积(其他资本公积)。

资产负债表日，可供出售金融资产的公允价值高于其账面余额(如为可供出售债务工具投资，则指摊余成本)时，借记“可供出售金融资产——公允价值变动”科目，贷记“资本公积——其他资本公积”科目。

可供出售金融资产的公允价值低于其账面余额时，借记“资本公积——其他资本公积”科目，贷记“可供出售金融资产——公允价值变动”科目。

【例5—12】 承例5—11，2×16年12月31日，该债券的市场价格为1 000.094元。假定不考虑交易费用和其他因素的影响，华夏公司的账务处理如下：

借：资本公积——其他资本公积	19	
贷：可供出售金融资产——公允价值变动		19

五、可供出售金融资产的处置

处置可供出售金融资产时，应将取得的处置价款与该金融资产账面余额之间的差额，计入投资收益；同时，将原直接计入所有者权益的公允价值累计变动额对应处置部分的金额转出，计入投资收益。

可供出售金融资产的账面余额，是指可供出售金融资产的初始确认金额（或摊余成本）加上或减去资产负债表日累计公允价值变动（包括可供出售金融资产减值金额）后的金额。

如果在处置可供出售金融资产时，已计入应收项目的现金股利或债券利息尚未收回，还应从处置价款中扣除该部分现金股利或债券利息之后，确认处置损益。

处置可供出售金融资产时，应按实际收到的金额，借记“银行存款”科目，按该金融资产账面余额，贷记“可供出售金融资产（成本、公允价值变动、利息调整、应计利息）”科目，按应从所有者权益中转出的公允价值累计变动额，借记或贷记“资本公积——其他资本公积”科目，按其差额，贷记或借记“投资收益”科目。

【例5—13】 华夏公司于2×15年7月13日从二级市场购入某股票1 000 000股，每股市价15元。初始确认时，该股票划分为可供出售金融资产。华夏公司2×15年12月31日仍持有该股票，该股票当时的市价为16元。2×16年2月1日，华夏公司将该股票售出，售价为每股13元，另支付交易费用13 000元。假定不考虑其他因素，华夏公司的账务处理如下：

(1)2×15年7月13日，购入某股票：

借：可供出售金融资产——成本	15 030 000	
贷：银行存款		15 030 000

(2)2×15年12月31日，确认股票价格变动：

借：可供出售金融资产——公允价值变动	970 000	
贷：资本公积——其他资本公积		970 000

(3)2×16年2月1日，出售股票：

借：银行存款	12 987 000	
资本公积——其他资本公积	970 000	
投资收益	2 043 000	
贷：可供出售金融资产——成本		15 030 000
——公允价值变动		970 000

第四节　长期股权投资

一、长期股权投资的内容和核算方法

长期股权投资是指投资方对被投资单位实施控制、重大影响的权益性投资，以及对其合营企业的权益性投资。

在确定能否对被投资单位实施控制时，投资方应当按照《企业会计准则第33号——合并财务报表》的有关规定进行判断。投资方能够对被投资单位实施控制的，被投资单位为其子公司。投资方属于《企业会计准则第33号——合并财务报表》规定的投资性主体且子公司不纳入合并财务报表的情况除外。

重大影响，是指投资方对被投资单位的财务和经营政策有参与决策的权力，但并不能够控制或者与其他方一起共同控制这些政策的制定。在确定能否对被投资单位施加重大影响时，应当考虑投资方和其他方持有的被投资单位当期可转换公司债券、当期可执行认股权证等潜在表决权因素。投资方能够对被投资单位施加重大影响的，被投资单位为其联营企业。

在确定被投资单位是否为合营企业时，应当按照《企业会计准则第 40 号——合营安排》的有关规定进行判断。

外币长期股权投资的折算，适用《企业会计准则第 19 号——外币折算》。风险投资机构、共同基金以及类似主体持有的、在初始确认时按照《企业会计准则第 22 号——金融工具确认和计量》的规定以公允价值计量且其变动计入当期损益的金融资产，投资性主体对不纳入合并财务报表的子公司的权益性投资，以及本准则未予规范的其他权益性投资，适用《企业会计准则第 22 号——金融工具确认和计量》。长期股权投资的披露，适用《企业会计准则第 41 号——在其他主体中权益的披露》。

长期股权投资的核算方法有成本法(cost method)和权益法(equity method)两种。成本法是指投资按成本计价的方法，适用于投资方能够对被投资单位实施控制的长期股权投资。权益法是指投资以初始投资成本计量后，在投资持有期间根据投资企业享有被投资单位所有者权益份额的变动对投资的账面价值进行调整的方法。投资企业对被投资单位具有共同控制或重大影响(主要针对联营企业和合营企业)的长期股权投资，应当采用权益法核算。

二、长期股权投资的成本法核算

企业持有的对子公司投资以及对被投资单位不具有控制、共同控制或重大影响，且在活跃市场中没有报价、公允价值不能可靠计量的长期股权投资应当采用成本法核算。

采用成本法核算的长期股权投资，初始投资或追加投资时，按照初始投资或追加投资时的成本，来增加长期股权投资的账面价值，同一控制下的控股合并形成的长期股权投资的初始投资成本，为合并日取得被合并方账面所有者权益的份额。

被投资单位宣告分派的现金股利或利润中，投资企业享有的部分，应确认为当期投资收益。投资企业在确认自被投资单位应分得的现金股利或利润后，应当考虑长期股权投资是否发生减值。在判断该类长期股权投资是否存在减值迹象时，应当关注长期股权投资的账面价值是否大于享有被投资单位净资产(包括相关商誉)账面价值的份额等情况。出现类似情况时，企业应当按照《企业会计准则第 8 号——资产减值》的规定对长期股权投资进行减值测试，可收回金额低于长期股权投资账面价值的，应当计提减值准备。

【例 5－14】 华夏公司于 2×15 年 4 月 10 日取得通达公司 6%的股权，成本为 12 000 000 元。2016 年 2 月 6 日，通达公司宣告分派利润，华夏公司按照持股比例可取得 100 000 元。假定华夏公司在取得通达公司股权后，对通达公司的财务和经营决策不具有控制、共同控制或重大影响，且该投资不存在活跃的交易市场、公允价值无法可靠取得。通达公司于 2×16 年 2 月 12 日实际分派利润。

华夏公司应进行的账务处理包括以下几项：

(1)华夏公司 2×15 年 4 月 10 日取得通达公司股权：

借：长期股权投资——通达公司　　12 000 000

　　贷：银行存款　　12 000 000

(2)2×16 年 2 月 6 日通达公司宣告分派利润：

借：应收股利　　100 000

　贷：投资收益　　100 000

(3)2×16 年 2 月 12 日通达公司实际分派利润：

借：银行存款　　100 000

　贷：应收股利　　100 000

进行上述处理后，如果相关长期股权投资存在减值迹象的，应当进行减值测试。

三、长期股权投资的权益法核算

投资企业对被投资单位具有共同控制或重大影响的长期股权投资，应当采用权益法核算。在确定能否对被投资单位实施共同控制或重大影响时，应当考虑投资企业和其他方持有的被投资单位当期可转换公司债券、当期可执行认股权证等潜在表决权因素的影响。

“共同控制”是指按照合同约定对某项经济活动共有的控制。其特点是，合营各方均受到合营合同的限制和约束，任何一个合营方均不能单独控制合营企业的生产经营活动，涉及合营企业基本经营活动的决策需要各合营方一致同意。投资企业与其他合营方一同对被投资单位实施共同控制的，被投资单位为投资企业的合营企业。

“重大影响”是指对一个企业的财务和经营政策有参与决策的权力，但并不能够控制或与其他方一起共同控制这些政策的制定。重大影响通常体现为在被投资单位的董事会或类似权力机构中派有代表，参与被投资单位的政策制定过程，与被投资单位之间发生重要交易，向被投资单位派出管理人员或是向被投资单位提供关键技术资料等。投资企业能够对被投资单位施加重大影响的情况下，被投资单位为其联营企业。

初始投资或追加投资时，按照初始投资成本或追加投资的成本，增加长期股权投资的账面价值。比较初始投资成本与投资时应享有被投资单位可辨认净资产公允价值的份额，对于初始投资成本大于应享有被投资单位可辨认净资产公允价值份额的，不要求调整长期股权投资的成本；对于初始投资成本小于应享有被投资单位可辨认净资产公允价值份额的，应对长期股权投资的成本进行调整，并计入取得当期的损益。

持有投资期间，随着被投资单位所有者权益的变动，相应调整增加或减少长期股权投资的账面价值，并分情况处理：对属于因被投资单位实现净损益产生的所有者权益的变动，投资企业按照持股比例计算应享有的份额，增加或减少长期股权投资的账面价值，同时确认为当期投资损益；对被投资单位除净损益以外其他因素导致的所有者权益变动，在持股比例不变的情况下，按照持股比例计算应享有或应分担的份额，增加或减少长期股权投资的账面价值，同时确认为资本公积(其他资本公积)。

被投资单位宣告分派现金股利或利润时，投资企业按持股比例计算应分得的部分，一般应冲减长期股权投资的账面价值。

(一)初始投资成本的调整

投资企业取得对联营企业或合营企业的投资以后，对于取得投资时点上投资成本与应享有被投资单位可辨认净资产公允价值份额之间的差额，应区别以下情况处理：

(1)投资成本大于取得投资时应享有被投资单位可辨认净资产公允价值份额的，该部分差额体现为投资企业在购入该项投资过程中，通过作价体现出的与所取得股权份额相对应的商誉。该部分差额不要求调整长期股权投资的成本。

(2)投资成本小于取得投资时应享有被投资单位可辨认净资产公允价值份额的，两者之间的差额体现为交易双方在作价过程中，转让方对投资企业给予的让步或是出于其他方面的考虑给予投资企业的无偿经济利益流入，应计入取得投资当期的损益。

【例5－15】 华夏公司于2×16年1月1日取得通达公司30％的股权，实际支付价款30 000 000元。取得投资时被投资单位账面所有者权益的构成如下(假定该时点被投资单位各项可辨认资产、负债的公允价值与其账面价值相同，单位：元)：

实收资本	30 000 000
资本公积	24 000 000
盈余公积	6 000 000
未分配利润	15 000 000
所有者权益总额	75 000 000

假定在通达公司的董事会中，所有股东均以其持股比例行使表决权。华夏公司在取得对通达公司的股权后，派人参与了通达公司的财务和生产经营决策，因能够对通达公司的生产经营决策施加重大影响，华夏公司对该项投资采用权益法核算。取得投资时，华夏公司应进行的账务处理如下：

借：长期股权投资——通达公司——成本　30 000 000
　贷：银行存款　30 000 000

长期股权投资的成本30 000 000元大于取得投资时应享有的通达公司可辨认净资产公允价值的份额22 500 000元(75 000 000×30％)，不对其初始投资成本进行调整。

假定上例中取得投资时通达公司可辨认净资产公允价值为120 000 000元，华夏公司按持股比例30％计算确定应享有36 000 000元，则初始投资成本与应享有的通达公司可辨认净资产公允价值份额之间的差额6 000 000元应计入取得投资当期的损益。

借：长期股权投资——通达公司——成本　36 000 000
　贷：银行存款　30 000 000
　　营业外收入　6 000 000

(二)投资损益确认的一般原则

1. 在确认应享有或应分担被投资单位的净利润或净亏损时

在确认应享有或应分担被投资单位的净利润或净亏损时，如果取得投资时被投资单位各项资产、负债的公允价值与其账面价值不同的，投资企业在计算确定投资收益时，不能完全以被投资单位自身核算的净利润与持股比例计算确定，而是需要在被投资单位实现净利润的基础上经过适当调整后确定。

在确认应享有被投资单位的净利润或净亏损时，主要应考虑以下因素对被投资单位净利润的影响：

一是以取得投资时被投资单位固定资产、无形资产的公允价值为基础，计提的折旧额或摊销额对被投资单位净利润的影响。例如，取得投资时被投资单位固定资产公允价值高于账面价值，对于投资企业来讲，相关固定资产的折旧额应以取得投资时该固定资产的公允价值为基础确定，并根据被投资单位已计提的折旧额与对于投资企业来讲应计提的折旧额之间的差额，对被投资单位的净利润进行调整。

二是被投资单位有关长期资产以投资企业取得投资时的公允价值为基础计算确定的减值准备金额对被投资单位净利润的影响。

三是被投资单位采用的会计政策和会计期间与投资企业不一致时，应按投资企业的会计政策和会计期间对被投资单位的财务报表进行调整，以调整后的净利润为基础计算确认投资损益。

投资企业无法合理确定取得投资时被投资单位各项可辨认资产公允价值的，或者投资时被投资单位可辨认资产的公允价值与账面价值相比，两者之间的差额不具重要性的，或是无法取得对被投资单位净利润进行调整所需资料的，可以按照被投资单位的账面净利润与持股比例计算的结果直接确认为投资损益。

【例 5—16】 假定华夏公司长期股权投资的成本大于取得投资时通达公司可辨认净资产公允价值份额的情况下，2×16 年通达公司实现净利润 8 000 000 元。华夏公司、通达公司均以公历年度作为会计年度，采用相同的会计政策。由于投资时通达公司各项资产、负债的账面价值与其公允价值相同，不需要对通达公司的净利润进行调整，华夏公司应确认的投资收益为 2 400 000元(8 000 000×30%)，一方面增加长期股权投资的账面价值，另一方面作为利润表中的投资收益确认。华夏公司的会计处理如下：

借：长期股权投资——通达公司——损益调整　　2 400 000

　　贷：投资收益——通达公司　　2 400 000

【例 5—17】 华夏公司于 2×15 年 1 月 2 日购入通达公司 30%的股份，购买价款为 20 000 000元，并自取得股份之日起派人参与通达公司的生产经营决策。取得投资日，通达公司可辨认净资产公允价值为 60 000 000 元，除表 5—2 所列项目外，其他资产、负债的公允价值与账面价值相同。

表 5—2　　部分资产资料　　单位：元

	账面原价	已提折旧	公允价值	原预计使用年限	剩余使用年限
存　货	5 000 000		7 000 000		
固定资产	10 000 000	2 000 000	12 000 000	20	16
无形资产	6 000 000	1 200 000	8 000 000	10	8
小　计	21 000 000	3 200 000	27 000 000		

假定通达公司 2×15 年实现净利润 6 000 000 元，其中在华夏公司取得投资时的账面存货 5 000 000 元中有 80%已对外出售。华夏公司与通达公司的会计年度和采用的会计政策相同。

华夏公司在确定其应享有通达公司 2015 年的投资收益时，应在通达公司实现净利润的基础上，根据取得投资时有关资产的账面价值与其公允价值的差额的影响进行调整(假定不考虑所得税影响)。

调整后的净利润＝6 000 000－(7 000 000－5 000 000)×80%
　　＝(12 000 000÷16－10 000 000÷20)
　　＝(8 000 000÷8－6 000 000÷10)
　　＝3 750 000(元)

华夏公司应享有份额＝3 750 000×30%＝1 125 000(元)

借：长期股权投资——通达公司——损益调整　　1 125 000

　　贷：投资收益　　1 125 000

2. 在确认投资收益时

在确认投资收益时，除考虑有关资产、负债的公允价值与账面价值差异的调整外，对于投资企业与其联营企业和合营企业之间发生的未实现内部交易损益也应予以抵销。即投资企业与联营企业及合营企业之间发生的未实现内部交易损益，按照持股比例计算归属于投资企业的部分应当予以抵销，在此基础上确认投资损益。投资企业与被投资单位发生的内部交易损失，按照《企业会计准则第 8 号——资产减值》等规定属于资产减值损失的，应当全额确认。投资企业对于纳入其合并范围的子公司与其联营企业及合营企业之间发生的内部交易损益，也应当按照上述原则进行抵销，在此基础上确认投资损益。

（三）取得现金股利或利润的处理

采用权益法核算的长期股权投资，投资企业自被投资单位取得现金股利或利润时，应冲减长期股权投资的账面价值。在被投资单位宣告分派现金股利或利润时，借记"应收股利"科目，贷记"长期股权投资——损益调整"科目；被投资单位取得的现金股利或利润超过已确认损益调整的部分，应视同投资成本的收回，冲减长期股权投资的账面价值，贷记"长期股权投资——成本"科目。

（四）超额亏损的确认

权益法下，投资企业确认应分担被投资单位发生的损失，原则上应以长期股权投资及其他实质上构成长期权益的项目减记至零为限，投资企业负有承担额外损失义务的除外。这里所讲"其他实质上构成长期权益的项目"主要是指长期性的应收项目等，应收被投资单位的长期债权从目前来看没有明确的清偿计划，并且在可预见的未来期间也不可能进行清偿的，从实质上来看，即构成长期权益。

采用权益法核算的情况下，投资企业在确认应分担被投资单位发生的亏损时，应按照以下顺序处理：

首先，减记长期股权投资的账面价值；

其次，在长期股权投资的账面价值减记至零的情况下，考虑是否有其他构成长期权益的项目，如果有，则以其他实质上构成对被投资单位长期权益的账面价值为限，继续减记；

最后，在有关其他实质上构成对被投资单位长期权益的价值也减记至零的情况下，如果按照投资合同或协议约定，投资企业需要承担额外义务的，则需按预计将承担责任的金额确认相关的损失。

除按上述顺序已确认的损失以外仍有额外损失的，应在账外作备查登记，不再予以确认。

在确认了有关投资损失以后，被投资单位于以后期间实现盈利的，应按以上相反顺序恢复其他实质上构成对被投资单位净投资的长期权益及长期股权投资的账面价值。

【例 5－18】 华夏公司持有通达公司 40％的股权，2×15 年 12 月 31 日的账面价值为 20 000 000元，包括投资成本以及因通达公司实现净利润而确认的投资收益。通达公司 2×16 年由于一项主要经营业务市场条件发生骤变，当年度发生亏损 30 000 000 元。假定华夏公司在取得投资时，通达公司各项可辨认资产、负债的公允价值与其账面价值相同，采用的会计政策和会计期间也相同。则华夏公司 2×16 年应确认的投资损失为 12 000 000 元。确认上述投资损失后，长期股权投资的账面价值变为 8 000 000 元。

如果通达公司 2×16 年的亏损额为 60 000 000 元，则华夏公司按其持股比例确认应分担的损失为 24 000 000 元（60 000 000×40％），但期初长期股权投资的账面价值仅为 20 000 000 元，如果没有其他实质上构成对被投资单位净投资的长期权益项目，则华夏公司应确认的投资损失仅为 20 000 000 元，超额损失在账外进行备查登记；如果在确认了 20 000 000 元的投资损失后，华夏公司账上仍有应收通达公司的长期应收款 8 000 000 元（实质上构成对通达公司净投资)，则在长期应收款的账面价值大于4 000 000元的情况下，应进一步确认投资损失4 000 000元。华夏公司应进行的账务处理为：

借：投资收益　24 000 000

　贷：长期股权投资——通达公司——成本、损益调整　20 000 000

　　长期应收款——通达公司——超额亏损　4 000 000

四、被投资单位除净损益外所有者权益的其他变动

采用权益法核算的情况下，投资企业对于被投资单位除净损益外所有者权益的其他变动，在持股比例不变的情况下，应按照持股比例与被投资单位除净损益以外的所有者权益的其他变动中归属于本企业的部分，相应调整长期股权投资的账面价值，同时增加或减少资本公积(其他资本公积)。

【例5-19】 华夏公司持有名都公司30%的股份，当期名都公司因持有的可供出售金融资产公允价值的变动计入资本公积的金额为6 000 000元，除该事项外，名都公司当期实现的净利润为32 000 000元。假定华夏公司与名都公司采用的会计政策、会计期间相同，投资时名都公司有关资产的公允价值与其账面价值亦相同，无其他内部交易。

华夏公司在确认应享有名都公司所有者权益的变动时：

借：长期股权投资——名都公司——损益调整　9 600 000

　　　　——其他权益变动　1 800 000

　贷：投资收益　9 600 000

　　资本公积——其他资本公积——名都公司　1 800 000

五、长期股权投资的处置

企业处置长期股权投资时，应相应结转与所售股权相对应的长期股权投资的账面价值，出售所得价款与处置长期股权投资账面价值之间的差额，应确认为处置损益。

采用权益法核算的长期股权投资，原计入资本公积的金额，在处置时亦应进行结转，将与所出售股权相对应的部分在处置时自资本公积转入当期损益。

【例5-20】 华夏公司原持有名都公司40%的股权，2×15年11月30日，华夏公司出售所持有名都公司股权中的25%，出售时华夏公司账面上对名都公司长期股权投资的构成为：投资成本36 000 000元，损益调整为9 600 000元，其他权益变动6 000 000元。出售取得价款14 100 000元。

(1)华夏公司确认处置损益的账务处理为：

借：银行存款　14 100 000

　贷：长期股权投资——名都公司——成本　9 000 000

　　　　——损益调整　2 400 000

　　　　——其他权益变动　1 500 000

　　投资收益　1 200 000

(2)除应将实际取得价款与出售长期股权投资的账面价值进行结转，确认为处置当期损益外，还应将原计入资本公积的部分按比例转入当期损益：

借：资本公积——其他资本公积——名都公司　1 500 000

　贷：投资收益　1 500 000

本章小结

本章主要介绍了金融资产的概念及其分类、以公允价值计量且其变动计入当期损益的金融资产、持有至到期投资、可供出售金融资产和长期股权投资的会计处理等内容。

以公允价值计量且其变动计入当期损益的金融资产可以划分为交易性金融资产和指定为以公允价值计量且其变动计入当期损益的金融资产两类。同时,某项金融资产划分为以公允价值计量且其变动计入当期损益的金融资产后,不能再重分类为其他类别的金融资产;其他类别的金融资产也不能再重分类为以公允价值计量且其变动计入当期损益的金融资产。持有至到期投资是指到期日固定、回收金额固定或可确定,且企业有明确意图和能力持有至到期的非衍生金融资产。通常情况下,包括企业持有的、在活跃市场上有公开报价的国债、企业债券、金融债券等。

可供出售金融资产是指企业没有划分为以公允价值计量且其变动计入当期损益的金融资产、持有至到期投资、贷款和应收款项的金融资产。例如,企业购入的在活跃市场上有报价的股票、债券,没有划分为以公允价值计量且其变动计入当期损益的金融资产或持有至到期投资等金融资产的,可归为此类。

长期股权投资是指投资方对被投资单位实施控制、重大影响的权益性投资,以及对其合营企业的权益性投资。长期股权投资的初始计量主要包括企业合并形成的长期股权投资、企业合并外以其他以方式取得的长期股权投资,不同的取得形式影响初始计量的会计处理。

企业取得的长期股权投资,在确定其初始投资成本后,持续持有期间,视对被投资单位的影响程度等情况的不同,应分别采用成本法及权益法进行核算。成本法是指投资按成本计价的方法,适用于投资方能够对被投资单位实施控制的长期股权投资。权益法是指投资以初始投资成本计量后,在投资持有期间根据投资企业享有被投资单位所有者权益份额的变动对投资的账面价值进行调整的方法。投资企业对被投资单位具有共同控制或重大影响(主要针对联营企业和合营企业)的长期股权投资,应当采用权益法核算。长期股权投资在持有期间,因各方面情况的变化,可能导致其核算需要由一种方法转换为另外的方法。因处置投资导致对被投资单位的影响能力由控制转为具有重大影响或者与其他投资方一起实施共同控制的情况,核算方法应由成本法转换为权益法;因追加投资原因导致原持有的对联营企业或合营企业的投资转变为对子公司投资的,核算方法应由权益法转换为成本法。

复习思考题

一、简答题

1. 交易性金融资产的主要内容和基本特征是什么?
2. 简述可供出售金融资产的主要内容和基本特征。
3. 如何确认持有至到期投资?
4. 如何区分交易性金融资产和可供出售金融资产?
5. 如何确认交易性金融资产的投资收益?
6. 长期股权投资的内容有哪些?
7. 什么是成本法? 其核算范围是什么?
8. 什么是权益法? 其核算范围是什么?

9. 权益法核算下，被投资企业发生了巨额亏损，投资企业应如何处理？

10. 什么是合并？企业合并的形式有哪些？

二、单项选择题

1. 甲、乙两家公司同属丙公司的子公司。甲公司于2×16年3月1日以发行股票方式从乙公司的股东手中取得乙公司60%的股份。甲公司发行1 500万股普通股股票，该股票每股面值为1元。乙公司在2×16年3月1日所有者权益为2 000万元，甲公司在2×16年3月1日资本公积为180万元，盈余公积为100万元，未分配利润为200万元。甲公司该项长期股权投资的成本为(　　)万元。

A. 1 200　　B. 1 500　　C. 1 820　　D. 480

2. 当出售可供出售金融资产时，应按实际收到的金额，借记“银行存款”科目，按其账面余额，贷记“可供出售金融资产”科目，按应从所有者权益中转出的公允价值累计变动额，借记或贷记“资本公积——其他资本公积”科目，按其差额，贷记或借记(　　)科目。

A.“投资收益”　　B.“资本公积”　　C.“营业外支出”　　D.“营业外收入”

3. 在资产负债表日，可供出售金融资产(债券)的公允价值高于摊余成本的差额时，会计处理为，借记“可供出售金融资产”科目，贷记(　　)科目。

A.“资本公积——其他资本公积”　　B.“投资收益”

C.“资产减值损失”　　D.“公允价值变动损益”

4. 将持有至到期投资重分类为可供出售金融资产的，应在重分类日按其公允价值，借记“可供出售金融资产”科目，按其账面余额，贷记“持有至到期投资”科目，按其差额，贷记或借记(　　)科目。

A.“资本公积”　　B.“投资收益”

C.“营业外收入”　　D.“资产减值损失”

5. 企业划分为以公允价值计量且其变动计入当期损益的金融资产在发生下列有关业务时，不应贷记“投资收益”的是(　　)。

A. 企业在股票持有期间获得的现金股利

B. 企业转让交易性金融资产收到的价款大于其账面价值的差额

C. 在资产负债表日，持有的股票市价大于其账面价值

D. 企业在债券持有期间获得的利息

6. 关于金融资产的重分类，下列说法正确的是(　　)。

A. 交易性金融资产可以和持有至到期投资进行重分类

B. 交易性金融资产和可供出售金融资产之间不能进行重分类

C. 可供出售金融资产可以随意和持有至到期投资进行重分类

D. 交易性金融资产在符合一定条件时可以和持有至到期投资进行重分类

7. 下列各项中，不属于交易性金融资产的是(　　)。

A. 取得该金融资产的目的，主要是为了近期内出售

B. 被指定为有效套期工具的衍生工具

C. 属于进行集中管理的可辨认金融工具组合的一部分，且有客观证据表明企业近期采用短期获利方式对该组合进行管理

D. 以赚取差价为目的从二级市场购入的股票

8. 甲公司出资1 000万元，取得了乙公司80%的控股权，假如购买股权时乙公司的账面净资产价值为1 500万元，甲、乙公司合并前后同受一方控制。则甲公司确认的长期股权投资成本为(　　)万元。

A. 1 000　　B. 1 500　　C. 800　　D. 1 200

9. A、B两家公司属于非同一控制下的独立公司。A公司于2×16年7月1日以本企业的固定资产对B公司投资，取得B公司60%的股份。该固定资产原值1 500万元，已计提折旧400万元，已提取减值准备50万元，7月1日该固定资产公允价值为1 250万元。B公司2×16年7月1日所有者权益为2 000万元。甲公司该项长期股权投资的成本为(　　)万元。

A. 1 500　　B. 1 050　　C. 1 200　　D. 1 250

10. 非企业合并，且以支付现金取得的长期股权投资，应当按照(　　)作为初始投资成本。

A. 实际支付的购买价款

B. 被投资企业所有者权益账面价值的份额

C. 被投资企业所有者权益公允价值的份额

D. 被投资企业所有者权益

三、多项选择题

1. 甲公司2×15年1月1日购入A公司发行的3年期公司债券作为持有至到期投资金融资产。公允价值为52 000万元，债券面值50 000万元，每半年付息一次，到期还本，该债券票面利率6%，实际利率4%。采用实际利率法摊销，下列说法正确的有(　　)。

A. 甲公司2×15年6月30日确认“持有至到期投资——利息调整”为460万元

B. 甲公司2×15年6月30日确认“持有至到期投资——利息调整”为1 500万元

C. 甲公司2×15年12月31日“持有至到期投资——利息调整”科目的余额为469.2万元

D. 甲公司2×15年12月31日“持有至到期投资——利息调整”科目的余额为1 070.8万元

E. 甲公司2×15年21月31日确认“持有至到期投资——利息调整”为1 030.8万元

2. 下列各项中，会引起持有至到期投资账面价值发生增减变动的(　　)。

A. 计提持有至到期投资减值准备

B. 采用实际利率法摊销持有至到期投资的利息调整

C. 计提以高于面值购入、分期付息的债券投资利息

D. 确认面值购入、到期一次付息债券投资利息收入

E. 摊销购买持有至到期投资时发生的交易费用

3. 下列关于可供出售金融资产的表述中，正确的有(　　)。

A. 可供出售金融资产发生的减值损失应计入当期损益

B. 可供出售金融资产的公允价值变动应计入当期损益

C. 取得可供出售金融资产发生的交易费用应直接计入资本公积

D. 处置可供出售金融资产时，以前期间因公允价值变动计入资本公积的金额应转入当期损益

E. 可供出售金融资产应按照公允价值进行后续计量

4. 下列有关可供出售金融资产会计处理的表述中，正确的有(　　)。

A. 可供出售金融资产发生的减值损失应计入当期损益

B. 取得可供出售金融资产发生的交易费用应计入资产成本

C. 可供出售金融资产期末应采用摊余成本计量

D. 可供出售金融资产持有期间取得的现金股利应冲减资产成本

E. 以外币计价的可供出售货币性金融资产发生的汇兑差额应计入当期损益

5. 对长期股权投资采用权益法核算时，被投资企业发生的下列事项中，投资企业应该调整长期股权投资账面价值的有(　　)。

A. 被投资企业实现净利润　　B. 被投资企业宣告分配现金股利

C. 被投资企业购买固定资产　　D. 被投资企业计提盈余公积

6. 企业处置长期股权投资时，正确的处理方法有(　　)。

A. 处置长期股权投资，其账面价值与实际取得价款的差额，应当计入投资收益

B. 处置长期股权投资，其账面价值与实际取得价款的差额，应当计入营业外收入

C. 采用权益法核算的长期股权投资，因被投资单位除净损益以外所有者权益的其他变动而计入所有者权益的，处置该项投资时应当将原计入所有者权益的部分按相应比例转入投资收益

D. 采用权益法核算的长期股权投资，因被投资单位除净损益以外所有者权益的其他变动而计入所有者权益的，处置该项投资时应当将原计入所有者权益的部分按相应比例转入营业外收入

7. 长期股权投资的权益法的适用范围是(　　)。

A. 投资企业能够对被投资企业实施控制的长期股权投资

B. 投资企业对被投资企业不具有共同控制或重大影响，并且在活跃市场中没有报价、公允价值不能可靠计量的长期股权投资

C. 投资企业对被投资企业具有共同控制的长期股权投资

D. 投资企业对被投资企业具有重大影响的长期股权投资

四、业务题

1. 甲公司 2×15～2×16 年发生如下业务：

(1)2×15 年 9 月 1 日，在证券市场上购入乙公司股票 10 000 股，实际支付价款 45 000 元，其中包括已经宣告发放但尚未支取的现金股利 600 元。另支付手续费、佣金、税金等 400 元。

(2)2×15 年 9 月 16 日，收到现金股利 600 元，存入银行。

(3)2×15 年 12 月 31 日，该股票的市场收盘价为每股 4.40 元。

(4)2×16 年 3 月 10 日，出售上述乙公司的全部股票，扣除手续费、佣金、税金等费用后，实际收到价款 55 000 元。

要求：根据甲公司发生的经济业务编制会计分录。

2. 2×15 年 5 月 6 日，甲公司支付价款 10 160 000 元(含交易费用 20 000 元和已宣告发放现金股利 140 000 元)，购入乙公司发行的股票 200 000 股，占乙公司有表决权股份的 0.5%。甲公司将其划分为可供出售金融资产。

2×15 年 5 月 10 日，甲公司收到乙公司发放的现金股利 140 000 元。

2×15 年 6 月 30 日，该股票市价为每股 52 元。

2×15 年 12 月 31 日，甲公司仍持有该股票；当日，该股票市价为每股 50 元。

2×16 年 5 月 9 日，乙公司宣告发放股利 40 000 000 元。

2×16 年 5 月 13 日，甲公司收到乙公司发放的现金股利。

2×16 年 5 月 20 日，甲公司以每股 49 元的价格将股票全部转让。

假定不考虑其他因素，要求编制甲公司的账务处理。

3. 甲股份有限公司(以下简称甲公司)2×14 年至 2×15 年投资业务有关的资料如下：

(1)2×14 年 1 月 1 日，甲公司以银行存款 1 000 万元，购入乙股份有限公司(以下简称乙公司)股票，占乙公司有表决权股份的 30%，对乙公司的财务和经营政策具有重大影响。不考虑相关费用。2×14 年 1 月 1 日，乙公司所有者权益总额为 3 000 万元。

(2)2×14 年 5 月 2 日，乙公司宣告发放 2013 年度的现金股利 200 万元，并于 2×14 年 5 月 26 日实际发放。

(3)2×14 年度，乙公司实现净利润 1 200 万元。

(4)2×15 年 5 月 2 日，乙公司宣告发放 2×14 年度的现金股利 300 万元，并于 2×15 年 5 月 20 日实际发放。

(5)2×15 年度，乙公司发生净亏损 600 万元。

要求：编制甲公司 2×14 年至 2×15 年投资业务相关的会计分录。(“长期股权投资”科目要求写出明细科目；答案中的金额单位用万元表示。)

4. 甲公司 2×14 年 1 月 2 日以银行存款 2 700 万元对乙公司投资，占乙公司注册资本的 20%。乙公司的其他股份分别由 A、B、C、D、E 企业平均持有。2×14 年 1 月 2 日乙公司可辨认净资产公允价值为 14 500 万元。甲公司按权益法核算对乙公司的投资。2×14 年乙公司实现净利润 800 万元，2×15 年 4 月乙公司宣告分配 2014 年现金股利 300 万元，2×15 年乙公司发生净亏损 100 万元。2×16 年 1 月 1 日，乙公司的股东 A 企业收购了除甲公司以外的其他投资者 B、C、D、E 企业对乙公司的投资股份，同时以 1 800 万元收购了甲公司对乙公司投资的 50%。自此，A 企业持有乙公司 90% 的股份，并控制乙公司。甲公司持有乙公司 10% 的股份，并失去影响力。为此，甲公司改按成本法核算。2016 年乙公司实现净利润 500 万元。2×16 年 3 月 1 日，乙公司宣告分配 2×15 年度的现金股利 450 万元。假定不考虑各种税费。

要求：编制甲公司的会计分录(单位为万元)。

第六章　固定资产、无形资产与其他长期资产

【案例导读】

长江公司是一家专业从事电池研制、开发、生产与销售的高新技术企业。2×16年5月，审计人员在审计长江公司的固定资产明细账时，发现两个疑点：(1)同一项固定资产的价值变动很频繁；(2)固定资产不符合融资租赁条件。

经过审计人员分析查证，长江公司说明了情况：为了降低成本费用，将固定资产修理费予以资本化计入固定资产成本；将经营租入的固定资产误记为融资租入固定资产，计提固定资产折旧，同时支付的租金也列入费用。

请思考：

固定资产修理费是否应当计入固定资产成本？经营租入的固定资产是否属于长江公司的固定资产？长江公司能否将经营租入的固定资产计提折旧？融资租入的固定资产的租金支出是否应当列入费用？

【本章导读】

本章介绍固定资产的概念、确认与计量，固定资产折旧的计提；无形资产的概念、确认与计量；其他长期资产的概念及内容。通过本章的学习，你应能够：(1)了解固定资产的概念与性质；(2)掌握固定资产的确认与计量；(3)掌握固定资产折旧的计提与核算；(4)掌握固定资产减值准备的计提；(5)掌握无形资产的概念、特征与分类；(6)了解无形资产的确认与计量；(7)了解其他长期资产的概念及内容。

第一节　固定资产

一、固定资产概述

固定资产(fixed assets)是企业生产经营过程中的主要资产，是企业竞争实力的物化体现，主要包括房屋建筑物、机器设备、运输工具、工具器具等。为了规范我国企业固定资产的核算

和披露,我国财政部于2007年1月1日施行《企业会计准则第4号——固定资产》,对我国企业固定资产的核算和披露做出了明确规定。

(一)固定资产的确认

固定资产,是指同时具有下列特征的有形资产:

(1)为生产商品、提供劳务、出租或经营管理而持有的;

(2)使用寿命超过一个会计年度。

其中,使用寿命,是指企业使用固定资产的预计期间,或者该固定资产所能生产产品或提供劳务的数量。

固定资产同时满足下列条件的,才能予以确认:

(1)与该固定资产有关的经济利益很可能流入企业;

(2)该固定资产的成本能够可靠地计量。

如果固定资产的各组成部分具有不同使用寿命或者以不同方式为企业提供经济利益,适用不同折旧率或折旧方法的,应当分别将各组成部分确认为单项固定资产。

企业应当根据固定资产定义,结合本企业的具体情况,制定适合于本企业的固定资产目录、分类方法、每类或每项固定资产的折旧年限、折旧方法,作为进行固定资产核算的依据。企业制定的固定资产目录、分类方法、每类或每项固定资产的预计使用年限、预计净残值、折旧方法等,应当编制成册,并按照管理权限,经股东大会或董事会,或经理(厂长)会议或类似机构批准,按照法律、行政法规的规定报送有关各方备案,同时备置于企业所在地,以供投资者等有关各方查阅。企业已经确定并对外报送,或备置于企业所在地的有关固定资产目录、分类方法、预计净残值、预计使用年限、折旧方法等,一经确定不得随意变更;如需变更,仍然应当按照上述程序,经批准后报送有关各方备案,并在会计报表附注中予以说明。

未作为固定资产管理的工具、器具等,作为低值易耗品核算。

(二)固定资产的分类

根据固定资产按管理和核算的不同需要,可以有不同的分类,目前常见的分类主要有以下几种。

1. 按固定资产的经济用途分类

固定资产按其经济用途可分为生产经营用固定资产和非生产经营用固定资产两类。生产经营用固定资产是指直接服务于生产、经营过程的各项固定资产,如行政办公楼、车间厂房、仓库、机器设备等;非生产经营用固定资产是指不直接服务于生产、经营过程的各项固定资产,如职工食堂、职工宿舍、职工浴室、职工理发室、幼儿园等。

2. 按固定资产的使用情况分类

固定资产按其使用情况可分为使用中固定资产、未使用固定资产和不需用固定资产三类。使用中固定资产是指正在使用的固定资产,包括目前正在运转的固定资产、由于季节性生产暂时停用的固定资产、由于大修理暂时停用的固定资产、出租的固定资产和内部替换使用的固定资产等;未使用固定资产是指已达到预定可使用状态但尚未交付使用的固定资产,包括新增尚未使用的固定资产和因改扩建等原因暂停使用的固定资产;不需用固定资产是指企业不再适用的或多余的,需要进行处理的固定资产,如由于企业压缩生产而多余的机器设备等。

3. 按固定资产的产权归属分类

固定资产按其产权归属不同可分为自有固定资产和租入固定资产。自有固定资产是指产权归属本企业的固定资产,如购入的固定资产、接受投资者投入的固定资产、自行建造的固定资产和接受捐赠的固定资产等；租入固定资产是企业通过租赁方式从其他单位或个人租入的固定资产，包括融资租入的固定资产和经营租入的固定资产。

4. 固定资产的综合分类

固定资产按经济用途和使用情况综合分为以下7类：

(1)生产经营用固定资产；

(2)非生产经营用固定资产；

(3)租出固定资产；

(4)不需用固定资产；

(5)未使用固定资产；

(6)土地；

(7)融资租入固定资产。

其中，土地，是指过去已经估价单独入账的土地。土地使用权不属于固定资产的核算内容，而属于无形资产的核算内容；因征地而支付的土地补偿费，直接计入与土地有关的房屋建筑物价值中，不单独作为“固定资产——土地”核算。

融资租入固定资产，是指企业采用融资租赁方式租入的固定资产，按照实质重于形式原则，融资租入固定资产应视同自有固定资产管理。需要注意的是，经营租入的固定资产不需要进行固定资产核算，对于经营租入固定资产价值只需在备查账中进行登记。

(三)固定资产计价及核算账户

1. 固定资产的计价基础

从《企业会计准则第4号——固定资产》和《企业会计制度》的有关规定来看，企业固定资产的计价基础有以下5种，分别用于不同来源、不同情况下的固定资产计价。

(1)按历史成本计价。《企业会计准则第4号——固定资产》规定：“固定资产应当按照成本进行初始计量。”这里的成本指的就是固定资产取得时发生的实际成本，也称历史成本。固定资产采用历史成本计价，具有业务发生时的支付凭证，因此具有客观性和可验证性等优点。

(2)按现值计价。《企业会计准则第4号——固定资产》规定：“购买固定资产的价款超过正常信用条件延期支付，实质上具有融资性质的，固定资产的成本以购买价款的现值为基础确定。”此处的购买价款的现值是指延期支付的各笔款项按同期银行存款利率折现的购入固定资产时的现值。固定资产采用现值计价，更符合谨慎性原则的要求。

(3)按净值计价。固定资产净值是指固定资产的原值减去已提折旧后的净额，也称折余价值。固定资产净值反映了固定资产的新旧程度，在固定资产盘亏、毁损时使用。

(4)按重置成本计价。重置成本是指按现在购买相同或者相似固定资产所需支付的现金或者现金等价物的金额。在固定资产盘盈和接受捐赠固定资产时，采用重置成本计价。

(5)按可收回金额计价。《企业会计准则第8号——资产减值》规定：“资产存在减值迹象的，应当估计其可收回金额。”所谓可收回金额，是指资产的公允价值减去处置费用后的净额与资产预计未来现金流量的现值两者之间较高者确定。其中，处置费用，是指处理资产过程中发生的各项费用，包括与资产处置有关的法律费用、相关税费、搬运费以及为使资产达到可销售状态所发生的直接费用等。可收回金额在固定资产的期末计价中采用。

2. 固定资产入账价值的确定

《企业会计准则第4号——固定资产》规定：“固定资产应当按照成本进行初始计量。”由于固定资产的取得途径不同，其成本构成也有所差异。

(1)外购固定资产的成本,包括购买价款、相关税费、使固定资产达到预定可使用状态前所发生的可归属于该项资产的运输费、装卸费、安装费和专业人员服务费等。

以一笔款项购入多项没有单独标价的固定资产,应当按照各项固定资产公允价值比例对总成本进行分配,分别确定各项固定资产的成本。

购买固定资产的价款超过正常信用条件延期支付,实质上具有融资性质的,固定资产的成本以购买价款的现值为基础确定。实际支付的价款与购买价款的现值之间的差额,除按照《企业会计准则第 17 号——借款费用》应予资本化的以外,应当在信用期间内计入当期损益。

(2)自行建造固定资产的成本,由建造该项资产达到预定可使用状态前所发生的必要支出构成。

(3)投资者投入固定资产的成本,应当按照投资合同或协议约定的价值确定,但合同或协议约定价值不公允的除外。

(4)以非货币性资产交换方式换入的固定资产,非货币性资产交换同时满足一定条件的,应当以公允价值和应支付的相关税费作为换入固定资产的成本,公允价值与换出资产账面价值的差额计入当期损益。

(5)以债务重组方式取得的固定资产,应当对受让的固定资产按公允价值入账,其债权账面价值与固定资产公允价值的差额部分,计入当期损益。

(6)以融资租赁方式取得的固定资产,按租赁开始日租赁资产的公允价值与最低租赁付款额现值两者中较低者作为租入固定资产的入账价值。

(7)以改扩建方式增加的固定资产,按原固定资产的账面价值,加上由于改扩建而使该项固定资产达到预定可使用状态前发生的支出,减支改扩建过程中发生的变价收入作为入账价值。

(8)盘盈的固定资产,按同类或类似固定资产的市场价格,减去按该固定资产的新旧程度估计的价值损耗后的余额,作为入账价值。如果不存在活跃的市场,按该项固定资产的预计未来现金流量现值,作为入账价值。

(9)无偿调入的固定资产,按调出单位的账面价值加上相关税费,作为入账价值。

需要特别说明的是,企业为取得固定资产缴纳的车辆购置税、耕地占用税和契税等相关税费也应计入固定资产入账价值;同时,确定固定资产成本时,应当考虑预计弃置费用因素。

3. 账户设置

固定资产的核算需要设置和使用"固定资产"、"在建工程"、"工程物资"、"累计折旧"、"固定资产清理"等账户。

(1)"固定资产"账户。"固定资产"账户用来核算固定资产原始价值的增减变动。"固定资产"账户的借方登记固定资产的原始价值增加金额,贷方登记固定资产的原始价值减少金额,其余额表示现有固定资产的原始价值数额。

(2)"在建工程"账户。"在建工程"账户用来核算自行建造固定资产的建造成本。"在建工程"账户借方登记固定资产建造过程中发生的各项支出,贷方登记建造完工转入"固定资产"账户的实际建造成本,其余额表示正在建造工程已发生的实际成本。

(3)"工程物资"账户。"工程物资"账户用来核算企业购入的用于固定资产建造的各种物资的实际成本。"工程物资"账户的借方登记增加工程物资的实际成本,贷方登记发出工程物资的实际成本,其余额表示现有工程物资的实际成本。

(4)"累计折旧"账户。"累计折旧"账户用来核算固定资产计提的折旧。"累计折旧"账户贷方登记计提折旧的增加数额，借方登记减少固定资产应转出的折旧数额，其余额表示现有固定资产已累计计提的折旧总额。

(5)“固定资产清理”账户。“固定资产清理”账户用来核算固定资产出售、报废、毁损等清理业务，并计算固定资产清理的净损益。“固定资产清理”账户借方登记清理固定资产的账面价值、清理费用、相关税费等，贷方登记固定资产清理过程中所取得的各项收入和赔款，固定资产清理的净损益转入“营业外收入”或“营业外支出”账户。固定资产清理完毕后，“固定资产清理”账户无余额。

二、固定资产的取得

(一)自行建造固定资产

企业自行建造固定资产的方式有两种，即自营和出包。自营和出包方式建造固定资产时，会计核算有较大的差别。

1. 自营方式建造的固定资产

企业自营方式建造的固定资产，应按建造该项资产达到预定可使用状态前所发生的必要支出作为入账价值，包括建造过程中耗用的工程物资、直接人工费、直接机械施工费、应负担的工程管理费、需要安装的设备价款等。

企业为在建工程准备的各种物资，应当按照实际支付的买价、增值税额、运输费、保险费等相关费用，作为实际成本，并按照各种专项物资的种类进行明细核算。工程完工后剩余的工程物资，如转作本企业库存材料的，按其实际成本或计划成本，转作企业的库存材料；如可抵扣增值税进项税额的，应按减去增值税进项税额后的实际成本或计划成本，转作企业的库存材料。盘盈、盘亏、报废、毁损的工程物资，减去保险公司、过失人赔偿部分后的差额，工程项目尚未完工的，计入或冲减所建工程项目的成本；工程已经完工的，在筹建期间应将其净损失计入“长期待摊费用”，属于生产经营期间的，应将其净损失直接计入当期营业外收支。

工程达到预定可使用状态前因进行试运转所发生的净支出，计入工程成本。企业的在建工程项目在达到预定可使用状态前所取得的试运转过程中形成的、能够对外销售的产品，其发生的成本，计入在建工程成本，销售或转为库存商品时，按实际销售收入或按预计售价冲减工程成本。

在建工程发生单项或单位工程报废或毁损，减去残料价值和过失人或保险公司等赔款后的净损失，计入继续施工的工程成本；如为非常原因造成的报废或毁损，或在建工程项目全部报废或毁损，在筹建期间应将其净损失计入“长期待摊费用”，属于生产经营期间的，应将其净损失直接计入当期营业外支出。

所建造的固定资产已达到预定可使用状态，但尚未办理竣工决算的，应当自达到预定可使用状态之日起，根据工程预算、造价或者工程实际成本等，按估计的价值转入固定资产，并按本制度关于计提固定资产折旧的规定，计提固定资产的折旧。待办理了竣工决算手续后再作调整。

需注意：按最新会计准则，生产型固定资产购进以及自行建造时，所涉及增值税应作为增值税进项税额单独处理(参见上一章存货中增值税的处理)，不再记入固定资产价值。本章中所有例题均假设固定资产为非生产性固定资产。

【例6—1】 甲企业自行建造简易厂房一座，购入建造厂房需要的钢筋、水泥、砖块等，用银行存款支付买价100 000元，增值税额17 000元。在厂房建造过程中领用工程物资93 600

元，应负担的工人工资20 000元，应负担的职工福利费2 800元，应负担的供电车间的电费7 200元，用现金支付临时工费用8 400元，另外还领用了生产用的材料一批，实际成本10 000元，应转出的增值税为1 700元。工程完工后，尚未使用的工程物资转为生产使用。其会计分录如下：

(1)购入工程物资时：

借：工程物资　　117 000

　贷：银行存款　　117 000

(2)领用工程物资时：

借：在建工程——厂房　　93 600

　贷：工程物资　　93 600

(3)分配工人工资和福利费时：

借：在建工程——厂房　　22 800

　贷：应付职工薪酬　　22 800

(4)分配供电车间的电费时：

借：在建工程——厂房　　7 200

　贷：生产成本——供电车间　　7 200

(5)支付临时工费用时：

借：在建工程——厂房　　8 400

　贷：现金　　8 400

(6)领用了生产用的材料时：

借：在建工程——厂房　　11 700

　贷：原材料　　10 000

　　应交税费——应交增值税(进项税额转出)　　1 700

(7)工程完工交付使用时：

借：固定资产——厂房　　143 700

　贷：在建工程——厂房　　143 700

(8)未使用的工程物资转为生产使用时：

借：原材料　　20 000

　应交税费——应交增值税(进项税额)　　3 400

　贷：工程物资　　23 400

2. 出包方式建造的固定资产

出包方式建造的固定资产时，预付的工程款通过“在建工程”核算，即按合同规定预付给承包单位工程款时，借记“在建工程”科目，贷记“银行存款”科目；工程完工验收合格补付工程款时，借记“在建工程”科目，贷记“银行存款”科目；工程交付使用时，借记“固定资产”科目，贷记“在建工程”科目。

【例6—2】 甲企业采用招标方式将行政办公楼的建造出包给建筑公司，按合同规定工程款1 000万元，分三次支付，工程开工时支付500万元，工程封顶时支付300万元，工程完工验收合格时支付200万元。甲企业工程款均用银行存款支付。其会计分录如下：

(1)工程开工时支付500万元：

借：在建工程——行政办公楼　　5 000 000

贷:银行存款　　5 000 000

(2)工程封顶时支付300万元:

借:在建工程——行政办公楼　　3 000 000

贷:银行存款　　3 000 000

(3)工程完工验收合格时支付200万元:

借:在建工程——行政办公楼　　2 000 000

贷:银行存款　　2 000 000

(4)工程完工交付使用时:

借:固定资产——行政办公楼　　10 000 000

贷:在建工程——行政办公楼　　10 000 000

(二)购置固定资产

1. 购入不需安装的固定资产

企业购入不需安装的固定资产,按购置过程中发生的购买价款、相关税费等,借记“固定资产”科目,贷记“银行存款”等科目。

【例6—3】 甲企业向某电脑公司购入电脑一批,用银行存款支付买价100 000元,增值税额17 000元。其会计分录如下:

借:固定资产　　117 000

贷:银行存款　　117 000

2. 购入需安装的固定资产

企业购入需安装的固定资产,按购置过程中发生的购买价款、相关税费等,借记“在建工程”科目,贷记“银行存款”等科目;支付安装费时,借记“在建工程”科目,贷记“银行存款”等科目;建造完工交付使用时,借记“固定资产”科目,贷记“在建工程”科目。

【例6—4】 甲企业用银行存款购入锅炉一台,支付买价20 000元,增值税额3 400元,支付运输费1 700元,安装过程中用银行存款支付安装费1 000元。其会计分录如下:

(1)购买锅炉时:

借:在建工程　　25 000

贷:银行存款　　25 000

(2)支付安装费时:

借:在建工程　　1 000

贷:银行存款　　1 000

(3)安装完毕交付使用时:

借:固定资产　　26 000

贷:在建工程　　26 000

(三)租入固定资产

租入固定资产的方式有两种,一是采用融资方式租入,二是采用经营方式租入。采用经营方式租入的固定资产不需要对固定资产进行核算,只需要在备查账中登记;采用融资方式租入固定资产应视同自有资产管理。

融资租入固定资产时,承租人应按租赁资产公允价值与最低租赁付款额现值两者中较低者,加上初始直接费用,作为租入资产的入账价值,借记“固定资产——融资租入固定资产”科目,按最低租赁付款额,贷记“长期应付款”科目,按其差额,借记“未确认融资费用” 科目。

（四）接受投资与捐赠固定资产

1. 接受投资固定资产

企业接受投资者投入的固定资产，应当按照投资合同或协议约定的价值确定入账价值，借记"固定资产"科目，贷记"实收资本"等科目。

【例6—5】 甲公司收到乙公司投入的不需安装的机器一台，双方协议价为10 0000元，有关手续已全部办理完毕。其会计分录如下：

借：固定资产	100 000	
贷：实收资本		100 000

2. 接受捐赠固定资产

企业接受捐赠增加的固定资产，应按会计制度规定确定入账价值，借记"固定资产"或"在建工程"科目，贷记"营业外收入"科目，按接受捐赠过程中支付的相关税费，贷记"银行存款"等科目。

【例6—6】 甲公司收到乙公司捐赠的全新汽车一辆，发票上注明的售价100 000元，增值税额为17 000元，另外用现金支付运输费等3 000元。有关手续已全部办理完毕。其会计分录如下：

借：固定资产	120 000	
贷：营业外收入		117 000
库存现金		3 000

（五）固定资产的改扩建

固定资产改扩建时，首先应该将需要改扩建的固定资产账面价值转入在建工程，即按改扩建固定资产的账面价值，借记"在建工程"科目，按改扩建固定资产的已提折旧，借记"累计折旧"科目，按已计提固定资产减值准备，借记"固定资产减值准备"科目，按固定资产的原值，贷记"固定资产"科目；改扩建过程中的各项支出发生时，借记"在建工程"科目，贷记"银行存款"等科目；改扩建过程中的各项变价收入，借记"原材料"、"银行存款"等科目，贷记"在建工程"科目；改扩建完工达到预定可使用状态后，借记"固定资产"科目，贷记"在建工程"科目。

【例6—7】 甲公司现有一条生产线需要进行改扩建，该生产线的原始价值为100万元，已提折旧为40万元，已提减值准备为10万元。改扩建过程中用银行存款支付工程费用100万元，发生残料变价收入20万元。改扩建完工后立即投入生产使用。其会计分录如下：

（1）将原生产线转入在建工程时：

借：在建工程	500 000	
累计折旧	400 000	
固定资产减值准备	100 000	
贷：固定资产		1 000 000

（2）支付改扩建支出时：

借：在建工程	1 000 000	
贷：银行存款		1 000 000

（3）发生残料变价收入时：

借：原材料	200 000	
贷：在建工程		200 000

（4）改扩建完工达到预定可使用状态时

借：固定资产　　　　　　　　　　　　　　　　　　1 300 000

　　贷：在建工程　　　　　　　　　　　　　　　　　　1 300 000

三、固定资产折旧

(一)固定资产折旧的定义

《企业会计准则第 4 号——固定资产》规定："固定资产折旧(depreciation)是指在固定资产使用寿命内，按照确定的方法对应计折旧额进行系统分摊。其中，应计折旧额，是指应当计提折旧的固定资产的原价扣除其预计净残值后的金额。已计提减值准备的固定资产，还应当扣除已计提的固定资产减值准备累计金额。预计净残值，是指假定固定资产预计使用寿命已满并处于使用寿命终了时的预期状态，企业目前从该项资产处置中获得的扣除预计处置费用后的金额。"

企业应当根据固定资产的性质和使用情况，合理确定固定资产的使用寿命和预计净残值。固定资产的使用寿命、预计净残值一经确定，不得随意变更。企业在确定固定资产使用寿命时，应当考虑下列因素：

(1)预计生产能力或实物产量；

(2)预计有形损耗和无形损耗；

(3)法律或者类似规定对资产使用的限制。

其中，有形损耗是指固定资产在使用过程中由于使用和自然力影响而引起的在使用价值和价值上的损失；无形损耗是指固定资产由技术进步而引起的价值上的损失。

固定资产折旧是固定资产重置的一种保证。企业为了以后有能力购置新的固定资产或进行固定资产的更新改造，必须在固定资产的有效使用年限内分期计提一定数额的折旧额，作为以后进行固定资产更新改造的一种资金储备。因此，可以认为，固定资产折旧是固定资产再生产正常进行的一种保障措施。

企业选择的固定资产折旧方法、使用寿命和预计净残值，按照管理权限，经股东大会或董事会，或经理(厂长)会议或类似机构批准，作为计提折旧的依据。同时，按照法律、行政法规的规定报送有关各方备案，并备置于企业所在地，以供投资者等有关各方查阅。企业已经确定并对外报送，或备置于企业所在地的有关固定资产预计使用年限和预计净残值、折旧方法等，一经确定不得随意变更；如需变更，仍然应当按照上述程序，经批准后报送有关各方备案，并在会计报表附注中予以说明。

(二)固定资产折旧的范围

1. 固定资产折旧的空间范围

《企业会计准则第 4 号——固定资产》规定："企业应当对所有固定资产计提折旧。但是，已提足折旧仍继续使用的固定资产和单独计价入账的土地除外。"

具体来说，下列固定资产应当计提折旧：

(1)已达到预定可使用状态的房屋和建筑物；

(2)已达到预定可使用状态的机器设备、仪器仪表、运输工具、工具器具；

(3)季节性停用、大修理停用的固定资产；

(4)融资租入和以经营租赁方式租出的固定资产。

下列固定资产不计提折旧：

(1)以经营租赁方式租入的固定资产；

(2)已提足折旧继续使用的固定资产；

(3)按规定单独估价作为固定资产入账的土地。

达到预定可使用状态应当计提折旧的固定资产，在年度内办理竣工决算手续的，按照实际成本调整原来的暂估价值，并调整已计提的折旧额，作为调整当月的成本、费用处理。如果在年度内尚未办理竣工决算的，应当按照估计价值暂估入账，并计提折旧；待办理了竣工决算手续后，再按照实际成本调整原来的暂估价值，调整原已计提的折旧额，同时调整年初留存收益各项目。

融资租入的固定资产，应当采用与自有应计折旧资产相一致的折旧政策。能够合理确定租赁期届满时将会取得租赁资产所有权的，应当在租赁资产尚可使用年限内计提折旧；无法合理确定租赁期届满时能够取得租赁资产所有权的，应当在租赁期与租赁资产尚可使用年限两者中较短的期间内计提折旧。

2. 固定资产折旧的时间范围

《企业会计准则第 4 号——固定资产》规定："固定资产应当按月计提折旧，并根据用途计入相关资产的成本或者当期损益。"同时，《企业会计制度》规定："企业一般应按月提取折旧，当月增加的固定资产，当月不提折旧，从下月起计提折旧；当月减少的固定资产，当月照提折旧，从下月起不提折旧。固定资产提足折旧后，不论能否继续使用，均不再提取折旧；提前报废的固定资产，也不再补提折旧。"

(三)固定资产折旧的计算方法

企业应当根据与固定资产有关的经济利益的预期实现方式，合理选择固定资产折旧方法。《企业会计准则第 4 号——固定资产》规定："可选用的折旧方法包括年限平均法、工作量法、双倍余额递减法和年数总和法等。固定资产的折旧方法一经确定，不得随意变更。"如需变更，应当在会计报表附注中予以披露。

1. 年限平均法

年限平均法，也称直线法(straight-line method)，是指将固定资产的应提折旧总额平均分配给各使用期的一种方法。年限平均法的折旧额可用下列公式计算：

$$\text{固定资产年折旧额}=\frac{\text{固定资产原值}-\text{预计净残值}}{\text{固定资产预计使用年限}}$$

$$\text{固定资产月折旧额}=\text{固定资产年折旧额}/12$$

【例 6－8】 甲公司某项固定资产原值为 128 000 元，预计残值为 10 000 元，预计清理费用为 2 000 元，预计使用年限为 10 年。按年限平均法计算结果如下：

$$\text{固定资产年折旧额}=\frac{128\ 000-(10\ 000-2\ 000)}{10}=12\ 000(\text{元})$$

$$\text{固定资产月折旧额}=12\ 000/12=1\ 000(\text{元})$$

从年限平均法的计算原理可以看出，年限平均法计算的每年和每月折旧额都是相等的。这种方法对房屋建筑物等随技术影响不大的固定资产计提折旧是合理的，但是对于受技术影响较大或使用程度影响较大的固定资产就不很合理了。

2. 工作量法

工作量法(units-of-production method)是指按固定资产所能行驶的里程、机器的运转时数或机器的工作时数等工作量来平均计算折旧的一种方法。其计算公式如下：

$$单位工作量的折旧额=\frac{固定资产原值-预计净残值}{固定资产预计总工作量}$$

$$固定资产月折旧额=该月固定资产的实际工作量\times单位工作量的折旧额$$

其中，公式中的工作量，根据不同用途的固定资产可以是行驶的里程、机器的运转时数或机器的工作时数等。

【例 6—9】 甲公司某辆汽车的原值是 330 000 元，净残值为 30 000 元，预计行驶总里程为 300 000 千米。本月该汽车实际行驶了 1 000 千米。

$$单位行驶里程的折旧额=\frac{330\ 000-30\ 000}{300\ 000}=1(元/公里)$$

本月折旧额＝1 000×1＝1 000(元)

3. 双倍余额递减法

双倍余额递减法(double-declining balance methed)是一种加速折旧的方法，它是在不考虑固定资产净残值的条件下，根据每年年初固定资产的折余价值和双倍的直线法折旧率计算固定资产折旧额的一种方法。双倍余额递减法有四个特点：

(1)不考虑固定资产净残值；

(2)采用的折旧率是直线法折旧率的双倍；

(3)每年计算折旧的基数是每年年初固定资产的折余价值；

(4)按我国制度规定，最后两年将固定资产账面净值扣除预计净残值后的余额平均摊销，即最后两年改用直线法计提折旧。

双倍余额递减法的计算公式如下：

$$固定资产年折旧率=2/预计使用年限\times100\%$$

$$固定资产月折旧率=固定资产年折旧率/12$$

$$固定资产月折旧额=固定资产年初折余价值\times固定资产月折旧率$$

【例 6—10】 甲公司某项固定资产的原值为 100 000 元，预计净残值 1 600 元，预计使用年限 5 年。采用双倍余额递减法计算结果如表 6—1。

表 6—1 **双倍余额递减法** 单位：元

年份	固定资产年初折余价值	年折旧率	年折旧额	累计折旧额	固定资产年末折余价值
1	100 000	40%	40 000	40 000	60 000
2	60 000	40%	24 000	64 000	36 000
3	36 000	40%	14 400	78 400	21 600
4	21 600		10 000	88 400	11 600
5	11 600		10 000	98 400	1 600

注：年折旧率＝2/5×100%＝40%。

4. 年数总和法

年数总和法(sum-of-the-years-digits method)，也称折旧年数积数法、级数递减法、合计年限法等，是指将固定资产的原值减去净残值后的净额乘以一个逐年递减的分数计算每年的折旧额。年数总和法也是一种加速折旧的方法，其计算公式如下：

$$固定资产年折旧额率=\frac{尚可使用年数}{预计使用年限的年数总和}$$

或者

$$\text{固定资产年折旧额率}=\frac{\text{预计使用年限}-\text{已使用年限}}{\text{预计使用年限}\times(\text{预计使用年限}+1)/2}$$

【例 6—11】 甲公司某项固定资产原值 151 000 元，净残值 1 000 元，预计使用年限 5 年。采用年数总和法计算结果如表 6—2 所示。

表 6—2　　年数总和法　　单位：元

年份	原值—净残值	年折旧率	年折旧额	累计折旧额
1	150 000	5/15	50 000	50 000
2	150 000	4/15	40 000	90 000
3	150 000	3/15	30 000	120 000
4	150 000	2/15	20 000	140 000
5	150 000	1/15	10 000	150 000

(四)固定资产折旧的账务处理

固定资产计提的折旧额应通过“累计折旧”科目进行核算，按生产车间固定资产计提的折旧额，借记“制造费用”科目，按行政管理部门固定资产计提的折旧额，借记“管理费用”科目，按销售部门固定资产计提的折旧额，借记“营业费用”科目，按出租固定资产计提的折旧额，借记“其他业务成本”科目，按企业当期所计提的折旧总额，贷记“累计折旧”科目。

在我国会计实务中，企业各月固定资产折旧的计算一般是通过编制“固定资产折旧计算表”来完成的。该表可由会计部门编制，也可由固定资产的各使用部门编制，再由会计部门统一汇总。其编制依据是：本月固定资产折旧额＝上月固定资产折旧额＋上月增加固定资产应计提的折旧额－上月减少固定资产应计提的折旧额。“固定资产折旧计算表”的格式如表 6—3 所示。

【例 6—12】 甲公司某月固定资产的折旧计算表如表 6—3 所示。

表 6—3　　固定资产折旧计算表　　单位：元

使用部门	固定资产类别	上月固定资产折旧额	上月增加固定资产		上月减少固定资产		本月固定资产折旧额	应计入的科目
			原值	折旧额	原值	折旧额		
一车间	厂房	1 000	100 000	500			1 500	制造费用
	机器设备	10 000					10 000	
	其他设备	500					500	
	小计	11 500					12 000	
二车间	厂房	2 000					2 000	
	机器设备	20 000			200 000	1 000	19 000	
	其他设备	1 000					1 000	
	小计	23 000					22 000	
行政管理部门	房屋建筑物	3000					3 000	管理费用
	运输工具	1 000					1 000	
	小计	4 000					4 000	
合计		38 500	100 000	500	200 000	1 000	38 000	

根据表6—3,编制固定资产计提折旧的会计分录如下:

借:制造费用——一车间　　12 000

　　制造费用——二车间　　22 000

　　管理费用　　4 000

　贷:累计折旧　　38 000

四、固定资产的处置

企业在生产经营过程中,对那些不适用或不需用的固定资产,可以通过对外出售的方式进行处置;对那些由于磨损等原因导致不能继续使用的固定资产予以报废,或由于技术进步等原因导致固定资产发生提前报废,或由于遭受自然灾害等原因发生毁损;此外,企业因对外投资、债务重组、非货币性资产交换等而减少的固定资产,也属于固定资产的处置。

(一)固定资产终止的确认

1. 该固定资产处于处置状态

处于处置状态的固定资产不再用于生产商品、提供劳务、出租或经营管理,因此不再符合固定资产的定义,应当予以终止确认。

2. 该固定资产预期通过使用或处置不能产生经济利益

固定资产的确认条件之一是“与该固定资产有关的经济利益很可能流入企业”,如果一项固定资产预期通过使用或处置不能产生经济利益,就不再符合固定资产的定义和确认条件,应予以终止确认。

(二)固定资产处置的会计处理

固定资产处置一般通过“固定资产清理”账户进行核算,该账户借方登记被处置固定资产账面价值、处置过程中发生的清理费用以及销售固定资产应缴纳的相关税金;贷方登记处置过程中取得的各项收入,包括转让收入、残料收入以及向保险公司或有关责任人收取的赔偿款项。该账户贷方发生额大于借方发生额的差额,为固定资产处置的净收益,转入营业外收入;借方发生额大于贷方发生额的差额,为固定资产处置的净损失,转入营业外支出。处置结束后,“固定资产清理”账户没有余额。

(1)清理固定资产

清理固定资产是指企业出售、报废和毁损等减少的固定资产。清理固定资产的会计核算一般按以下步骤进行:

第一步,将固定资产转入清理。即按固定资产的账面价值,借记“固定资产清理”科目,按固定资产已提的折旧,借记“累计折旧”科目,按固定资产已提的减值准备,借记“固定资产减值准备”科目,按固定资产的原值,贷记“固定资产”科目。

第二步,支付清理费用。即按清理过程中发生的各项费用,借记“固定资产清理”科目,贷记“银行存款”等科目。

第三步,计算缴纳各种应负担的税费。即按清理过程中应交的各种税费,借记“固定资产清理”科目,贷记“应交税费”、“其他应交款”等科目。

第四步,收取出售收入或残料变价收入。即按出售固定资产的收入或报废和毁损固定资产的残料变价收入,借记“银行存款”、“原材料”等科目,贷记“固定资产清理”科目。

第五步,赔款的核算。企业毁损的固定资产,可能能从保险公司或个人获得赔款,赔款确认时,借记“其他应收款”等科目,贷记“固定资产清理”科目。

第六步，结转清理净损益的核算。经过上述五步骤核算后，固定资产清理账户的余额即为固定资产清理的净损益，如果余额在借方，表示固定资产清理的净损失，应转入“营业外支出”（生产经营期间）或“长期待摊费用”（筹建期间），即借记“营业外支出”或“长期待摊费用”科目，贷记“固定资产清理”科目；如果余额在贷方，表示固定资产清理的净收益，应转入“营业外收入”（生产经营期间）或“长期待摊费用”（筹建期间），即借记“固定资产清理”科目，贷记“营业外收入”或“长期待摊费用”科目。

【例 6－13】 华新公司有一台生产设备，因使用期届满经批准报废。该设备原价为186 000元，累计已计提折旧 160 000 元，已计提减值准备 5 000 元。清理过程中，以银行存款支付清理费用 1 000 元，残料变卖收入 3 000 元，存入银行存款账户。

根据上述资料，华新公司有关账务处理如下：

(1)将固定资产转入清理时：

借：固定资产清理	21 000	
累计折旧	160 000	
固定资产减值准备	5 000	
贷：固定资产		186 000

(2)支付清理费用时：

借：固定资产清理	1 000	
贷：银行存款		1 000

(3)收到残料变卖收入时：

借：银行存款	3 000	
贷：固定资产清理		3 000

(4)结转清理净损益时：

借：营业外支出—处置非流动资产净损失	19 000	
贷：固定资产清理		19 000

【例 6－14】 华新公司一项固定资产因自然灾害造成毁损。该项固定资产原始价值200 000元，累计已计提折旧 68 000 元。出售残料取得的价款 2 000 元，以银行存款支付清理管理费用 1 200 元，收到保险公司理赔款 140 000 元。

根据以上资料，华新公司有关账务处理如下：

(1)转销毁损固定资产的账面价值时：

借：固定资产清理	132000	
累计折旧	68 000	
贷：固定资产		200 000

(2)出售残料时：

借：银行存款	2 000	
贷：固定资产清理		2 000

(3)支付清理费用时：

借：固定资产清理	1 200	
贷：银行存款		1 200

(4)收到保险理赔款时：

借：银行存款	140 000	

贷:固定资产清理　　140 000

(5)结转毁损固定资产的净损益时:

借:固定资产清理　　8 800

贷:营业外收入——处置非流动资产利得　　8 800

2. 固定资产盘盈

企业在财产清查中盘盈的固定资产,作为前期差错处理,在按管理权限经批准处理前应通过"以前年度损益调整"账户核算。盘盈的固定资产,应按如下规定确认其入账价值:如果同类或类似固定资产存在活跃市场的,按同类或类似固定资产的市场价格,减去按该项资产的折旧程度估计的价值损耗后的余额,作为入账价值;如果同类或类似固定资产不存在活跃市场的,按该项固定资产的预计未来现金流量的现值,作为入账价值。

【例 6－15】 华夏公司在固定资产清查中发现账外设备一台,该设备的重置成本为 150 000 元。

(1)发生盘盈登记入账:

借:固定资产——设备　　150 000

贷:以前年度损益调整　　150 000

(2)调整应交所得税(所得税税率 25%)

借:以前年度损益调整　　37 500

贷:应交税费——应交所得税　　37 500

(3)结转以前年度损益调整:

借:以前年度损益调整　　112 500

贷:利润分配——未分配利润　　112 500

3. 固定资产盘亏

企业在财产清查中盘亏的固定资产,按盘亏固定资产的账面价值,借记"待处理财产损溢"科目,按已计提的累计折旧,借记"累计折旧"科目,按已计提的减值准备,借记"固定资产减值准备"科目,按固定资产原值,贷记"固定资产"科目。按管理权限报经批准后处理时,按可收回的保险赔偿或过失赔偿,借记"其他应收款"科目,按应计入营业外支出的金额,借记"营业外支出——盘亏损失"科目,贷记"待处理财产损溢"科目。

【例 6－16】 华夏公司在清查中发现少了一台设备,该设备账面原价为 6 000 元,已计提折旧 2 800 元。会计处理如下:

(1)发现盘亏,注销固定资产记录:

借:待处理财产损溢——待处理固定资产损溢　　3 200

累计折旧　　2 800

贷:固定资产——设备　　6 000

(2)经批准后转入营业外支出:

借:营业外支出——盘亏损失　　3 200

贷:待处理财产损溢——待处理固定资产损溢　　3 200

五、固定资产期末计量

1. 固定资产减值准备

企业应于每年年末对固定资产的账面价值进行检查,当出现下列情况之一时,表明该固定资产已出现减值迹象,应对其可收回金额进行估计。

(1)固定资产市价大幅度下跌,其跌幅大大高于因时间推移或正常使用而预计的下跌,并且预计在近期内不可能恢复;

(2)企业所处经营环境,如技术、市场、经济或法律环境,或者产品营销市场在当期发生或在近期发生重大变化,并对企业产生负面影响;

(3)同期市场利率等大幅度提高,进而很可能影响企业计算固定资产可收回金额的折现率,并导致固定资产可收回金额大幅度减低;

(4)固定资产陈旧过时或发生实体损坏等;

(5)固定资产预计使用方式发生重大不利变化,如企业计划终止或重组该固定资产所属的经营业务,提前处置资产等情形,从而对企业产生负面影响;

(6)其他有可能表明资产已发生减值的情况。

固定资产可收回金额应当根据固定资产的公允价值减去处置费用后的净额,与固定资产预计未来现金流量的现值,两者之间较高者确定。

固定资产可收回金额低于其账面价值的,应当将固定资产的账面价值减记至可收回金额,借记"资产减值损失"科目,贷记"固定资产减值准备"科目。固定资产减值损失确认后,减值固定资产的折旧费应在未来期间作相应调整,以使该固定资产在剩余使用寿命内系统分摊调整后的固定资产账面价值。固定资产减值损失一经确认,在以后会计期间不得转回。

2. 固定资产的报表披露

在资产负债表中,分别通过"固定资产"项目、"在建工程"项目、"工程物资"项目、"固定资产清理"项目反映企业各类固定资产。其中,①"固定资产"项目反映全部固定资产的账面价值,即以固定资产的原始价值扣除累计折旧和固定资产减值准备后的净额列示;②"在建工程"项目反映全部在建工程的账面价值,即以在建工程的账户期末余额填列。在建工程计提了减值准备的,还应当扣除累计计提的减值准备金额。③"工程物资"项目反映全部工程物资的账面价值,即以工程物资账户的账面余额扣除工程物资减值准备后的净额列示;④"固定资产清理"项目反映尚未清理完毕的固定资产净额,以"固定资产清理"账户的余额直接列示,年度资产负债表日,应将尚未清理完成的固定资产全部清理完毕,该账户一般没有余额。

第二节　无形资产

一、无形资产的定义及特征

无形资产(intangible assets),是指企业拥有或者控制的、没有实物形态的、可辨认的非货币性资产。无形资产是与有形资产(如固定资产、存货等)相区别的一个资产类别,我们日常经济生活中所接触到的商标权(如海尔、联想等)、专利权、版权、特许经营权等都属于无形资产的范畴。通常,无形资产具有以下特征。

(一)无实物形态

无形资产不具有实物形态,是无形的。这是区别于存货、固定资产及其他有形资产的最明显标志。它没有实物形态,却具有价值,体现的通常是某种权利或某种专门技术,如土地使用权、特许权、专利权、非专利技术等。当然,某些无形资产的存在需要依赖于实物载体,如计算机软件需要存储在磁盘中，但并没有改变无形资产本身不具有实物形态的特征。

(二)非货币性

无形资产属于非货币性的长期资产。这是区别于其他没有实物形态的货币性资产的主要特征。由于其能在多个生产经营周期内使用并使企业长期收益，所以是非流动资产。长期待摊费用虽然也是非货币性长期资产，但其实它一经发生就已被耗费或者消失，不再为企业带来未来经济利益，因而本质上不属于资产。

(三)不确定性

无形资产的经济价值及其计量都具有较大的不确定性。其价值在很大程度上受企业外部因素的影响，如相关新技术更新换代的速度、利用无形资产所生产产品的市场接受程度等，其预期获利能力往往很难准确确定。另外，无形资产的取得成本不一定代表其经济价值，因为，一项取得成本较高的无形资产可能为企业带来较少的经济利益，而取得成本较低的无形资产却可能给企业带来较大的经济利益。正由于这种不确定性，因而要求企业对无形资产的确认和计量持更为谨慎的态度。

(四)可辨认性

无形资产虽然是无形的，但它应该是能与企业脱离并独立存在的、可分的，不同的无形资产应是可辨别的。其可辨认性，使得无形资产可以单独转让、许可和交易，也使得无形资产与商誉区别开来。我国企业会计准则指出，可辨认性的判断标准是：能够从企业中分离或者划分出来，并能单独或者与相关合同、资产或负债一起，用于出售、转移、授予许可、租赁或者交换；或者源自合同权利或其他法定权利，无论这些权利是否可以从企业或其他权利和义务中转移或者分离。

(五)企业持有无形资产的主要目的是为企业使用而非出售

企业持有无形资产的目的是用于生产商品或提供劳务、出租给他人，或为企业经营管理服务，而不是为了对外销售。脱离了生产经营活动，无形资产就失去了其经济价值。软件公司开发的、用于对外销售的计算机软件，对于购买方而言属于无形资产，而对于开发商而言却是存货。

二、无形资产的内容

(一)专利权

专利权，是指国家专利主管机关依法授予发明创造专利申请人，对其发明创造在法定期限内所享有的专利权利，包括发明专利权、实用新型专利权和外观设计专利权。发明，是指对产品、方法或者其改进所提出的新的技术方案。实用新型，是指对产品的形状、构造或者其结合所提出的适于实用的新的技术方案。外观设计，是指对产品的形状、图案或者其结合以及色彩与形状、图案的结合所做出的富有美感并适用于工业应用的新设计。发明专利权的期限为20年，实用新型专利权和外观设计专利权的期限为10年，均自申请日起计算。

(二)非专利技术

非专利技术，也称专有技术，它是指不为外界所知、在生产经营活动中已采用了的、不享有法律保护的、可以带来经济效益的各种技术和诀窍。非专利技术一般包括工业专有技术、商业贸易专有技术、管理专有技术等。工业专有技术，指在生产上已经采用，仅限于少数人知道，不享有专利权或发明权的生产、装配、修理、工艺或加工方法的技术知识，可以用蓝图、配方、技术记录、操作方法的说明等具体材料表现出来，也可以通过卖方派出技术人员进行指导，或接受买方人员进行技术实习等手段实现;商业贸易专有技术,指具有保密性质的市场情报、原材料价格情报以及用户、竞争对象的情况的有关知识;管理专有技术,指生产组织的经营方式、管理方法、培训职工方法等保密知识。非专利技术并不是专利法的保护对象,非专利技术用自我保密的方式来维持其独占性,具有经济性、机密性和动态性等特点。

(三)商标权

商标是用来辨认特定的商品或劳务的标记。商标权指专门在某类制定的商品或产品上使用特定的名称或图案的权利。经商标局核准注册的商标为注册商标,包括商品商标、服务商标和集体商标、证明商标;商标注册人享有商标专用权,受法律保护。集体商标,是指以团体、协会或者其他组织名义注册,供该组织成员在商事活动中使用,以表明使用者在该组织中的成员资格的标志。证明商标,是指由对某种商品或者服务具有监督能力的组织所控制,而由该组织以外的单位或者个人使用于其商品或者服务,用以证明该商品或者服务的原产地、原料、制造方法、质量或者其他特定品质的标志。注册商标的有效期为 10 年,自核准注册之日起计算。注册商标有效期满,需要继续使用的,应当在期满前 6 个月内申请续展注册;在此期间未能提出申请的,可以给予 6 个月的宽展期。宽展期满仍未提出申请的,注销其注册商标。每次续展注册的有效期为 10 年。

(四)著作权

著作权又称版权,指作者对其创作的文字、科学和艺术作品依法享有的某些特殊权利。著作权包括作品署名权、发表权、修改权和保护作品完整权,还包括复制权、发行权、出租权、展览权、表演权、放映权、广播权、信息网络传播权、摄制权、改变权、翻译权、汇编权以及应当由著作权人享有的其他权利。著作权人包括作者和其他依法享有著作权的公民、法人或者其他组织。著作权属于作者,创作作品的公民是作者。由法人或者其他组织主持,代表法人或者其他组织意志创作,并由法人或者其他组织承担责任的作品,法人或者其他组织视为作者。作者的署名权、修改权、发行权、出租权、展览权、表演权、放映权、广播权、信息网络传播权、摄制权、改编权、翻译权、汇编权以及应当由著作权人享有的其他权利的保护期,为作者终生及其死亡后 50 年,截止于作者死亡后第 50 年的 12 月 31 日;如果是合作作品的,截止于最后死亡的作者死亡后第 50 年的 12 月 31 日。

(五)特许权

特许权,又称经营特许权、专营权,指企业在某一地区经营或销售某种特定商品的权利或是一家企业接受另一家企业使用其商标、商号、技术秘密等的权利。其通常有两种形式:一种是由政府机构授权,准许企业使用或在一定地区享有经营某种业务的特权,如水、电、邮电通信等专营权、烟草专卖权等;另一种指企业间依照签订的合同,有限期或无限期使用另一家企业的某些权利,如连锁店分店使用总店的名称等。特许权业务涉及特许权受让人和让与人两个方面。通常在特许权转让合同中规定了特许权转让的期限、转让人和受让人的权利和义务。转让人一般要向受让人提供商标、商号等使用权,传授专有技术,并负责培训营业人员,提供经营所必需的设备和特殊原料。受让人则需要向转让人支付取得特许权的费用,开业后这按营业收入的一定比例或其他计算方法支付享用特许权费用。此外,还要为转让人保守商业秘密。

(六)土地使用权

土地使用权,指国家准许某些企业在一定期间内对国有土地享有开发、利用、经营的权利。根据我国土地管理法的规定,我国土地实行公有制,任何单位和个人不得侵占、买卖或者以其他形式非法转让。企业取得土地使用权的方式大致有行政划拨取得、外购取得(例如以缴纳土地出让金方式取得)及投资者投资取得等。通常情况下,作为投资性房地产或者作为固定资产核算的土地,按照投资性房地产或者固定资产核算;以缴纳土地出让金方式外购的土地使用权、投资者投入等方式取得的土地使用权,作为无形资产核算。

三、无形资产的分类

无形资产对企业来讲具有重要的意义,特别是在知识经济的条件下,其作用就更加突出,因此企业必须加强对无形资产的管理与核算。从不同的角度、采用科学的方法对无形资产进行合理的分类,是搞好无形资产管理和核算的一项重要基础工作。根据无形资产的特点,一般可以对无形资产做如下分类:

一是按无形资产取得的来源不同分类,可分为购入的无形资产、自行开发的无形资产、投资者投入的无形资产、企业合并取得的无形资产、债务重组取得的无形资产、以非货币性资产交换取得的无形资产以及政府补助取得的无形资产等。这种分类的目的主要是为了使无形资产的初始计量更加准确和合理。因为不同来源取得的无形资产,其初始成本的确定方法以及所包括的经济内容是不同的。

二是按无形资产的使用寿命是否有期限,可分为有期限无形资产和无期限无形资产。无形资产的使用寿命是否有期限应在企业取得无形资产时就加以分析和判断,其中需要考虑的因素很多。这种分类的目的主要是为了正确地将无形资产的应摊销金额在无形资产的使用寿命内系统而合理地进行摊销。因为按照会计准则的规定,使用寿命有限的无形资产才存在价值的摊销问题,而使用寿命不能确定的无形资产,其价值是不能进行摊销的。

四、无形资产确认与初始计量

(一)无形资产的确认

一项资产要作为无形资产在会计上予以确认,首先要符合无形资产定义,其次应满足无形资产确认的条件。

1. 符合无形资产的定义

符合无形资产定义是无形资产确认的前提。一般来说,如果企业有权获得某项无形资产产生的经济利益,同时又能约束其他人获得这些经济利益,这说明企业控制了该无形资产,或者说控制了该无形资产产生的经济利益,具体表现为企业拥有该无形资产的法定所有权,或企业与他人签订了协议,使得企业的相关权利受到法律的保护。如果没有通过法定方式或合约方式等来认定企业所拥有的控制权,则说明相关的项目不符合无形资产的定义。比如,企业通常无法对因拥有一支熟练的员工队伍以及对他们进行过培训将产生的预期未来经济利益实施足够的控制,因而员工所拥有的技术和能力不符合无形资产的定义;出于类似的原因,特定的管理或技术才能、客户信赖、市场份额、企业与客户或供应商的关系等也不大可能符合无形资产的定义。

2. 满足无形资产确认的条件

(1)与该无形资产有关的经济利益很可能流入企业。资产最基本的特征是产生的经济利益预期很可能流入企业,如果某项资源产生的经济利益预期不能流入企业,就不能确认为企业的资产。对无形资产的确认来说,如果某一无形资源产生的经济利益预期不能流入企业,就不能确认为企业的无形资产;如果某一无形资产产生的经济利益很可能流入企业,且成本能够计量,那么,企业应将其确认为无形资产。另外,企业应能够控制无形资产所产生的经济利益,比如，企业通过拥有无形资产的法定所有权，或通过与他人签订了协议，使其权利受到法律保护，从而享有收益权。

因此，一般只有在企业确信这项无形资产会给企业带来经济利益，并且已具备应用的相当条件时，才能在会计上加以确认。如果一项专利技术被先进的技术取代，不能为企业带来经济利益，就不能被确认为无形资产。在判断无形资产产生的经济利益是否能流入企业时，企业管理层应对无形资产在预计使用年限内存在的各种因素做出稳健的估计。只有对企业能控制其经济利益的无形资产会计上才能加以确认。

(2)该无形资产的成本能够可靠地计量。由于无形资产价值的不确定性，加之又缺乏活跃的交易市场，给无形资产计量带来了很大的难度。出于对会计记录、会计报告的考虑，为确保会计信息的真实性、可靠性，无形资产应该采用实际成本计量。企业对于那些成本难以取得或不能可靠计量的无形资产不能确认。自创无形资产所产生的费用，由于有的要依附于其他资产或企业整体而使之难以分配计量，如内部产生的品牌、报刊名以及自创商誉等不予确认；有的大部分在自创过程中按照稳健性要求已计入期间费用，其他相关的注册费、印刷费、申请费、律师费等已无法反映自创的全部成本，使得计量不完全，如自创商标权、研究开发支出(除非符合资本化条件)等一般不确认为无形资产。而成本能够可靠计量的外购无形资产则应予以确认。

(二)无形资产的初始计量

无形资产通常是按实际成本计量，即以取得无形资产并使之达到预定用途而发生的全部支出，作为无形资产的成本。对于不同来源取得的无形资产，其初始成本构成也不尽相同。

1. 外购的无形资产

外购的无形资产，其成本包括购买价款、相关税费以及直接归属于使该项资产达到预定用途所发生的其他支出。其中，直接归属于使该项资产达到预定用途所发生的其他支出，包括使无形资产达到预定用途所发生的专业服务费用、测试无形资产是否能够正常发挥作用的费用等。下列各项不包括在无形资产的初始成本中：

(1)为引入新产品进行宣传发生的广告费、管理费用及其他间接费用。

(2)无形资产已经达到预定用途以后发生的费用。例如，在形成预定经济规模之前发生的初始运作损失，以及在无形资产达到预定用途之前发生的其他经营活动的支出，如果该经营活动并非是无形资产达到预定用途必不可少的，则有关经营活动的损益应于发生时计入当期损益，而不构成无形资产的成本。

外购的无形资产，应按其取得成本进行初始计量。如果购入的无形资产超过正常信用条件延期支付价款，实质上具有融资性质的，应按所取得无形资产购买价款的现值计量其成本，现值与应付价款之间的差额作为未确认的融资费用，在付款期间内按照实际利率法确认利息费用。

【例 6－17】 甲公司因生产经营需要购买乙公司某项专利技术，如果购得该专利并投入使用，可使甲公司的生产能力提高 20%，销售利润率提高 10%。为此，甲公司需向乙公司支付价款 200 万元，并支付相关税费 2 万元和相关专业服务费用 6 万元，款项通过银行转账支付。

分析：(1)甲公司购入的专利技术符合无形资产的定义，即甲公司能够拥有并控制该项专利技术，符合可辨认的条件，且其是不具有实物形态的非货币性资产。(2)甲公司购入的专利技术符合无形资产的确认条件。首先，甲公司将该专利技术投入使用后可以提高生产能力 20%，提高销售利润率 10%，即预期的经济利益很可能流入公司；其次，甲公司购买该专利技术的成本能够可靠计量，即购买价款200万元加上相关税费2万元，再加上相关专业服务费用6万元，共208万元。

甲公司的账务处理如下：

借：无形资产——专利权　　2 080 000

　贷：银行存款　　2 080 000

2. 自创的无形资产

由于通过研究和开发活动有时可能导致某些无形资产的产生，因而在自创无形资产中都需要考虑研究与开发支出。为了合理反映自创无形资产成本，企业通常将内部研究开发项目的支出分为研究支出和开发支出。

(1)研究支出。研究是指为获取并理解新的科学或技术知识而进行的具有独创性和有计划的调查。研究阶段是探索性的，为进一步开发活动进行资料及相关方面的准备。比如，以获取新知识为目的的活动；研究成果或其他知识的应用研究、评价和最终选择；材料、设备、产品、工序、系统或服务替代品的研究；新的或经改进的材料、设备、产品、工序、系统或服务替代品的配置、设计、评价和最终选择；等等，均属于研究活动。

研究支出是企业在项目研究阶段所发生的支出。在研究阶段，由于研究成果将来是否转入开发、开发后是否形成无形资产等都具有较大的不确定性，因此，研究阶段的支出应予以费用化，并在其发生时直接计入当期损益。

(2)开发支出。开发是指在开始商业生产或使用前，将研究成果或其他知识应用于某项计划或设计，以生产出新的或具有实质性改进的材料、装置、产品等。相对于研究阶段而言，开发阶段应是已经完成研究阶段的工作，在很大程度上具备了形成一项新产品或新技术的基本条件。比如，生产前或使用前的原型或模型的设计、建造和测试；含新技术的工具、夹具、模具和冲模的设计；不具有商业性生产经济规模的试生产厂房的设计、建造和营运；新的或经改进的材料、设备、产品、工序、系统或服务所选定的替代品的设计、建造和测试；等等，均属于开发活动。

开发支出是企业在项目开发阶段所发生的支出。在开发阶段，开发支出只有同时满足五个条件时，才能确认为无形资产(即予以资本化)：①完成该无形资产以使其能够使用或出售在技术上具有可行性；②具有完成该无形资产并使用或出售的意图；③无形资产产生经济利益的方式，包括能够证明运用该无形资产生产的产品存在市场或无形资产自身存在市场，无形资产将在内部使用的，应当证明其有用性；④有足够的技术、财务资源和其他资源支持，以完成该无形资产的开发，并有能力使用或出售该无形资产；⑤归属于该无形资产开发阶段的支出能够可靠地计量。

企业取得的已作为无形资产确认的正在进行中的研究开发项目，在取得后发生的支出，满足无形资产确认条件的，应当确认为无形资产，除此之外的其他支出，不应当确认为无形资产。

基于研究和开发活动是否最终形成能给企业带来未来经济效益的无形资产具有不确定性，从稳健性原则考虑，我国企业会计准则规定，研究阶段的支出，在发生时全部计入当期损益；开发阶段的支出，只有同时满足上述5个资本化条件时，才能计入无形资产成本，否则计入当期损益。

企业研究与开发过程中所发生的各项支出，无论是否资本化，都应先通过"研发支出"账户核算，并按研究开发项目分别"费用化支出"、"资本化支出"进行明细核算。

自行开发无形资产发生的研发支出，不满足资本化条件的，借记"研发支出——费用化支出"账户，满足资本化条件的，借记"研发支出——资本化支出"账户，根据研究与开发过程中发生的材料费用、直接参与研发人员的工资等分别贷记“原材料”、“应付职工薪酬”、“银行存款”等账户。

研究开发项目达到预定用途形成无形资产的，应按“研发支出——资本化支出”账面余额，借记“无形资产”账户，贷记“研发支出——资本化支出”账户。

资产负债表日，应将“研发支出——费用化支出”账户的金额转入“管理费用”账户，借记“管理费用”账户，贷记“研发支出——费用化支出”账户。

【例 6－18】 2×16 年 1 月 1 日，甲公司自行研究开发一项专利技术，研发过程中发生材料费 300 000 元、职工工资 100 000 元、以存款支付其他费用 200 000 元，总计 600 000 元，其中符合资本化条件的支出为 450 000 元。2×16 年 12 月 31 日，该专利技术已经达到预定用途。

甲公司账务处理如下：

(1)发生研发费用时：

借：研发支出——费用化支出	150 000	
——资本化支出	450 000	
贷：原材料		300 000
应付职工薪酬		100 000
银行存款		200 000

(2)专利技术达到预定用途时：

借：管理费用	150 000	
无形资产	450 000	
贷：研发支出——费用化支出		150 000
——资本化支出		450 000

3. 投资者投入的无形资产

如果企业的生产经营活动需要某些无形资产，可以接受投资者以无形资产的形式向企业进行投资，以换取企业的权益。投资者投入的无形资产，在合同或协议约定的价值公允的前提下，应按照投资合同或协议约定的价值作为入账价值。无形资产的入账价值与折合资本额之间的差额，作为资本溢价，计入资本公积。

【例 6－19】 甲公司因生产需要接受乙公司以一项专利技术进行投资，根据投资双方签订的投资合同，此项专利权的价值 200 000 元，折合为公司的股票 50 000 股，每股面值 1 元。

甲公司的账务处理如下：

借：无形资产——专利权	200 000	
贷：股本——乙公司		50 000
资本公积——股本溢价		150 000

4. 接受捐赠的无形资产

捐赠行为对于企业而言属于偶发交易或事项，不是企业日常经营活动，因此接受捐赠的无形资产应作为当期损益中的利得，计入营业外收入。其入账的实际成本应分别按以下情况确定：捐赠方提供凭据的，按凭据上标明的金额加上应支付的相关税费确定；捐赠方没有提供凭据的，按如下顺序确定其实际成本：同类或类似无形资产存在活跃市场的，按同类或类似无形资产的市场价格估计的金额，加上应支付的相关税费，作为实际成本；同类或类似无形资产不存在活跃市场的，按该接受捐赠的无形资产的预计未来现金流量现值，作为实际成本。

具体来说，接受捐赠的无形资产，应按会计规定确定的入账价值，借记“无形资产”账户，按企业因接受捐赠而支付的相关费用，贷记“银行存款”等账户，按借贷方的差额，贷记“营业外收入”账户。

【例6—20】 甲公司收到上级公司捐赠的专利权，根据双方合同协议其价值为200 000元，且甲公司为此缴纳相关税费30 000元，用银行存款支付。

甲公司的账务处理如下：

借：无形资产——专利权　　230 000

　　贷：银行存款　　30 000

　　　　营业外收入　　200 000

5. 其他方式取得的无形资产

企业通过非货币性资产交换取得的无形资产，包括以投资、存货、固定资产或无形资产换入的无形资产等。非货币性资产交换具有商业实质且公允价值能够可靠计量的，在发生补价的情况下，支付补价方应当以换出资产的公允价值加上支付的补价（即换入无形资产的公允价值）和应支付的相关税费，作为换入无形资产的成本；收到补价方，应当以换入无形资产的公允价值（或换出资产的公允价值减去补价）和应支付的相关税费，作为换入无形资产的成本。

通过债务重组取得的无形资产，是指企业作为债务重组人取得的债务人用于偿还债务的非现金资产，且企业作为无形资产管理的资产。通过债务重组取得的无形资产成本，应当以其公允价值入账。

通过政府补助取得的无形资产，应当按照公允价值计量；公允价值不能可靠取得的，按照名义金额计量。

五、无形资产的后续计量

无形资产的后续计量主要是指在无形资产持有期间，对其成本的计量，通常包括无形资产摊销、无形资产复核和减值测试。

（一）无形资产的摊销

无形资产作为企业的长期资产，能够在未来较长时间内给企业带来经济利益，但无形资产通常有一定的有效期限，它所具有的价值权利或特权终究会结束或消失。因此，企业应当在取得无形资产时分析其使用寿命，并将无形资产的成本在其使用寿命内进行摊销。

1. 使用寿命估计

企业在估计无形资产使用寿命时，应当综合考虑如下因素：运用该资产生产的产品通常的寿命周期，可获得的类似资产使用寿命的信息，技术、工艺等方面的现阶段情况及未来发展趋势的估计，以该资产生产的产品或提供服务的市场需求情况，现在或潜在的竞争者预期采取的行动，为维持该资产带来经济利益能力的预期维护支出以及企业预计支付有关支出的能力，对该资产控制期限的相关法律规定或类似限制（如特许使用期、租赁期等），与企业持有其他资产使用寿命的关联性，等等。会计实务中，确定其使用寿命还应该注意：

（1）估计的无形资产使用寿命不应超过合同规定的受益年限或法律规定的有效年限。例如，甲公司与乙公司签订协议使用乙公司的某项非专利技术，协议期为3年，法律没有规定非专利技术的有效年限，则甲公司取得的该项特许权（非专利技术）的使用寿命不超过3年。

（2）合同约定了受益年限，同时，法律又规定了有效年限的，按照稳健性原则，无形资产的使用寿命应采用两者之中较短的来确定。

（3）合同或法律都没有规定年限的，企业应当综合各方面因素判断。比如，与同行业的情况进行比较、参考历史经验、聘请相关专家进行论证等，以确定无形资产的使用寿命，通常不应超过10年。

(4)如果按照上述方法仍无法确定无形资产为企业带来经济利益期限的，该项无形资产应当视为使用寿命不确定的无形资产。使用寿命不确定的无形资产不予摊销。

2. 摊销方法选择

企业应当选择恰当的摊销方法，将无形资产在其使用寿命内予以摊销。摊销方法要能够反映与该项无形资产有关的经济利益的预期实现方式，以确保其摊销金额更为合理和系统。企业一般选择直线法摊销；但是，如果能够可靠地确定无形资产预期实现方式的，也可选择加速摊销法或工作量法等，比如：企业对公路经营权摊销可采用工作量法（如具体按车流量法）；某些更新换代迅速的非专利技术、专利权等，可选择加速摊销法（如双倍余额递减法、年数总和法）。无形资产应摊销总额等于无形资产成本减去预计残值和已计提减值准备。使用寿命有限的无形资产，其残值应当视为零，但下列情况除外：一是有第三方承诺在无形资产使用寿命结束时购买该无形资产；二是可以根据活跃市场得到预计残值信息，并且该市场在无形资产使用寿命结束时很可能存在。

3. 摊销的会计处理

企业应当在无形资产达到预定可使用状态时开始摊销，直至其停止确认时结束。具体而言，企业应当在取得无形资产的当月开始摊销，处置无形资产的当月不再摊销，即：当月增加的无形资产，当月开始摊销；当月减少的无形资产，当月不再摊销。

企业应按月计提无形资产摊销，将其计入当期损益。企业自用的无形资产摊销时，借记“管理费用”等账户，贷记“累计摊销”账户。出租的无形资产摊销时，借记“其他业务支出”账户，贷记“累计摊销”账户。

【例6—21】 甲公司根据市场发展的需要，于2×15年初购入一项专利权。根据相关规定，购买时该专利权的使用寿命为10年，企业采用直线法按10年期限进行摊销。专利权购买成本为240 000元。

甲公司的账务处理如下：

(1)购买专利权时：

借：无形资产——专利权	240 000	
贷：银行存款		240 000

(2)每月末摊销时：

每月摊销额＝240 000÷10÷12＝2 000(元)

借：管理费用	2 000	
贷：累计摊销		2 000

(二)无形资产的复核与减值

随着企业所处商业环境的不断变化，随着科学与技术日新月异地发展，无形资产预期为企业带来经济利益的能力很可能受到影响，其资产可能发生减值，其使用寿命、摊销方法可能发生变化。所以，企业应该定期对无形资产进行复核和测试，以便真实反映企业财务状况和经营成果。我国企业会计准则规定，企业至少应当在每年年末对无形资产进行复核和减值测试。

资产负债表日在对无形资产的使用寿命及摊销方法进行复核时，如果发现其使用寿命及摊销方法与以前估计不同，应当变更摊销期限和改变摊销方法。另外，企业每年年末应对使用寿命不确定的无形资产进行复核。如果有证据表明无形资产的使用寿命是有限的，应当估计其使用寿命，并按使用寿命有限的无形资产进行会计处理。如果无形资产预期不能为企业带来经济利益，企业必须及时将该无形资产予以转销。

如发现无形资产出现减值迹象，在资产负债表日应对其进行减值测试。当无形资产的可回收金额低于其账面价值时，会使得无形资产为企业带来的未来经济利息不足以补偿其成本（账面摊余成本），因此，应将可回收金额低于其账面价值的部分确认为减值损失，即借记"资产减值损失"账户，贷记"无形资产减值准备"账户。

【例 6－22】 接例 6－21，假定甲公司在取得该专利权的第二年年末，对该无形资产进行复核与测试，发现该专利权使用寿命只剩 5 年，可收回金额也只有 180 000 元，随即对该专利权计提减值损失，并更改摊销年限。

甲公司的账务处理如下：

(1)确认减值损失时：

确认减值损失额＝240 000－(2 000×24)－180 000＝12 000(元)

借：资产减值损失　　12 000

　贷：无形资产减值准备　　12 000

(2)按复核后使用年限进行摊销时：

每月摊销额＝180 000÷5÷12＝3 000(元)

借：管理费用　　3 000

　贷：累计摊销　　3 000

六、无形资产的处置

无形资产的处置，主要是指无形资产出售、对外出租、对外捐赠，或者是无法为企业带来未来经济利益时，应予终止确认并转销。

(一)无形资产的出售

企业出售某项无形资产，表明企业放弃无形资产的所有权，应将所取得的价款与该无形资产账面价值的差额计入当期损益。但是，值得注意的是，企业出售无形资产确认其利得的时点，应按照收入确认中的有关原则进行确认。

出售无形资产时，应按实际收到的金额，借记"银行存款"等科目，按已计提的累计摊销，借记"累计摊销"科目，原已计提减值准备的，借记"无形资产减值准备"科目，按应支付的相关税费，贷记"应交税费"等科目，按其账面余额，贷记"无形资产"科目，按其差额，贷记"营业外收入——处置非流动资产利得"科目或借记"营业外支出——处置非流动资产损失"科目。

【例 6－23】 2×16 年 1 月 1 日，甲公司拥有某项专利技术的成本为 800 000 元，已摊销金额为 300 000 元，已计提的减值准备为 50 000 元，该公司于 2×16 年中将该专利技术出售给乙公司，取得出售收入 600 000 元，应缴纳增值税为 36 000 元。

甲公司的账务处理如下：

借：银行存款　　600 000

　　累计摊销　　300 000

　　无形资产减值准备　　50 000

　贷：无形资产　　800 000

　　　应交税费——应交增值税(销项税额)　　36 000

　　　营业外收入——处置非流动资产利得　　114 000

如果该公司转让该项专利技术取得的收入为400 000元，应缴纳增值税为24 000元。

则甲公司的账务处理如下：

借：银行存款	400 000	
累计摊销	300 000	
无形资产减值准备	50 000	
营业外支出——处置非流动资产损失	74 000	
贷：无形资产		800 000
应交税费——应交增值税（销项税额）		24 000

（二）无形资产出租

企业将所拥有的无形资产的使用权让渡给他人，并收取租金，在满足收入确认条件的情况下，应确认相关的收入及成本，并通过其他业务收支科目进行核算。让渡无形资产使用权而取得的租金收入，借记“银行存款”等科目，贷记“其他业务收入”等科目；摊销出租无形资产的成本并发生与转让有关的各种费用支出时，借记“其他业务成本”科目，贷记“累计摊销”科目。

【例6—24】 2×16年1月1日，华晨股份公司将产品商标权出租给A公司使用，租期为5年，每年收取固定租金200 000元，应交增值税12 000元，华晨股份公司在出租期间内不再使用该商标权。出租商标权初始入账价值为150 000元，预计使用年限为10年，采用直线法摊销。

华晨公司账务处理如下：

（1）每年收取租金、增值税、确认收入时：

借：银行存款	212 000	
贷：其他业务收入		200 000
应交税费——应交增值税（销项税额）		12 000

（2）出租期末对该商标进行摊销时：

借：其他业务成本	15 000	
贷：累计摊销		15 000

（三）无形资产的报废

如果无形资产预期不能为企业带来未来经济利益，例如，该无形资产已被其他新技术所替代或超过法律保护期，不能再为企业带来经济利益的，则不再符合无形资产的定义，应将其报废并予以转销，其账面价值转作当期损益。转销时，应按已计提的累计摊销，借记“累计摊销”科目；按其账面余额，贷记“无形资产”科目；按其差额，借记“营业外支出”科目。已计提减值准备的，还应同时结转减值准备。

【例6—25】 甲企业拥有某项专利技术，根据市场调查，用其生产的产品已没有市场，决定应予转销。转销时，该项专利技术的账面余额为800 000元，已累计摊销300 000元，已累计计提的减值准备为150 000元，假定该项专利技术的残值为零，不考虑其他相关因素。

甲公司的账务处理如下：

借：累计摊销	300 000	
无形资产减值准备	150 000	
营业外支出——处置非流动资产损失	350 000	
贷：无形资产——专利权		800 000

四、无形资产的期末计量

1. 无形资产减值准备

企业期末需要对无形资产进行减值测试，如果无形资产已经发生减值，应计提减值准备。衡量无形资产是否发生减值的标准是其可收回金额，可收回金额依据无形资产的公允价值减去处置费用后的净额，与无形资产预计未来现金流量的现值两者之间较高者确定。当无形资产可收回金额低于其账面价值时，应将该无形资产的账面价值减记至可收回金额，借记"资产减值损失"科目，贷记"无形资产减值准备"账户。无形资产减值损失确认以后，减值无形资产的摊销费应在未来期间作相应调整，以使该无形资产在剩余使用寿命内，系统分摊调整后的无形资产账面价值。无形资产减值损失一经确认，在以后会计期间不得转回。

2. 无形资产的报表披露

资产负债表中的"无形资产"项目反映全部无形资产的账面价值，即以无形资产的原始价值扣除累计摊销和无形资产减值准备后的金额列示。处于开发阶段的无形资产，符合资本化条件的支出，可以按"研发支出"账户的余额直接列示在"研发支出"项目中。

第三节　其他长期资产

其他资产是指在流动资产、长期投资、固定资产、无形资产等以外的各项资产，主要包括长期待摊费用和其他长期资产。

一、长期待摊费用的核算

长期待摊费用是指企业已经支出，但摊销期限在1年以上(不含1年)的各项费用，包括开办费、股票发行费用、固定资产大修理支出、以经营租赁方式租入固定资产的改良支出以及摊销期限在1年以上的其他长期待摊费用等。

在资产负债表上，长期待摊费用虽然也列为资产项目，但它具有明显不同于一般资产的两个特征：一是长期待摊费用本身没有转让价值，不能为企业带来经济利益，因此既不能转让，也不能用于清偿债务；二是长期待摊费用在本质上是一种费用，只是由于支出数额较大、影响时间较长，若将其全部计入当期的费用中，势必会造成损益的非正常波动，因此根据权责发生制的要求，应将其暂时列为一项没有实体的过渡性资产，然后再在恰当的期间内分期摊入"管理费用"、"销售费用"科目中。企业在进行长期待摊核算时，不能任意增加费用项目，不能人为地把应计入当期损益的费用计入长期待摊费用。

企业应设置"长期待摊费用"账户，核算由本期和以后各期负担的分摊期限在1年以上的各项费用。该账户属于资产类科目，借方登记发生的各项长期待摊费用的支出数额；贷方登记摊销数额；期末借方余额反映企业尚未摊销的长期待摊费用。该账户应按费用的种类设置明细账，进行明细核算。

企业发生的长期待摊费用，借记"长期待摊费用"科目，贷记有关科目。摊销时，借记"销售费用"、"管理费用"等科目，贷记"长期待摊费用"科目。

【例6-26】 甲公司年初对生产用某设备进行修理，领用修理用备件及维修材料750 000元，以银行存款支付修理人员工资150 000元，修理费用总额为900 000元，在3年内按月平均分摊。

甲公司的账务处理如下：

(1)领用修理用备件及维修材料时：

借：长期待摊费用　　750 000

　　贷：原材料　　750 000

(2)确认人员职工薪酬时：

借：长期待摊费用　　150 000

　　贷：应付职工薪酬　　150 000

(3)按月摊销修理费用时：

每月摊销额＝(750 000＋150 000)÷3÷12＝25 000(元)

借：管理费用　　25 000

　　贷：长期待摊费用　　25 000

二、其他长期资产的核算

其他长期资产一般包括国家批准储备的特种物资、银行冻结存款以及临时设施和涉及诉讼中的财产等。正常经营中的企业一般很少发生。其他长期资产可以根据资产的性质及特点单独设置相关科目核算。一般可设置"其他资产"一级科目，并设置"特种储备物资"、"银行冻结存款"、"冻结物资"、"涉及诉讼财产"等明细科目。在资产负债表上，应根据其他资产的性质，分别列入"其他流动资产"和"其他长期资产"项目。

(1)特种储备物资。特种储备物资是指国有企业经国家批准储备的、具有专门用途、不参加生产经营周转的特种物资，是一种企业由于某种储藏条件而代为国家储备的物资。一般来说，特种储备物资不属于企业的资产，企业不拥有所有权，但有保管的责任。

(2)银行冻结存款。银行冻结存款是指因某种原因被银行冻结不能正常支取的存款。由于这部分存款被冻结，不再具有货币资金的支付手段功能，因此应将其确认为其他资产。

(3)诉讼中的财产。诉讼中的财产是指由于企业发生产权纠纷，进入司法程序后被法院认定为涉及诉讼、尚未判定产权归属的财产。由于这些财产涉及诉讼，不能为企业正常使用，因此应将其确认为其他资产。

本章小结

固定资产是企业重要的生产资料。

固定资产应按照取得成本并区分取得方式进行初始计量；固定资产的取得方式主要有外购、自行建造、投资者投入、融资租赁取得等诸多方式，取得方式不同，初始计量方法也不同。企业固定资产应按月计提折旧，影响固定资产折旧的因素有固定资产原价、预计净残值、固定资产减值准备、固定资产预计使用寿命等。固定资产折旧计算方法有平均年限法、工作量法、双倍余额递减法、年数总和法等方法，企业应根据实际情况选择合适的固定资产折旧计提方法，折旧方法一经选定，不得随意进行变更。固定资产在使用过程中的后续支出，包括修理、更新改造支出等，企业应按照会计法规要求区分后续支出并进行恰当会计处理。期末，固定资产发生减值的，企业应按照会计准则要求进行减值确认，并进行相关会计处理。同时，固定资产一旦计提减值准备，以后期间都不得转回。

无形资产是指企业拥有或控制的没有实物形态的可辨认非货币性资产。辨认性的条件之一：能够单独出售或转让；产生于合同性权利或法定权利。商誉不能脱离其他资产而独立存在，是不可辨认的资产，因此，商誉不是无形资产。吸收合并形成的商誉，记在主并方的账簿中及其个别资产负债表中；控股合并形成的商誉，记在合并资产负债表中。企业自创的商誉，不得确认。研发支出的处理，研究支出全部费用化，开发支出区分是否符合资本化条件：不符合的费用化，符合的形成无形资产价值。注意所得税的会计处理。无形资产的后续计量，使用寿命有限的无形资产注意摊销期限和摊销方法，以及账务处理；使用寿命不确定的无形资产不能摊销，每年年末应减值测试。

复习思考题

一、简答题

1. 简述固定资产的定义。
2. 简述外购固定资产的成本。
3. 自行建造固定资产的初始成本如何计量？
4. 存在弃置义务的固定资产的初始成本如何计量？
5. 简述固定资产折旧的范围。
6. 什么是固定资产的后续支出的资本化支出？
7. 什么是固定资产的后续支出的费用化支出？
8. 简述无形资产的定义。
9. 简述自行购建无形资产的成本。

二、单项选择题

1. A 企业 2×12 年 12 月购入一项固定资产，原价为 600 万元，采用年限平均法计提折旧，使用寿命为 10 年，预计净残值为 0。2×16 年 1 月该企业对该项固定资产的某一主要部件进行更换，发生支出合计 400 万元，符合固定资产确认条件，被更换的部件的原价为 300 万元。则对该项固定资产进行更换后的原价为（　　）万元。

A. 210　　B. 1 000　　C. 820　　D. 610

2. 甲公司为增值税一般纳税人，采用自营方式建造一条生产线，实际领用工程物资 351 万元（含增值税）。另外领用本公司所生产的产品一批，账面价值为 360 万元，该产品适用的增值税税率为 17%，计税价格为 390 万元；发生的在建工程人员应付职工薪酬为 222.3 万元。假定该生产线已达到预定可使用状态，不考虑除增值税以外的其他相关税费。该生产线的入账价值为（　　）万元。

A. 999.6　　B. 972.3　　C. 933.3　　D. 1 029.6

3. A 公司 2×15 年 6 月 19 日购入设备一台，取得的增值税专用发票上注明的设备买价为 180 万元，增值税额为 30.6 万元，支付的运输费为 1 万元，预计净残值为 1.6 万元，预计使用年限为 6 年，在采用年数总和法计提折旧的情况下，该设备 2016 年应提折旧额为（　　）万元。

A. 65　　B. 60　　C. 55　　D. 50

4. 由于自然灾害等原因造成的在建工程报废或毁损，减去残料价值和过失人或保险公司等赔款后的净损失，应借记的会计科目是（　　）。

A. “在建工程”　　B. “待处理财产损溢”

C.“营业外支出”　　D.“固定资产清理”

5. 企业生产车间使用的固定资产发生的下列支出中，直接计入当期损益的是(　　)。

A. 购入时发生的安装费用　　B. 发生的装修费用

C. 购入时发生的运杂费　　D. 发生的修理费

6. 购入固定资产超过正常信用条件延期支付价款(如分期付款购买固定资产)，实质上具有融资性质的，应按所购固定资产购买价款的现值，借记“固定资产”科目或“在建工程”科目，按应支付的金额，贷记“长期应付款”科目，按其差额，借记的会计科目是(　　)。

A.“未确认融资费用”　　B.“财务费用”

C.“递延收益”　　D.“营业外支出”

7. 2×15 年 12 月 31 日 AS 公司进行盘点，发现有一台使用中的机器设备未入账，该型号机器设备存在活跃市场，市场价格为 750 万元，该机器八成新。其正确的会计处理方法是(　　)。

A. 贷记“待处理财产损溢”科目 750 万元　　B. 贷记“待处理财产损溢”科目 1 350 万元

C. 贷记“待处理财产损溢”科目 600 万元　　D. 贷记“以前年度损益调整”科目 600 万元

8. AS 公司的一台机器设备采用工作量法计提折旧。原价为 153 万元，预计生产产品产量为 450 万件，预计净残值率为 3%，本月生产产品 7.65 万件。则该台机器设备的月折旧额为(　　)元。

A. 2.679 03　　B. 2.629 59　　C. 2.522 97　　D. 2.522 835

9. 2×15 年 1 月 1 日，AS 公司决定对现有生产线进行改扩建，以提高其生产力能力。原值 2 400 万元，已计提折旧 750 万元。经过五个月的改扩建，完成了对这条生产线的改扩建工程，共发生支出 1 200 万元，符合固定资产确认条件。被更换的部件的原价为 200 万元，被更换的部件的折旧为 50 万元。则对该项生产线进行更换后的原价为(　　)万元。

A. 3 450　　B. 2 700　　C. 3 600　　D. 3 000

10. 某企业 2×15 年 6 月期初固定资产原值 10 500 万元。6 月增加了一项固定资产入账价值为 750 万元，同时 6 月减少了固定资产原值 150 万元，则 6 月份该企业应提折旧的固定资产原值为(　　)万元。

A. 11 100　　B. 10 650　　C. 10 500　　D. 10 350

三、多项选择题

1. 根据《企业会计准则第 4 号——固定资产》规定，应通过“固定资产”会计科目核算的内容包括(　　)。

A. 企业(航空)的高价周转件

B. 企业以经营租赁方式租入的固定资产发生的改良支出

C. 企业购置计算机硬件所附带的、未单独计价的软件

D. 企业为开发新产品、新技术购置的符合固定资产定义和确认条件的设备

E. 采用成本模式计量的已出租的建筑物

2. 下列固定资产应计提折旧的有(　　)。

A. 融资租入的固定资产

B. 按规定单独估价作为固定资产入账的土地

C. 大修理停用的固定资产

D. 持有待售的固定资产

E. 未使用的机器设备、房屋及建筑物

3. 下列事项中，应对固定资产账面价值进行调整的有(　　)。

A. 为了维护固定资产的正常运转和使用，充分发挥其使用效能，企业将对固定资产进行必要的维护

B. 企业通过对自有固定资产进行改良，符合资本化条件

C. 确定原暂估入账固定资产的实际成本

D. 企业通过对经营租入的设备进行改良，符合资本化条件

E. 盘亏固定资产

4. 下列经济业务应计入固定资产价值的有(　　)。

A. 经营租入固定资产改良支出

B. 在建工程领用本企业产品应交的消费税

C. 在建工程领用原材料应交的增值税

D. 在建工程发生的工程管理费

E. 在建工程达到预定可使用状态前发生的借款汇兑差额

5. 采用自营方式建造固定资产的情况下，下列项目中应计入固定资产取得成本的有(　　)。

A. 工程人员的应付职工薪酬

B. 工程耗用原材料时发生的增值税

C. 工程领用本企业商品产品的实际成本

D. 生产车间为工程提供水电等费用

E. 工程在达到预定可使用状态前进行试运转时发生的支出

四、业务处理题

1. 甲公司购建一个生产车间，包括厂房和一条生产线两个单项工程，厂房价款为130万元，生产线安装费用50万元。2×16年采用出包方式出包给甲公司，2×16年有关资料如下：

(1)1月10日，预付厂房工程款100万元。

(2)2月10日，购入生产线各种设备，价款为500万元，增值税为85万元，款已支付。

(3)3月10日，在建工程发生的管理费、征地费、临时设施费、公证费、监理费等15万元，以银行存款支付。

(4)4月16日，将生产线的设备交付建造承包商建造安装。

(5)5月31日，结算工程款项，差额以银行存款支付。

(6)5月31日，生产线进行负荷联合试车发生的费用10万元，试车形成的副产品对外销售价款5万元，均通过银行存款结算。

(7)6月1日，厂房、生产线达到预定可以使用状态，并交付使用。

要求：

(1)编制1月10日，预付厂房工程款的会计分录。

(2)编制2月10日购入生产线设备的会计分录。

(3)编制3月10日支付管理费、征地费、临时设施费、公证费、监理费等的会计分录。

(4)编制4月16日将生产线的设备交付建造承包商建造安装的会计分录。

(5)编制5月31日结算工程款项的会计分录。

(6)编制5月31日生产线进行负荷联合试车的会计分录。

(7)编制计算分配待摊支出的会计分录。

(8)编制结转在建工程成本的会计分录。

2. 甲公司为一般纳税企业。2×16年8月3日,购入一台需要安装的生产用机器设备,取得的增值税专用发票上注明的设备价款为3 900万元,增值税进项税额为663万元,支付的运输费为37.50万元,款项已通过银行支付;安装设备时领用本公司原材料一批,价值363万元,购进该批原材料时支付的增值税进项税额为61.71万元;领用本公司所生产的产品一批,成本为480万元,计税价格500万元,增值税率17%,消费税率10%,应付安装工人的职工薪酬为72万元;假定不考虑其他相关税费。2×16年10月8日达到预定可使用状态,预计使用年限为10年,净残值为2万元,采用双倍余额递减法计算年折旧额。

要求:编制2016年有关会计分录。

3. 甲公司对采用经营租赁方式租入的一条生产线进行改良,发生如下有关支出:2×16年9月20日,领用生产用原材料360万元,购进该批原材料时支付的增值税进项税额为61.20万元;辅助生产车间为生产线改良提供的劳务支出为38.40万元;计提有关人员职工薪酬820.8万元。2×16年12月20日,生产线改良工程完工,达到预定可使用状态交付使用。假定该生产线预计尚可使用年限为6年,剩余租赁期为5年;不考虑其他因素。

要求:编制甲公司2×16年有关经营租赁方式租入的固定资产改良的会计分录和2×17年摊销的会计分录。

第七章 负 债

【案例导读】

文峰电器是一家上市公司，近年来公司所销售商品深得消费者的喜爱，需求旺盛，销售收入增长迅速。为满足消费者的需求，该公司决定在20×6年年底前建成一座新厂房，预计需要筹资6亿元。公司在20×5年12月末的有关财务数据为：(1)公司现有未到期的银行贷款4.8亿元，年利率为5%，每年年末付息。其中2亿元将在3年内到期，其他借款的期限尚余5年，银行贷款合同规定公司资产负债率不得超过45%。(2)公司发行在外普通股4亿股，年股利率为每股1元。(3)公司资产总额为44亿元，资产负债率为40%。为此，财务经理提出三个筹资方案：

方案一，向银行借入长期贷款6亿元。

鉴于目前银行贷款利率较低，公司拟向银行借入5年期贷款，年利率4%，每年年末付息，到期还本。

方案二，发行公司债券方式筹资6亿元。

鉴于目前贷款利率较低，公司拟发行公司债券。设定债券年利率为4.5%，期限为5年，到期一次还本付息，发行总额为6.4亿元，其中预计发行费用为4 000万元。

方案三，增发股票方式筹资6亿元。

公司目前的普通股每股市价为13元。拟增发股票每股定价为12.5元，扣除发行费用后净价为12元。公司筹资6亿元需要增发5 000万股股票，仍将维持每股1元的固定股利率分配政策。

请思考：

比较三个方案的优缺点和可行性，如果你是经务经理，你会优先选择哪个方案？

【本章导读】

本章主要介绍负债的概念与分类，流动负债的组成，短期借款、应付及预收项目的会计核算，应付职工薪酬的组成与会计核算，应交税费的种类与核算，非流动负债的组成，长期借款与应付债券的会计核算。通过本章的学习，你应能够：(1)了解负债的概念、性质及分类；(2)掌握流动负债的性质和分类；(3)掌握流动负债各项目的核算；(4)了解非流动负债的特征和分类；

(5)掌握非流动负债各项目的核算。

负债(liabilities)是指企业过去的交易或事项形成的、预期会导致经济利益流出企业的现时义务。负债按其流动性,可分为流动负债和非流动负债。流动负债是指预期在 1 年内或超过 1 年的一个正常营业周期内清偿的债务,包括短期借款、应付票据、应付账款、应付利息、预收账款、应付职工薪酬、应交税费、应付股利、其他应付款等。非流动负债是指流动负债以外的负债,包括长期借款、应付债券、长期应付款等。

第一节　短期借款

一、短期借款的定义

短期借款(short-term borrowing)是企业向银行或其他金融机构等借入的期限在 1 年以下(含 1 年)的各种款项。

二、短期借款的核算

企业应设置“短期借款”科目,核算借入的期限在 1 年以内(含 1 年)的各种借款,并按债权人设置明细账,按借款种类进行明细核算。其贷方登记企业借入的款项(本金),借方登记企业已归还的款项(本金),贷方余额反映企业尚未归还的短期借款。

短期借款一般是企业为维持正常的生产经营所需的资金或者是为抵偿某项债务而借入的资金,所以短期借款的利息应作为一项筹资费用计入损益。在会计核算上应区别以下情况加以处理:

(1)如果借款利息按月支付,或到期和本金一并支付,且金额不大时,可以直接计入财务费用。借记“财务费用”科目,贷记“银行存款”科目。

(2)如果借款利息按期(如季、半年度)支付,或到期和本金一并支付,且金额较大时,为了正确计算各期盈亏,可以采用计提利息费用的办法。

按照权责发生制原则,当月应负担的利息费用,即使在当月没有支付,也应作为当月的利息费用处理,应在月末估计当月的利息费用数额进行预提,预提时,借记“财务费用”科目,贷记“应付利息”科目;在实际支付时,按已经预提的利息金额借记“应付利息”科目,按实际支付的利息金额与已经预提利息金额的差额(即尚未提取部分)借记“财务费用”科目,按实际支付的利息金额贷记“银行存款”科目。在实际支付利息的月份,也可以根据实际支付的利息借记“应付利息”科目,贷记“银行存款”科目;月末再调整应付利息的差额,借记“财务费用”科目,贷记“应付利息”科目。采用月末调整应付利息差额的方法,能够在应付利息明细账中全面反映借款利息的预提和支出数额。

企业在短期借款到期偿还借款本金时,应借记“短期借款”科目,贷记“银行存款”科目。

【例 7—1】　世行公司因临时资金短缺,于 2×15 年 12 月 16 日向中国建设银行申请借入一笔金额为 120 000 元的短期借款,期限 3 个月,利率为 10%。世行公司为该短期借款按月预提利息,到期一次还本付息。

(1)2×15 年 12 月 16 日:

借：银行存款　　120 000

　　贷：短期借款　　120 000

(2)2×15 年 12 月 31 日，结账日的会计处理：

借：财务费用　　500

　　贷：应付利息　　500

应付利息＝120 000×10％÷360×15＝500(元)

(3)2×16 年 1 月 31 日、2016 年 2 月 28 日，同样按月计提利息费用：

借：财务费用　　1 000

　　贷：应付利息　　1 000

应付利息＝120 000×10％÷12×1＝1 000(元)

(4)2×16 年 3 月 15 日短期借款到期时：

借：应付利息　　2 500

　　财务费用　　500

　　短期借款　　120 000

　　贷：银行存款　　123 000

其中，借方所记的财务费用 500 元为最后 15 天的利息费用。

第二节　应付及预收款项

一、应付票据

1. 应付票据定义

应付票据(accounts payable)是指企业采用商业汇票结算方式延期付款购入货物应付的票据款。在我国，商业汇票的付款期限最长为 6 个月，因而应付票据即短期应付票据。

商业汇票按照是否带息，分为带息票据和不带息票据两种。由于期限较短(最长不超过 6 个月)，无论是否带息，取得时一般按其面值入账。

2. 应付票据核算

企业应设置“应付票据”科目，核算采用商业汇票结算方式的应付金额。其贷方登记企业开出、承兑汇票或者以承兑汇票抵付货款的金额以及应计的利息，借方登记票据到期支付的金额，贷方余额反映尚未到期的应付票据本息。

企业还应当设置“应付票据备查簿”，详细登记每一应付票据的种类、号数、签发日期、到期日、票面金额、票面利率、合同交易号、收款人姓名或单位名称，以及付款日期和金额等情况。应付票据到期结清时，应当在备查簿内逐笔注销。

企业应区分带息应付票据和不带息应付票据进行核算。

(1)不带息应付票据的核算。不带息应付票据，其面值就是票据到期时的应付金额。

企业开出汇票结算时，借记“物资采购”、“应交税费——应交增值税(进项税额)”科目，贷记“应付票据”科目。

(2)带息应付票据的核算。企业开出的如为带息商业汇票，通常应于期末对尚未支付的应付票据计提利息，借记“财务费用”科目，贷记“应付票据”科目。商业承兑汇票到期，如企业无力支付票款，应将应付票据的账面价值转入应付账款。银行承兑汇票到期，如企业无力支付票款，承兑银行除凭票向持票人无条件支付票款外，对出票人尚未支付的汇票金额转作逾期贷款处理，并按一定的利率计收利息。企业接到银行转来的有关凭证，借记“应付票据”科目，贷记“短期借款”科目。

【例7-2】 A公司是增值税一般纳税人，增值税税率为17%，采用实际成本法进行材料的日常核算。2×15年8月1日向H公司购入原材料一批，买价60 000元，开出半年期，票面利率为10%的商业承兑汇票一张。A公司采用年末结息方式计算应付票据利息。票据至2×16年2月到期，A公司如数支付票据要息。A公司会计处理如下：

(1)2×15年8月1日，A公司购入原材料，开出商业承兑汇票。编制会计分录如下：

借：原材料　　60 000
　　应交税费——应交增值税(进项税额)　　10 200
　贷：应付票据——H公司　　70 200

(2)2×15年12月31日：

借：财务费用　　2 925
　贷：应付票据——H公司　　2 925

其中，财务费用＝70 200×10%×5÷12＝2 925(元)

(3)2×16年2月1日到期：

借：应付票据——H公司　　73 125
　　财务费用　　585
　贷：银行存款　　73 710

假定2×16年2月1日，票据到期时，A公司因银行存款不足，无法支付。编制会计分录如下：

借：财务费用　　585
　　应付票据——H公司　　73 125
　贷：应付账款——H公司　　73 710

如果A公司签发的商业汇票经其开户银行承兑。编制会计分录如下：

借：财务费用　　585
　　应付票据——H公司　　73 125
　贷：短期借款　　73 710

二、应付账款

1. 应付账款定义

应付账款(accounts payable)是指企业在正常的生产经营过程中因购进货物或接受劳务应在1年以内偿付的债务。

2. 应付账款的入账时间

应付账款的入账时间应以商品所有权转移或已接受劳务为标志，即在取得货物的所有权时确认应付账款。在实际工作中，区别两种情况进行处理：

第一，货物和购货发票同时到达，应在货物验收入库后确认应付账款。目的是为了避免应付账款先入账，但在验收货物时发现货物质量、品种、规格、数量等与合同不符拒付部分或全部货款，而再行调整已入账的应付账款。

第二，货物已验收入库，发票账单未同时到达。这种情况月内不记账，如月末发票仍未到达，由于该项负债已经成立，为正确反映企业的财务状况，应将所购货物和应付账款估价入账，反映在资产负债表中，下月初再用红字冲回，待收到发票账单时，再按具体情况处理。

3. 应付账款的入账金额

应付账款按应付金额（到期偿付金额）入账，存在购货折扣的情况下，如系商业折扣，应付账款应按发票金额，即扣除商业折扣后的金额入账；如果购货条件带有现金折扣，应付账款入账金额应为发票上记载的应付金额的总值，即不扣除现金折扣，按总价法核算，待实际取得现金折扣时，将折扣金额冲减当期的财务费用。应支付给供货单位代垫的运杂费等也应计入应付账款。

4. 应付账款的核算

为核算企业应付账款的发生和偿还情况，应设置“应付账款”账户，该账户属负债类账户。企业购入的材料、商品验收入库，货款尚未支付，应根据发票账单等凭证，借记“在途物资”、“原材料”等账户，按增值税专用发票注明的增值税额，借记“应交税费——应交增值税（进项税额）”账户，贷记“应付账款”账户。企业支付应付账款时，借记“应付账款”账户，贷记“银行存款”账户；其余额一般在贷方，表示企业尚未支付的应付款项，该账户应按债权人设置明细账，进行明细分类核算。

因债权单位撤销或其他原因无法支付的应付账款，应借记“应付账款”账户，贷记“资本公积——其他资本公积”账户。

【例 7－3】 永丰公司从庆阳公司购入材料一批，材料价款为 20 000 元，增值税率为 17%，价税款尚未支付。

购货时：

借：在途物资　　20 000
　　应交税费——应交增值税（进项税额）　　3 400
　　贷：应付账款——庆阳公司　　23 400

材料验收入库时：

借：原材料　　20 000
　　贷：在途物资　　20 000

支付货款时：

借：应付账款——庆阳公司　　23 400
　　贷：银行存款　　23 400

假如上述汇票到期，企业无力支付，征得庆阳公司同意，开出期限为 60 天的商业承兑汇票 23 400 元抵付货款时：

借：应付账款——庆阳公司　　23 400
　　贷：应付票据　　23 400

三、预收账款

1. 预收账款定义

预收账款（advance receipts）是企业按买卖双方协议，预先向购货方或劳务接受方收取一部分货款或定金而形成的负债。该项负债将来要用商品或劳务偿还。预收的货款，因商品或劳务尚未发出或提供，与商品所有权有关的风险和报酬尚未转移，企业尚未取得收取全部货款的权利，因而不能确认为收入，应作为一项负债核算。

2. 预收账款核算

为了核算和监督预收账款的发生和结算情况，企业应设置“预收账款”账户，该账户属负债类账户。贷方登记企业收到的购货方预付的货款及补付的货款，借方登记企业发出商品或提供劳务的全部价款。期末贷方余额，表示企业向购货单位预收的款项；期末借方余额，表示应由购货单位补付的款项，即应收款项。该账户应按购货单位设置明细账，进行明细分类核算。

【例 7—4】 可唯公司与长城公司签订 500 000 元的销货合同，增值税税率为 17%。2×15年 12 月 10 日预收 40%货款，余款在 2×16 年 1 月 10 日商品交货后全部结清。

(1)2×15 年 12 月 10 日收到货款 40%：

500 000×40%=200 000(元)

借：银行存款	200 000	
贷：预收账款——长城公司		200 000

(2)2×16 年 1 月 10 日发出商品：

借：预收账款——长城公司	585 000	
贷：主营业务收入		500 000
应交税费——应交增值税(销项税额)		85 000

(3)2×16 年 1 月 20 日收到补付货款：

借：银行存款	385 000	
贷：预收账款——长城公司		385 000

预收账款业务不多的企业，为了简化其会计核算，也可不设置“预收账款”账户，应合并在“应收账款”账户中进行核算。提供商品或劳务后，应收的货款，与一般销售业务应收账款的核算方法相同。在编制资产负债表时，应根据“应收账款”账户的明细记录，分清预收账款和应收账款，并分别填列在资产负债表中的预收账款和应收账款项目内。

第三节　应付职工薪酬

一、应付职工薪酬的范围

职工薪酬(payroll payable)是指企业为获得职工提供的服务而给予各种形式的报酬以及其他相关支出。

这里所称的职工主要包括三类人员：一是与企业订立劳动合同的所有人员，含全职、兼职和临时工；二是未与企业订立劳动合同，但由企业正式任命的企业治理层和管理层人员，如董事会成员、监事会成员等；三是在企业的计划和控制下，虽未与企业订立劳动合同或未正式任命，但向企业所提供服务与职工所提供服务类似的人员，也属于职工的范畴，包括通过企业与劳务中介公司签订用工合同而为企业提供服务的人员。

(一)短期薪酬

短期薪酬(short-term compensation)是指企业在职工提供相关服务的年度报告期间结束后 12 个月内需要全部予以支付的职工薪酬。短期薪酬具体包括：职工工资、奖金、津贴和补贴，职工福利费，医疗保险费、工伤保险费和生育保险费等社会保险费，住房公积金，工会经费和职工教育经费，短期带薪缺勤，短期利润分享计划，非货币性福利以及其他短期薪酬。

（二）离职后福利

离职后福利是指企业为获得职工提供的服务而在职工退休或与企业解除劳动关系后，提供的各种形式的报酬和福利。

（三）辞退福利

辞退福利是指企业在职工劳动合同到期之前解除与职工的劳动关系，或者为鼓励职工自愿接受裁减而给予职工的补偿。

（四）其他长期职工福利

其他长期职工福利是指除短期薪酬、离职后福利、辞退福利之外所有的职工薪酬，包括长期带薪缺勤、长期残疾福利、长期利润分享计划等。

为了反映职工薪酬的发放和提取情况，应设置"应付职工薪酬"科目进行核算，该科目应按照职工薪酬的类别设置明细科目。

二、应付职工薪酬的科目设置

企业应当设置"应付职工薪酬"科目，核算应付职工薪酬的计提、结算、使用等情况。该科目的贷方登记已分配计入有关成本费用项目的职工薪酬的数额，借方登记实际发放职工薪酬的数额，包括扣还的款项等；该科目期末贷方余额，反映企业应付未付的职工薪酬。

"应付职工薪酬"科目应当按照"工资、奖金、津贴和补贴"、"职工福利费"、"非货币性福利"、"社会保险费"、"住房公积金"、"工会经费和职工教育经费"、"带薪缺勤"、"利润分享计划"、"设定提存计划"、"设定受益计划义务"、"辞退福利"等职工薪酬项目设置明细账进行明细核算。

三、短期薪酬的核算

企业应当在职工为其提供服务的会计期间，将实际发生的短期薪酬确认为负债，并计入当期损益，其他会计准则要求或允许计入资产成本的除外。

（一）货币性职工薪酬

1. 工资、奖金、津贴和补贴

对于职工工资、奖金、津贴和补贴等货币性职工薪酬，企业应当在职工为其提供服务的会计期间，将实际发生的职工工资、奖金、津贴和补贴等，根据职工提供服务的受益对象，将应确认的职工薪酬，借记"生产成本"、"制造费用"、"劳务成本"等科目，贷记"应付职工薪酬——工资、奖金、津贴和补贴"科目。

【例 7—5】 宝安公司 2×15 年 7 月份应付工资总额 693 000 元，"工资费用分配汇总表"中列示的产品生产人员工资为 480 000 元，车间管理人员工资为 105 000 元，企业行政管理人员工资为 90 600 元，专设销售机构人员工资为 17 400 元。宝安公司应编制如下会计分录：

借：生产成本——基本生产成本	480 000	
制造费用	105 000	
管理费用	90 600	
销售费用	17 400	
贷：应付职工薪酬——职工工资、奖金、津贴和补贴		693 000

实务中，企业一般在每月发放工资前，根据"工资费用分配汇总表"中的"实发金额"栏的合

计数，通过开户银行支付给职工或从开户银行提取现金，然后再向职工发放。

企业按照有关规定向职工支付工资、奖金、津贴、补贴等，借记"应付职工薪酬——工资、奖金、津贴和补贴"科目，贷记"银行存款"、"库存现金"等科目，企业从应付职工薪酬中扣还的各种款项(代垫的家属药费、个人所得税等)，借记"应付职工薪酬"科目，贷记"银行存款"、"库存现金"、"其他应收款"、"应交税费——应交个人所得税"等科目。

【例7—6】 承例7—5，宝安公司根据"工资费用分配汇总表"结算本月应付职工工资总额693 000元，其中企业代扣职工房租32 000元，代垫职工家属医药费8 000元，实发工资653 000元。宝安公司应编制如下会计分录：

(1)向银行提取现金：

借：库存现金 653 000

贷：银行存款 653 000

(2)用现金发放工资：

借：应付职工薪酬——职工工资、奖金、津贴和补贴 653 000

贷：库存现金 653 000

注：如果通过银行存款发放工资，该企业应编制如下会计分录：

借：应付职工薪酬——职工工资、奖金、津贴和补贴 653 000

贷：银行存款 653 000

(3)代扣款项

借：应付职工薪酬——职工工资、奖金、津贴和补贴 40 000

贷：其他应收款——职工房租 32 000

——代垫医药费 8 000

2. 职工福利费

职工福利费是企业根据国家规定，按工资总额的一定比例从成本费用中提取的，专门用于职工福利支出的款项。企业计提职工福利费的基数为应付工资总额，国家规定的统一计提比例为14%，其计算公式为：

本月福利费提取额＝工资总额×14%

对于职工福利费，企业应当在实际发生时根据实际发生额计入当期损益或相关资产成本，借记"生产成本"、"制造费用"、"管理费用"、"销售费用"等科目，贷记"应付职工薪酬——职工福利费"科目。

【例7—7】 登丰公司下设一所职工食堂，每月根据在岗职工数量及岗位分布情况、相关历史数据等计算需要补贴食堂的金额，从而确定企业每期因补贴职工食堂而要承担的福利费金额。2×15年9月，企业在岗职工共计200人，其中管理部门30人，生产车间170人，每位职工每月需补贴食堂150元。登丰公司应编制如下分录：

借：生产成本 25 500

管理费用 4 500

贷：应付职工薪酬——职工福利费 30 000

本例中，登丰公司应当计提的职工福利费＝150×200＝30 000(元)

【例7—8】 承例7—7，2×15年10月，登丰公司支付30 000元补贴给食堂。登丰公司编制如下会计分录：

借:应付职工薪酬——职工福利　　30 000
　贷:银行存款　　30 000

3. 应付医疗、工伤和生育等社会保险费以及住房公积金的核算

(1)计提医疗、工伤和生育等社会保险费以及住房公积金。医疗、工伤和生育等社会保险费是按国家规定由企业和职工共同负担的费用。住房公积金是按照国家规定由企业和职工共同负担用于解决职工住房问题的资金。职工负担的医疗、工伤和生育等社会保险费以及住房公积金属于职工薪酬的范畴。这里所说的医疗、工伤和生育等社会保险费以及住房公积金,是指企业负担的医疗、工伤和生育等社会保险费以及住房公积金。为了反映企业负担的医疗、工伤和生育等社会保险费以及住房公积金的提取和缴纳情况,应在"应付职工薪酬"科目下设置"社会保险费"和"住房公积金"明细科目。

应由企业负担的医疗、工伤和生育等社会保险费以及住房公积金,应在职工为其提供服务的会计期间,根据职工工资的一定比例计算,并按照规定的用途进行分配,借记"生产成本"、"制造费用"、"管理费用"、"销售费用"、"在建工程"、和"研发支出"等科目,贷记"应付职工薪酬——社会保险费(住房公积金)"科目。

(2)缴纳医疗、工伤和生育等社会保险费以及住房公积金。企业缴纳企业负担的医疗、工伤和生育等社会保险费以及住房公积金时,借记"应付职工薪酬"科目,贷记"银行存款"科目。

【例 7—9】 红海公司 11 月应负担生产工人医疗、工伤和生育等社会保险费 170 000 元,车间管理人员医疗、工伤和生育等社会保险费 9 000 元,行政管理人员医疗、工伤和生育等社会保险费 35 000 元,销售人员医疗、工伤和生育等社会保险费 7 000 元,在建工程人员医疗、工伤和生育等社会保险费 14 000 元,合计 235 000 元。编制会计分录如下:

(1)计提企业负担的医疗、工伤和生育等社会保险费。

借:生产成本　　170 000
　　制造费用　　9 000
　　管理费用　　35 000
　　销售费用　　7 000
　　在建工程　　14 000
　贷:应付职工薪酬——社会保险费(或住房公积金)　　235 000

(2)缴纳企业负担的医疗、工伤和生育等社会保险费 235 000 元。

借:应付职工薪酬——社会保险费(或住房公积金)　　235 000
　贷:银行存款　　235 000

4. 应付工会经费和职工教育经费

(1)应付工会经费。工会经费是按照国家规定由企业负担的用于工会活动的方面的经费。为了反映工会经费的提取和使用情况,应在"应付职工薪酬"科目下设置"工会经费"明细科目。

企业计提工会经费时,应根据职工工资的一定比例计外,并按职工工资的用途进行分配。借记"生产成本"、"制造费用"、"管理费用"、"销售费用"、"在建工程"、和"研发支出"等科目,贷记"应付职工薪酬——工会经费"科目。

企业的工会作为独立法人,一般可以在银行独立开户,实行独立核算。企业划拨工会经费时,应借记"应付职工薪酬——工会经费"科目,贷记"银行存款"科目。如果企业的工会经费由企业代管,则发生工会经费支出时,借记"应付职工薪酬——工会经费"科目,贷记有关科目。

【例 7—10】 枫叶公司工会独立核算,11 月按照职工工资总额的 2%计提工会经费,其

中:按照生产工人工资计提16 000元,按照车间管理人员工资计提900元,按照行政管理人员工资计提2 940元,按照销售人员工资计提660元,按照在建工程人员工资计提1 300元,合计21 800元。编制会计分录如下:

①计提工会经费21 800元。

借:生产成本	16 000	
制造费用	900	
管理费用	2 940	
销售费用	660	
在建工程	1 300	
贷:应付职工薪酬——工会经费		21 800

②划拨工会经费21 800元。

借:应付职工薪酬——工会经费	21 800	
贷:银行存款		21 800

(2)应付职工教育经费。职工教育经费是按国家规定由企业负担的用于职工教育培训方面的经费。为了反映职工教育经费的提取和使用情况,应在"应付职工薪酬"科目下设置"职工教育经费"明细科目。

企业的职工教育经费,一般据实列支。企业发生各项教育经费支出时,应借记"应付职工薪酬——职工教育经费"科目,贷记"银行存款"等科目。

企业分配职工教育经费时,应根据实际发生的职工教育经费,并按职工工作的性质进行分配。借记"生产成本"、"制造费用"、"管理费用"、"销售费用"、"在建工程"、和"研发支出"等科目,贷记"应付职工薪酬——职工教育经费"科目。

【例7-11】 双钱公司11月为培训生产工人以银行存款支付教育经费10 000元,为培训在建工程工员以银行存款支付教育经费2 000元,合计12 000元。编制会计分录如下:

(1)支付职工教育经费12 000元。

借:应付职工薪酬——职工教育经费	12 000	
贷:银行存款		12 000

(2)分配职工教育经费12 000元。

借:生产成本	10 000	
在建工程	2 000	
贷:应付职工薪酬——职工教育经费		12 000

5. 应付短期带薪缺勤

短期带薪缺勤是指企业支付工资或提供补偿的职工缺勤,包括年薪假、病假、短期伤残、婚假、产假、丧假、探亲假等。短期带薪缺勤分为累积带薪缺勤和非累积带薪缺勤。

(1)累积带薪缺勤是指带薪缺勤权利可以结转下期的带薪缺勤,本期尚未用完的带薪缺勤权利可以在未来期间使用。例如,某职工每年可享10天带薪休假,当年由于工作任务较重,未能按时休假,如果该企业规定当年未休假的时间可以延长1年,则当年未休假的时间属于累积带薪缺勤。为了反映累积带薪缺勤的提供和使用情况,应在"应付职工薪酬"科目下设置"累积带薪缺勤"明细科目。

企业应当在职工提供服务从而增加了其未来享有的带薪缺勤权利时,确认与累积带薪缺勤相关的职工薪酬,并以累积未行使权利而增加的预期支付金额计量,借记"生产成本"、"制造费用”、“管理费用”、“销售费用”、“在建工程”和“研发支出”等科目，贷记“应付职工薪酬——累积带薪缺勤”科目。

在职工实际发生带薪缺勤时，应借记“应付职工薪酬——累积带薪缺勤”科目，贷记“生产成本”、“制造费用”、“管理费用”、“销售费用”、“在建工程”和“研发支出”等科目。

(2)非累积带薪缺勤是指带薪缺勤权利不能结转下期的带薪缺勤，本期尚未用完的带薪缺勤权利将予以取消，并且职工离开企业时也无权获得现金支付。例如，某职工每年可以享受10天带薪休假，当年由于工作任务较重，未能按时休假，如果该企业规定当年未休假的时间不能递延，则当年未休假的时间属于非累积带薪缺勤。

企业应当在职工实际发生带薪缺勤的会计期间确认与非累积带薪缺勤相关的职工薪酬。这部分职工薪酬，属于前述应付工资的范畴。

【例7—12】 三山公司2×14年有一名生产工人按照规定每年可以享受5天带薪休假，由于工作任务较重，该职工当年未能带薪休假，公司规定可以将未享受的带薪休假时间递延到2×15年。该职工的日工资为300元，编制的会计分录如下：

(1)2×14年确认应付带薪缺勤薪酬1 500元。

借：生产成本	1 500	
贷：应付职工薪酬——累积带薪缺勤		1 500

(2)2×15年该职工实际享受了上年未享受的带薪休假。

借：应付职工薪酬——累积带薪缺勤	1 500	
贷：生产成本		1 500

6. 应付利润分享计划

利润分享计划是指因职工提供服务而与职工达成的基于利润或其他经营成果提供薪酬的协议。为了反映利润分享计划的提供和发放情况，应在“应付职工薪酬”科目下设置“利润分享计划”明细科目。

企业确认职工利润分享计划薪酬时，应借记“生产成本”、“制造费用”、“管理费用”、“销售费用”、“在建工程”和“研发支出”等科目，贷记“应付职工薪酬——利润分享计划”科目。

在企业实际发放利润分享计划薪酬时，应借记“应付职工薪酬——利润分享计划”科目，贷记“银行存款”等科目。

(二)非货币性职工薪酬

1. 非货币性福利的支付

非货币性福利是指企业以非货币性资产支付给职工的薪酬，主要包括企业以自己的产品或其他有形资产发放给职工作为福利，向职工无偿提供自己拥有的资产供其使用，以及为职工无偿提供类似医疗保健服务等。为了反映非货币性福利的支付与分配情况，应在“应付职工薪酬”科目下设置“非货币性福利”明细科目。

企业以其生产的产品作为非货币性福利提供给职工的，应当作为正常产品销售处理。按照该产品的公允价值确定非货币性福利金额，借记“应付职工薪酬——非货币性福利”科目，贷记“主营业务收入”、“应交税费——应交增值税(销项税额)”科目；同时结转产品销售成本，借记“主营业务成本”科目，贷记“库存商品”科目。

企业无偿向职工提供住房等资产使用的，应当根据该住房每期应计提的折旧确定非货币性福利金额，借记“应付职工薪酬——非货币性福利”科目，贷记“累积折旧”等科目。租赁住房等资产供职工无偿使用的，应当根据每期应付的租金确定非货币性福利金额，借记“应付职工薪酬——非货币性福利”科目，贷记“银行存款”等科目。

2. 非货币性福利的分配

企业应按照用途对实际发生的非货币性福利进行分配。企业分配非货币性福利时，应借记“生产成本”、“制造费用”、“管理费用”、“销售费用”“在建工程”和“研发支出”等科目，贷记“应付职工薪酬——非货币性福利”科目。

（三）其他应付职工薪酬

1. 离职后福利

职工离职后，还将享受待业、养老保险、企业年金等福利。离职后福利计划是指企业与职工就离职后福利达成的协议，或者企业为向职工提供离职后福利制定规章或办法等。企业应当将离职后的福利计划分类为设定提存计划和设定受益计划。

(1)设定提存计划。设定提存计划是指向独立的基金缴存固定费用后，企业不再承担进一步支付义务的离职后福利计划，主要包括企业负担的待业、养老等社会保险费。为了反映设定提存计划的提取和收付情况，应在“应付职工薪酬”科目下设置“设定提存计划”明细科目。企业应当在职工为其提供服务的会计期间，将根据设定提存计划计算的应缴存金额确认为负债，并计入当期成本费用。

企业设定提存计划的会计核算方法，与前述医疗、工伤、生育等社会保险费的核算方法相同，兹不赘述。

(2)设定受益计划。设定受益计划是指除设定提存计划以外的离职后福利计划。企业应当计量设定受益计划所产生的义务，并确定相关义务的归属期间。为了反映设定受益计划的提取和发放情况，应在“应付职工薪酬”科目下设置“设定受益计划”明细科目。企业应当将设定受益计划所产生的义务予以折现，以确定受益计划义务的现值和当期服务成本。

企业确认设定受益计划产生的应付职工薪酬，应借记“生产成本”等科目，贷记“应付职工薪酬——设定受益计划”科目；并于年末确认相关的利息费用，借记“财务费用”等科目，贷记“应付职工薪酬——设定受益计划”科目。

如果职工在离职后将长期享有设定受益计划，企业应采用保险精算的方法对设受益计划的应付职工薪酬进行重新计量。企业重新计量设定受益计划应付职工薪酬所产生变动的金额，应计入其他综合收益，借记或贷记“应付职工薪酬——设定受益计划”科目，贷记“资本公积——其他资本公积”科目。企业确认的这部分其他综合收益，在后续会计期间不允许转回至损益，但企业可以将其转为期初留存收益。

企业实际支付设定受益计划职工薪酬时，应借记“应付职工薪酬——设定受益计划”科目，贷记“银行存款”等科目。

企业在某一职工的设定受益计划结束时，应当进行设定受益计划结算，确认一项结算利得或损失，借记或贷记“应付职工薪酬——设定受益计划”科目，贷记“营业外收入”或借记“营业外支出”科目。同时，将原确认的其他综合收益转为期初留存收益，借记或贷记“资本公积——其他资本公积”科目，贷记或借记“盈余公积”、“利润分配——未分配利润”科目。

2. 应付辞退福利

辞退福利是指企业在职工劳动合同到期之前解除与职工的劳动关系，或者为鼓励职工自愿接受裁减而给予职工的补偿。为了反映辞退福利的提取和支付情况，应在“应付职工薪酬”科目设置“辞退福利”明细科目。

(1)辞退福利的提取。辞退福利通常采取解除劳动关系时一次性支付补偿的方式，也有通过提高退休后养老金或其他离职后福利标准的方式，或者将职工薪酬的工资部分支付到辞退后未来某一期末。企业应当按照辞退计划条款的规定，合理预计并确认辞退福利产生的应付职工薪酬，计入当期损益。

由于被辞退职工不再能给企业带来任何经济利益，辞退福利应当计入当期费用而不计入资产成本。企业应当根据已确定的辞退福利，借记"管理费用"科目，贷记"应付职工薪酬——辞退福利"科目。

(2)辞退福利的支付。企业实际支付辞退福利时，应借记"应付职工薪酬——辞退福利"科目，贷记"银行存款"等科目。

第四节 应交税费

应交税费(taxes payable)是指企业在生产经营过程中产生的应向国家缴纳的各种税费，主要包括增值税、消费税、城市维护建设税、资源税、教育费附加、所得税、房产税、土地使用税、车船使用税、印花税等。

一、应交增值税

增值税(value-added tax)是以商品(含应税劳务和应税服务)在流转过程中产生的增值额作为征税对象而征收的一种流转税。按照我国增值税法的规定，增值税是对在我国境内销售货物或者提供加工、修理修配劳动(简称应税劳务)，交通运输业、邮政业、电信业、部分现代服务业服务(简称应税服务)，以及进口货物的企业单位和个人，就其销售货物、提供应税劳务、提供应税服务的增值额和货物进口金额为计税依据而课征的一种流转税。

(一)征税范围及纳税义务人

增值税的征收范围包括：销售或者进口货物；提供的应税劳务；提供的应税服务。根据《增值税暂行条例》和"营改增"的规定，在中华人民共和国境内(以下简称境内)销售货物、提供应税劳务、提供应税服务以及进口货物的单位和个人为增值税的纳税人。

按照我国现行制度规定，纳税义务人分为一般纳税人和小规模纳税人两种。小规模纳税企业实行简易征税办法，一般不使用增值税专用发票，而一般纳税企业则实行增值税专用发票抵扣税款的制度。一般纳税企业和小规模纳税企业的计税方法不同，相应的会计处理方法也不同。

(二)一般纳税企业核算方法

1. 科目的设置

一般纳税企业在核算增值税时，应当在"应交税费"科目下设置"应交增值税"和"未交增值税"、"应交增值税"、"待抵扣进项税额"、"待认证进项税额"、"待转销项税额"等明细科目。

(1)"应交税费——应交增值税"科目设置。应交增值税对于一般纳税人来说，在一般情况下属于一种价外税，即销售货物和提供应税劳务收取的增值税不计入销售收入，购进货物和接受应税劳务支付的增值税一般也不计入货物和劳务的成本，在价外单独核算。为此，应在"应交税费"科目下设置"应交增值税"二级科目进行核算。"应交增值税"二级科目还应按照应交增值税的构成内容设置专栏，进行明细核算。

"应交增值税"二级科目的借方一般设置进项税额、已交税金、销项税额抵减、减免税款、出口抵减内销产品应纳税额、转出未交增值税，贷方一般设置销项税额、出口退税、进项税额转出和转出多交增值税。

本期销项税额大于抵减后的进项税额与出口抵减内销产品应纳税额之和的，其差额为本期应交增值税税额。本期应交增值税税额大于借方专栏“已交税金”的差额，为本期未交增值税，应从“应交增值税”二级科目借方（“转出未交增值税”专栏）转出，转入“未交增值税”二级科目贷方；本期应交增值税税额小于借方专栏“已交税金”的差额，为本期多交增值税，应从“应交增值税”二级科目贷方（“转出多交增值税”专栏）转出，转入“未交增值税”二级科目借方。经过上述结转后，“应交增值税”二级科目应无余额。

本期销项税额小于抵减后的进项税额与出口抵减内销产品应纳税额之和的，其差额为尚未抵扣的进项税额，保留在“应交增值税”二级科目内，可以在以后期间继续抵扣。“应交增值税”二级科目月末如有余额，应为借方余额，即尚未抵扣的进项税额。

（2）“应交税费——未交增值税”科目设置。“应交税费——未交增值税”科目反映企业月末累计未交增值税或多交增值税。该科目贷方登记转入的当期应交未交增值税，借方登记转入的当期多交增值税和实际缴纳的以前期间欠交增值税。该科目借方余额为累计多交增值税，贷方余额为累计未交增值税。

需要说明的是，企业在缴纳增值税时，应将补交的以前月份未交增值税记入“应交税费——未交增值税”科目借方，将缴纳的当月增值税记入“应交税费——应交增值税（已交税金）”科目借方。

2. 增值税进项税额

增值税进项税额是指一般纳税人购进货物、接受应税劳务时所支付的，准予从销项税额中抵扣的增值税额。

（1）可以抵扣的进项税额。根据增值税暂行条例规定，企业购买货物、接受应税劳务必须具备以下凭证，其进项税才能予以抵扣：

①增值税专用发票。实行增值税以后，一般纳税人销售货物或提供应税劳务均应开具增值税专用发票。增值税专用发票记载了销售货物的售价、税率和税额等，购货方以增值税专用发票记载的购买货物、接受应税劳务已支付的增值税额，作为扣税和记账的依据。

②海关完税凭证。企业进口货物必须交纳增值税，其交纳的增值税在完税凭证上注明，进口货物的企业以海关完税凭证记载的进口货物已支付的增值税额，作为扣税和记账的依据。购买免税农产品或收购废旧物资，按照经税务机关批准的收购凭证上注明的收购金额和一定的扣除率计算进项税额，以此作为扣税和记账的依据。

企业购买货物或接受应税劳务，没有按照规定取得并保存增值税扣税凭证，或者增值税扣税凭证未按照规定注明增值税额及其他有关事项的，其进项税额不得从销项税额中抵扣。在会计核算中，如购买货物或接受应税劳务支付的进项税额不能抵扣，应将其计入购入货物或接受劳务的成本。

（2）不得抵扣的进项税额。按照我国税法规定，下列项目的进项税额不得从销项税额中抵扣：

①用于非增值税应税项目、免征增值税项目、集体福利或者个人消费的购进货物或应税劳务；

②非正常损失的购进货物及相关的应税劳务；

③非正常损失的在产品、产成品所耗用的购进货物或者应税劳务；

④国务院财政、税务主管部门规定的纳税人自用消费品。

【例7—13】 丰华公司为增值税一般纳税人，8月份根据发生的有关增值税进项税额的业务编制会计分录如下：

（1）购入原材料一批，买价200 000元，增值税34 000元，共计234 000元，结算凭证已到，原材料已入库，货款用银行存款支付。

借：原材料	200 000	
应交税费——应交增值税（进项税额）	34 000	
贷：银行存款		234 000

（2）购入免税农产品一批，作为原材料入库，收购价50 000元，用银行存款支付。

借：原材料	43 500	
应交税费——应交增值税（进项税额）	6 500	
贷：银行存款		50 000

（3）购入不需要安装的机器设备一台，买价50 000元，增值税8 500元，共计58 500元，用银行存款支付。

借：固定资产	50 000	
应交税费——应交增值税（进项税额）	8 500	
贷：银行存款		58 500

3. 增值税进项税额转出

一般纳税人在购进货物时如果不能直接认定其进项税额能否抵扣，支付的进项税额可以先予以抵扣，待以后用于不得抵扣进项税额的项目时，再将其进项税额转出，抵减当期进项税额。进项税额转出时，应借记有关科目，贷记"应交税费——应交增值税（进项税额转出）"科目。

【例7—14】 丰华公司8月份根据发生的有关进项税额转出业务，编制会计分录如下；

（1）自建公司房屋领用原材料一批，实际成本50 000元，购进该批原材料时支付的进项税额8 500元已经抵扣。

借：在建工程	58 500	
贷：原材料		50 000
应交税费——应交增值税（进项税额转出）		8 500

（2）由于自然灾害，毁损产成品一批，实际成本40 000元，所耗购进货物的进项税额为3 400元。

借：待处理财产损溢	43 400	
贷：库存商品		40 000
应交税费——应交增值税（进项税额转出）		3 400

3. 增值税销项税额

增值税销项税额是指一般纳税人销售货物或提供应税劳务收取价款中所含的增值税税额。

（1）计征增值税的销售额。计征增值税的销售额是指企业销售货物或提供应税劳务向购买方收取的除销项税额、代扣代缴的消费税以及代垫运杂费以外的全部价款和价外费用。价外费用主要包括手续费、包装费、违约金（延期付款利息）和自营运杂费等。

（2）销项税额的计算。企业如果采用不含税定价的方法，销项税额可以直接根据不含税的销售额乘以增值税税率计算；如果采用合并定价的方法，销项税额应根据以下公式计算：

$$不含税销售额=\frac{含税销售额}{1+增值税税率}$$

$$销项税额=不含税销售额\times增值税税率$$

企业销售货物或提供应税劳务以后，应根据全部价款，借记“银行存款”等科目；根据销项税额，贷记“应交税费——应交增值税(销项税额)”科目；根据其他价款和价外费用，贷记“主营业务收入”等科目。

(3)视同销售行为。视同销售行为是指企业在会计核算中未作销售处理而税法中要求按照销售行为缴纳增值税的行为。其主要包括：企业将货物交付他人代销；销售代销货物；将自产或委托加工的货物用于非应税项目；将自产、委托加工或购买的货物作为投资，提供给其他单位或个体经营者；将自产、委托加工或购买的货物分配给股东或投资者；将自产、委托加工的货物用于集体福利或个人消费；将自产、委托加工或购买的货物无偿赠送他人等行为。

【例 7—15】 丰华公司 8 月份根据发生的有关销项税额业务，编制会计分录如下：

(1)销售甲产品 100 件不含税的价款为 500 000 元，增值税税率为 17%，增值税销项税额为 85 000 元，共计 585 000 元，款项收到，存入银行。

借：银行存款	585 000	
贷：主营业务收入		500 000
应交税费——应交增值税(销项税额)		85 000

(2)生产的甲产品 10 件用于在建工程(房屋)，成本共计 35 000 元，当月甲产品的销售价格 50 000 元，增值税税率为 17%。

借：在建工程	43 500	
贷：库存商品		35 000
应交税费——应交增值税(销项税额)		8 500

(3)用原材料一批对外投资。原材料账面价值为 90 000 元，投资双方协商的不含税价值为 100 000 元，增值税率为 17%。

借：长期股权投资	117 000	
贷：其他业务收入		100 000
应交税费——应交增值税(销项税额)		17 000
借：其他业务成本	90 000	
贷：原材料		90 000

5. 交纳增值税

为了分别反映增值税一般纳税企业欠交增值税款和待抵扣增值税的情况，确保企业及时足额上交增值税，企业应在“应交税费”科目下增设“未交增值税”明细科目，核算一般纳税企业月度终了转入的应交未交增值税和多交的增值税；在“应交税费——应交增值税”明细科目下增设“转出多交增值税”和“转出未交增值税”两个专栏，分别记录一般纳税企业月份终了转出多交或未交的增值税。

本月上交本月的应交增值税，借记“应交税费——应交增值税(已交税金)”科目，贷记“银行存款”科目。月度终了，将本月应交增值税从“应交税费——应交增值税”明细账转入“应交税费——未交增值税”明细科目，借记“应交税费——应交增值税(转出未交增值税)”科目，贷记“应交税费——未交增值税”科目；将本月多交的增值税从“应交税费——应交增值税(转出多交增值税)”明细科目转入“应交税费——未交增值税”明细科目，借记“应交税费——未交增值税”科目,贷记“应交税费——应交增值税(转出多交增值税)”科目。本月上交上期应交未交的增值税,借记“应交税金——未交增值税”科目,贷记“银行存款”科目。

应交增值税=销项税额-(进项税额-进项税额转出-出口退税)
-出口抵减内销产品应纳税额

【例 7-16】 丰华公司按照规定缴纳增值税,根据前述有关资料,编制会计分录如下:

(1)8 月份应交增值税计算如下:

进项税额=34 000+6 500+8 500=49 000(元)

进项税额转出=8 500+3 400=11 900(元)

销项税额=85 000+8 500+17 000=110 500(元)

应交增值税额=110 500-(49 000-11 900)=73 400(元)

用银行存款交纳增值税,丰华公司编制如下会计分录:

借:应交税费——应交增值税(已交税金)	73 400	
贷:银行存款		73 400

(三)小规模纳税企业核算方法

1. 税法中对小规模纳税企业的规定标准

(1)从事货物生产或提供应税劳务的纳税人,以及以从事货物生产或提供应税劳务为主,并兼营货物批发或零售的纳税人,年应征增值税销售额在 50 万元以下。

(2)应税服务年销售额标准为 500 万元,应税服务年销售额未超过 500 万元的纳税人为小规模纳税人。

(3)除上述规定以外的纳税人,年应征增值税销售额在 80 万元以下。

同时,税法中也规定,如果小规模纳税人的会计核算健全,能按会计制度和税务部门的要求准确核算进项税额、销项税额和应纳税额,可以认定为一般纳税人。

2. 小规模纳税人增值税核算方法

小规模纳税人应交增值税的核算采用简化的方法,即购进货物或接受应税劳务支付的增值税进项税额,一律不予抵扣,均计入购进货物和接受应税劳务的成本;销售货物或提供应税劳务时,按应征增值税销售额的 3%计算,但不得开具增值税专用发票。

小规模纳税人的应交增值税销售额计算方法与一般纳税人相同。一般来说,小规模纳税人采用销售额和应纳税额合并定价的方法,销售货物或提供应税劳务后,应进行价税分离,其计算公式为:

$$\text{不含税销售额}=\frac{\text{含税销售额}}{1+\text{征收率}}$$

$$\text{应纳税额}=\text{不含税销售额}\times\text{征收率}$$

小规模纳税人的应征税额也不计入销售收入。在销售货物或提供应税劳务时,应按全部价款借记“银行存款”等科目,按不含税的销售额贷记“主营业务收入”等科目,按应征税额贷记“应交税费——应交增值税”科目。

【例 7-17】 金成公司为小规模纳税企业,适用的增值税征收率为 3%,某月根据发生的购销业务,编制会计分录如下:

(1)购进原材料一批,价款 5 000 元,增值税 850 元,共计 5 850 元,款项用银行存款支付。

借:原材料	5 850	
贷:银行存款		5 850

(2)销售产品一批,全部价款为30 900元,款项收到,存入银行。

不含税销售额=30 900/(1+3%)=30 000(元)

应征税额=30 000×3%=900(元)

借:银行存款 30 900

贷:主营业务收入 30 000

应交税费——应交增值税 900

二、应交消费税

消费税(consumer tax)是对在我国境内生产、委托加工和进口应税消费品的单位或个人征收的税种。目前,我国的应税消费品包括烟、酒及酒精、化妆品、贵重首饰及珠宝玉石、鞭炮烟火、成品油、汽车、摩托车、小汽车、高尔夫球及球具、高档手表、游艇、木制一次性筷子、实木地板、电池、涂料等。

1. 纳税义务人

消费税的纳税义务人为生产、委托加工和进口产品的企业,即消费税在生产和进口环节征收,进入流通领域不再征收消费税。

2. 计算方法

消费税的计算有从价定率和从量定额两种方法。

从量定额法适用于黄酒、啤酒、汽油、柴油等应税物品应纳税额的计算。计算公式为:

应纳税额=销售数量×单位数量税额

从价定率法适用于除从量定额征收范围以外的应税消费品。计算公式为:

应纳税额=(不含税销售额+价外费用)×适用税率

3. 销售产品应交消费税账务处理

企业应设置"应交税费——应交消费税"二级明细科目核算应纳消费税。"应交消费税"明细科目的借方发生额,反映企业实际交纳的消费税和待扣的消费税,贷方发生额反映应交的消费税;期末借方余额反映多交或待扣的消费税;期末贷方余额反映尚未交纳的消费税。

一般情况下,企业将生产的产品直接对外销售的,按规定计算应交的消费税,借记"税金及附加"科目,贷记"应交税费——应交消费税"科目。

【例7-18】 某汽车制造厂生产并销售汽车980 000元,汽车消费税率为8%,则应纳消费税额为78 400元。其会计分录如下:

借:税金及附加 78 400

贷:应交税费——应交消费税 78 400

4. 视同销售应交消费税账务处理

企业将应税消费品用于本企业生产非应税消费品、在建工程、管理部门、非生产机构、集体福利、个人消费,或用于对外投资、分配给股东或投资者或无偿捐赠给他人,均应视同销售,计算缴纳消费税。借记"长期股权投资"、"固定资产"、"在建工程"、"营业外支出"等科目,贷记"应交税费——应交消费税"科目。

【例7-19】 达峰公司管理部门领用自产的应税消费品A产品1件,实际成本为5 000元,同类产品的销售价格为10 000元,消费税税率为20%。

应交消费=10 000×20%=2 000(元)

借:管理费用　　7 000
　　贷:库存商品　　5 000
　　　　应交税费——应交消费税　　2 000

5. 委托加工应交消费税

企业委托外单位加工应税消费品,按税法规定,应由受托方向委托方交货时,代收代缴消费税款。

企业收回委托加工的应税消费品,如果直接用于销售的,应将代收代缴的消费税计入委托加工应税消费品的成本,借记“委托加工物资”等科目,贷记“应付账款”、“银行存款”等科目;在应税消费品出售时,不再计算缴纳消费税。

企业收回委托加工应税消费品,如果用于连续生产应税消费品,按税法规定准予抵扣的,委托方应按代收代缴的消费税,借记“应交税费——应交消费税”科目,贷记“应付账款”、“银行存款”等科目。

【例 7—20】 青原公司根据发生的有关委托加工应税消费品业务,编制会计分录如下:

(1)发出原材料一批,实际成本 100 000 元,加工应税消费品。

借:委托加工物资　　100 000
　　贷:原材料　　100 000

(2)收回加工完成的应税消费品,作为原材料入库,用银行存款实际支付不含税的加工费 20 000 元,增值税 3 400 元;采用从价定率办法计算缴纳消费税,消费税率 20%,支付消费税 30 000 元,共计 53 400 元。

①如果收回的应税消费品继续加工。

借:委托加工物资　　20 000
　　应交税费——应交增值税(进项税额)　　3 400
　　应交税费——应交消费税　　30 000
　　贷:银行存款　　53 400

②如果收回的应税消费品直接出售。

借:委托加工物资　　50 000
　　应交税费——应交增值税(进项税额)　　3 400
　　贷:银行存款　　53 400
借:原材料　　150 000
　　贷:委托加工物资　　150 000

6. 缴纳消费税

企业实际缴纳消费税时,应借记“应交税费——应交消费税”科目,贷记“银行存款”科目。

三、应交城市维护建设税

为了加强城市维护建设,扩大和稳定城市维护建设资金来源,国家开征了城市维护建设税。城市维护建设税(city maintenance tax)按企业应交纳的增值税、消费税税额之和的一定比例征收,是一种附加税。

城市维护建设税按照纳税人所在地的不同,设置三档地区差别比例税率,具体为:市区 7%,县城、建制镇 5%,其他 1%。应纳税额的计算公式为:

应纳税额=(应交增值税额+应交消费税额)×适用税率

企业应交城市维护建设税，通过“应交税费——应交城市维护建设税”账户核算。核算时应区别业务类型列支：①主营业务应交纳的城市维护建设税，列入“税金及附加”账户；②材料出售、租赁和非工业性劳务等其他业务应交纳的城市维护建设税，列入“其他业务支出”账户；③固定资产清理业务应交纳的城市维护建设税，列入“固定资产清理”账户。

四、应交教育费附加

教育费附加(education surcharge)是国家为发展我国的教育事业，提高人民的文化素质而征收的一项纳税附加费用。教育费附加按企业应交纳的增值税、消费税税额之和的一定比例征收，教育费附加的征收率为3%，计算公式如下：

应纳教育费附加=(应交增值税额+应交消费税额)×征收率

对应交教育费附加核算时，应区别业务类型列支：

(1)产品销售业务应交纳的教育费附加，列入“税金及附加”账户。

(2)材料出售、租赁业务等其他业务应交纳的教育费附加，列入“其他业务支出”账户。

(3)固定资产清理业务应交纳的教育费附加，列入“固定资产清理”账户。

【例7—21】 新华公司2×16年1月份实际应交纳增值税40 000元、消费税25 000元。该公司当月应交城市维护建设税、教育费附加计算及会计处理如下：

应交城市维护建设税=(40 000+20 000)×7%=4 200(元)

应交教育费附加=(40 000+20 000)×3%=1 800(元)

编制会计分录如下：

借：税金及附加	6 000	
贷：应交税费——应交城市维护建设税		4 200
——应交教育费附加		1 800

五、应交所得税

企业所得税(corporate income tax)是企业以其生产经营所得和其他所得为依据交纳的税种。企业所得税按应纳税所得额和税率计算，计算公式为：

应纳所得税=应纳税所得额×所得税率

企业按照一定方法计算计入损益的所得税，借记“所得税”等科目，贷记“应交税费——应交所得税”等科目。实际上交时，借记“应交税费——应交所得税”科目，贷记“银行存款”科目。

按照国家规定实行所得税先征后返的企业，应当在实际收到返还的所得税时，冲减收到当期的所得税费用，借记“银行存款”科目，贷记“所得税”科目。

第五节 应付股利及其他应付款

一、应付股利

应付股利(dividends payable)是指企业根据股东大会或类似机构审议批准的利润分配方案确定分配给投资者的现金股利或利润。企业通过“应付股利”科目，核算企业确定或宣告支付给投资者的现金股利或利润。该科目贷方登记应支付的现金股利或利润；借方登记实际支付的现金股利或利润；期末贷方余额反映企业应付未付的现金股利或利润。本科目应按照投资者设置明细科目进行明细核算。

企业根据股东大会或类似机构审议批准的利润分配方案，确认应付给投资者的现金股利或利润时，借记“利润分配——应付现金股利或利润”科目，贷记“应付股利”科目；向投资者实际支付现金股利或利润时，借记“应付股利”科目，贷记“银行存款”等科目。

【例 7—22】 白云公司有甲、乙两个股东，分别占注册资本的 30%和 70%。2×14 年度该公司实现净利润 6 000 000 元，决定 2×15 年分配股利 4 000 000 元。股利已用银行存款支付。该公司应编制如下会计分录：

甲股东应分配的股利＝4 000 000×30%＝1 200 000(元)

乙股东应分配的股利＝4 000 000×70%＝2 800 000(元)

(1)确认应付投资者利润：

借：利润分配——应付股利　　4 000 000

　　贷：应付股利——甲股东　　1 200 000

　　　　　　　　——乙股东　　2 800 000

(2)支付投资者利润：

借：应付股利——甲股东　　1 200 000

　　　　　　——乙股东　　2 800 000

　　贷：银行存款　　4 000 000

二、其他应付款

其他应付款(cother payables)是指与企业的购销业务没有直接关系的应付、暂收其他单位或个人的款项，如应付租入固定资产和包装物的租金、存入保证金、出租或出借包装物收取的押金、应付统筹退休金、转入的职工未按期领取的工资、企业为职工代扣的款项(如水电费、托儿费等)，构成企业的一项流动负债。

企业对发生的应付、暂收其他单位或个人的款项，应设置“其他应付款”账户进行核算，该账户属负债类账户。其贷方反映实际发生的各种应付、暂收其他单位或个人的款项，借方登记偿还或支付的各种应付、暂收其他单位或个人的款项，期末贷方余额表示结存的各种应付、暂收其他单位或个人的款项。“其他应付款”账户应按债权单位名称或个人姓名或款项种类设置明细账，进行明细分类核算。

【例 7—23】 长江公司 2×16 年 1 月 2 日与 L 公司签订一项租赁合同，L 公司将其临街的一栋大楼租赁给长江公司用于办公，租约期 2 年，月租金 5 万元，租约期满后，长江公司是否续租，再行商定。2×16 年 3 月，长江公司的租金暂时未付。其会计分录为：

借：管理费用　　50 000

　　贷：其他应付款——L 公司　　50 000

【例 7—24】 方太公司 6 月份对外出租一台设备，收到承租人按租赁合同规定支付的押金 10 000 元，款项已存入银行；转账支付代扣的职工水电费 3 500 元。编制会计分录如下：

(1)借：银行存款　　10 000

　　　贷：其他应付款——存入保证金　　10 000

(2)借：其他应付款——职工水电费　　3 500

　　　贷：银行存款　　3 500

第六节　长期借款

一、长期借款概述

长期借款(long-term loans)是指企业向银行或其他金融机构借入的期限在1年以上(不含1年)的各项借款。就长期借款的用途来讲,企业一般用于固定资产的购建、改扩建工程、大修理工程、对外投资以及为了保持长期经营能力等方面的需要。与短期借款相比,长期借款除数额大、偿还期限较长外,其借款费用需要根据权责发生制的要求,按期预提计入所购建资产的成本或直接计入财务费用。由于长期借款的期限较长,至少是在1年以上,因此,在资产负债表非流动项目中列示。

由于长期借款的使用关系到企业的生产经营规模和效益,因此,必须加强管理与核算。企业除了要遵守有关的贷款规定、编制借款计划并要有不同形式的担保外,还应监督借款的使用、按期支付长期借款的利息以及按规定的期限归还借款本金等。因此,长期借款会计处理的基本要求是反映和监督长期借款的借入、借款利息的结算和借款本息的归还情况,促使企业遵守信贷纪律、提高信用等级,同时也要确保长期借款发挥效益。

二、长期借款的账务处理

企业应通过"长期借款"科目,核算长期借款的借入、归还等情况。该科目的贷方登记长期借款本息的增加额;借方登记本息的减少额;贷方余额表示企业尚未偿还的长期借款。本科目可按照贷款单位和贷款种类设置明细账,分别"本金"、"利息调整"等进行明细核算。

长期借款账务处理的内容主要包括取得长期借款、确认利息以及归还长期借款。

(1)长期借款取得与使用

企业借入长期借款,应按实际收到的金额,借记"银行存款"科目,贷记"长期借款——本金"科目;如存在差额,还应借记"长期借款——利息调整"科目。

【例7－25】 通达公司为增值税一般纳税人,于2×12年11月30日从银行借入资金3 000 000元,借款期限为3年,借款年利率为6.9%,到期一次还本付息,不计复利,所借款项存入银行。通达公司用该借款于当日购买不需安装的设备一台,价款2 400 000元,增值税税额408 000元,另支付保险等费用32 000元,设备已于当日投入使用。应编制的会计分录如下:

(1)取得借款:

借:银行存款	3 000 000	
贷:长期借款——本金		3 000 000

(2)支付设备款及保险费:

借:固定资产	2 432 000	
应交税费——应交增值税(进项税额)	408 000	
贷:银行存款		2 840 000

(二)长期借款利息的确认

长期借款利息费用应当在资产负债表日按照实际利率法计算确定,实际税率与合同利率差异较小的，也可以采用合同利率计算确定利息费用。长期借款按合同利率计算确定的应付未付利息，如果属于分期付息的，记入“长期借款——应计利息”科目。

长期借款计算确定的利息费用，应当按以下原则计入有关成本、费用：属于筹建期间的，计入管理费用；属于生产经营期间的，如果长期借款用于购建固定资产等符合资本化条件的资产，在资产尚未达到预定可使用状态前，所发生的利息支出数应当资本化，计入在建工程等相关资产成本；资产达到预定可使用状态后发生的利息支出，以及按规定不予资本化的利息支出，计入财务费用。账务处理方法为借记“在建工程”、“制造费用”、“财务费用”、“研发支出”等科目，贷记“应付利息”或“长期借款——应计利息”科目。

【例 7—26】 承例 7—25，通达公司于 2×12 年 12 月 31 日计提长期借款利息。应编制如下会计分录：

借：财务费用	17 250	
贷：长期借款——应计利息		17 250

2×12 年 12 月 31 日计提的长期借款利息＝3 000 000×6.9%÷12＝17 250(元)

2×13 年 1 月至 2×15 年 10 月每月末预提利息分录同上。

(三)长期借款归还

企业归还长期借款的本金时，应按归还的金额，借记“长期借款——本金”科目，贷记“银行存款”科目；按归还的利息，借记“应付利息”或“长期借款——应计利息”科目，贷记“银行存款”科目。

【例 7—27】 承例 7—25 和例 7—26，通达公司于 2×15 年 11 月 30 日偿还该笔银行借款本息。应编制如下会计分录：

借：财务费用	17 250	
长期借款——本金	3 000 000	
——应计利息	603 750	
贷：银行存款		3 621 000

应计利息＝3 000 000×6.9%÷12×35＝603 750(元)

第七节　应付债券及长期应付款

一、应付债券

(一)应付债券概述

应付债券是指企业为筹集(长期)资金而发行的债券。通过发行债券取得的资金，构成了企业一项非流动负债，企业会在未来某一特定日期按债券所记载的利率、期限等约定还本付息。

企业债券发行价格的高低一般取决于债券票面金额、债券票面利率、发行当时的市场利率以及债券期限的长短等因素。债券发行有面值发行、溢价发行和折价发行三种情况。企业发行债券按其面值价格发行，称为面值发行；以低于债券面值价格发行，称为折价发行；以高于债券面值价格发行，则称为溢价发行。债券溢价或折价不是债券发行企业的收益或损失，而是发行债券企业在债券存续期内对利息费率的一种调整。

（二）应付债券的账务处理

企业应当设置"企业债券备查簿"，详细登记每一企业债券的票面金额、债券票面利率、还本付息期限与方式、发行总额、发行日期和编号、委托代售单位、转换股份等资料。企业债券到期结清时，应当在备查簿内逐笔注销。

应付债券有面值发行、溢价发行和折价发行三种会计处理方法，本书只介绍债券按面值发行的会计处理。

1. 发行债券

企业按面值发行债券时，应按实际收到的金额，借记"银行存款"等科目，按债券票面金额，贷记"应付债券——面值"科目；存在差额的，还应借记或贷记"应付债券——利息调整"科目。

【例7—28】 万和公司于2×12年7月1日发行三年期、到期时一次还本付息年利率为8%（不计复利）、发行面值总额为30 000 000元的债券，假定年利率等于实际利率。该债券按面值发行，该企业应编制如下会计分录：

借：银行存款　　30 000 000

　贷：应付债券——面值　　30 000 000

2. 债券利息的确认

发行长期债券的企业，应按期计提利息。对于按面值发行的债券，在每期采用票面利率计算计提利息时，应当按照与长期借款相一致的原则计入有关成本费用，借记"在建工程"、"制造费用"、"财务费用"、"研发支出"等科目。其中，对于分期付息、到期一次还本的债券，其按票面利率计算确定的应付未付利息通过"应付债券——应计利息"科目核算。应付债券按实际利率（实际利率与票面利率差异较小时也可按票面利率）计算确定的利息费用，应按照与长期借款相一致的原则计入有关成本、费用。

【例7—29】 承例7—28，万和公司发行债券所筹资金于当日用于建造固定资产，至2×12年12月31日工程尚未完工，计提该年长期债券利息。企业按照相关准则规定计算，将该期债券产生的实际利息费用应全部资本化，作为在建工程成本。该企业应编制如下会计分录：

借：在建工程　　1 200 000

　贷：应付债券——应计利息　　1 200 000

本例中，至2×12年12月31日，企业债券发行在外的时间为6个月，该年应计的债券利息为：30 000 000×8%÷12×6＝1 200 000（元）。由于该长期债券为到期时一次还本付息，因此利息1 200 000元应记入"应付债券——应计利息"科目。

3. 债券还本付息

长期债券到期，企业支付债券本息时，借记"应付债券——面值"和"应付债券——应计利息"、"应付利息"等科目，贷记"银行存款"等科目。

【例7—30】 承例7—28和例7—30，2×15年7月1日，万和公司偿还债券本金和利息。该公司应编制如下会计分录：

借：应付债券——面值　　30 000 000

　　　　　——应计利息　　7 200 000

　贷：银行存款　　37 200 000

本例中，2×12年7月1日至2×15年7月1日，万和公司长期债券的应计利息＝30 000 000×8%×3＝7 200 000（元）。

三、长期应付款

长期应付款是指企业除长期借款和应付债券以外的其他各种长期应付款项，包括应付融资租入固定资产的租赁费、以分期付款方式购入固定资产发生的应付款项等。长期应付款除具有长期负债的一般特点外，还具有款项主要形成固定资产并分期付款的特点。

企业应设置"长期应付款"科目，核算企业融资租入固定资产和以分期付款方式购入固定资产时应付的款项及偿还情况。该科目贷方反映应付的长期应付款项；借方反映偿还的长期应付款项；期末贷方余额，反映企业应付未付的长期应付款项。本科目可按长期应付款的种类和债权明细科目进行明细核算。

(一)应付融资租赁款

应付融资租赁款是指企业融资租入固定资产而形成的非流动负债。

企业融资租入的固定资产，在租赁有效期限内，其所有权仍归出租方，但承租方获得了租赁资产的实质控制权，享有了资产在有效使用期限内带来的各种经济利益；同时，作为取得这项权利的代价，需要支付大致相等于该项资产的公允价值的金额，这些款项在支付前，构成了应付融资租赁款。

融资租入固定资产时，在租赁开始日，按应计入固定资产成本的金额(租赁开始日租赁资产公允价值与最低租赁付款现值两者中较低者，加上初始直接费用)，借记"在建工程"或"固定资产"科目，按最低租赁付款额，贷记"长期应付款"科目，按发生的初始直接费用，贷记"银行存款"等科目，按其差额，借记"未确认融资费用"科目。

在融资租赁下，承租人向出租人支付的租金中，包含了本金和利息两部分。承租人支付租金时，一方面应减少长期应付款，另一方面应将未确认的融资费用，在租赁期内各个期间按一定的方法确认为当期融资费用。企业应当采用实际利率法计算确认当期的融资费用。

(二)具有融资性质的延期付款

企业购买资产有可能延期支付有关价款。如果延期支付的购买价款超过正常信用条件，实质上具有融资性质，所购资产的成本应当以延期支付购买价款的现值为基础确定。实际支付的价款与购买价款的现值之间的差额，应当在信用期内采用实际利率法进行摊销，计入相关资产成本或当期损益。具体来说，企业购入资产超过正常信用条件延期付款实质上具有融资性质时，应按购买价款的现值，借记"固定资产"、"在建工程"等科目，按应支付的价款总额，贷记"长期应付款"科目，按其差额，借记"未确认融资费用"科目。企业在信用期间内采用实际税率法摊销未确认融资费用，应按摊销额，借记"在建工程"、"财务费用"等科目，贷记"未确认融资费用"科目。

本章小结

本章介绍负债的界定及其构成，介绍了短期借款及应付款项的核算，预收账款及其他应付款的入账价值及核算方法，各项应交税费的核算，应付职工薪酬的核算，非流动负债的性质与种类，长期借款、应付债券和借款费用资本化的会计处理以及借款费用的金额确定与会计处理的一般问题。

负债在企业内代表的是一项优先求偿权。我国的《企业会计制度》对负债的定义是："负债，是指过去的交易、事项形成的现时义务，履行该义务预期会导致经济利益流出企业"。负债按偿还期限分为流动负债和非流动负债；按负债发生的确定因素分为可确定负债和或有负债。

流动负债是指将在1年(含1年)或者超过1年的一个营业周期内偿还的债务,包括短期借款、应付票据、应付账款、预收账款、应付职工薪酬、应交税费、应付股利、其他暂收应付款项、预提费用和1年内到期的长期借款。非流动负债是指流动负债以外的负债,包括长期借款、应付债券、长期应付款等。

短期借款一般是企业为维持正常的生产经营所需的资金或者是为抵偿某项债务而借入的资金,所以,短期借款的利息应作为一项筹资费用计入损益。

应付票据是由出票人签发、委托付款人在指定日期无条件支付确定的金额给收款人或者持票人的票据。

应付账款指企业因购买商品、材料和接受劳务等产生的应支付给供应商的款项,它是买卖双方在购销活动中因取得物资或接受劳务与款项结算在时间上不一致而产生的负债。

预收账款是企业按买卖双方协议,预先向购货方或劳务接受方收取一部分货款或定金而形成的负债。

企业在生产经营过程中,各项应缴税费主要有:增值税、消费税、城市维护建设税、所得税以及教育费附加等。

长期借款是指企业向银行或其他金融机构借入的期限在1年以上(不含1年)的各项借款。就长期借的用途来讲,企业一般用于固定资产的购建、改扩建工程、大修理工程、对外投资以及为了保持长期经营能力等方面的需要。

复习思考题

一、单项选择题

1. 甲企业为增值税一般纳税企业,月初欠缴的增值税为16万元,无尚未抵扣的增值税。本月发生的进项税额为36万元,销项税额为60万元,进项税额转出为4万元,缴纳本月的增值税为18万元,则月末结转以前“应交税费——应交增值税”科目的余额为( )万元。

A. 26 B. 10 C. 2 D. 18

2. 企业缴纳的下列税款中,需要通过“营业税金及附加”科目核算的是( )。

A. 增值税 B. 所得税 C. 印花税 D. 消费税

3. 企业当月缴纳当月增值税,应借记的科目是( )。

A. 应交税费——应交增值税(转出未交增值税)

B. 应交税费——未交增值税

C. 应交税费——应交增值税(转出多交增值税)

D. 应交税费——应交增值税(已交税金)

4. 下列项目中,不通过应付账款账户核算的是( )。

A. 应付货物负担的进项税额 B. 应付货物的采购价款

C. 应付销货企业代垫的运杂费 D. 应付租金

5. 对于签发并承兑的商业承兑汇票到期无法偿付的票款,企业应当进行的处理是( )。

A. 转作应付账款 B. 转作短期借款

C. 不进行处理 D. 转作其他应付款

6. 企业收取包装物押金以及其他各种暂时款项时,应贷记的科目是( )。

A. 营业外收入　　B. 其他业务收入　　C. 其他应付款　　D. 其他应收款

7. 按规定计算代扣代交职工个人所得税，应贷记的会计科目是（　　）。

A. 应交税费　　B. 其他应付款

C. 应付职工薪酬　　D. 银行存款

8. 企业购进货物用于工程项目时，该货物负担的增值税额应当计入（　　）。

A. 应交税费——应交增值税　　B. 在建工程

C. 营业外支出　　D. 管理费用

9. 下列各项税金中，不影响企业损益的是（　　）。

A. 房产税　　B. 车船税

C. 一般纳税企业的增值税销项税额　　D. 所得税

10. 甲公司为增值税一般纳税人，适用的增值税税率为17%。2×16年1月甲公司董事会决定将本公司生产的500件产品作为福利发放给公司管理人员，该批产品单件成本为1.2万元，市场销售价格为每件2万元（不含增值税），不考虑其他相关税费，甲公司在2×16年因该项业务应计入管理费用的金额为（　　）万元。

A. 600　　B. 770　　C. 1 000　　D. 1 170

二、多项选择题

1. 教育费附加的计税基础是（　　）。

A. 应交所得税　　B. 应交消费税　　C. 应交增值税　　D. 应交营业税

2. 下列各项中，应纳入职工薪酬核算的有（　　）。

A. 工会经费　　B. 职工养老保险费

C. 职工住房公积金　　D. 辞退职工经济补偿

3. 企业下列各项行为中，应视同销售计算缴纳增值税销项税额的有（　　）。

A. 在建工程领用本单位库存商品　　B. 销售代销货物

C. 委托他人代销货物　　D. 以产品对外投资

4. 在进行会计核算时，若贷记"应付职工薪酬——福利费"，则对应借记的科目有（　　）。

A. 制造费用　　B. 营业费用　　C. 生产成本　　D. 管理费用

5. 下列各项中，一定计入"财务费用"的有（　　）。

A. 支付银行承兑汇票的手续费　　B. 长期借款计提的利息

C. 销售企业实际发生的现金折扣　　D. 发行债券计提的利息

三、业务题

1. 练习短期借款的核算

新江公司发生有关短期借款的经济业务如下：

(1)2×15年3月1日，因生产经营需要，从交通银行西湖支行取得一项为期3个月的临时借款25万元，年利率4.8%，借款利息数额不大，于6月1日借款到期时，一并以存款还本付息。（利息不计提）

(2)2×15年7月1日，公司因生产经营需要，从深圳发展银行四海支行取得一项为期半年的生产周转借款150万元，年利率5.76%，借款利息按月计提，按季支付，到期还本。

要求：编制上述经济业务相关的会计分录。

2. 练习应付账款、应付票据、预收账款、其他应付款的核算

新江公司发生有关经济业务如下:

(1)7 月 1 日,企业从 D 公司购入原材料一批,货款 8 万元,增值税率 17%,材料已验收入库,价税款尚未支付,双方商定的现金折扣条件为 5/10,3/20,n/30,公司原材料按实际成本计价核算,假定按不含税价计算现金折扣。

(2)7 月 2 日,公司按合同向三星公司预收货款 5 万元,款项收存银行。

(3)7 月 15 日,公司向三星公司发售产品,货款 7 万元,增值税 11 900 元。

(4)7 月 18 日,以存款支付 7 月 1 日向 D 公司购材料的款项。

(5)7 月 20 日,收到三星公司补付的价款存入银行。

(6)7 月 25 日,公司从 D 公司购入 B 材料一批,货款 5 万元,增值税 8 500 元,材料已验收入库,企业签发经开户银行承兑的一张为期两个月的不带息银行承兑汇票支付价税款,并以银行存款支付承兑手续费 1 000 元。

(7)9 月 25 日, 从 D 公司购入 B 材料开出的银行承兑汇票到期,公司无力支付,票款由开户银行支付。

(8)公司上月从 A 公司购入材料的应付价款 27 000 元,经协商公司签发为期 1 个月的不带息商业承兑汇票抵付。

要求:编制上述经济业务相关的会计分录。

3. 练习应付职工薪酬的核算

甲公司为增值税一般纳税人,适用的增值税率 17%。2012 年 3 月发生与职工薪酬有关的交易或事项如下:

(1)对行政管理部门使用的设备进行日常维修,应付企业内部维修人员工资 1.2 万元。

(2)为公司总部下属 25 名部门经理每人配备汽车一辆免费使用,假定每辆汽车每月折旧额 0.08 万元。

(3)月末,分配职工工资 150 万元,其中直接生产产品工人工资 105 万元,车间管理人员工资 15 万元,企业行政管理人员工资 20 万元,专设销售机构人员工资 10 万元。

要求:编制上述经济业务相关的会计分录。

4. 练习应交税费的核算

甲公司为增值税一般纳税人,适用的增值税税率为 17%,材料采用实际成本进行日常核算。2×16 年 5 月份发生如下涉及增值税的经济业务:

(1)购买原材料一批,增值税专用发票上价款 60 万元,增值税 10.2 万元,已开出商业承兑汇票。材料入库。

(2)对外销售原材料一批,成本 36 万元,计税价格 41 万元。

(3)销售产品一批,销价 20 万元(不含增值税额),成本 16 万元,发票等单据已交购货方,货款尚未收到。

(4)在建工程领用原材料一批,成本 30 万元。

(5)用银行存款交纳本月增值税 2.5 万元。

要求:编制上述经济业务相关的会计分录(“应交税费”科目要求写出明细科目及专栏名称)。

第八章　所有者权益

【案例导读】

成化公司由甲、乙两位股东2×16年1月1日各自出资50万元设立,设立时的注册资本为100万元。经过3年的经营,截至2015年12月31日,该公司所有者权益的总额合计为200万元,这时丙投资者愿意出资120万元的资本而只占该公司1/3的表决权。在对丙投资者的投资进行会计处理时,公司会计王某认为丙投资者的120万元出资额应全部作为实收资本登记入账,而甲、乙投资者认为丙投资者享有该公司1/3的表决权,与甲、乙投资者的表决权一样,因此也应将50万元的金额计入实收资本,而将多于实收资本的余额作为对公司的捐赠,计入营业外收入进行会计处理。

请思考:

(1)公司会计王某的说法是否正确?为什么?

(2)甲、乙投资者的说法是否正确?为什么?

(3)分析说明为什么丙投资者愿意出资120万元而只享有1/3的表决权。

【本章导读】

本章在介绍所有者权益的概念与内容的基础上,重点说明了所有者权益的构成项目及其相关会计核算。通过本章的学习你应能够:

(1)理解所有者权益的概念、构成、确认及其计量;(2)掌握投入资本的核算;(3)掌握资本公积的形成和核算;(4)掌握留存收益的构成和核算。

第一节　所有者权益概述

一、所有者权益及其特征

(一)所有者权益的含义

所有者权益(owner's equity),又称为股东权益,是企业资产扣除负债后由所有者享有的剩余权益。按照公司法的规定，已部分资本在企业终止经营前不符抽回，这样，企业经营就拥有了可供长期使用的资金来源。

(二)所有者权益的特征

会计方程式"资产－负债＝所有者权益"清楚地说明了所有者权益实质上是一种剩余权益，体现企业的产权关系。与负债相比，所有者权益具有如下特征：

(1)所有者权益不具有优先性。在通常情况下，债权人要求支付利息和偿还本金的权利在所有者权益之前，所有者权益对企业资源的要求权次于负债。

(2)所有者权益不具有固定性。负债到期日应支付的本金金额一般是固定的，其所支付的利息通常是按照一定的利率计算的；相比之下，对所有者所支付的股利往往要随期间收益、留存收益和可供分配现金的数额而变动，并且须经董事会正式宣告后才发放。

(3)所有者权益所产生的义务不具有法定偿还性。债权人要求权的到期日通常是依法或依约事先确定的，而会计的负债一旦产生就形成了法定义务，到期必须依法或依约还本付息；而所有者权益并不代表企业的法定义务，应付股利也仅仅是在宣告之后才视为企业的负债。

(4)所有者权益不具有时间性。对负债的偿还，一般都有明确的法律规定及偿还时间，其使用期限是有时间约束的；而所有者权益是一种永久性资本，投资者不得在中途以任何形式抽回。

二、所有者权益的构成

为了反映所有者权益的构成，便于投资者和其他会计报表使用者了解企业所有者权益的来源及其变动情况，在进行会计核算时，有必要将所有者权益进行分类。企业会计准则规定"所有者权益的来源包括所有者投入的资本、直接计入所有者权益的利得和损失、留存收益等"，所有者权益由实收资本(股本)、资本公积、盈余公积和未分配利润等构成。

(一)实收资本(股本)

实收资本(paid-in capital)是指企业在创办时及以后的生产经营过程中，所有者按照公司的章程或合同、协议的约定实际投入企业的资本。对股份有限公司而言，称之为股本。

企业实收资本按其主体不同，可以分为国家资本(或国家股)、法人资本(或法人股)、个人资本(或个人股)和外商资本(或外商股)四类。实收资本(或股本)取得的形式，可以是货币资金，也可以是实物资产或无形资产等。

(二)资本公积

资本公积(capital surplus)是指由投资者在投入资本过程中所发生的与投入资本有直接联系，但又不能构成实收资本的积存资金，以及从其他来源取得属于所有者共同享有的资金。主要包括资本(或股本)溢价、接受捐赠资产以及其他资本公积等。资本公积可以用于转增资本(或股本)。

(三)留存收益

留存收益(retained earnings)是指企业在经营过程中已经实现但由于企业经营发展的需要，或由于其他原因而没有分配给所有者所累积的盈利。它由盈余公积和未分配利润两部分构成。

1. 盈余公积

盈余公积(surplus reserves)是指企业按照规定从净利润中提取的各种积累资金。包括法定盈余公积和任意盈余公积两类。

法定盈余公积是指企业按照规定比例(10%)从净利润中提取的盈余公积。

任意盈余公积是指企业经股东大会或类似机构批准,按照规定比例从净利润中提取的盈余公积。

盈余公积可以用于弥补亏损、转增资本(或股本)。符合规定条件的企业,也可以用盈余公积分派现金股利。

2. 未分配利润

未分配利润(undistributed profit)是指企业留待以后年度进行分配的结存利润。一是留待以后年度处理的利润;二是未指定特定用途的利润。从数量关系上表示为:

期初未分配利润+本年净利润-已分配利润=期末未分配利润

三、所有者权益的确认与计量

一般来说,在企业的正常经营活动中,企业的所有者权益变动较少,对它的确认相对较为容易。对投入资本,按所有者在实际投入时确认;对资本公积,按构成项目分别确认;对留存收益,则是收入和费用配比的结果。

如前所述,所有者权益是资产减负债后的差额,也称净资产。可以看出,所有者权益的计量从属于资产和负债的计量,而资产的计量又与资本保全概念相联系。常见的净资产保全概念有货币资本保全观点、一般购买力资本保全观点以及实物资本保全观点三种。各种资本保全观点都规定了各自的资本保全要求,从而使所有者权益的量度也有所不同。

货币资本保全观点是以投入的货币额保全为条件,因其用名义货币作为计量单位,因此,也称名义货币保全观。在此观点下,所有者权益是所有者在过去投入企业和其他属于净权益持有人的资产份额的货币量之和,所有者权益因利润的实现而增加,因发生亏损而减少;利润分配和减资都会引起所有者权益的减少。货币资本保全观点是目前会计实务的基础,也使所有者权益量度的确定及其分类具有客观性。

一般购买力资本保全观点也称真实净权益保全观点,此种观点将所有者权益视为权益所有者在过去投入企业和留在企业的资产份额,按货币一般购买力计算的总和为资本保全的基础,在保全了期初所有者权益的一般购买力之后的净资产增量才被认为是企业已实现的利润。一般购买力资本保全观点使得所有者权益的计量与货币保全观点有所区别,同时,这一量度在投入资本和留存收益之间的划分也存在差异。

实物资本保全观点是指所有者权益不是按发生时的名义货币单位计量,也不是按一般购买力来计量,而是以一定的实物数量或特定物价指数折算的货币来计量。因此,要保持企业的正常生产经营活动,须维持企业原有的生产经营能力。

第二节　投入资本

一、投入资本的性质与意义

企业要进行经营,必须要有一定的“本钱”。我国《公司法》和《企业法人登记条例》明确规定,企业申请开业,必须具备符合国家规定并与其生产经营和服务规模相适应的资金数额。而投入资本正是投资者作为资本投入到企业中的各种资产的价值,并且应达法定的最低要求。

二、出资者的出资方式

企业可以吸收投资者依法投入的各种财产作为其出资，如货币资金、房屋、原材料等实物资产，以及专利权、非专利技术等无形资产，还可以通过发行股票筹集资本金。

三、投入资本的核算

企业为了完整地核算所有者投入资本的业务，应设置“实收资本”或“股本”科目，收到投资者投入的现金，应在实际收到或存入企业开户银行时，按照实际收到的金额，借记“银行存款”科目，贷记“实收资本”或“股本”科目；以实物资产投资时，应在办理实物产权转移手续后，按投资各方认可的价值（公允价值），借记“固定资产”、“原材料”等科目，贷记“实收资本”或“股本”科目；以无形资产出资的，应按合同、协议或公司章程规定，移交有关凭证时，按投资各方认可的价值（公允价值），借记“无形资产”科目，贷记“实收资本”或“股本”科目。如果所有者的实际出资额大于应缴出资额的差额，作为资本公积处理。

（一）国有独资公司的投入资本

根据我国《公司法》的规定，国有独资公司是由国家授权投资的机构或者国家授权的部门单独投资设立的有限责任公司。

在会计核算上，单独把国有独资公司作为一种类型，是因为这类企业在组建时，所有者投入的资本，全部作为实收资本。国有独资公司不发行股票，不会产生股票溢价发行收入，也不会在追加投资时为维持一定的投资比例而产生资本公积。

【例8—1】 甲公司是一家国有独资企业，创立于2×15年，2×16年6月1日，该公司所有者权益账面余额为21 200 000元，其中注册资本15 000 000元，盈余公积5 800 000元，未分配利润400 000元，国家追加投资3 000 000元，已转入企业银行账户。有关会计处理如下：

借：银行存款	3 000 000	
贷：实收资本		3 000 000

（二）有限责任公司的投入资本

有限责任公司（简称有限公司），是指由两个以上股东共同出资，每个股东以其所认缴的出资额对公司承担责任的企业法人。有限责任公司的投入资本在“实收资本”科目核算，其特点为：

（1）按照公司章程所规定的出资方式、出资额和出资缴纳期限出资。一旦投资者某一方未按规定缴纳出资的，企业有权向该投资者追缴；经追缴仍不履行义务的，企业还可依诉讼程序，请求人民法院追究投资者的违约责任。

（2）所有者投入资本应区别情况处理。初建有限责任公司时，各投资者按照合同、协议或公司章程投入企业的资本，应全部记入“实收资本”科目。在企业增资扩股时，如有新投资者加入，新加入的投资者缴纳的出资额大于其约定比例计算的，其在注册资本中所占有的份额的部分，不记入“实收资本”科目，而作为资本公积记入“资本公积”科目。

【例8—2】 乙有限责任公司由A、B、C三位投资者于2×15年投资建立，A以厂房、设备投资，评估价为500 000元，B和C各出资250 000元入股，A、B、C三人以其出资额对公司负有限责任，并按其出资比例享有权益。有关会计处理如下：

借：固定资产	500 000	
银行存款	500 000	

贷:实收资本——A 500 000

——B 250 000

——C 250 000

【例8—3】 承上例,2×16年1月,乙公司所有者权益账面余额为1 600 000元,其中实收资本为1 000 000元、盈余公积为500 000元、未分配利润为100 000元。经协商,接受D以专利技术入股,该专利技术作价400 000元,另投入货币资金100 000元,占公司权益的20%。有关会计处理如下:

借:银行存款 100 000

无形资产 400 000

贷:实收资本——D 250 000

资本公积——资本溢价 250 000

(三)股份有限公司的投入资本

股份有限公司(简称股份公司)是指全部资本由等额股份构成并通过发行股票筹集资本,股东以其所持股份对公司承担有限责任,公司以其全部资产对公司债务承担责任的企业法人。股份公司投入资本核算的特点:

(1)设置"股本"科目进行核算。股份公司与其他企业相比,最显著的特点就是将企业的全部资本划分为等额股份,并通过发行股票的方式来筹集资本。"股本"科目核算股东投入企业的股本,企业应将核定的股本总额、股份总数和每股面值在股本账户中作备查记录。

(2)企业根据不同的设立方式,选择不同的会计处理方法。股份公司设立有两种方式,即发起式和募集式。发起式设立的特点是股份全部由发起人认购,不向发起人之外的任何人募集股份;募集式设立的特点是公司股份除发起人认购外,还可以采用向其他法人或自然人以发行股票的方式进行募集。公司设立方式不同,涉及所有者权益的会计处理方法也不同。

(1)发起设立股份有限公司的会计处理。采用发起设立方式设立股份有限公司时,因股东是固定的,无需聘请证券商向社会募集股份,因其筹资费用相对较少,可以直接记入"管理费用",其会计处理为:借记"长期待摊费用"或"管理费用"等科目,贷记"银行存款"等科目。投资者投入资本后,借记"银行存款"等科目,贷记"股本"科目。

【例8—4】 丙股份有限公司由A、B、C、D四家企业组建而成,总股本2 000万股,每股面值1元。公司采用发起设立方式,其中发起人A认购1 000万股,款项已存入银行。另外,在公司筹建期间以银行存款支付有关费用(如验资费、注册登记费等)80 000元。有关会计处理如下:

借:银行存款 9 920 000

管理费用 80 000

贷:股本——A 10 000 000

(2)募集设立股份有限公司的会计处理。在采用募集设立方式设立股份有限公司时,其股票发行数量大、费用支出大,其筹资费用(主要是支付给证券商的股票发行手续费)需要进行特殊的会计处理。如果是溢价发行股票,其支付给证券商的费用可以从股票溢价收入中扣除;如果股票发行成功,则按实际收到的金额,借记"银行存款"科目,按照股票的面值,贷记"股本"科目,实收的款额超过股票面值的差额记入"资本公积——股本溢价"科目。如果是按面值发行股票,其支付给证券商的费用作为管理费用处理。

【例8—5】 丁股份有限公司采用募集设立方式设立,总股本5 000万股,每股面值1元,发行价 1.5 元/股，根据与 H 证券公司签订的股票发行协议，其手续费率 2.5%，其股票发行手续费已从股票溢价收入中扣除，余款由证券公司转入公司的账户。有关会计处理如下：

计算股票发行总收入、手续费及净收入：

发行总收入＝5 000×1.5＝7 500(万元)

应扣手续费＝7 500×2.5%＝187.5(万元)

溢价净收入＝7 500－187.5＝7 312.5(万元)

会计分录：

借：银行存款　　73 125 000

　　贷：股本　　50 000 000

　　　　资本公积——股本溢价　　23 125 000

【例 8－6】 沿用例 8－5 的资料，假定该公司股票按面值发行，其发行手续费率仍为 2.5%。

计算股票发行总收入、手续费及净收入：

发行总收入＝5 000×1＝5 000(万元)

应支付的手续费＝5 000×2.5%＝125(万元)

股票发行净收入＝5 000－125＝4 875(万元)

会计分录：

借：银行存款　　48 750 000

　　管理费用　　1 250 000

　　贷：股本　　50 000 000

四、实收资本增减变动的核算

在一般情况下，企业的实收资本应固定不变，但在某些特殊情况下，实收资本也可能发生增减变化。我国《企业法人登记条例》规定，企业的实收资本与原注册资本数额增减变化超过 20%时，应持有关资金证明，向原登记机关申请变更登记。

(一)实收资本增加的核算

一般企业增加资本的途径有三条：一是将资本公积转为实收资本。借记“资本公积”，贷记“实收资本”。二是将盈余公积转为实收资本。借记“盈余公积”，贷记“实收资本”。这里要注意的是，资本公积和盈余公积均属所有者权益，转为实收资本时，如为独资企业比较简单，直接结转即可；如为股份公司或有限责任公司，应按原投资者所持股份同比例增加各股东的股权，股份公司具体可以采用发放新股的办法。三是所有者(包括原所有者和新所有者)投入。企业应在收到投资者投入资金时，借记“银行存款”、“固定资产”、“原材料”等科目，贷记“实收资本”等科目。

【例 8－7】 在例 8－1 中，甲公司将盈余公积 60 万元转增资本，转增后实收资本为 20 600 000元，盈余公积为 5 200 000 元。有关会计处理如下：

借：盈余公积　　600 000

　　贷：实收资本　　600 000

【例 8－8】 在例 8－3 中，乙公司将资本公积 250 000 元、盈余公积 150 000 元转增资本。转增后实收资本为 1 650 000 元，盈余公积为 350 000 元。有关会计处理如下：

借:盈余公积 150 000
　资本公积 250 000
　　贷:实收资本——A 160 000
　　　　　　——B 80 000
　　　　　　——C 80 000
　　　　　　——D 80 000

(二)实收资本减少的核算

企业实收资本减少的原因大体有两种,一是资本过剩,二是企业发生重大亏损而需要减少实收资本。企业因资本过剩而减资,一般企业发还投资的核算比较简单,按发还投资的数额,借记"实收资本"科目,贷记"银行存款"科目。股份有限公司由于采用的是发行股票的方式筹集股本,发还股款时,则要收购发行的股票,发行股票的价格与股票面值可能不同,收回股票的价格也可能与发行价值不同,会计核算比较复杂。由于"股本"科目是按股票的面值登记的,收购企业股票时,应按面值注销股本。超出面值付出的价格,可区别不同情况处理:收购的股票凡属溢价发行的,则首先冲销溢价收入,不足部分,凡提有盈余公积的,冲销盈余公积;如盈余公积仍不足以支付收购款的,冲销未分配利润。凡属面值发行的,直接冲销盈余公积、未分配利润。

企业因严重亏损而减资,只要经过有关部门批准并办理了相关手续后,其会计处理为:借记"实收资本(或股本)"科目,贷记"利润分配——未分配利润"科目。

【例 8—9】 甲公司因资本相对过剩,盈利能力下降,经批准减资 2 000 000 元,已用银行存款付讫。有关会计处理如下:

借:实收资本 200
　贷:银行存款 200

【例 8—10】 天兴股份有限公司因股票发行时对筹集资金的使用预测发生偏差,资金相对过剩,2×16 年 4 月 25 日,公司董事会提议并经股东大会批准,决定缩减资本 500 万股,该公司原发行股票 10 000 万股,每股面值 1 元,发行价 2.6 元/股。2×16 年 5 月 16 日,该公司完成收购股票 500 万股,当日股价 4 元/股。有关会计处理如下:

借:股本 5 000 000
　资本公积——股票溢价 15 000 000
　贷:银行存款 20 000 000

第三节 资本公积

一、资本公积的概念及性质

资本公积(capital surplus)是指由投资者在投入资本过程中所发生的与投入资本有直接联系,但又不能构成实收资本的积存资金以及直接计入所有者权益的利得和损失,或从其他来源取得属于所有者享有的资金。

二、资本公积的形成

企业在核算资本公积时,除设置"资本公积"总账账户外,还应分别设置"资本溢价"、"股本溢价”和“其他资本公积”明细账户进行核算。

(一)资本溢价(股本溢价)

资本溢价主要指企业、公司在吸收新的投资者时，因企业经营了一段时间后，其资本利润率会高于初创阶段，因此，相同数量的投资，由于其出资时间不同，其对企业的影响程度也不完全一样。因此，新加入的投资者应比原投资者付出更多的投资额，才能拥有相同的出资比例，并享有其权利。超过其出资额的部分，应计入“资本公积——资本溢价”科目。

根据我国《公司法》等规定，股份公司可以按面值发行股票，也可以溢价发行股票，但在溢价发行股票的情况下，在会计处理时，计入“股本”科目的金额只能是按面值计价，超过股票面值的部分，在扣除股票发行的手续费、佣金后的差额计入“资本公积——股本溢价”科目。

除此之外，还包括同一控制下企业合并所产生的资本公积。根据现行会计准则的规定，在同一控制下控股合并形成的长期股权投资，在合并日，按取得被合并企业所有者权益账面价值的份额，借记“长期股权投资”科目，按支付对价的账面价值，贷记相关资产或负债科目，其差额借记或贷记“资本公积——资本溢价或股本溢价”科目。如果“资本公积——资本溢价或股本溢价”不足冲减的，借记“盈余公积”、“利润分配——未分配利润”等科目。

经股东大会或类似机构决议，用资本公积转增资本的，借记“资本公积——资本溢价或股本溢价”科目，贷记“实收资本”或“股本”科目。

【例 8—11】 甲公司以按面值发行股票的方式筹集 100 000 000 元资金购买戊公司的全部股权，其中甲公司的所有者权益为 250 000 000 元，资本公积为 60 000 000 元。戊公司系一家软件开发企业，其所有者权益账面价值为 130 000 000 元，与甲公司同属一家集团公司控制。甲公司在发行股票的过程中支付了 60 000 元的手续费等相关费用；此外，甲公司为完成与戊公司的合并，还支付了 30 000 元的审计费用。有关会计处理如下：

发生并购：

借：长期股权投资	130 000 000	
贷：资本公积——股本溢价		30 000 000
股本		100 000 000

发生手续费等相关费用：

借：资本公积——股本溢价	60 000	
贷：银行存款		60 000

支付审计费用等：

借：管理费用	30 000	
贷：银行存款		30 000

(二)其他资本公积

根据现行会计准则的规定，企业除了资本溢价(股本溢价)以外所产生的资本公积，均在“其他资本公积”明细账户中核算，主要包括以下内容：

(1)其他权益变动。长期股权投资采用权益法核算的，在持股比例不变的情况下，被投资单位除净损益以外的所有者权益的其他变动，企业按持股比例计算应享有的份额，借记“长期股权投资——其他权益变动”科目，贷记“资本公积——其他资本公积”科目。

处置采用权益法核算的长期股权投资，除进行正常的处置投资的会计处理外，还应结转原计入资本公积的相关金额，借记“资本公积——其他资本公积”，贷记“投资收益”科目。

(2)股份支付。以权益结算的股份支付换取职工或其他方服务的，应按照规定的金额，借记“管理费用”等科目，贷记“资本公积——其他资本公积”科目。

在行权日，按实际行权的权益工具的数量计算确定的金额，借记“资本公积——其他资本公积”科目，按计入实收资本或股本的金额，贷记“实收资本”或“股本”科目，按其差额，贷记“资本公积——资本溢价或股本溢价”科目。

(3)自用房地产或存货转为投资性房地产。自用房地产或存货转换为按公允价值模式计量的投资性房地产时，按其转换日的公允价值，借记“投资性房地产——成本”科目，按其账面价值，贷记“开发产品”等科目，按其差额，贷记“资本公积——其他资本公积”科目，或者借记“公允价值变动损益”科目。

【例8－12】 甲股份有限公司于2×16年1月1日决定将自产的一批房地产转换为投资性房地产。转换日，该批房地产的公允价值为24 000 000元，其开发成本为21 000 000元。假定该公司未对该批房地产计提减值准备，该公司对投资性房地产采用公允价值模式计量。有关会计处理如下：

借：投资性房地产——成本	24 000 000	
贷：开发产品		21 000 000
资本公积——其他资本公积		3 000 000

如果该批房地产公允价值为18 000 000，则会计分录为：

借：投资性房地产——成本	18 000 000	
公允价值变动损益	3 000 000	
贷：开发产品		21 000 000

三、资本公积的使用

资本公积的主要用途是转增资本金，但是，企业用资本公积转增资本金，必须有股东大会等机构的决议并向原登记机关办理有关法律手续。在进行会计处理时，必须按照股东原有的持股比例分别增加相关股东的权益。

第四节　留存收益

一、留存收益的概念及性质

留存收益(retained earning)是指企业从历年实现的净利润中提取或形成的留存于企业的内部积累，即企业在经营过程中已实现但由于企业经营发展的需要或由于法定的原因等而没有分配给所有者所累计的盈利或亏损。

二、留存收益的构成

(一)盈余公积

盈余公积(surplus reserves)是指企业按照有关规定从净利润中提取的积累资金，包括法定盈余公积和任意盈余公积两种。根据现行财务制度规定，企业按照净利润的一定比例(10%)提取法定盈余公积，但法定盈余公积累计金额达到注册资本的50%时，可以不再提取；任意盈余公积的提取比例由公司的股东大会决议决定。

公司提取的一般盈余公积主要用于弥补企业的亏损和转增资本金，但转增资本金后留存的余额不得少于注册资本的25%。

（二）未分配利润

未分配利润（undistributed profit）是指企业留待以后年度进行分配的留存利润，是企业实现“自我发展”的主要资金来源。

三、留存收益的核算

（一）利润分配的顺序

企业实现的利润必须按照一定的规定予以分配，依据有关法规、制度的规定，企业当年实现的净利润，按照下列顺序分配：

（1）弥补以前年度亏损。按照规定，5年以内的亏损，可以用税前利润弥补；超过5年的亏损，可以用税后净利润弥补。

（2）提取法定的盈余公积和法定的公益金。企业按净利润的10%提取法定盈余公积，按净利润的5%～10%提取法定公益金。其会计处理为：借记“利润分配——提取盈余公积、提取公益金”；贷记“盈余公积——法定盈余公积、法定公益金”科目。

（3）提取任意盈余公积。企业按照股东大会的决议，以净利润为依据提取任意盈余公积。其会计处理为：借记“利润分配——提取盈余公积”；贷记“盈余公积——任意盈余公积”科目。

（4）向投资者分配股利或利润。企业按照股东大会的决议向投资者分配现金股利或利润时，借记“利润分配——应付股利（利润）”科目；贷记“应付股利（利润）”科目。

企业将利润分配完毕后，必须将已分配的利润转入“利润分配——未分配利润”明细科目，如此会计处理后，“利润分配”科目只有“未分配利润”明细科目存在余额，其余明细科目全部结转完毕。其会计处理为：借记“利润分配——未分配利润”明细科目，贷记“利润分配——提取盈余公积”、“利润分配——应付股利”等明细科目。

2. 利润分配的核算

企业进行利润分配时，按其分配的金额，借记“利润分配”等科目，按提取的盈余公积，贷记“盈余公积”等科目，按分配的股利（利润），贷记“应付股利（利润）”等科目。

【例8－13】 甲公司2×16年度实现净利润35 000 000元，公司决定，按净利润的10%提取法定盈余公积，按净利润的5%提取法定公益金，按净利润的25%提取任意盈余公积，按净利润的20%分派现金股利。有关会计处理如下：

（1）将本年净利润转入“利润分配——未分配利润”科目：

借：本年利润	35 000 000	
贷：利润分配——未分配利润		35 000 000

（2）按净利润的10%提取法定盈余公积：

借：利润分配——提取盈余公积	3 500 000	
贷：盈余公积——法定盈余公积		3 500 000

（3）按净利润的5%提取法定公益金：

借：利润分配——提取公益金	1 750 000	
贷：盈余公积——法定公益金		1 750 000

（4）按净利润的25%提取任意盈余公积：

借：利润分配——提取盈余公积	8 750 000	

贷:盈余公积——任意盈余公积　　8 750 000

(5)按净利润的20%分派现金股利:

借:利润分配——应付股利　　7 000 000

贷:应付股利　　7 000 000

(6)将已分配的利润转入“利润分配——未分配利润”:

借:利润分配——未分配利润　　21 000 000

贷:利润分配——提取盈余公积　　12 250 000

——提取公益金　　1 750 000

——应付股利　　7 000 000

(三)盈余公积的使用

盈余公积主要用于弥补亏损和转增资本金。用于弥补亏损时,按弥补亏损额,借记“盈余公积”科目,贷记“利润分配——盈余公积转入”科目;用于转增资本时,按其转增额,借记“盈余公积”科目,贷记“实收资本”或“股本”科目。

四、以前年度损益调整

企业在年度会计报表报出以后,如果由于以前年度会计差错或其他原因(包括期后事项)导致会计报表不实,但是以前年度的账目已经结清,不能再调整以前年度的账目。现行会计准则规定,发生此类情形,调整本年度会计报表的年初数,但在对外提供比较会计报表时,应当调整会计报表相关项目的数据。

【例8—14】 甲公司在2×16年7月编制当年中期报告时发现,2×15年12月10日有一笔应从职工福利费开支的支出300 000元,因会计人员的疏忽计入了管理费用。该公司的所得税税率为25%,盈余公积提取率分别是10%的法定盈余公积、15%的任意盈余公积。有关会计处理如下:

(1)将管理费用调账:

借:应付职工薪酬　　300 000

贷:以前年度损益调整　　300 000

(2)结算补交的所得税并转账:

应交所得税=300 000×25%=75 000(元)

借:以前年度损益调整　　75 000

贷:应交税费——应交所得税　　75 000

(3)结转未分配利润:

借:以前年度损益调整　　225 000

贷:利润分配——未分配利润　　225 000

(4)调整盈余公积:

借:利润分配——未分配利润　　56 250

贷:盈余公积——法定盈余公积　　22 500

——任意盈余公积　　33 750

本章小结

所有者权益是企业投资人对企业净资产的所有权,包括企业投资人对企业的投入资本以及形成的资本公积金、盈余公积金和未分配利润。

实收资本是指投资者按照企业章程或合同、协议的约定，实际投入企业的资本，对于有限责任公司记入“实收资本”科目，而对于股份有限公司则记入“股本”科目。资本公积是投资者或他人投入企业，所有权归属于投资者，并且金额上超过法定资本部分的资本或者资产；而资本公积往往来源于：资本（或股本）溢价、接受现金或非现金资产捐赠、外币折算以及其他。留存收益是指企业从历年实现的净利润中提取或形成的留存于企业的内部积累，即企业在经营过程中已实现但由于企业经营发展的需要或由于法定的原因等而没有分配给所有者所累计的盈利或亏损。留存收益由盈余公积和未分配利润构成。盈余公积是指企业按照有关规定从净利润中提取的积累资金，包括法定盈余公积和任意盈余公积两种。未分配利润是指企业留待以后年度进行分配的留存利润，是企业实现“自我发展”的主要资金来源。

复习思考题

一、简答题

1. 所有者权益具有哪些特征？
2. 所有者权益的构成有哪些？
3. 资本公积因为哪些原因而形成？

二、单项选择题

1. 所有者权益是指企业所有者对企业（　　）的要求权。

A. 全部资产　　B. 全部负债
C. 流动资产减去流动负债　　D. 净资产

2. 企业溢价发行股票，实收款项大于股票面值的部分，应记入（　　）账户。

A. 股本　　B. 营业外收入　　C. 资本公积　　D. 盈余公积

3. 因汇率变动而发生的投入资本折算差额，应当（　　）。

A. 作为汇兑损益　　B. 作为资本公积　　C. 作为财务费用　　D. 作为实收资本

4. 盈余公积是企业从（　　）中提取的公积金。

A. 销售利润　　B. 营业利润　　C. 利润总额　　D. 税后利润

5. 盈余公积用于转增资本时，按规定保留的余额不得少于注册资本的（　　）。

A. 15%　　B. 20%　　C. 25%　　D. 30%

6. 下列各项，会影响所有者权益总额发生增减变动的是（　　）。

A. 支付已宣告的现金股利　　B. 股东大会宣告派发现金股利
C. 实际发放股票股利　　D. 盈余公积补亏

7. 对于有限责任公司，如果新投资者缴纳的出资额大于其在注册资本中所占的份额，则应计入的科目是（　　）。

A. 营业外收入　　B. 实收资本　　C. 资本公积　　D. 盈余公积

8. 某公司委托证券公司发行股票 1 000 万股，每股面值 1 元，每股发行价格 8 元，向证券公司支付佣金 80 万元，发行股票冻结期间的利息收入为 100 万元，该公司应记入“资本公积——股本溢价”科目的金额为（　　）万元。

A. 6 750　　B. 7 020　　C. 7 000　　D. 0

9. 某企业年初未分配利润借方余额为100万元，当年净利润为200万元，按10%和5%分别提取法定盈余公积和法定公益金，按10%提取任意盈余公积。该企业可供投资者分配的利润为(　　)万元。

A. 75　　B. 50　　C. 85　　D. 70

10. 一般纳税人接受原材料投资时，应该作为实收资本入账的金额是(　　)。

A. 评估确认的材料价值加上或减去材料成本差异

B. 投资各方确认的材料价值加上进项税额

C. 评估确认的材料价值

D. 原材料的市场价值

三、多项选择题

1. 下列项目中，会影响资产负债表上所有者权益金额大小的有(　　)。

A. 期末接受捐赠资产　　B. 接受投资者投入资产

C. 计提坏账准备　　D. 计提管理用固定资产折旧

2. 所有者权益包括(　　)。

A. 实收资本　　B. 资本公积　　C. 应付福利费　　D. 盈余公积

3. 下列关于盈余公积正确的叙述有(　　)。

A. 盈余公积是指企业按照规定从利润总额中提取的积累资金

B. 法定盈余公积累计额达到注册资本的50%时可不再提取

C. 公司制企业的法定公益金必须按照税后利润的10%的比例提取

D. 盈余公积转增资本后，以转增后留存的此项公积金不得少于注册资本的25%为限

4. 所有者权益与负债有显著区别，主要表现在(　　)。

A. 债权人对企业资产的要求权优先于投资人的要求权

B. 企业的投资者可以凭借对企业的所有权，参与该企业的经营管理，而债权人往往无权参与企业的经营管理

C. 对于所有者(亦即投资者)来说，在企业持续经营的情况下，除按法律程序减资外，一般不能提前撤回投资；而负债一般都有规定的偿还期限，必须于一定时期偿还

D. 投资者以股利或利润的形式参与企业的利润分配。而债权人通常不能参与企业的利润分配，只能按规定的条件得到本金偿付并获得利息收入

5. 进行留存收益核算时，主要的业务有(　　)。

A. 提取盈余公积　　B. 盈余公积补亏

C. 盈余公积转增资本　　D. 未分配利润的结转

6. 下列项目中，能同时引起资产和利润同时减少的项目有(　　)。

A. 计提长期借款的利息　　B. 计提行政管理部门固定资产折旧

C. 计提坏账准备　　D. 无形资产摊销

四、计算题

根据下列经济业务，编制有关会计分录：

(1)某国有独资企业收到国家拨入资本1 000万元，款项已存入企业开户银行。

(2)A企业接受投资者以存货和机器设备投资，其中原材料实际成本10 000元，进项税额

1 700 元，机器设备实际成本 200 000 元，进项税额 34 000 元，均已验收入库。

(3)某企业接受外单位投入固定资产一台，投资单位账面原价 100 000 元，已提折旧 20 000元，双方协议价值为 90 000 元。固定资产已投入使用。

(4)甲股份有限公司发行股票，委托证券公司代理发行普通股 1 000 万股，每股面值 1 元，按每股 5 元的价格对外发行，按发行收入的 3%向证券公司支付发行费用。股票发行已全部完成，股款已全部存入银行。

(5)某企业决定用资本公积 150 000 元，盈余公积 200 000 元，一并转增资本。

(6)某有限责任公司由 A、B、C 三投资者投资组建，股权比例 2∶1∶1，资本总额为 1 000 000元，现公司吸收新投资者 D，D 出资 500 000 元，取得 1/5 的股权比例。新股东的出资已全部到位。

(7)某企业年初累计未弥补亏损 500 000 元，本年实际利润 1 000 000 元，经决定用本年度实现利润弥补以前年度的累积亏损 500 000 元。

第九章　收入、费用与利润

【案例导读】

新通公司是2×05年上市的公司，公司的主营业务是从事汽车的生产和销售业务。自上市以来，汽车受到市场的欢迎，公司每年公布的净资产收益率均在10%左右。注册会计师在对该公司2×16年度会计报表进行审计过程中，对公司收入确认的账务处理提出如下质疑：

2×16年10月20日，该公司与万向企业签订产品委托代销合同。合同规定，采用视同买断方式进行代销，万向企业代销A型汽车100辆，每辆销售价格(不含增值税，以下同)为40万元。至12月31日，该公司向万向企业发送80辆A型汽车，收到万向企业寄来的代销清单上注明已销售60辆A型汽车。该公司在2×16年度确认销售80辆A型汽车的销售收入，并结转了相应的成本。

请思考：

80辆A型汽车是否能全部确认为收入？如果不能，当年销售收入应当确认为多少？

【本章导读】

本章阐述了利润形成过程中所涉及的收入、费用的确认和计量，利润总额、所得税及净利润的会计核算，利润分配的顺序及其账务处理。通过本章学习，你应能够：(1)明确收入、费用的概念、特征和分类；(2)掌握收入的确认和计量以及账务处理；(3)掌握费用的确认和计量以及账务处理；(4)了解利润的形成与分配的一般程序；(5)掌握利润的形成与分配的账务处理；(6)了解所得税费用的一般知识。

第一节　收入概述

一、收入的定义

收入(revenue)分为广义收入和狭义收入。其中，广义收入是指会计期间内经济利益的总流入，其表现形式为资产增加或负债减少而引起的所有者权益增加，但不包括与所有者出资等有关的资产增加或负债减少。狭义收入是指企业在日常活动中形成的、会导致所有者权益增加的、与所有者投入资本无关的经济利益的总流入。我国会计准则将收入定义为狭义收入。

二、收入的特征

(一)收入是企业在日常活动中形成的经济利益的总流入

收入是从企业的日常活动中产生的,而不是从偶发的交易事项中产生的。其中“日常活动”是指企业为完成其经营目标所从事的经常性活动以及与之相关的活动。企业处置固定资产、无形资产等活动,虽然能给企业带来经济利益,但不是企业为完成其经营目标所从事的经常性活动,也不属于与之相关的活动,由此产生的经济利益的总流入不构成收入,应当作为利得核算。利得通常不经过经营过程就能取得,或属于企业不曾期望获得的收益。

(二)收入会导致企业所有者权益的增加

收入可能表现为企业资产的增加,如增加银行存款、应收账款等;也可能表现为企业负债的减少,如减少预收账款;或者两者兼而有之,如商品销售时,部分冲减预收账款,部分增加银行存款。收入形成的经济利益总流入能增加资产或减少负债或两者兼而有之,根据“资产=负债+所有者权益”的会计等式,收入一定能增加企业的所有者权益。

(三)收入与所有者投入资本无关

所有者投入资本主要是为谋求享有企业资产的剩余权益,由此形成的经济利益的总流入不构成收入,而应确认为企业所有者权益的组成部分。

三、收入的分类

收入可以按照不同的标准进行分类。比较常见的分类方法是按照收入形成来源,分为商品销售收入、劳务收入和让渡资产使用权收入等,这也是《企业会计准则第 14 号——收入》所采纳的分类标准。

按照企业经营业务的主次不同划分,企业日常经营所取得的收入又可以分为主营业务收入和其他业务收入。对于不同的行业,其主营业务所包括的内容也不同,比如:工业企业的主营业务收入包括销售商品、自制半成品、提供工业性劳务等取得的收入;商业流通企业的主营业务收入是销售商品所取得的收入。其他业务收入包括对外销售材料,对外出租包装物、商品或固定资产,对外转让无形资产使用权等取得的收入。

第二节　商品销售收入的核算

一、商品销售收入的确认

根据《企业会计准则第 14 号——收入》规定,销售商品收入同时满足下列条件的,才能予以确认。

(1)企业已将商品所有权上的主要风险和报酬转移给购货方。这是指与商品有关的主要风险和报酬同时转移。与商品所有权有关的风险,是指商品可能发生减值或毁损等形成的损失;与商品所有权有关的报酬,是指商品价值增值或通过使用商品等产生的经济利益。还可以通过判断与商品有关的任何损失是否需要本企业承担,带来的经济利益是否归本企业所有,如果不是则意味着该商品所有权上的主要风险和报酬已转移给了购货方。

(2)既没有保留通常与所有权相联系的继续管理权,也没有对已售出商品实施有效控制。企业将商品所有权上的主要风险和报酬转移给购货方后,如仍然保留通常与所有权相联系的继续管理权,或仍然对售出的商品实施控制,则此项销售不能成立,不能确认相应的销售收入。

(3)收入能可靠地计量。收入的金额能够可靠地计量是指收入的金额能够合理地估计。如果收入金额不能可靠计量,就无法确认收入。企业在销售商品时,售价通常已经确定。但是销售过程中可能由于某种不确定因素,或者出现售价变动的情况,在新的售价未确定前通常不应确认为销售商品收入。

(4)相关的经济利益很可能流入企业。经济利益是指直接或间接流入企业的现金或现金等价物。在销售商品的交易中,与交易相关的经济利益就是销售商品的价款。销售商品的价款能否有把握收回,是收入确认的一个重要条件。企业在销售商品时,估计价款收回的可能性大于不能收回的可能性,即超过 50%,才能确认收入。

(5)相关的已发生或将发生的成本能够可靠地计量。通常情况下,销售商品相关的已发生或将发生的成本能够合理地估计,如库存商品成本、商品运输费用等。有时,销售商品相关的已发生或将发生的成本不能够合理地估计,此时企业不应确认收入,已收到的价款应确认为一项负债。

企业销售商品应同时满足上述 5 个条件,才能确认收入;若其中任何一个条件没有满足,即使收到货款,也不能确认为收入。

二、商品销售收入的计量

企业销售商品收入满足收入确认条件时,应当按照已收或应收合同或协议价款的公允价值确定销售商品收入的金额。在对销售商品收入进行计量时,应注意区别商业折扣(trade discount)和现金折扣(cash discount)以及商业折让(trade allowance)。

(一)商业折扣

商业折扣是指企业为促进商品销售而在商品标价上给予的价格折扣,定价扣除商业折扣后的净额才是商品真正的成交价格,也是销售发票上的金额,所以商业折扣并不入账,它只是计算商品总价的依据。销售商品涉及商业折扣的,应当按照扣除商业折扣后的金额来确定销售商品的收入金额。

(二)现金折扣

现金折扣是企业销售货物之后,债权人为鼓励债务人在规定的期限内付款而向债务人提供的债务扣除,是企业赊销后为鼓励顾客提早付款而给予客户的一种优惠。现金折扣必须入账。我国企业会计准则规定,在现金折扣条件下,应收账款应按照未扣除现金折扣的金额入账,购货方提前付款取得的现金折扣视为企业的利息支出。

(三)销售折让

销售折让是指企业因所售商品的质量不合格、品种与要求不一致等原因,而在售价上给予购买方的减让。如果折让发生在企业确认收入之前,只要在销售商品时直接给予客户价格上的减让,金额为扣减折让后的价款;折让发生在企业确认收入后的,通常应在折让实际发生时冲减当期的商品销售收入。

三、销售商品收入的核算

(一)收入成本账户的设置

在反映企业营业收入的时候,企业一般根据经营业务的主次设置"主营业务收入"和"其他业务收入"账户。

"主营业务收入"(prime operating revenue)账户核算企业销售商品、提供劳务及让渡资产使用权等发生的收入。其贷方登记取得的主营业务收入,借方登记退货冲减的主营业务收入和结转至本年利润的主营业务收入,期末无余额。该科目应根据主营业务收入的种类设置明细科目。

"其他业务收入"(other business income)账户核算企业除主营业务以外的其他业务收入。其贷方登记取得的其他业务收入,借方登记结转至本年利润的其他业务收入,期末无余额。该科目应根据其他业务收入的种类设置明细科目。

根据配比原则,企业相应设置"主营业务成本"和"其他业务成本"账户,用于核算为取得收入所发生的相关成本费用。

"主营业务成本"(prime operating cost)账户核算企业销售商品、自制半成品和工业性劳务等主营业务收入时应结转的成本。其借方登记销售商品等的成本,贷方登记退货冲减的主营业务成本和结转至本年利润的主营业务成本,期末无余额。该科目应根据主营业务成本种类设置明细科目。

"其他业务成本"(other operating cost)账户核算企业其他销售或其他业务所发生的支出。其借方登记发生的其他业务成本,贷方登记结转至本年利润的其他业务成本,期末无余额。该科目应根据其他业务成本的种类设置明细科目。

为了单独反映已发出但尚未确认收入的商品成本,可依照实际情况分别设置"发出商品"、"委托代销商品"等科目。

各账户间对应关系如图 9-1 所示。

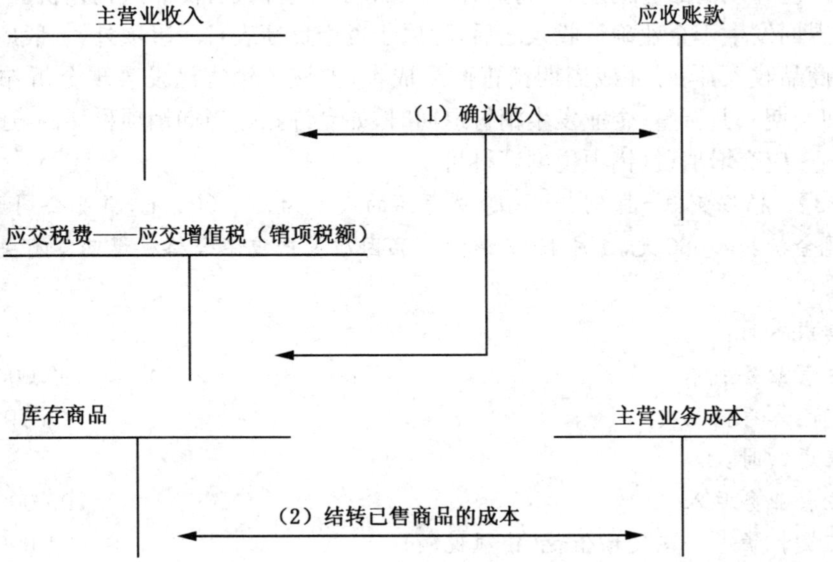

图 9-1 收入、成本账户对应关系

（二）一般商品销售的账务处理

企业销售商品符合收入确认原则的，企业应当按实际收到或者应收的金额以及应收取的增值税，借记“银行存款”、“应收账款”、“应收票据”等科目，按确定的收入金额贷记“主营业务收入”或“其他业务收入”，按应收取的增值税，贷记“应交税费——应交增值税（销项税额）”。

【例 9—1】 江夏公司 1 月 5 日向康赛公司赊销商品 2 000 件，增值税专用发票上注明货款 200 000 元，增值税 34 000 元。已向银行办妥托收手续，会计分录如下：

借：应收账款——康赛公司　　234 000

　贷：主营业务收入　　200 000

　　应交税费——应交增值税（销项税额）　　34 000

（三）现金折扣的账务处理

销货方按照总的交易额确认收入，实际发生现金折扣时，记入“财务费用”科目。

【例 9—2】 根据例 9—1，江夏公司给出付款条件为“2/10，n/30”。有关会计分录如下：

（1）如果康赛公司在 10 天内付款：

借：银行存款　　229 320

　财务费用　　4 680

　贷：应收账款——康赛公司　　234 000

（2）如果康赛公司在 10 天后付款：

借：银行存款　　234 000

　贷：应收账款——康赛公司　　234 000

（四）销售退回的账务处理

销售退回是指企业售出的商品，由于品种、质量不符合要求等原因而发生的退货。销售退回应区别不同情况进行处理。

若销售退回发生在企业确认收入之前，企业应将已记入“发出商品”科目的商品成本转至“库存商品”科目。采用计划成本或售价核算的，应按计划成本或售价记入“库存商品”科目，并计算计划成本差异或商品进销差价，将其计入产品成本差异或者商品进销差价。

若销售退回发生于企业确认收入之后，除属于资产负债表日后事项外，一般应在发生时冲减当期销售商品收入，同时冲减当期销售商品成本；如该项销售已发生现金折扣或销售折让的，应在退回当期一并调整；企业发生销售退回时，如允许扣除当期销项税额的，还应同时冲减“应交税费——应交增值税（销项税额）”科目。

【例 9—3】 根据例 9—1、例 9—2，赊销商品的成本为 100 000 元，康赛公司于 1 月 14 日付款，享受现金折扣 4 680 元，2 月 10 日该批商品因质量严重不合格被退回。有关会计分录如下：

（1）结转成本时：

借：主营业务成本　　100 000

　贷：库存商品　　100 000

（2）销售退回时：

借：主营业务收入　　200 000

　应交税费——应交增值税（销项税额）　　34 000

　贷：银行存款　　229 320

　　财务费用　　4 680

(3)冲减销售成本：

借：库存商品　100 000

　　贷：主营业务成本　100 000

四、代销商品的账务处理

(一)视同买断方式

视同买断方式是指由委托方和受托方签订合同或协议，委托方按合同或协议价收取所代销的商品价款，实际售价由受托方自行确定，售价与合同或协议价之间的差额归受托方所有。在这种方式下，委托方在交付商品时不确认收入，受托方也不作为购进商品处理。受托方将商品销售后，应按实际售价确认为销售收入，并向委托方出具代销清单。委托方收到代销清单时，再确认收入。本章“案例导读”中，该公司委托万向企业代销 A 型汽车 100 辆，至 12 月 31 日共向万向企业发出 80 辆 A 型汽车，万向企业寄来的代销清单上注明已销售 60 辆 A 型汽车。因此该公司在 2×16 年度确认销售 60 辆 A 型汽车的销售收入，并结转相应的成本。

委托方发出商品时，借记“委托代销商品”科目，贷记“库存商品”科目。收到代销清单时，借记“应收账款”科目，贷记“主营业务收入”“应交税费——应交增值税(销项税额)”科目，并结转成本，借记“主营业务成本”科目，贷记“委托代销商品”科目。受托方销售受托代销商品的收入的账务处理，与本企业的一般商品销售相同。

【例 9—4】 江夏公司采用视同买断方式委托康赛公司销售商品 1 000 件，协议价为 200 元/件，商品成本 100 元/件，增值税率为 17%。江夏公司收到康赛公司开具的代销清单时开具增值税发票，发票注明售价 200 000 元，增值税 34 000 元。康赛公司实际销售时开具的增值税发票上注明售价 220 000 元，增值税 37 400 元。

(1)江夏公司应做会计分录如下：

①江夏公司将商品交付给康赛公司：

借：委托代销商品　100 000

　　贷：库存商品　100 000

②江夏公司收代销清单：

借：应收账款——康赛公司　234 000

　　贷：主营业务收入　200 000

　　　　应交税费——应交增值税(销项税额)　34 000

借：主营业务成本　100 000

　　贷：委托代销商品　100 000

③收到康赛公司汇来货款时：

借：银行存款　234 000

　　贷：应收账款——康赛公司　234 000

(2)康赛公司应做会计分录如下：

①收到商品：

借：受托代销商品　200 000

　　贷：代销商品款　200 000

②实际销售：

借：银行存款　257 400

贷:主营业务收入 220 000
应交税费——应交增值税(销项税额) 37 400
借:主营业务成本 200 000
贷:受托代销商品 200 000
借:代销商品款 200 000
应交税费——应交增值税(进项税额) 34 000
贷:应付账款——江夏公司 234 000

③按合同协议价将款项付给江夏公司:
借:应付账款——江夏公司 234 000
贷:银行存款 234 000

(二)收取手续费方式

收取手续费方式是指受托方根据所代销的商品数量向委托方收取手续费的销售方式。在这种代销方式下,商品所有权上的主要风险和报酬未转移给受托方,委托方应在受托方将商品销售后,并收到委托方开具的代销清单时,确认收入;受托方在开具代销清单后,按应收取的手续费确认收入。

委托方发出商品时,借记"委托代销商品"科目,贷记"库存商品"等科目。收到代销清单时,按商品销售的实现情况,借记"应收账款"等科目,贷记"主营业务收入"、"应交税费——应交增值税(销项税额)"科目,按应支付的手续费,借记"销售费用"科目,贷记"应收账款"科目。

受托方收到商品时,借记"受托代销商品"科目,贷记"代销商品款"科目。销售商品时,借记"银行存款"科目,贷记"应付账款""应交税费——应交增值税(销项税额)"科目,同时,按可抵扣的进项税额,借记"应交税费——应交增值税(进项税额)"科目,贷记"应付账款"科目。开具代销清单并计算代销手续费时,借记"应付账款"科目,贷记"银行存款"、"其他业务收入"或"主营业务收入"科目。

【例 9—5】 根据例 9—4,若采用收取手续费方式代销,康赛公司应以 200 元/件的价格销售,江夏公司按售价的 10%支付给康赛公司手续费。

(1)江夏公司做分录如下:

①将商品交付给康赛公司时:
借:委托代销商品 100 000
贷:库存商品 100 000

②收到代销清单时:
借:应收账款——康赛公司 234 000
贷:主营业务收入 200 000
应交税费——应交增值税(销项税额) 34 000
借:销售费用 20 000
贷:应收账款——康赛公司 20 000

③收到货款时:
借:银行存款 214 000
贷:应收账款——康赛公司 214 000

(2)康赛公司做分录如下:

①收到商品:

借:受托代销商品　　200 000
　　贷:代销商品款　　200 000

②实际销售:

借:银行存款　　234 000
　　贷:应付账款——江夏公司　　200 000
　　　　应交税费——应交增值税(销项税额)　　34 000
借:应交税费——应交增值税(进项税额)　　34 000
　　贷:应付账款——江夏公司　　34 000
借:代销商品款　　200 000
　　贷:受托代销商品　　200 000

③归还江夏公司货款并计算代销手续费收入:

借:应付账款——江夏公司　　234 000
　　贷:银行存款　　214 000
　　　　其他业务收入　　20 000

第三节　提供劳务收入的核算

一、劳务收入的确认和计量

企业提供劳务,应分不同情况进行确认和计量。

在资产负债表日,如果能够对该项交易的结果进行可靠的估计,应按完工百分比法确认提供劳务收入。完工百分比法是指按照劳务的完成程度确认收入和费用的方法。按照完工百分比法确认提供劳务收入,一般应同时具备以下条件:①收入的金额能够可靠地计量;②与提供劳务相关的经济利益很可能流入企业;③劳务的完工程度能够可靠地确定;④相关的成本能够可靠地计量。

在资产负债表日,如果不能对该项交易的结果进行可靠的估计,则不能按完工百分比法确认收入。在这种情况下,企业应按照谨慎性原则进行会计处理,对已发生的成本和可能收回的金额进行尽可能合理的估计,只确认可能发生的损失,而不确认可能发生的损益:①如果已发生的成本估计能够得到补偿,应按已经发生的成本金额确认收入,并按相同的金额结转劳务成本,不确认损益。②如已经发生的劳务成本预计不能够全部得到补偿,应按照能够得到补偿的劳务金额确认收入,并按已经发生的劳务成本结转成本。确认的收入金额小于已经发生的劳务成本的差额,确认为损失。③如果已经发生的成本估计不能得到补偿,则不能确认收入,但应按已经发生的成本结转劳务成本,将其全部确认为损失。

同时销售商品和提供劳务交易。企业与其他企业签订的合同或协议包括销售商品和提供劳务时,销售商品部分和提供劳务部分能够区分且能够单独计量的,企业应分别核算销售商品交易和提供劳务交易,将提供劳务的部分作为提供劳务处理。销售商品部分和提供劳务部分不能够区分的,或虽能区分但不能够单独计量的,应当将销售商品交易和提供劳务交易全部作为销售商品处理。

二、劳务收入的账务处理

企业应设置“劳务成本”账户，核算企业对外提供劳务所发生的成本。核算的劳务一般是指企业对外提供的一项独立的劳务，它并不与企业的生产经营有关，不依附于某一生产产品或生产过程。企业发生的各项劳务成本，借记“劳务成本”科目，贷记“银行存款”、“应付职工薪酬”、“原材料”等相关科目。结转完成劳务的成本时，借记“主营业务成本”或“其他业务成本”科目，贷记“劳务成本”科目。“劳务成本”期末借方余额反映企业发生的各项尚未完成的劳务成本，或按完工百分比法确认收入时，尚未结转的劳务成本。

(一)不跨期劳务收入的账务处理

对于一次就能完成的劳务，企业应在提供劳务完成时确认收入及相关成本。对于持续一段时间但在同一会计期间内开始并完成的劳务，企业应在为提供劳务发生相关支出时确认劳务成本，劳务完成时再确认劳务收入，并结转相关劳务成本。

(二)跨期劳务收入的账务处理

确认跨期劳务收入的账务处理比较复杂，重点在于掌握常用的完工百分比法。

$$\text{本期确认的收入}=\text{劳务收入总额}\times\text{本期末止劳务的完工进度}-\text{以前期间累计已确认劳务收入金额}$$

$$\text{本期确认的成本}=\text{劳务成本总额}\times\text{本期末止劳务的完工进度}-\text{以前期间累计已确认劳务成本金额}$$

账务处理如图 9－2 所示。

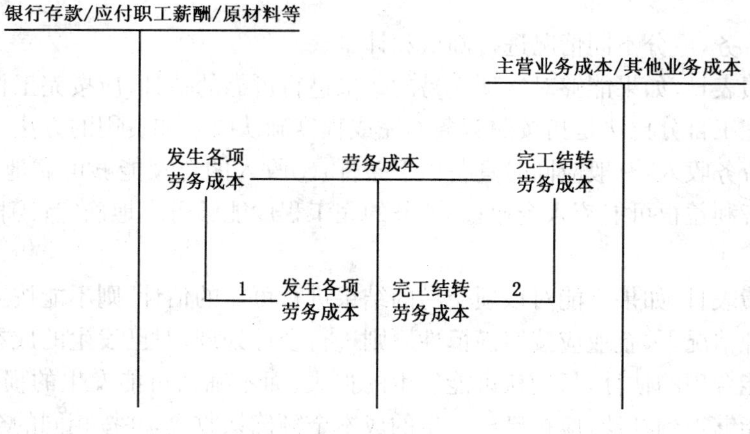

图 9－2 账务处理示意图

【例 9－6】 江夏公司 2×15 年 10 月 10 日与康赛公司签订一项合同为其开发软件，工期为 5 个月，合同总收入为 600 000 元，至 2×15 年 12 月 31 日已发生成本 200 000 元，向康赛公司预收账款 250 000 元，预计开发完成需耗费总成本 300 000 元。2×15 年 12 月 31 日经专业测量师测量，软件的开发程度为 60%。至 2×16 年 3 月 1 日软件开发完成，实际发生总成本为 320 000 元。江夏公司的会计处理如下。

(1)发生支出时：

借：劳务成本　　200 000

　　贷：银行存款　　200 000

(2)收取预收账款时：

借：银行存款 250 000

贷：预收账款 250 000

(3)2×15年12月31日确认劳务收入和劳务成本：

确认的收入＝600 000×60％－0＝360 000(元)

确认的成本＝300 000×60％－0＝180 000(元)

借：预收账款 360 000

贷：主营业务收入 360 000

借：主营业务成本 180 000

贷：劳务成本 180 000

(4)发生后续支出：

借：劳务成本 140 000

贷：银行存款 140 000

(5)2×16年3月1日收到剩余款项：

借：银行存款 350 000

贷：预收账款 350 000

(6)确认劳务收入和成本：

确认的收入＝600 000－360 000＝240 000(元)

确认的成本＝320 000－180 000＝140 000(元)

借：预收账款 240 000

贷：主营业务收入 240 000

借：主营业务成本 140 000

贷：劳务成本 140 000

第四节 让渡资产使用权收入的核算

让渡资产使用权收入主要包括两大类：一类是利息收入，即金融企业存、贷款形成的利息收入和同业之间发生往来形成的利息收入等；另一类是他人使用企业的固定资产、包装物和无形资产(如商标权、专利权、专营权、软件和版权)等所形成的使用费收入。

一、让渡资产使用权收入的确认和计量

让渡资产使用权收入应同时满足以下条件才能予以确认。

(1)与交易相关的经济利益很可能流入企业，即让渡资产使用权收入的金额收回的可能性大于不能收回的可能性。企业应当根据对方企业的信誉情况、经济效益及双方就结算方式、付款期限等达成的协议等方面对金额收回的可能性进行判断。如果收回可能性不大，则不应确认收入。

(2)收入的金额能够可靠地计量。利息收入应按让渡现金使用权的时间和适用利率计算确定，使用费收入应按有关合同或协议规定的收费时间和方法计算确定。使用费的收费时间和方法各不相同：有一次收回一笔固定的金额，有在协议规定的有效期内分期等额收取的，有

分期不等额收取的，等等。如果合同、协议规定一次性收取使用费，且不提供后续服务的，应视同销售该项资产一次性确认收入；如果提供后续服务的，应在合同或协议规定的有效期内分期确认收入；如果合同或协议规定分期收取使用费的，应按合同或协议规定的收款时间和金额，或合同规定的收费方法计算确定的金额分期确认收入。如果收入的金额不能够合理地估计，则不应确认收入。

二、让渡资产使用权收入的账务处理

利息收入应在资产负债表日，按照他人使用本企业货币资金的时间和实际利率计算并确认收入。借记“应收利息”、“银行存款”等科目，贷记“其他业务收入”、“利息收入”等科目。

使用费收入应按照有关合同或协议所约定的收费时间和方法计算确定，应按确定的金额借记“应收账款”、“银行存款”等科目，贷记“其他业务收入”或“主营业务收入”科目。发生有关费用支出，借记“其他业务成本”、“主营业务成本”、“营业税金及附加”等科目，贷记“银行存款”、“应交税费”等科目。

第五节 费 用

一、费用的定义

费用（expenses）也分为广义费用和狭义费用。广义费用是指会计期间内经济利益的总流出，其表现形式为资产减少或负债增加而引起的所有者权益减少，但不包括与所有者分配等有关的资产减少或负债增加。狭义费用是指企业在日常活动中发生的、会导致所有者权益减少的、与向所有者分配利润无关的经济利益的总流出。

费用只有在经济利益很可能流出从而导致企业资产减少或者负债增加，且经济利益的流出能够可靠地计量时，才能予以确认。企业为生产商品和提供劳务等发生的直接材料、直接人工、商品进价和其他直接费用，直接计入生产经营成本；企业为生产商品和提供劳务而发生的各项间接费用，应当按一定标准分配计入生产经营成本。企业行政管理部门为组织和管理生产经营活动而发生的管理费用和财务费用，为销售和提供劳务而发生的进货费用、销售费用等，应当作为期间费用，直接计入当期损益。

二、费用的特征

相对于收入和利润，费用有以下三个特征。

（一）费用是企业在日常活动中发生的经济利益的总流出

费用应当是企业在日常活动中发生的。这里，日常活动是指企业为完成其经营目标所从事的经常性活动以及与之相关的其他活动。日常活动中所产生的费用通常包括销售成本、职工薪酬、折旧费和无形资产摊销等。将费用界定为日常活动中发生的是为了与非日常活动区分。非日常活动往往是指一些偶发的交易或事项。例如，处置固定资产而发生的损失，虽然会导致所有者权益减少和经济利益的总流出，但不属于企业的日常活动，应确认为营业外支出。非日常活动发生的经济利益的总流出，均不能确认为企业的费用，应当计入营业外支出。

（二）费用会导致企业的所有者权益减少

费用既可能表现为资产的减少，如减少银行存款、库存商品等；也可能表现为负债的增加，如增加应付职工薪酬、应交税费。根据“资产－负债＝所有者权益”的会计等式，费用的发生一定会导致企业的所有者权益减少。但是，企业在日常活动中发生的支出并不全都会导致所有者权益减少，也就不构成费用。例如，企业发生偿债性支出，只是同时等额减少了企业的一项资产和一项负债，并没有影响所有者权益，虽然有现金流出企业，但不确认为费用。

（三）费用与向所有者分配利润无关

企业向所有者分配利润或股利，属于利润分配的内容，因为不是经营活动的结果，所以不能作为企业的费用。

三、费用与损失、成本、支出的区别

（一）费用与损失

从广义的角度来看，费用包括了损失；从狭义的角度来看，费用仅指与本期营业收入相配比的那部分耗费。企业日常经营活动发生的费用同企业获取收入的活动密切相关，因此其可以与收入实现某种形式的配比（如因果配比、期间配比），例如主营业务成本、工资费用和折旧费等。它们发生的形式常常表现为现金及现金等价物、存货和固定资产的流出或消耗。

损失是指企业非日常活动所发生的、会导致所有者权益减少的、与向所有者分配利润无关的经济利益的流出。损失又包括三类，即与正常经营活动有关的损失、非正常项目损失和未实现损失，它们都与获取的收入之间没有配比关系。

综上所述，费用和损失的联系表现在两者都会导致所有者权益变动，与所有者投入资本或者向所有者分配利润无关；两者的区别表现在费用由日常活动所形成且能与收入的某种形式配比，而损失由非日常活动所形成且与收入间不存在配比关系。

（二）费用与成本

成本与费用一样有广义和狭义之分。广义成本是指为了取得资产或达到特定目的而实际发生或应发生的各项生产费用；狭义成本指企业为生产产品、提供劳务等发生的各项耗费，即生产成本。

成本与费用的区别表现在：第一，从会计要素来看，费用是一项会计要素，成本却不是；第二，从两者的定义可以看出，成本并不等同于费用，生产产品的耗费，一般计入产品价值，作为资产，而费用一般在发生当期就直接作为当期损益最终影响利润；第三，两者针对的对象不同，费用一般是针对某一个期间，而成本一般是针对具体对象，比如针对某一批产品而言。

以上是从两者最基本的概念进行区别，如果从经济学的一般理论对成本的定义来看，成本是一种补偿价值，是企业在生产过程中，为了生产产品而耗费的生产资料和所使用劳动力的耗费的总和。根据经济学一般原理，商品的价值取决于生产该种商品的社会必要劳动时间（量）。商品价值 $W=C+V+M$，其中：C 代表消耗的不变资本价值，是生产过程中已经消耗的；V 代表可变资本价值，是劳动者创造的；M 代表剩余价值，是劳动者创造的超过劳动力价值的部分。$(C+V)$就是企业生产产品过程中发生的成本。

成本与费用也存在着紧密的联系。成本是已经发生的支出，按照能否在未来继续为企业带来经济利益的流入，成本可分为已耗用成本和未耗用成本。前者不能继续带来经济利益流入，包括付给工人的工资、耗用的低值易耗品等，作为费用处理，而尚未耗用的成本，最终会转入费用；后者能带来经济利益的流入，包括未销售的产品、累计折旧未完成的固定资产等。成本和费用的关系如图 9—3 所示。

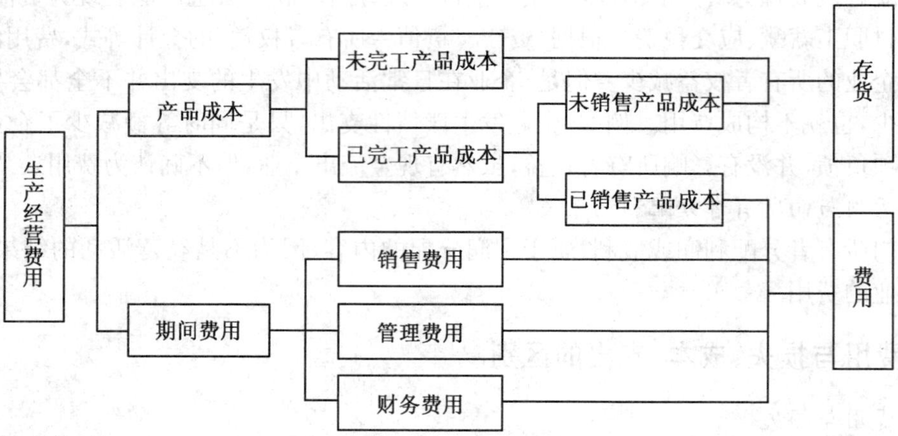

图 9—3 成本和费用关系图

（三）费用与支出

支出是指企业为获取另一项资产，或为取得本期收入，或为清偿债务，或为向所有者分配利润，甚至是某些损失等原因而发生的资产的减少。从现象上看，它可以是现金的支出，也可以是非现金的支出；从企业整体寿命期看，非现金支出都是曾经或者期望用现金来实现的。从本质上看，支出可分为四类，包括偿债性支出、成本性支出、费用性支出和权益性支出。偿债性支出是指用现金资产或非现金资产偿付各项债务的支出，引起资产和负债同时减少，如用银行存款偿还应付账款等；成本性支出是指某一项现金资产或非现金资产的减少，引起另一项资产增加的支出，使资产总额保持不变，如用银行存款购入固定资产等；费用性支出是指某一项现金资产或非现金资产的减少，而引起费用增加的支出，使资产与利润同时减少，如用现金支付广告费等；权益性支出是指某一项现金资产或非现金资产的减少，而引起除利润以外其他所有者权益项目减少的支出，使资产与所有者权益同时减少，如用银行存款分配现金股利等。需要指出的是，不是所有资产的减少都属于支出。例如，从银行提取现金，只是货币形态的转变；又如，收回应收账款存入银行，只是债权的收回。

费用和支出的区别：第一，从表现形式看，费用是企业日常活动中为了取得销售收入或者劳务收入等发生的交易或事项所引起的经济利益的减少，这种经济利益的减少往往表现为资产的减少或者负债的增加，从而引起所有者权益的减少。而支出也可以通过资产的减少或者负债的增加来表现，但是某些支出可以通过资本化而反映在资产负债表上，对资产的总量可能没有影响，对所有者权益也不一定有影响。第二，从会计处理来看，费用通过利润表进行反映，而支出却可以通过利润表、资产负债表进行反映。

综上所述，损失比较容易分辨，而费用、成本和支出是三个既有区别又有联系的概念。支出与费用、成本之间的关系可以概括为：支出是指资产的减少，不仅包括费用性支出和成本性支出，还包括其他支出；费用是一种引起利润减少的耗费，费用性支出形成费用，然而费用中还包括未形成支出的耗费，如预提的利息费用等；成本是一种对象化的耗费，成本性支出形成成本，然而成本中也包括未形成支出的耗费，如生产车间预提的固定资产修理费等。

四、费用的分类

(一)按照经济内容进行分类

(1)外购材料费用,包括企业为生产或经营购入的原材料、半成品、辅助材料、修理用备件和周转材料等。

(2)外购燃料费用,包括企业为生产或经营购进的各种燃料(固体燃料、液体燃料和气体燃料)。

(3)外购动力,包括企业为生产或经营而购进的各种动力。

(4)职工薪酬,包括企业为生产经营发生的职工工资等职工薪酬。

(5)折旧费用,包括企业所拥有或控制的固定资产计提的折旧费用。

(6)利息费用,包括企业为筹集生产经营资金而发生的利息支出。

(7)税金,包括企业为经营管理所发生的各种税金,如房产税、车船税和土地使用税等。

(8)其他费用,是指不属于以上各项目的费用,如差旅费、租赁费和通信费等。

费用按照经济内容进行分类,可以反映企业在一定时间内发生了哪些生产费用,数额各是多少,通过分析企业各种费用占费用总额的比重,能明确地反映出直接用于产品生产的材料费用是多少、职工薪酬是多少、耗用与组织和管理生产经营活动上的各项支出是多少,进而分析企业各个时期各种要素费用支出的水平,从而有助于企业分析和检查费用计划、定额、预算等的执行情况,控制成本费用支出,加强成本管理和成本分析。

(二)按照费用的经济用途分类

企业在生产经营过程中,会发生各种支出。这些支出中有的直接形成一定的资产,如用货币资金购买的固定资产,其效益涉及几个会计年度,应将其作为“资本性支出”,增加资产的价值。有的支出效益仅涉及本会计年度(或一个营业周期),应将其作为“收益性支出”。如用于产品生产和销售,用于组织和管理生产经营活动,以及为筹集生产经营资金所发生的各种支出,应计入产品成本或期间费用。在划分“资本性支出”和“收益性支出”的前提下,还应将“收益性支出”区分为产品生产费用和期间费用。

费用按经济用途进行分类,可以分为生产费用和期间费用两大类。产品生产费用,是指用于产品生产,形成产品成本的各项费用。期间费用是指企业当期发生的费用的重要组成部分,直接计入当期损益,主要包括销售费用、管理费用和财务费用。

1. 生产成本

生产成本(cost of production),是指与生产产品有关的费用。按照这些费用在生产过程中的用途不同,又可以进一步划分为若干项目,成为产品成本项目,简称成本项目。产品成本项目主要包括下列内容:

(1)直接材料费用。直接材料费用是指企业在生产产品和提供劳务过程中所消耗的直接用于产品生产并构成产品实体的原料、主要材料、外购半成品、修理用备件、包装物以及有助于产品形成的辅助材料等。

(2)直接人工费用。直接人工费用是指企业在生产产品和提供劳务过程中,直接从事生产产品的工人工资,以及其他各种形式的职工薪酬。

(3)制造费用。制造费用是指企业各生产车间(部门)为生产产品和提供劳务而发生的各项间接费用,包括车间管理人员的工资等职工薪酬、折旧费、办公费、水电费、机器物料消耗、劳动保护费、季节性和修理期间的停工损失等。

2. 期间费用

期间费用是指企业当期发生的必须从当期收入中获得补偿的费用。由于它仅与当期实现的收入相关,必须计入当期损益,所以称为期间费用。它主要包括:企业行政管理部门为组织和管理生产经营活动而发生的管理费用,企业为筹集资金而发生的财务费用,企业为销售商品而发生的销售费用。

企业发生费用的形式是,由于资产流出企业、资产损耗或负债增加而引起所有者权益减少。但有例外,例如,企业所有者抽回投资或企业向所有者分配利润,虽然会引起资产减少或负债增加,并使所有者权益减少,但不属于企业发生费用的经济业务。

费用分类如图 9－4 所示。

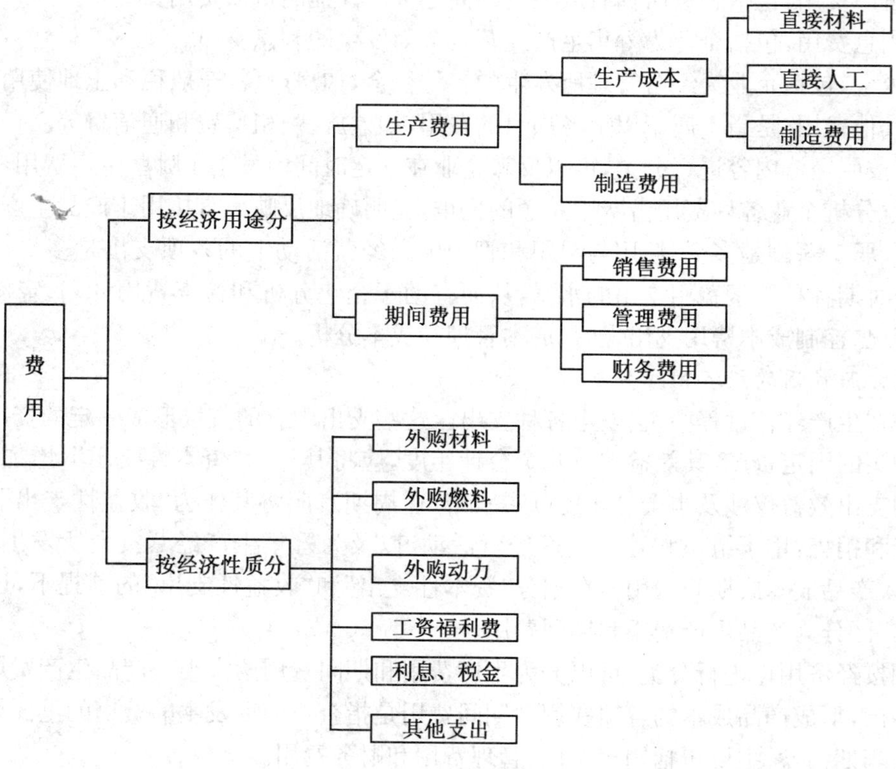

图 9—4　费用分类

五、费用的确认与计量

费用应当按权责发生制原则及配比原则在确认有关收入的那一期间予以确认。在现行会计实务中,确认费用一般有以下三种方法。

(1)按其与营业收入的直接联系确认费用。如果发生的费用与取得本期的营业收入有直接联系,就应确认为本期的费用。例如,已销商品的成本是为取得营业收入而发生的直接耗费,应在取得营业收入的期间确认为费用;又如,为推销商品而发生的送货费用,也与取得营业收入直接相关,应在取得营业收入的期间确认为费用,即凡是与本期收入有直接联系的耗费就是该期的费用,如企业为生产产品、提供劳务等发生的可归属于产品成本、劳务成本等的费用,应当在确认产品销售收入、劳务收入等时,将已销售产品、已提供劳务的成本等计入当期损益。

(2)按一定的分配方式确认费用。如果发生的费用与取得营业收入没有直接联系，但能够给若干会计期间带来效益，则应采用一定的分配方式，分别确认为各期的费用。例如，管理部门使用的固定资产的成本，需要采用一定的折旧方法，分别确认为各期的折旧费用。

(3)在耗费发生时直接确认费用。如果发生的费用与取得营业收入没有直接联系，且只能给一个会计期间带来效益或受益期间难以合理估计，则应确认为当期的费用。例如，管理人员的工资，其支出的效益仅限于一个会计期间，应直接确认为当期的费用；又如，广告费支出，虽然可能在较长时期内受益，但很难合理估计其受益期间，因而也可以直接确认为当期的费用。此外，对于某些虽然受益期限较长但数额较小的支出，按照重要性原则，也可以直接确认为当期的费用，如管理部门领用的管理用具等。

六、期间费用的核算

期间费用是指本期发生的、不能直接或间接归属于具体产品成本计算对象的、直接计入损益的各项费用。期间费用是不能直接归属于某个特定产品成本的费用，它随着时间推移而发生，与当期产品的管理和产品销售直接相关，而与产品的产量、产品的制造过程无直接关系，因而不能列入产品制造成本，应在发生的当期从损益中扣除。期间费用包括直接从企业的当期产品销售收入中扣除的销售费用、管理费用和财务费用。由于当期的期间费用是全额从当期损益中扣除的，因而，其发生额不会影响下一个会计期间。

(一)销售费用

销售费用(selling expenses)是指企业在销售商品和材料、提供劳务的过程中发生的各种费用，包括运输费、装卸费、包装费、保险费、预计产品的质量保证损失、商品维修费、展览费和广告费，以及为销售本企业商品而专设的销售机构(含销售网点、售后服务网点等)的职工薪酬、业务费、折旧费等经营费用。企业发生的与销售商品和材料、提供劳务以及专设销售机构相关的不满足固定资产确认条件的日常维修费用和大维修费用等固定资产后续支出，也纳入销售费用的核算范围。企业发生的与专设销售机构相关的固定资产修理费用等后续支出，也作为销售费用核算。

为了核算和监督销售费用的发生和结转情况，应设置“销售费用”账户。该账户属于损益类账户，其借方登记费用发生额，贷方登记其他有关科目。该账户应根据销售费用的种类设置明细科目。

企业在销售商品过程中发生的包装费、保险费、展览费和广告费、运输费、装卸费等费用，借记“销售费用”科目，贷记“库存现金”、“银行存款”等科目。发生的为销售本企业商品而专设的销售机构的职工薪酬、业务费等经营费用，借记“销售费用”科目，贷记“应付职工薪酬”、“银行存款”、“累计折旧”等科目。期末，将销售费用结转入“本年利润”账户时，借记“本年利润”科目，贷记“销售费用”科目，结转后本科目无余额。

(二)管理费用

管理费用(administrative expenses)是指企业为组织和管理生产经营活动所发生的各项费用，包括企业在筹建期间内发生的开办费、企业的董事会和行政管理部门在企业的经营管理中发生的或者应该由企业统一负担的公司经费、董事会费(董事会成员津贴、会议费和差旅费等)、聘请中介机构费、咨询费、诉讼费、业务招待费、房产税、印花税、车船税、土地使用税、技术转让费、矿产资源补偿费、研究费用和排污费等，它们一般都不具体由某一经营活动或某一种产品负担。

企业行政管理部门等发生的不满足固定资产确认条件的日常修理费用和大修理费用等固定资产后续支出，因其受益期限一般仅限于本期，所以纳入管理费用的核算范围。

为了核算和监督管理费用的发生和结转情况，应设置“管理费用”账户。该账户属于损益类账户，其借方登记费用发生额，贷方登记其他有关科目。该账户应根据管理费用的种类设置明细科目。

企业在筹建期间内发生的开办费，包括人员工资、办公费、培训费、差旅费、印刷费、注册登记费以及不计入固定资产成本的借款费用等在实际发生时，借记“管理费用”科目（开办费），贷记“银行存款”等科目。行政管理部门人员的职工薪酬，借记“管理费用”科目，贷记“应付职工薪酬”科目。行政管理部门计提的固定资产折旧，借记“管理费用”科目，贷记“累计折旧”科目。发生的办公费、水电费、业务招待费、聘请中介机构费、咨询费、诉讼费、技术转让费、研究费用，借记“管理费用”科目，贷记“银行存款”、“研发支出”等科目。按规定计算确定的应交矿产资源补偿费、房产税、车船税、土地使用税、印花税，借记“管理费用”科目，贷记“应交税费”科目。期末，应将本科目的余额转入“本年利润”科目，结转后本科目无余额。

（三）财务费用

财务费用（financial expenses）是指企业为筹集生产经营所需资金等而发生的费用，包括应当作为期间费用的利息支出（减利息收入）、汇兑损失（减汇兑损益）以及相关的手续费、企业发生的现金折扣或收到的现金折扣等。需要注意的是，并不是企业所有的借款利息都形成当期的财务费用。按照我国的企业会计准则，企业发生的借款费用，可直接归属符合资本化条件的资产购建或者生产的，应当予以资本化，计入相关资产成本。

为了核算和监督财务费用的发生和结转情况，企业应设置“财务费用”账户。该账户属于损益类账户，其借方登记费用发生额，贷方登记其他有关科目。该账户应根据财务费用的种类设置明细科目。

企业为购建或生产满足资本化条件的资产发生的，应予以资本化的借款费用，在“在建工程”、“制造费用”等科目核算。企业发生的财务费用，借记“财务费用”科目，贷记“银行存款”、“未确认融资费用”等科目。发生的应冲减财务费用的利息收入、汇兑损益、现金折扣，借记“银行存款”、“应付账款”等科目，贷记“财务费用”科目。期末，应将本科目余额转入“本年利润”科目，结转后本科目无余额。

第六节　利　润

一、利润的构成

利润（profit）分为广义利润和狭义利润。其中，从广义收入、费用角度来讲，广义的利润是指收入减去费用后的净额。从狭义收入、费用来讲，狭义的利润是指企业在一定会计期间的经营成果；包括收入减去费用后的净额，直接计入当期利润的利得和损失等。

直接计入当期的利得和损失是指应当计入当期损益、会导致所有者权益发生增减变动的、与所有者投入资本或者向所有者分配利润无关的利得或者损失。

按照《企业会计准则第 30 号——财务报表列报》的规定，利润表至少应当单独反映下列信息的项目：①营业收入；②营业成本；③营业税金及附加；④管理费用；⑤销售费用；⑥财务费用；⑦投资收益；⑧公允价值变动损益；⑨资产减值损失；⑩非流动资产处置损益；⑪所得税费用；⑫净利润；⑬其他综合收益各项目分别扣除所得税影响后的净额；⑭综合收益总额。企业的利润指标主要包括营业利润、利润总额和净利润。这三项指标与上述大部分利润表项目的关系如以下各计算步骤所述。

（一）营业利润

营业利润的计算公式为：

营业利润＝营业收入－营业成本－营业税金及附加－销售费用－管理费用－财务费用
－资产减值损失＋公允价值变动收益（－公允价值变动损失）
＋投资收益（－投资损失）

其中，营业收入是指企业经营业务所实现的收入总额，包括主营业务收入和其他业务收入。营业成本是指企业经营业务所发生的实际成本总额，包括主营业务成本和其他业务成本。营业税金及附加是指企业经营过程中发生的各项税费，包括营业税、城市维护建设税、资源税和教育费附加等。资产减值损失是指企业为各项资产计提减值准备所形成的损失，包括应收账款、存货、长期股权投资、持有至到期投资、固定资产和无形资产发生的减值损失。公允价值变动收益（或损失）是指交易性金融资产等公允价值变动形成的应计入当期损益的利得（或损失）。投资收益（或损失）是指企业以各种方式对外投资所取得的利得（或发生的损失）。

（二）利润总额

利润总额的计算公式为：

利润总额＝营业利润＋营业外收入－营业外支出

其中，营业外收入和营业外支出是指企业发生的与日常经营活动无直接联系的各项利得和损失。

（三）净利润

从利润总额中扣除所得税费用后即为净利润：

净利润＝利润总额－所得税费用

其中，所得税费用是指企业确认的应当从当期利润总额中扣除的所得税费用。

综上所述，企业的利润总额是通过两个环节计算而得的：一是计算企业在日常经营活动中取得的收入减去发生的费用后的净额；二是计算企业日常经营活动之外的利得和损失。由于日常活动形成的收入与费用在上文已经做了介绍，下面主要介绍一些企业日常经营活动之外发生的利得和损失的核算。

二、资产减值损失的核算

为了反映资产减值损失的发生、冲销和转出情况，应设置“资产减值损失”账户。该账户的借方登记发生的资产减值损失，贷方登记资产价值恢复冲销的资产减值损失和结转至本年利润的资产减值损失，期末无余额。“资产减值损失”科目应根据资产减值损失的种类设置明细科目。

企业确认资产减值损失时，应借记“资产减值损失”科目，贷记各相关减值准备科目。相关资产价值恢复时，应编制相反的会计分录。

三、公允价值变动损益的核算

为了反映公允价值变动损益的发生和转出情况，应设置“公允价值变动损益”账户。该账户的贷方登记公允价值变动收益和结转至本年利润的公允价值变动损失，借方登记公允价值变动损失和结转至本年利润的公允价值变动收益，期末无余额。“公允价值变动损益”科目应根据公允价值计量的资产的种类设置明细科目。

企业确认公允价值变动收益时，应借记有关资产科目，贷记“公允价值变动损益”科目；确认公允价值变动损失时，应编制相反的会计分录。

四、投资净损益的核算

投资净损益是指投资收益与投资损失的差额。

为了反映投资净损益的发生和转出情况，应设置“投资收益”账户。该账户的贷方登记发生的投资收益和结转至本年利润的投资损失，借方登记发生的投资损失和结转至本年利润的投资收益，期末无余额。“投资收益”科目应根据投资净损益的种类设置明细科目。

企业确认投资收益时，应借记有关资产科目，贷记“投资收益”科目；确认投资损失时，应编制相反的会计分录。

五、营业外收支的核算

虽然营业外收支是企业的非日常经营活动所产生的，但其同样为企业带来收入或形成支出，也是影响企业利润的非常重要的因素。由于其产生于非日常经营活动，因此具有偶发性、一次性以及难以预见的特点，它们之间不存在因果关系和配比关系。

营业外收入与营业外支出应当分别核算。一般情况下，不能将营业外收支直接相互冲减，也就是说，两者应当分别核算。各企业还应当根据各自的业务情况设置明细科目，进行明细核算。

（一）营业外收入的核算

1. 核算内容

营业外收入是指企业发生的与其日常经营活动无直接联系的各项利得，主要包括非流动资产处置利得、非货币性资产交换利得、债务重组利得、盘盈利得、政府补助、捐赠利得、罚款利得等。

其中，非流动资产处置利得包括固定资产处置利得和无形资产出售利得。无论是固定资产处置还是无形资产出售，其利得都是指所取得的变价收入、残料收入或出售收入减去资产账面价值、清理费用以及相关税费等后的净收益。非货币性资产交换利得，指在非货币性资产交换中，换入资产的公允价值大于换出资产账面价值的差额，扣除相关费用后的金额。债务重组利得，指重组债务的账面价值超过清偿债务的现金、非现金资产的公允价值、所转股份的公允价值或者重组后债务账面价值之间的差额。盘盈利得，指企业对现金、存货等资产进行盘点过程中盘盈的资产，经批准后计入营业外收入的金额。政府补助，指企业从政府无偿取得的货币性资产或非货币性资产。捐赠利得，指企业接受捐赠产生的利得。罚款利得，指企业取得的各项罚款，在弥补由于对方违反合同或协议而造成的经济损失后的罚款净收益。

综上，营业外收入强调的是净收益，其入账金额都是在扣除相关费用之后计算得出的。这一点与主营业务收入和其他业务收入有很大的不同。究其原因，就在于营业外收入不是由企业经营资金耗费所产生的，不需要企业付出代价，因此其实际上是企业的纯收入，且没有与之相配比的有关费用或成本。因此，在日常核算中，应严格区分营业收入和营业外收入的核算范围。

2. 账务处理

为了反映营业外收入的发生和转出情况，应设置“营业外收入”账户。该账户属于损益类账户，其贷方登记发生的营业外收入，借方登记结转至本年利润的营业外收入，期末无余额。该账户应根据营业外收入的种类设置明细科目。

【例 9—7】 江夏公司出售一台设备，取得收入 150 000 元；该设备账面价值 100 000 元，发生相关费用 5 000 元，用银行存款支付。相关会计分录如下：

借：固定资产清理	100 000	
贷：固定资产——××设备		100 000
借：固定资产清理	5 000	
贷：银行存款		5 000
借：银行存款	150 000	
贷：固定资产清理		150 000
借：固定资产清理	45 000	
贷：营业外收入		45 000

（二）营业外支出的核算

1. 核算内容

营业外支出与营业外收入核算内容恰恰相反，是指企业发生的与日常活动无直接联系的各项损失，主要包括非流动资产处置损失、非货币性资产交换损失、债务重组损失、公益性捐赠支出、非常损失、盘亏损失、罚款支出等。

2. 账务处理

为了反映营业外支出的发生和转出情况，应设置“营业外支出”账户。该账户属于损益类账户，其借方登记发生的营业外支出，贷方登记结转至本年利润的营业外支出，期末无余额。该账户应根据营业外支出的种类设置明细科目。

【例 9—8】 江夏公司 10 月份用银行存款支付税款滞纳金 5 000 元。相关会计分录如下：

借：营业外支出——罚款支出	5 000	
贷：银行存款		5 000

六、政府补助的核算

政府补助是指企业无偿从政府取得的货币性或非货币性资产，但不包括政府作为企业所有者投入的资本。《企业会计准则第 16 号——政府补助》所规范的政府补助主要有两个特征：一是无偿性；二是直接取得资产。因此，并非所有企业从政府获得的资产都为政府补助。此外，值得注意的是，增值税的出口退税不属于政府补助，其实质是政府归还企业事先垫付的资金。

根据准则规定，政府补助划分为与资产相关的政府补助和与收益相关的政府补助。与资产相关的政府补助，是指企业取得的、用于购建或以其他方式形成长期资产的政府补助。与收益相关的政府补助，是指除与资产相关的政府补助以外的补助。其会计处理方法也根据分类而不同。

（一）与资产相关的政府补助

企业取得的与资产有关的政府补助，不能全额确认为当期收益，应当随资产的使用逐步计入以后各期收益。这类补助，在取得时先确认为递延收益，然后在资产可供使用时开始，将补助收入在资产使用寿命平均分配，计入营业外收入。

（二）与收益相关的政府补助

与收益相关的政府补助在其补偿的相关费用或损失发生的期间计入当期损益。先取得的补助用于补偿以后期间费用或损失的，在取得时作为递延收益处理，然后在确认相关费用期间计入当期营业外收入；如果取得的补助用于补偿企业已发生的费用或损失，则直接计入当期营业外收入。

七、所得税费用的核算

（一）所得税费用的定义

所得税费用是指应在会计税前利润中扣除的所得税费用，包括当期所得税费用和递延所得税费用（或收益，下同）。所得税费用的确认有应付税款法和资产负债表债务法两种。我国现行会计准则规定，所得税费用确认应采用资产负债表债务法。

（二）所得税会计概述

1. 计税差异

所得税是根据企业的应纳税所得额计征的税种，其计税基础是企业的所得额。所得税的计税基础是企业的应纳税所得额。但实际工作中，会计算出的应纳税所得额与税务部门算出的应纳税所得额之间是存在差异的，这个差异就称为计税差异。其产生的原因是由于企业会计核算和税收服务于不同目标、遵从不同的原则所致。财务会计遵循会计准则核算利润，而税务部门按照税收法规计算应纳税所得额。由于两者的口径不一，因此产生了差异。所得税会计的形成和发展是所得税法规和会计准则相互分离的必然结果。

2. 所得税会计的一般程序

采用资产负债表债务法核算所得税时，企业一般应于每一资产负债表日进行所得税核算。企业进行所得税核算一般应遵循以下程序。

(1)在利润总额的基础上进行纳税调整，确认应纳税所得额，再根据应纳税所得额和适用的所得税税率计算出应交所得税。计算公式为：

应交所得税＝（税前会计利润＋纳税调整增加额－纳税调整减少额）×所得税税率

(2)按照会计准则，确认资产负债表中除递延所得税资产和递延所得税负债以外的其他资产和负债的账面价值。

(3)按照会计准则，以适用的税收法规为基础，确定资产负债表中有关资产、负债的计税基础。

(4)比较资产、负债的账面价值与计税基础，对两者之间存在的差异，分析其性质，确认是应纳税暂时性差异还是可抵扣暂时性差异，确认资产负债表日的递延所得税资产与递延所得税负债的金额，并与期初递延所得税资产与递延所得税负债相比较，确认当期应确定的递延所得税资产与递延所得税负债的金额或予以转销的金额。

(5)根据应交所得税和递延所得税确定利润表中的所得税费用。

（三）资产、负债的账面价值与计税基础

1. 资产的账面价值与计税基础

资产的账面价值是指根据会计准则的规定确定的有关资产在资产负债表上所列示的金额。

资产的计税基础是指企业在收回资产账面价值的过程中，计算应纳税所得额时按照税法规定可以自应税经济利益中抵扣的金额，即某项资产在未来计税期间，计税按照税法规定可以税前扣除的金额。

资产在初始确认时，其计税基础一般为取得的成本，即在资产刚刚取得时，其账面价值与计税基础一般是相等的。但在该项资产使用消耗的过程中，由于会计准则和税法对该项资产当期确认的可以作为费用扣除的金额不同，就产生了该项资产账面价值与计税基础之间的差异。

【例 9—9】 江夏公司 2×15 年 1 月 1 日开始计提一项设备的折旧。原始成本为 100 万元，使用年限为 5 年，残值率为 0。会计上使用直线法计提折旧，而税法上要求双倍余额递减法。计算该设备 12 月 31 日的账面价值和计税基础。

账面价值＝100－20＝80(万元)

计税基础＝100－100×2/5＝60(万元)

【例 9—10】 江夏公司当期为开发某项新工艺发生研究支出 600 万元，其中研究阶段支出为 100 万元，开发阶段符合资本化条件前发生支出 100 万元，符合资本化条件后达到预定用途前的支出为 400 万元。税法规定，企业为研究开发新技术、新产品和新工艺发生的研究费用，未形成无形资产计入当期损益的，在据实扣除的基础上加计扣除 50%；形成无形资产的，按照无形资产成本的 150%摊销。(假设无形资产在今年并未进行摊销)

该企业当期发生研究支出中，根据会计准则，准予费用化予以扣除的金额为 200 万元，形成无形资产成本为 400 万元，即无形资产账面价值为 400 万元。

而根据税法规定，该企业准予从应纳税所得额中扣除的金额为 300 万元。所形成的无形资产在未来期间准予税前扣除的金额为 600 万元，由此形成暂时性差异 200 万元。

2. 负债的账面价值与计税基础

负债的账面价值是指根据会计准则的规定确定的有关负债在资产负债表上所列示的金额。

负债的计税基础是指负债的账面价值减去未来期间计算应纳税所得额时按照税法规定可予以抵扣的金额。即：

负债的计税基础＝账面价值－未来期间按照税法规定可予以税前扣除的金额

由于负债的确认与偿还一般不会影响企业的损益，也就不会影响到应纳税所得额的计算，未来期间按照税法规定可予以税前扣除的金额为零，负债的计税基础等于账面价值。但在某些情况下，负债的确认影响到企业的损益，且按照税法规定在未来期间允许税前扣除，使得负债的计税基础与账面价值产生差异。

【例 9—11】 江夏公司 2×15 年因销售某种产品承诺提供 2 年保修服务。该企业根据该产品当年实现收入的 10%确认了销售费用 300 万元，并作为预计负债，但年底未发生任何保修支出。根据税法规定，与产品售后服务相关的费用只有在实际发生时才允许税前扣除。

该项负债在当年资产负债表中的列示金额为 300 万元，即其账面价值为 300 万元。

该项负债的计税基础＝账面价值－未来期间按照税法规定可予以税前扣除的金额
＝300(万元)

【例 9—12】 江夏公司 2×15 年 12 月 18 日收到 B 客户的一笔预付款，金额为 50 万元，作为预收账款核算。按照税法规定，该款项应计入当期应纳税所得额计算纳税。

该预收账款的账面价值为 50 万元。

该项负债的计税基础＝账面价值－未来期间按照税法规定可予以税前扣除的金额
＝50－50＝0

这50万元可以在未来期间全额税前扣除，是因为这50万元在本期已经作为收入缴纳过所得税了。账面价值和计税基础之间产生的这50万元差异会减少企业未来期间的应纳税所得额。

（四）暂时性差异

暂时性差异是指资产和负债的账面价值与计税基础之间的差额；未作为资产和负债确认的项目，按照所得税法规定可以确定其计税基础的，该计税基础与其账面价值之间的差额也属于暂时性差异。

根据暂时性差异对未来期间应纳税所得额的影响，分为应纳税暂时性差异和可抵扣暂时性差异。

1. 应纳税暂时性差异

应纳税暂时性差异，是指在确定未来收回资产或清偿债务期间的应纳税所得额时，将导致产生应税金额的暂时性差异，即在未来期间，由于该差异的转回，会进一步增加转回期间的应纳税所得额和应交所得税，在其产生当期确认相关的递延所得税负债。

应纳税暂时性差异一般产生于以下两种情况：

(1)资产的账面价值大于其计税基础。资产的账面价值代表的是企业在持有使用或最终出售该项资产时将取得的经济利益的总额，而计税基础代表的是资产在未来期间税前允许扣除的总金额。资产账面价值大于计税基础，说明该项资产在未来期间税前不允许全部抵扣，两者之间的差额需要交税，产生应纳税暂时性差异。

(2)负债的账面价值小于计税基础。负债的账面价值代表的是指未来期间企业为偿付该项债务时的经济利益的流出，而计税基础代表的是指账面价值扣除了未来期间税法规定的允许税前扣除之后的差额。如果用账面价值减去计税基础，得到的是未来期间允许税前扣除的金额，而账面价值小于计税基础，则意味着未来期间税法允许税前扣除的金额为负，由此就要调增应纳税所得额，产生应纳税暂时性差异。

2. 可抵扣暂时性差异

可抵扣暂时性差异是指在确定未来收回资产或清偿负债期间的应纳税所得额时，将导致产生可抵扣金额暂时性差异，即在未来期间转回时，会减少转回期的应纳税所得额。可抵扣暂时性差异一般产生于以下两种情况：

(1)资产的账面价值小于计税基础。资产账面价值小于计税基础意味着该资产未来期间税前允许扣除金额大于账面价值，两者之间的差额可以减少企业未来期间的应纳税所得额并减少应交所得税。

(2)负债的账面价值大于计税基础。如果账面价值大于计税基础，则意味着未来期间税法允许税前扣除的金额为正，由此调减应纳税所得额，产生可抵扣暂时性差异。

总之，导致企业在未来期间增加应纳税所得额的差异即为应纳税暂时性差异；反之，则为可抵扣暂时性差异。

（五）递延所得税资产与递延所得税负债

在确定了应纳税暂时性差异与可抵扣暂时性差异后，应当按照所得税会计准则的规定选择适用税率计算确认相应的递延所得税负债与递延所得税资产。

1. 递延所得税负债的确认与计量

(1)递延所得税负债的确认。递延所得税负债产生于应纳税暂时性差异。由于应纳税暂时性差异转回期间导致企业应纳税所得额增加，使得经济利益流出企业，构成了企业的纳税义务，因此应作为负债计量。确认时，除所得税准则中明确规定不能确认递延所得税负债的情况外，企业对于所有应纳税暂时性差异均应确认相关的递延所得税负债。除与直接计入所有者权益的交易或事项以及企业合并中取得资产、负债相关的以外，在确认递延所得税负债的同时，应增加利润表中的所得税费用。

(2)递延所得税负债的计量。所得税准则规定，资产负债表日，对于递延所得税负债，应当根据适用税法规定，按照预期收回该资产或清偿该债务期间的所得税税率计算。即递延所得税负债应以相关应纳税暂时性差异转会计期间按照税法规定适用的所得税税率计算。在我国，除特殊的优惠税率以外，企业适用的所得税税率在不同年度之间一般不会发生变化，企业在确认递延所得税负债时，可以按照现行适用税率为基础确认计量。

2. 递延所得税资产的确认和计量

(1)递延所得税资产的确认。递延所得税资产产生于可抵扣暂时性差异。由于可抵扣暂时性差异在未来期间转回时，导致企业应纳税所得额减少，从而减少了经济利益的流出，因此应作为资产确认。

(2)递延所得税资产的计量。同递延所得税负债的计量原则一致，确认递延所得税资产时，应当以预期收回该资产期间的适用所得税税率为基础计算确定。

企业在确认了递延所得税资产以后，资产负债日，应当对递延所得税资产的账面价值进行复核。如果未来期间很可能无法取得足够的应纳税所得额用以利用可抵扣暂时性差异带来的利益，应当减计递延所得税资产的账面价值。

(六)所得税费用

所得税会计的主要目的就是确认利润表中的所得税费用，利润表中的所得税费用包括当期所得税和递延所得税两部分。

1. 当期所得税

当期所得税是指按照税法规定确认的针对当期发生的交易和事项，应交给税务部门的所得税金额。计算公式为：

应交所得税＝(税前会计利润＋纳税调整增加额－纳税调整减少额)×所得税税率

2. 递延所得税

递延所得税是指按照所得税准则规定当期应确认的递延所得税资产和递延所得税负债，即递延所得税资产及递延所得税负债当期发生额的综合结果。用公式表示为：

递延所得税＝(递延所得税负债期末余额－递延所得税负债期初余额)
－(递延所得税资产期末余额－递延所得税资产期初余额)

递延所得税资产和递延所得税负债应分别作为非流动资产和非流动负债在资产负债表中列示。

3. 所得税费用

确定了当期所得税以及递延所得税后，利润表中的所得税费用即为两者之和，即

所得税费用＝当期所得税＋递延所得税

【例 9－13】 江夏公司 2×16 年利润表中的利润总额为 1 000 万元，该公司适用的所得税税率为 25%。递延所得税资产与负债均不存在期初余额。与所得税核算有关业务如例 9－9、例 9－10、例 9－11、例 9－12 所述，要求计算江夏公司 2×16 年的所得税费用并进行会计处理。

(1)计算该公司 2×16 年应交所得税：

应纳税所得额＝1 000－20－100＋300＋50＝1 230(万元)

应交所得税＝1 230×25%＝307.5(万元)

(2)2×16 年递延所得税：

江夏公司 2×16 年 12 月 31 日资产负债表中相关资产负债的账面价值与计税基础情况如表 9－1 所示。

表 9－1　江夏公司相关资产负债项目账面价值和计税基础差异　单位：万元

项目	账面价值	计税基础	可抵扣暂时性差异	应纳税暂时性差异
固定资产	80	60		20
无形资产	400	600	200	
预计负债	300	0	300	
预收账款	50	0	50	
合　计			550	20

递延所得税资产＝550×25%＝137.5(万元)

递延所得税负债＝20×25%＝5(万元)

递延所得税＝5－137.5＝－132.5(万元)

(3)计算所得税费用。

所得税费用＝307.5－132.5＝175(万元)

会计分录如下：

借：所得税费用	1 750 000	
递延所得税资产	1 375 000	
贷：应交税费——应交所得税		3 075 000
递延所得税负债		50 000

八、利润的结转

为了核算企业本年度内实现的净利润或发生的亏损，企业应设置“本年利润”账户，用于期末(月末或年末)结转各损益类账户的发生额，核定出本期利润。

期末结转利润时，应将“主营业务收入”、“其他业务收入”、“营业外收入”等科目的期末余额转入“本年利润”的贷方，借记“主营业务收入”等，贷记“本年利润”；将“主营业务成本”、“其他业务成本”、“营业税金及附加”、“销售费用”、“管理费用”、“财务费用”、“资产减值损失”、“营业外支出”、“所得税费用”等科目期末余额转入“本年利润”的借方，借记“本年利润”，贷记“主营业务成本”等。另外，如果“公允价值变动损益”、“投资收益”科目期末余额为净收益，则应借记“公允价值变动损益”、“投资收益”，贷记“本年利润”；如果为净损失，则做相反的分录。

在会计年度终了，应将企业收支相抵算出来的净利润，转入“利润分配”账户。如果企业本年利润为正，则借记“本年利润”，贷记“利润分配”；如果为净亏损，则做相反的会计分录。“本年利润账户”年末结转后无余额。

【例 9－14】 江夏公司 2×15 年底各损益科目余额如表 9－2 所示，所得税相关资料见例 9－13。

表 9—2　　**江夏公司 2×15 年底各损益科目余额**　　单位:万元

科　目	借方余额	科　目	贷方余额
主营业务成本	1 000	主营业务收入	3 000
营业税金及附加	80	其他业务收入	50
销售费用	400	投资收益	500
管理费用	300	营业外收入	50
财务费用	20		
其他业务成本	40		
营业外支出	10		
合　计	1 850	合　计	3 600

根据以上相关资料,会计期末将相关科目余额全部转入本年利润账户,并结转净利润。相关分录如下:

(1)将收入类科目余额结转至“本年利润”:

借:主营业务收入　30 000 000
　其他业务收入　500 000
　投资收益　5 000 000
　营业外收入　500 000
　贷:本年利润　36 000 000

(2)将费用类科目余额结转至“本年利润”:

借:本年利润　18 500 000
　贷:主营业务成本　10 000 000
　　其他业务成本　400 000
　　税金及附加　800 000
　　销售费用　4 000 000
　　管理费用　3 000 000
　　财务费用　200 000
　　营业外支出　100 000

(3)结转本期所得税费用:

借:本年利润　1 750 000
　贷:所得税费用　1 750 000

(4)计算并结转净利润:

税后净利润＝3 600－1 850－175＝1 575(万元)

借:本年利润　15 750 000
　贷:利润分配——未分配利润　15 750 00

第七节 利润分配

一、利润分配的一般程序

企业当期实现的净利润，加上年初未分配利润（或减去年初未弥补亏损）和其他转入后的余额为可供分配利润。企业的可供分配利润按以下顺序分配：

第一，被没收的财产损失，支付各项税收的滞纳金和罚款。

第二，弥补企业以前年度亏损，即弥补超过用所得税的利润抵补期限，按规定用税后利润弥补的亏损。

第三，提取法定盈余公积，提取比例一般为当年实现净利润的10%，但以前年度累积的法定盈余公积金达到注册资本的50%时，可不再提取。

第四，向投资者分配利润。

(1)向优先股股东分配现金股利。

(2)提取任意盈余公积金。

(3)向普通股股东或者投资者分配现金股利或利润。

(4)分配股票股利，将利润转化为股本。

可供投资者分配的利润，经过上述分配后，剩余部分为未分配利润（或未弥补亏损）。未分配利润可留待以后年度进行分配。企业如果发生亏损，按规定由以后年度利润进行弥补。

二、利润分配的账务处理

为核算企业全年实现利润的分配和历年利润分配后的结余情况，应该设置"利润分配"账户。借方登记已分配的利润数，贷方登记从"本年利润"科目转来的净利润和弥补以前年度亏损额。期末余额表示累计实现利润的金额，会计期末，再将其转至"利润分配——未分配利润"科目。

年度终了时，"利润分配"的其他明细科目余额要全部转入"利润分配——未分配利润"科目。结转后，"未分配利润"若为贷方余额则是企业历年积存的未分配利润；若为借方余额则是企业历年积存的未弥补亏损。

为完整反映企业利润分配的情况，应在"利润分配"科目下设置"其他转入"、"提取法定盈余公积"、"提取任意盈余公积"、"利润归还投资"、"应付优先股股利"、"应付普通股股利"、"转作资本（或股本）的股利"及"未分配利润"等明细科目进行核算。

当企业按规定提取盈余公积时，应借记"利润分配——提取法定盈余公积"、"利润分配——提取任意盈余公积"等科目，贷记"盈余公积——法定盈余公积"、"盈余公积——任意盈余公积"等科目；经股东大会或类似机构决议，向股东或投资者分配现金股利或利润时，应借记"利润分配——应付现金股利或利润"，贷记"应付股利"或"应付利润"；经股东大会或类似机构决议，向股东分配股票股利时，应在办理完增资手续后，借记"利润分配——转作股本的利润"，贷记"股本"；企业用盈余公积弥补亏损时，应借记"盈余公积——法定盈余公积"或"盈余公积——任意盈余公积"，贷记"利润分配——盈余公积补亏"。

【例9－15】 江夏公司2×15年实现净利润15 750 000元，董事会决定分别按10%、5%

提取法定盈余公积金和任意盈余公积金，向投资者分配利润 1 000 000 元，应做如下分录：

(1)提取法定盈余公积和法定公益金：

借：利润分配——提取法定盈余公积	1 575 000	
——提取法定公益金	787 500	
贷：盈余公积——法定盈余公积		1 575 000
——法定公益金		787 500

(2)向投资者分配利润：

借：利润分配——应付普通股股利	1 000 000	
贷：应付股利		1 000 000

(3)结转利润分配明细科目：

借：利润分配——未分配利润	3 362 500	
贷：利润分配——提取法定盈余公积		1 575 000
——提取法定公益金		787 500
——应付普通股股利		1 000 000

本章小结

企业经营的主要目的是为了获取相应的利润。收入费用和利润的确定和计量是企业关注的重心之一。

收入是指企业在日常活动中形成的、会导致所有者权益增加的、与所有者投入资本无关的经济利益的总流入。收入按照性质和内容的不同可分为销售商品收入、提供劳务收入和让渡资产使用权收入；按照企业经营业务的主次分为主营业务收入和其他业务收入。按照权责发生制的要求，任何交易活动，只要存在报酬和风险的转移，并能可靠地予以计量，都应该在账面上确认相应的收入。

费用是与收入相对应而存在的，是指企业在日常活动中发生的、会导致所有者权益减少的、与向所有者分配利润无关的经济利益的总流出。费用按经济用途分类可分为生产成本和期间费用，期间费用又包括管理费用、销售费用和财务费用。费用应当按权责发生制、配比原则，一级划分资本性与收益性支出的要求，在支出的效用真正发挥时予以确认。

利润是指企业在一定会计期间的经营成果。利润包括收入减去费用后的净额，直接计入当期利润的利得和损失等。根据我国企业会计准则的规定，企业利润总额包括营业利润、营业外收支等。营业利润是企业最基本经营活动的成果，也是企业一定时期获得利润中最主要、最稳定的来源。营业外收支是指企业发生的与其生产经营活动无直接关系的收益和支出。净利润(收益)是指在利润总额中按规定交纳了所得税后公司的利润留成，是评价企业盈利能力、管理绩效以致偿债能力的一个基本工具。

复习思考题

一、简答题

1. 收入具有哪些特征？
2. 销售收入确认的条件是什么？
3. 如何进行销售退回的账务处理？

4. 如何进行劳务收入的确认和计量?

5. 如何理解费用的定义和特征?

6. 确认费用一般有哪几种方法?

7. 利润分配的程序是什么?

8. 递延所得税资产和递延所得税负债的区别是什么?

二、单项选择题

1. 下列各项中,符合收入会计要素定义,可以确认为收入的是(　　)。

A. 出售无形资产收取的价款　　B. 出售固定资产收取的价款

C. 提供劳务收到的价款　　D. 确认的政府补助利得

2. 在采用收取手续费方式委托代销商品时,委托方确认商品销售收入的时点为(　　)。

A. 委托方发出商品时　　B. 委托方销售商品时

C. 委托方收到受托方开具的代销清单时　　D. 委托方收到受托方代销商品的销售货款时

3. 不属于管理费用列支范围的是(　　)。

A. 出租无形资产发生的服务费　　B. 董事会费

C. 无形资产摊销费用　　D. 业务招待费

4. 某企业 2×15 年 2 月主营业务收入为 100 万元,主营业务成本为 80 万元,管理费用为 5 万元,资产减值损失为 2 万元,投资减值损失为 2 万元,投资收益为 10 万元。假定不考虑其他因素,该企业当月的营业利润为(　　)万元。

A. 13　　B. 15　　C. 18　　D. 23

5. 下列收入中不属于其他业务收入的是(　　)。

A. 包装物出租收入　　B. 代购代销收入

C. 罚款收入　　D. 材料销售收入

6. 企业销售商品时发生的销售折让,应作为(　　)处理。

A. 销售费用　　B. 冲减主营业务收入

C. 财务费用　　D. 增加主营业务成本

7. 企业专设销售机构的业务招待费应计入(　　)。

A. 管理费用　　B. 销售费用

C. 主营业务成本　　D. 其他业务支出

8. 未纳入养老保险金管理的企业离退休人员工资应计入(　　)。

A. 财务费用　　B. 销售费用

C. 管理费用　　D. 应付职工薪酬

9. 企业发生的固定资产盘亏应计入(　　)科目。

A. 其他业务成本　　B. 主营业务成本

C. 资本公积　　D. 营业外支出

10. 年末接转后"利润分配"账户的贷方余额表示(　　)。

A. 利润分配总额　　B. 未弥补亏损

C. 未分配利润　　D. 实现的利润总额

三、多项选择题

1. 财务费用核算内容包括(　　)。

A. 汇兑损失　　B. 利息支出

C. 诉讼费　　D. 购货单位享受的现金折扣

2. 企业在销售商品时,同时满足以下(　　)条件,即确认为收入。

A. 企业已将商品所有权上的主要风险和报酬转移给买方

B. 企业既没有保留通常与所有权相联系的继续管理权,也没有对已售出的商品实施控制

C. 与交易相关的经济利益能够流入企业

D. 相关的收入和成本能够可靠地计量

3. 企业"营业税金及附加"科目的核算内容包括(　　)。

A. 消费税　　B. 资源税

C. 城市维护建设税　　D. 教育附加费

4. 下列(　　)项目可以影响主营业务收入的入账价值。

A. 商业折扣　　B. 现金折扣

C. 销售退回　　D. 销售折让

5. 下列项目中,能引起企业利润增加的有(　　)。

A. 固定资产处置利得　　B. 接受捐赠

C. 计提持有至到期投资的利息　　D. 收到供货单位违反合同的违约金

四、业务题

1. 雅兴公司 2×15 年 6 月发生以下经济业务。假设不考虑税法与会计之间的所得税差异。

(1)本月发生销售收入 280 000 元,增值税 17%,款项全部收到并存入银行。

(2)结转本月已售出产品的生产成本 120 000 元。

(3)计提本月专设销售机构人员工资 4 000 元。

(4)计提公司管理人员工资 6 000 元。

(5)用银行存款支付广告费 8 000 元。

(6)收到长期股票投资(成本法核算)的中期股利 2 800 元。

(7)计提城建税 2 000 元,教育费附加 800 元。

(8)用现金支付公司购办公用品 300 元。

(9)用银行存款支付行政管理部门水电费等 3 400 元。

(10)计提管理部门折旧费 4 000 元。

(11)支付银行贷款利息 2 800 元。

(12)用现金支付税收滞纳金 380 元。

(13)取得一笔罚款收入 12 800 元,已存入银行账户。

(14)将各项收入、费用结转入"本年利润"账户。

(15)计提并结转所得税,所得税率 25%。

要求:根据上述业务编制会计分录。

2. 远大公司 2×16 年 7 月发生下列有关业务:

(1)2日,向A公司销售甲产品20件,价款50 000元,增值税8 500元,收到3个月的银行承兑汇票一张。

(2)8日,向B公司销售甲产品50件,价款为125 000元,增值税为21 250元,用银行存款代垫运杂费500元,已办妥托收。

(3)10日,向C公司赊销乙产品30件,价款为60 000元,增值税10 200元,付款条件为2/10,1/20,n/30。

(4)14日,D公司因产品质量问题退回上月销售的甲产品5件,价款12 500元,增值税2 125元,款已支付。

(5)18日,A公司发现所购甲产品中有两件外观存在问题,要求给予10%销售折让,该公司同意,并支付折让货款。

(6)19日,收到C公司支付的10日采购款。

(7)25日,向F公司销售甲产品10件,价款25 000元,增值税为4 250元,用银行存款代垫运杂费1 000元,尚未办理托收,产品尚未发出。

(8)31日,用银行存款支付广告费6 000元。

(9)31日,结转产品销售成本,甲产品单位成本为1 500元,乙产品单位成本1 000元。

(10)31日,本月应交消费税43 500元,城市维护建设税4 690元,教育费附加2 010元。

(11)期末,结转有关账户,并计算利润总额。

(12)按所得税率25%,计提并结转净利润。

(13)按净利润的10%提取法定盈余公积金,进行利润分配。

要求:编制上述业务的会计分录。

第十章　财务会计报告

【案例导读】

虹云公司为增值税一般纳税人，其总账会计小王在2×15年财务报表的编制和发布过程中，存在如下疑问：

(1)在计算、填列“货币资金”项目时，月末银行存款日记账上显示的余额为30 000元，而银行对账单上显示的余额为35 000元，经过对未达账项的调整之后，银行存款余额调节表中的金额为38 500元，那么在填列“货币资金”时，“银行存款”项目的金额应为多少？

(2)在计算、填列资产负债表中“应付账款”项目时，发现企业“应付账款”总账余额为－5 000元，通过查阅明细账得知，与长期往来供应商——怡文公司的“应付账款”明细账借方余额为－18 000元，系预付购货款所致，而其他供应商明细账均为贷方余额，那么当期“应付账款”项目金额应填列多少？

(3)在计算、填列“存货”项目时，发现为负数，即－5 000元，经核查明细账发现，部分进货发票未到，但已耗用，这批进货的合同价款为6 800元，那该如何处理？

(4)在编制现金流量表时，发现本期缴纳的增值税款中包含与固定资产相关的增值税额17 000元，其是作为投资活动产生的现金流量，还是作为经营活动产生的现金流量处理？

(5)2×15年12月30日花4万元购买了一批价值6万元的存货，但是在2×16年元旦上班以后这批存货被盗了。在公司2×15年12月31日的资产负债表中，应该如何披露这批存货，是否应提到其被盗的情况？2×15年的年度资产负债表发布于2×16年3月31日。

请思考：

为了保障利益相关者权益，提供真实准确的报表，上述报表项目在编制时，应如何处理？

【本章导读】

本章将在介绍财务会计报告的概念、作用和种类的基础上，重点介绍资产负债表、利润表、现金流量表和所有者权益变动表的含义、格式、编制及阅读。通过本章学习，你应该能够：(1)理解财务会计报告的概念；(2)了解财务会计报告的作用及编制要求；(3)熟悉财务会计报告的种类；(4)掌握资产负债表的含义、格式、编制及阅读；(5)掌握利润表的含义、格式、编制及阅读；(6)掌握现金流量表的含义、格式、编制及阅读；(7)了解所有者权益变动表和会计报表附注的内容。

第一节 财务会计报告概述

财务会计报告(financial accounting report)是企业正式对外揭示或表述财务信息的总结性书面文件。按《企业会计准则——基本准则》的定义:“财务会计报告是企业对外提供的反映企业某一特定日期的财务状况和某一会计期间经营成果、现金流量等会计信息的文件。”它是从会计核算角度对企业一定时期生产经营活动情况的总结,企业应当根据经过审核的会计账簿记录和有关资料,定期编制财务会计报告,以满足有关各方对企业会计信息的需求。

财务会计报告的目的就是对外提供财务信息,以满足投资者、债权人等相关信息使用者做出决策的需要,并为国家进行宏观调控提供需要的基本数据。在企业对外披露的财务信息中,有些是通过财务报表提供的,另一些则是通过其他财务会计报告提供的。一般来说,财务报表是财务会计报告的核心,企业对外提供的主要财务信息都应纳入财务报表(包括表内和表外附注)。

一、财务会计报告的作用

财务会计报告的作用主要表现在以下几个方面:

(1)反映企业管理当局的受托责任履行情况。股份有限公司的“两权分离”使股东和企业管理当局之间出现委托与受托关系。股东把资金投入公司,委托管理人员进行经营管理。为了确保自己的切身利益,保证其投入资本的保值与增值,股东需要经常了解管理当局对受托经济资源的经营管理情况。通过公认会计原则或企业会计准则和其他一些法律规章的制约,财务会计报告能够较全面、系统、连续和综合地跟踪反映企业投入资源的渠道、性质、分布状况以及资源的运用效果,从而有助于评估企业的财务状况与经营绩效以及管理当局对受托资源的经营管理责任的履行情况。

(2)协调企业与相关利益集团的关系。在现代企业中,相关利益集团是企业各种资源的提供者,任何企业的生存与发展都必须依赖他们的贡献、配合与协作。企业管理当局的主要职能就是鼓励和激发各种集团对企业的贡献,协调企业与相关利益集团之间的关系。为此,管理人员不但要管理并有效地利用受托的各种资源,并且需要定期向有关利益集团全面、系统、连续和客观的报告对受托资源的管理与利用情况,以及利用这些资源所创造的效益及其分配情况。财务会计报告提供的信息,在这一领域发挥了不可替代的重要作用。

(3)有助于投资者和债权人等进行合理的决策。在企业外部集团中,投资者、债权人是财务会计报告最重要的使用者。企业的资金主要由企业的投资者和债权人提供,无论是目前的投资者、潜在的投资者还是债权人,都必须了解被投资企业的生产经营情况、盈利情况和偿债能力。而这些会计信息的获得,主要来自企业的财务会计报告。对于投资者和债权人来说,利用企业中有关经济资源和经济业务等方面的财务信息,判断企业在激烈竞争的市场环境中生存、适应、成长与扩展的能力是非常必要而有益的。财务会计报告提供的信息虽然主要是对过去经营成果和财务状况的反映与总结,但是反映过去是为了预测未来。由于事物的发展存在着一定程度的连续性、系统性和规律性,财务会计报告对企业已发生的资金运动及其结果的反映,有助于投资者和债权人等预测企业未来时期的现金流入净额、流入时间和不确定性。这些因素是外部使用者进行投资、信贷等决策时必须考虑的。

(4)有助于政府有关部门进行宏观调控。企业在生产经营过程中应遵守财经制度和财经纪律,正确计算盈亏,及时上缴税金,为国家提供财政收入。财务会计报告能为财税部门提供监督、检查企业遵守财经制度、财政纪律情况的较详细的资料。同时,财务会计报告还能揭示企业资金的取得、利润的分配和资源的流向等方面的内容,为国家制定正确的财经政策,进行宏观调控提供可靠的依据。

二、财务会计报告的组成

企业财务会计报告由会计报表、会计报表附注和其他应当在财务会计报告中披露的相关信息和资料构成。

(一)会计报表

会计报表(financial statements)是反映企业财务状况、经营成果和现金流量的综合指标体系。企业对外提供的会计报表至少应当包括资产负债表、利润表、现金流量表和所有者权益(或股东权益)变动表。

会计报表可以按照不同的标准进行分类。

1. 按会计报表编报期间的不同,可以分为中期会计报表和年度会计报表

中期会计报表(interim financial statements)是以短于一个完整会计年度的报告期间为基础编制的会计报表,包括月报、季报和半年报等。

年度会计报表(annual financial statements)是以一个完整会计年度的报告期间为基础编制的会计报表。

2. 按会计报表编报主体的不同,可以分为个别会计报表和合并会计报表

个别会计报表是由企业在自身会计核算基础上,对账簿记录进行加工而编制的会计报表,它主要用以反映企业自身的财务状况、经营成果和现金流量情况。

合并会计报表是以母公司和子公司组成的企业集团为会计主体,根据母公司和所属子公司的个别会计报表,由母公司编制的,能够综合反映企业集团财务状况、经营成果及现金流量的会计报表。

3. 按会计报表的用途不同,可以分为向外提供的会计报表和企业内部管理需要的会计报表

企业向外提供的会计报表由财政部统一规定,主要有资产负债表、利润表、现金流量表和所有者权益(或股东权益)变动表。

企业内部管理需要的会计报表由企业根据实际需要自行设计确定,主要有成本报表和费用报表。成本报表包括工程成本表、竣工工程成本表、施工间接费用明细表等;费用报表包括管理费用明细表、财务费用明细表等。

(二)会计报表附注

会计报表附注(notes to financial statements)是对在资产负债表、利润表、现金流量表和所有者权益变动表等报表中列示项目的文字描述或明细资料,以及对未能在这些报表中列示项目的说明等。

一套完整的财务会计报告至少应当包括资产负债表、利润表、现金流量表、所有者权益(或股东权益)变动表以及会计报表附注。

三、财务会计报告的编制要求

(一)财务会计报告编制的基本要求

为了充分发挥财务会计报告的作用,确保会计信息的质量,企业编制的财务会计报告必须满足下列要求。

(1)企业应当以持续经营为基础,根据实际发生的交易和事项编制财务会计报告;

(2)财务报告项目的列报应当在各会计期间保持一致,不得随意变更;

(3)除不具有重要性的项目外,性质或功能不同的项目应当在财务报告中单独列报;

(4)财务报告中资产项目和负债项目的金额,收入项目和费用项目的金额,不得相互抵消。

(5)当期财务报告的列报,至少应当提供所有列报项目上一个可比会计期间的比较数据,以及与理解当期财务报告相关的说明。

(6)应当在财务报告的显著位置披露编报企业名称、财务报告日或涵盖的会计期间、人民币金额单位、是否为合并财务报告等内容。

(二)财务会计报告编制的时间要求

(1)月度财务会计报告,每月终了时编制,应于月份终了后的6日内报出;

(2)季度财务会计报告,每季度终了时编制,应于季度终了后的15日内报出;

(3)半年度财务会计报告,每半年度终了时编制,应于年度中期结束后60天内报出;

(4)年度财务会计报告,每年度终了时编制,应于年度终了后4个月内对外提供。

《小企业会计制度》规定,小企业年度财务会计报告可根据需要选择是否编制现金流量表。

(三)财务会计报告编制的具体要求

财务会计报告编制一般有如下三点基本要求:

(1)数字真实。编制财务会计报告,必须根据登记完整、核对无误的账簿记录和其他有关的资料编制,以保证会计信息的真实性。不得任意估计数字、推算数字,更不能弄虚作假、伪造数字。

(2)内容完整。编制财务会计报告,必须按照统一规定的报表种类、格式和内容编制,不得漏编报表和报表中的项目,以保证财务会计报告的完整性。

(3)报送及时。编制的财务会计报告,必须在规定的期限内及时报送,以保证会计信息的及时性。

财务会计报告的封面应包含以下内容:企业名称、企业统一代码、组织形式、地址、报表所属年度或者月份和报出日期,并由企业负责人和主管会计工作的人员盖章;设置总会计师的企业还应当由总会计师签名并盖章。

四、财务会计报告编制前的准备工作

企业在编制年度财务会计报告前,应当按照下列规定,全面清查资产、核实债务:

(1)结算款项(即债权债务),包括应收款项、应付款项和应交税费等是否存在,与债务、债权单位的相应债务、债权金额是否一致;

(2)原材料、在产品、自制半成品和库存商品等各项存货的实存数量与账面数量是否一致,是否有报废损失和积压物资等;

(3)各项投资是否存在,投资收益是否按照国家统一的会计规范进行确认和计量;

(4)房屋建筑物、机器设备和运输工具等各项固定资产的实存数量与账面数量是否一致;

(5)在建工程的实际发生额与账面记录是否一致；

(6)需要清查、核实的其他内容。

企业在编制财务会计报告前，除应当全面清查资产、核实债务外，还应当完成下列工作：

(1)核对各会计账簿记录与会计凭证的内容、金额等是否一致，记账方向是否相符；

(2)依照规定的结账日进行结账，结出有关会计账簿的余额和发生额，并核对各会计账簿之间的余额；

(3)检查相关的会计核算是否按照国家统一的规定进行；

(4)对于国家没有规定统一核算方法的交易、事项，检查其是否按照会计核算的一般原则进行确认和计量以及相关账务处理是否合理；

(5)检查是否存在因会计差错、会计政策变更等原因需要调整前期或者本期相关项目的现象。

第二节 资产负债表

一、资产负债表的作用、内容和格式

资产负债表(balance sheet)是指反映企业在某一特定日期财务状况的会计报表。

(一)资产负债表的作用

资产负债表能为不同的报表使用者提供各自所需的会计信息。

(1)通过资产负债表，可以提供某一日期资产的总额及其结构，表明企业拥有或控制的资源及其分布情况，使用者可以一目了然地从资产负债表上了解企业在某一特定日期所拥有的资产总量及其结构。

(2)通过资产负债表，可以提供某一日期的负债总额及其结构，表明企业未来需要用多少资产或劳务清偿债务，以及清偿时间。

(3)通过资产负债表，可以反映所有者所拥有的权益，据以判断资本保值、增值的情况以及对负债的保障程度。

(4)通过资产负债表，可以提供进行财务分析的基本资料，如将流动资产与流动负债进行比较，计算出流动比率；将速动资产与流动负债进行比较，计算出速动比率等，可以表明企业的变现能力、偿债能力和资金周转能力，有助于报表使用者做出决策。

(二)资产负债表的格式和内容

在资产负债表中，企业通常按资产、负债和所有者权益分类、分项反映。资产按流动性大小进行列示，具体分为流动资产、长期投资、固定资产、无形资产及其他资产；负债也按流动性大小进行列示，具体分为流动负债、非流动负债等；所有者权益则按实收资本、资本公积、盈余公积和未分配利润等项目分项列示。

资产负债表一般有表首、正表两部分。其中，表首概括地说明报表名称、编制单位、编制日期、报表编号、货币名称和计量单位等。正表是资产负债表的主体，列示了用以说明企业财务状况的各个项目。

资产负债表正表的格式一般有两种：报告式资产负债表和账户式资产负债表。报告式资产负债表是上下结构，上半部列示资产，下半部列示负债和所有者权益。具体排列形式又有两

种：一是按“资产＝负债＋所有者权益”的原理排列；二是按“资产－负债＝所有者权益”的原理排列。账户式资产负债表是左右结构，左边列示资产，右边列示负债和所有者权益。不管采取什么格式，资产各项目的合计等于负债和所有者权益各项目的合计，这一等式不变。

在我国，资产负债表采用账户式结构，报表分为左右两方。左方列示资产各项目，反映全部资产的分布及存在形态；右方列示负债和所有者权益各项目，反映全部负债和所有者权益的内容及构成情况。资产负债表左右双方平衡，资产总计等于负债和所有者权益总计，即“资产＝负债＋所有者权益”。资产负债表的具体格式如表10－1所示。

表10－1 **资产负债表** 会企01表

编制单位：江夏公司 2×16年12月31日 单位：元

资　产	期末余额	年初余额	负债和所有者权益(或股东权益)	期末余额	年初余额
流动资产：			流动负债：		
货币资金	3 390 000	2 540 000	短期借款	920 000	3 160 000
交易性金融资产	1 630 000	1 040 000	交易性金融负债		
应收票据	210 000	230 000	应付票据	560 000	1 360 000
应收账款	1 540 000	950 000	应付账款	2 580 000	250 000
预付款项	90 000	50 000	预收款项	60 000	100 000
应收利息			应付职工薪酬	1 030 000	1 300 000
应收股利			应交税费	1 240 000	1 780 000
其他应收示	32 000	20 000	应付利息	100 000	160 000
存货	9 282 000	10 290 000	应付股利	240 000	320 000
一年内到期的非流动资产	160 000	100 000	其他应付款	20 000	50 000
其他流动资产			一年内到期的非流动负债	60 000	360 000
流动资产合计	16 384 000	15 220 000	其他流动负债		
非流动资产：			流动负债合计	6 810 000	11 090 000
可供出售金融资产	1 000 000	300 000	非流动负债：		
持有至到期投资	1 500 000	1 000 000	长期借款	7 940 000	3 540 000
长期应收款	220 000	300 000	应付债券	1 120 000	1 000 000
长期股权投资	5 100 000	4 000 000	长期应付款	2 400 000	2 000 000
投资性房地产	1 800 000	1 600 000	专项应付款	500 000	480 000
固定资产	6 000 000	2 820 000	预计负债		
在建工程	4 680 000	5 120 000	递延所得税负债		
工程物资			其他非流动负债		
固定资产清理	240 000	240 000	非流动负债合计	11 960 000	7 020 000
无形资产	3 586 000	3 570 000	负债合计	18 770 000	18 110 000
开发支出			所有者权益(或股东权益)：		

续表

资　产	期末余额	年初余额	负债和所有者权益(或股东权益)	期末余额	年初余额
商誉			实收资本(或股本)	10 040 000	10 000 000
长期待摊费用			资本公积	200 000	200 000
递延所得税资产	200 000	140 000	减:库存股		
其他非流动资产			盈余公积	1 800 000	1 200 000
非流动资产合计	24 326 000	19 590 000	未分配利润	9 900 000	5 300 000
			所有者权益(或股东权益)合计	21 940 000	16 700 000
资产总计	40 710 000	34 310 000	负债和所有者权益(或股东权益)总计	40 710 000	34 810 000

二、资产负债表的编制

为了让使用者能够通过比较不同时点资产负债表的数据,从而掌握企业财务状况的变动情况及发展趋势,企业需要提供比较资产负债表,资产负债表还将有关各项目的财政情况再分为"年初余额"和"期末余额"两栏分别填列。

(一)年初余额栏的填列方法

资产负债表"年初余额"栏内各项数字,应根据上年末资产负债表"期末余额"栏内所列数字填列。如果上年度资产负债表规定的各个项目的名称和内容同本年度不相一致,应对上年年末资产负债表各项目的名称和数字按照本年度的规定进行调整,填入表中的"年初余额"栏内。

(二)期末余额栏的填列方法

资产负债表"期末余额"栏内各项数字,一般应根据资产、负债和所有者权益类科目的期末余额填列。主要包括以下方式。

1. 根据总账科目的余额填列

资产负债表中的有些项目,可直接根据有关总账科目的余额填列,如"交易性金融资产"、"短期借款"、"应付票据"和"应付职工薪酬"等项目;有些项目则需根据几个总账科目的期末余额计算来填列,如"货币资金"项目,需根据"库存现金"、"银行存款"和"其他货币资金"3个总账科目的期末余额的合计数填列。

2. 根据明细账科目的余额计算来填列

如"应付账款"项目,需要根据"应付账款"和"预付款项"两个科目所属的相关明细科目的期末贷方余额计算来填列;"应收账款"项目,需要根据"应收账款"和"预收款项"两个科目所属的相关明细科目的期末借方余额计算来填列。

3. 根据总账科目和明细账科目的余额进行分析、计算来填列

如"长期借款"项目,需要根据"长期借款"总账科目余额扣除"长期借款"科目所属的明细科目中将在一年内到期,且企业不能自主地将清偿义务展期的长期借款后的金额进行计算来填列。

4. 根据有关科目余额减去其备抵科目余额后的净额填列

如资产负债表中的"应收账款"项目,应当根据"应收账款"科目的期末余额减去"坏账准

备”科目余额后的净额填列。“固定资产”项目，应当根据“固定资产”科目的期末余额减去“累计折旧”、“固定资产减值准备”等备抵科目余额后的净额填列等。

5. 综合运用上述填列方法进行分析填列

如资产负债表中的“存货”项目，需要根据“原材料”、“库存商品”、“委托加工物资”、“周转材料”、“材料采购”、“在途物资”、“发出商品”和“材料成本差异”等总账科目期末余额的分析汇总数，再减去“存货跌价准备”科目余额后的净额填列。

（三）各项目的内容和填列方法

（1）“货币资金”项目，反映企业库存现金、银行结算户存款、外埠存款、银行汇票存款、银行本票存款、信用卡存款、信用保证金存款和存出投资款等的合计数，根据“库存现金”、“银行存款”和“其他货币资金”等科目的期末余额合计填列。

（2）“交易性金融资产”项目，反映企业为交易目的所持有的债券投资、股票投资和基金投资等交易性金融资产的公允价值，根据“交易性金融资产”科目的期末余额填列。

（3）“应收票据”项目，反映企业因销售商品、提供劳动等而收到的商业汇票，包括商业承兑汇票和银行承兑汇票，根据“应收票据”科目的期末余额填列。已向银行贴现的应收票据不包括在本项目内，其中已贴现的商业承兑汇票应在会计报表附注中单独披露。

（4）“应收账款”项目，反映企业应收的与企业经营业务有关的各项目，减去已计提的坏账准备后的净额，根据“应收账款”科目所属各明细科目的期末借方余额合计，减去“坏账准备”科目中有关应收账款计提的坏账准备期末余额后的金额填列。

（5）“预付款项”项目，反映企业预付给分包单位的工程款和预付给供应单位的购货款，根据“预付账款”科目所属各明细科目的期末借方余额加总填列。例如，“预付账款”科目所属明细科目期末有贷方余额，应在“应付账款”项目内填列；“应付账款”科目所属明细科目期末有借方余额，应将其包括在本项目内。

（6）“应收利息”项目，反映企业因债权投资而应收取的利息，但不包括企业购入到期还本付息债券应收的利息，根据“应收利息”科目的期末余额填列。

（7）“应收股利”项目，反映企业因股权投资而应收取的现金股利，及应收其他单位的利润，根据“应收股利”科目的期末余额填列。

（8）“其他应收款”项目，反映企业对其他单位或个人的应收和暂付的款项，减去已计提的坏账准备后的净额，根据“其他应收款”科目的期末余额，减去“坏账准备”科目中有关其他应收款计提的坏账准备期末余额后的金额填列。

（9）“存货”项目，反映企业期末结存在库、在用、在途、在施工和在加工中的各项存货的实际成本或可变现净值，包括各种材料、低值易耗品、周转材料、未完工程、在产品和产成品等，根据“材料采购”、“原材料”、“低值易耗品”、“周转材料”、“委托加工物资”、“生产成本”、“库存商品”和“材料成本差异”等科目借方期末余额合计减去“材料成本差异”科目贷方期末余额后填列。如计提有跌价准备的，应将存货成本减去“存货跌价准备”科目期末余额后的金额，即可变现净值填列。

（10）“一年内到期的非流动资产”项目，反映企业长期债权投资中，将于一年内到期的债券，根据“持有至到期投资”科目所属有关明细科目期末余额分析填列。

（11）“其他流动资产”项目，反映除表中列示的各项流动资产以外的其他流动资产，根据“备用金”等科目的期末余额填列。

（12）“可供出售金融资产”项目，反映企业持有的可供出售的股票投资、债券投资等金融资产的公允价值，根据“可供出售金融资产”科目的期末借方余额填列。

(13)“持有至到期投资”项目，反映企业持有至到期投资的可收回余额，根据“持有至到期投资”科目的期末余额，减去“持有至到期投资减值准备”科目期末余额后的金额填列。

(14)“长期应收款”项目，反映企业期末尚未收回的长期应收款项，包括企业融资租赁产生的应收款项和采用递延方式的分期收款，实质上具有融资性质的销售商品和提供劳务等经营活动产生的应收款项，根据“长期应收款”科目的期末借方余额填列。

(15)“长期股权投资”项目，反映企业不准备在一年内(含一年)变现的各种股权性质投资的可收回金额，根据“长期股权投资”科目的期末余额，减去“长期投资减值准备”科目中有关股权投资减值准备期末余额后的金额填列。

(16)“投资性房地产”项目，对采用成本模式计量的投资性房地产，反映企业持有的投资性房地产的净值，根据“投资性房产”和“投资性地产”科目的期末余额减去“投资性房产累计折旧”和“投资性地产累计摊销”科目期末余额后的金额填列；对采用公允价值模式计量的投资性房地产，反映企业持有的投资性房地产净值的公允价值，根据“投资性房产”和“投资性地产”科目的期末余额之和填列。

(17)“固定资产”项目，反映企业所有的各种固定资产的净值，根据“固定资产”科目的期末余额减去“累计折旧”、“固定资产减值准备”等科目期末余额后的金额填列。

(18)“在建工程”项目，反映企业期末尚未完工交付使用的各种专项工程的实际支出，包括交付安装设备购置费、未完建筑安装工程支出和未摊销工程建设其他支出等，根据“在建工程”科目的期末余额填列。对在建工程已计提减值准备的，应减去“在建工程减值准备”科目期末余额后的金额填列。

(19)“工程物资”项目，反映企业各项工程尚未使用的工程物资的实际成本，根据“工程物资”科目的期末余额填列。

(20)“固定资产清理”项目，反映企业因出售、毁损和报废等原因转入清理但尚未清理完毕的固定资产的净值，或减去减值准备后的余值，以及在清理过程中发生的清理费用减变价收入后的数额，根据“固定资产清理”科目的期末余额扣除临时设施清理后的数额填列，如为贷方余额，以“－”号填列。

(21)“无形资产”项目，反映企业各项无形资产的摊销余值，根据“无形资产”科目的期末余额填列。如已计提减值准备的，应减去“无形资产减值准备”科目期末余额后的金额填列。

(22)“开发支出”项目，反映企业进行研究与开发无形资产过程中，发生的满足资本化条件的支出，根据“研发支出——资本化支出”科目的期末余额填列。

(23)“商誉”项目，反映企业合并中形成的商誉价值，根据“商誉”科目的期末余额填列。

(24)“长期待摊费用”项目，反映企业尚未摊销的，摊销期限在一年以上的各项费用支出，包括租入固定资产改良工程支出、大修理工程支出以及摊销期限在一年以上的其他待摊费用支出，根据“长期待摊费用”科目的期末余额减去一年内(含一年)摊销的数额后的金额填列。

(25)“递延所得税资产”项目，反映企业确认的可抵扣暂时性差异产生的递延所得税资产，根据“递延所得税资产”科目的期末借方余额填列。

(26)“其他非流动资产”项目，反映除以上长期投资、固定资产、在建工程、无形资产、长期待摊费用和递延所得税资产以外的各项长期资产。如有其他长期资产价值较大的，应根据有关科目的期末余额，在“其他非流动资产”项目单独列示，并在会计报表附注中披露其内容和金额。

(27)“短期借款”项目,反映企业向银行或其他金融机构借入的,尚未归还的一年以内(含一年)的款项,根据“短期借款”科目的期末余额填列。

(28)“交易性金融负债”项目,反映企业期末承担的交易性金融负债的公允价值,根据“交易性金融负债”科目的期末贷方余额填列。

(29)“应付票据”项目,反映企业为了抵付货款和工程款等而开出的、承兑的尚未到期付款的应付票据,包括银行承兑汇票和商业承兑汇票,根据“应付票据”科目的期末余额填列。

(30)“应付账款”项目,反映企业因购买材料、物资和接受劳务等而应付给供应单位的款项,以及因分包工程应付给分包单位的工程价款,根据“应付账款”科目所属各明细科目的期末贷方余额加总填列。如“应付账款”科目所属各明细科目期末有借方余额,应在“预付账款”项目内填列。

(31)“预收账款”项目,反映企业预收发包单位的工程款和购货单位的货款,根据“预收账款”科目所属各有关明细科目的期末贷方余额加总填列。例如,“预付账款”科目所属有关明细科目期末有借方余额,应在“应收账款”项目内填列;“应收账款”科目所属明细科目期末有贷方余额的,也应包括在本项目内。

(32)“应付职工薪酬”项目,反映企业期末根据有关规定应付给职工的各种薪酬的结余,根据“应付职工薪酬”科目的期末余额填列。

(33)“应交税费”项目,反映企业期末应交、多交或未抵扣的各种税金,根据“应交税费”科目的期末贷方余额填列。如“应交税费”科目期末为借方余额,用“-”号填列。

(34)“应付利息”项目,反映企业期末按照合同约定应支付但尚未支付的利息,包括吸收存款、分期付息到期还本的长期借款、企业债券等应支付的利息,根据“应付利息”科目的期末贷方余额填列。

(35)“应付股利”项目,反映企业尚未支付的现金股利,根据“应付股利”科目的期末余额填列。

(36)“其他应付款”项目,反映企业所有应付和暂收其他单位和个人的款项,根据“其他应付款”科目的期末余额填列。

(37)“一年内到期的非流动负债”项目,反映企业长期负债各项目中将于一年或一年内到期的长期负债。

(38)“其他流动负债”项目,反映企业除表列流动负债之外的其他流动负债,如应付短期债券等,根据“应付短期债券”等科目的期末余额填列。如其他流动负债价值较大的,应在会计报表附注中披露其内容和金额。

(39)“长期借款”项目,反映企业向银行及其他金融机构借入尚未归还的期限在一年以上的各种借款本息,根据“长期借款”科目期末余额减去将于一年或一年内到期偿还的借款后的余额填列。

(40)“应付债券”项目,反映企业发行的在一年以上到期的各种长期债券本息,根据“应付债券”科目期末余额减去将于一年或一年内到期的应付债券本息后的余额填列。

(41)“长期应付款”项目,反映企业除长期借款和应付债券以外的,期限在一年以上的其他各种长期应付款项,根据“长期应付款”科目的期末余额减去将于一年或一年内到期的长期应付款后的余额填列。

(42)“专项应付款”项目,反映企业接受国家拨入的具有专门用途的拨款以及其他来源取得的款项,根据“专项应付款”科目的期末余额填列。

(43)“预计负债”项目,反映企业对外提供担保、商业承兑票据贴现、未决诉讼和工程质量保证等确认很可能产生的负债,根据“预计负债”科目的期末余额填列。

(44)“递延所得税负债”项目,反映企业确认的应纳税暂时性差异产生的所得税负债,根据“递延所得税负债”科目的期末贷方余额填列。

(45)“其他非流动负债”项目,反映企业除表列长期负债项目之外的其他长期负债,根据有关科目的期末余额填列。如其他长期负债价值较大的,应在会计报表附注中披露其内容和金额。

(46)“实收资本(或股本)”项目,反映企业投资者实际投入的资本或股本总额,根据“实收资本”或“股本”科目的期末余额填列。

(47)“资本公积”项目,反映企业资本公积的期末余额,根据“资本公积”科目的期末余额填列。

(48)“库存股”项目,反映企业收购、转让或注销的本公司股份金额,根据“库存股”科目的期末借方余额填列。

(49)“盈余公积”项目,反映企业盈余公积的期末余额,根据“盈余公积”科目的期末余额填列。

(50)“未分配利润”项目,反映企业尚未分配的利润,根据“本年利润”科目和“利润分配”科目的余额计算填列。对未弥补的亏损,在本项目内用“—”号填列。

三、资产负债表的阅读

资产负债表不仅总括反映了企业在某一特定时期的资产、负债和股东权益状况,而且是企业会计报表体系中最主要的会计报表。采用恰当的方法和指标阅读和分析企业的资产负债表,以正确评价企业的财务状况、偿债能力,对于一个理性的或潜在的投资者而言是极其重要的。在解读资产负债表时,一方面应掌握有关项目数据所揭示的内涵,了解企业的财务状况和经营状况;另一方面不能简单地根据表中数据下结论,而要进行深层次的分析,透过表面的数据洞悉事物的深层次含义。

资产负债表描述了企业所掌握的经济资源及其分布和构成情况,显示了企业所负担的债务及其构成内容,反映了企业偿还债务的能力,明确了所有者在企业所持有的权益及其构成情况,全面揭示了企业某一时日资产、负债和所有者权益的构成内容及其相互关系的财务状况信息。资产负债表是企业进行各项经济活动分析的基础,为企业进行科学管理提供信息依据。但资产负债表在编制过程中因为会计确认、计量的一些局限性,例如计量属性的选择、财务人员的主观判断(不包括人为的虚假记录)等,使得账簿和报表的数据并不能完全无误地反映企业真实的财务状况,所以对资产负债表进行分析就是对企业财务状况的质量进行分析,即资产负债表上数据反映企业真实财务状况的程度。

(一)总体分析

这是对企业的经营规模和变化趋势的分析,主要采用比较分析法,将实际数与计划数、前期实际数、同行业的平均水平进行比较。

(二)结构分析

这包括资产结构、负债结构和资本结构分析。通过资产结构分析,分析资产的利用效果;通过负债结构分析,分析企业经营的安全性;通过资本结构分析,分析资本保值增值情况。

(1)资产结构分析是指资产负债表中各项资产在资产总额中所占的比重。资产价值转移形式的结构是流动资产和长期资产的比重;资产占用形态的结构是金融资产、实物资产、无形资产和对外投资资产的比重;资产质量的结构是优质资产、不良资产的比重。

(2)负债结构的分析是指资产负债表中各项负债在负债总额中所占的比重。负债偿还期限的结构是流动负债、非流动负债的比重;负债成本的结构是无成本负债、有成本负债的比重。

(3)所有者权益结构分析是指各权益项目占所有者权益总额的比重,包括实收资本、资本公积和留存收益的比重。

(三)财务比率分析

利用财务比率指标,可以分析企业的财务效益状况、资产营运状况、偿债能力状况和发展能力状况。

(四)重点项目分析

对资产负债表的一些重要项目,尤其是期初与期末数据变化很大,或出现大额红字的项目进行进一步分析,如流动资产、流动负债、固定资产、有代价或有息的负债(如短期银行借款、长期银行借款、应付票据等)、应收账款、货币资金以及股东权益中的具体项目等。另外,在对一些项目进行分析评价时,还要结合行业的特点进行分析。如房地产企业,若是该企业拥有较多的存货,意味着企业有可能存在着较多的、正在开发的商品房基地和项目,一旦这些项目完工,将会给企业带来很高的经济效益。

此外,由于企业总资产在一定程度上反映了企业的经营规模,而它的增减变化与企业负债与股东权益的变化有极大的关系,当企业股东权益的增长幅度高于资产总额的增长幅度时,说明企业的资金实力有了相对的提高;反之,则说明企业规模扩大的主要原因是来自负债的大规模上升,进而说明企业的资金实力在相对降低、偿还债务的安全性亦在下降。

第三节 利润表

一、利润表的作用、格式及内容

利润表(income statement)是反映企业在一定会计期间的经营成果的会计报表。利润表把一定期间的收入与其相关的费用进行配比,以计算企业一定时期的净利润(或净亏损)。利润表的列报必须充分反映企业经营业绩的主要来源和构成,有助于使用者判断净利润的质量及其风险,有助于使用者预测净利润的持续性,从而做出正确的决策。

(一)利润表的作用

(1)通过利润表,可以反映企业一定会计期间的收入实现情况,如实现的营业收入有多少、实现的投资收益有多少、实现的营业外收入有多少等。

(2)通过利润表,可以反映一定会计期间的费用耗费情况,如耗费的营业成本有多少、营业税费有多少,销售费用、管理费用、财务费用各有多少以及营业外支出有多少等。

(3)通过利润表,可以反映企业生产经营活动的成果,即净利润的实现情况,据以判断资本保值、增值情况。

(4)将利润表中的信息与资产负债表中的信息相结合,还可以提供进行财务分析的基本资料,如将赊销收入净额与应收账款平均余额进行比较,计算出应收账款周转率;将销货成本与存货平均余额进行比较,计算出存货周转率;将净利润与资产总额进行比较,计算出资产收益率等，可以表现企业资金周转情况以及企业的盈利能力和水平，便于报表使用者判断企业未来的发展趋势，正确做出经济决策。

（二）利润表的格式和内容

常见的利润表结构主要有单步式和多步式两种。单步式是将收入全部列示在上方，费用全部列示在下方，两者的差额就是经营净利润；多步式则依据经营活动的性质，逐步列示每一阶段的经营成果。

在我国，企业利润表采用的基本上是多步式结构，即通过对当期的收入、费用和支出项目按性质加以归类，按利润形成的主要环节列示一些中间性利润指标，分步计算当期经营损益。

利润表主要反映以下几方面的内容：

(1)营业收入(operating revenue)，由主营业务收入和其他业务收入组成。

(2)营业利润(operating profit or income)，营业收入减去营业成本(主营业务成本、其他业务成本)、营业税金及附加、销售费用、管理费用、财务费用、资产减值损失，加上公允价值变动收益、投资收益，即为营业利润。

(3)利润总额(total profit or income)，营业利润加上营业外收入，减去营业外支出，即为利润总额。

(4)净利润(net profit or income)，利润总额减去所得税费用，即为净利润。

(5)每股收益(earnings per share)，普通股或潜在普通股已公开交易的企业，以及正处于公开发行普通股或潜在普通股过程中的企业，还应当在利润表中列示每股收益信息，包括基本每股收益和稀释每股收益两项指标。

此外，为了使报表使用者通过比较不同期间利润的实现情况，判断企业经营成果的未来发展趋势，企业需要提供比较利润表，利润表还将各项目再分为“本期金额”和“上期金额”两栏，分别进行填列。有关利润表的具体格式见表10－2。

表10－2　　**利润表**　　会企02表

编制单位：江夏公司　　2×16年度　　单位：元

项　目	本期金额	上期金额
一、营业收入	111 880 000	68 840 000
减：营业成本	78 380 000	46 940 000
营业税金及附加	5 500 000	3 300 000
销售费用	3 640 000	1 790 000
管理费用	7 500 000	4 500 000
财务费用	1 640 000	1 304 000
资产减值损失	600 000	400 000
加：公允价值变动收益(损失以“－”号填列)	400 000	280 000
投资收益(损失以“－”号填列)	240 000	240 000
其中：对联营企业和合营企业的投资收益		
二、营业利润(亏损以“－”号填列)	15 260 000	11 126 000
加：营业外收入	80 000	60 000

续表

项　目	本期金额	上期金额
减:营业外支出	120 000	100 000
其中:非流动资产处置损失		
三、利润总额(亏损总额以"—"号填列)	15 220 000	11 086 000
减:所得税费用	3 805 000	2 771 500
四、净利润(净亏损以"—"号填列)	11 415 000	8 314 500
五、每股收益	(略)	(略)
(一)基本每股收益		
(二)稀释每股收益		

二、利润表的编制

1. 上期金额栏的填列方法

利润表"上期金额"栏内各项数字,应根据上年该期利润表"本期金额"栏内所列数字填列。如果上年该期利润表规定的各个项目的名称和内容同本期不相一致,应对上年该期利润表各项目的名称和数字按本期的规定进行调整,填入利润表"上期金额"栏内。

2. 本期金额栏的填列方法

利润表"本期金额"栏内各项数字一般应根据损益类科目的发生额分析填列。

3. 利润表各项目内容及填列方法

(1)"营业收入"项目,反映企业主营业务和其他业务的收入总额,根据"主营业务收入"和"其他业务收入"账户本期贷方发生额分析填列。

(2)"营业成本"项目,反映企业主营业务和其他业务发生的实际成本,根据"主营业务成本"和"其他业务成本"账户本期借方发生额分析填列。

(3)"营业税金及附加"项目,反映企业经营主要业务和其他业务应负担的营业税、城市维护建设税和教育费附加等税费,根据"营业税金及附加"账户的发生额分析填列。

(4)"销售费用"、"管理费用"和"财务费用"各项目,分别反映企业发生的应由主营业务收入和其他业务收入负担的销售费用、管理费用和财务费用,分别根据"销售费用"、"管理费用"、"财务费用"账户的发生额分析填列。

(5)"资产减值损失"项目,反映企业计提各项资产(包括应收账款、存货、长期股权投资、持有至到期投资、固定资产和无形资产等)减值准备所形成的损失,根据"资产减值损失"账户的发生额分析填列。

(6)"公允价值变动收益"项目,反映企业交易性金融资产以及采用公允价值模式计量的投资性房地产等公允价值变动形成的应计入当期损益的收益或损失,根据"公允价值变动损益"账户贷方发生额大于借方发生额的差额填列。如借方发生额大于贷方发生额,其差额为公允价值变动损失,应以"—"号填列。

(7)"投资收益"项目,反映企业对外投资取得的收益或损失,根据"投资收益"账户贷方发生额大于借方发生额的差额填列。如借方发生额大于贷方发生额,为投资损失,应以"—"号填列。其中,"对联营企业和合营企业的投资收益"项目,根据"投资收益"账户的贷方发生额分析填列。

(8)“营业外收入”项目，反映企业发生的各项营业外收入，包括非流动资产处置利润、非货币性资产交换利得、债务重组利得、政府补助、盘盈利得和捐赠利得等，根据“营业外收入”账户本期发生额分析填列。

(9)“营业外支出”项目，反映企业发生的各项营业外支出，包括非流动资产处置损失、非货币性资产交换损失、债务重组损失、公益性捐赠支出、非常损失和盘亏损失等，根据“营业外支出”账户本期发生额分析填列。其中，“非流动资产处置损失”项目，根据“营业外支出”账户借方发生额分析填列。

(10)“所得税费用”项目，反映企业确认的应从当期利润总额中扣除的所得税费用，根据“所得税费用”账户的发生额分析填列。

(11)“基本每股收益”项目，根据普通股股本当期净利润除以发行在外普通股加权平均数计算：

$$\text{基本每股收益}=(\text{当期净利润}-\text{当期优先股股利})/\text{当期发行在外普通股加权平均数}$$

$$\frac{\text{当期发行在外}}{\text{普通股加权平均数}}=\frac{\text{期初发行在}}{\text{外普通股股数}}+\frac{\text{当期新发行}}{\text{普通股股数}}\times\frac{\text{发行在外时间}}{\text{报告期时间}}-\frac{\text{当期回购}}{\text{普通股股数}}\times\frac{\text{发行在外时间}}{\text{报告期时间}}$$

(12)“稀释每股收益”项目，是以基本每股收益为基础，假设企业所有发行在外的稀释性潜在普通股均已转换为普通股，从而分别调整归属于普通股股东的当期净利润以及发行在外普通股的加权平均数计算而得的每股收益。计算稀释每股收益时，当期发行在外普通股的加权平均数，应当为计算基本每股收益时普通股的加权平均数与假定稀释性潜在普通股转换为已发行普通股而增加的普通股股数的加权平均数之和。

三、利润表的阅读

利润表，又称收益表、损益表，是反映企业一定期间(如年度、季度和月份)经营成果的财务报表。经营成果一般表现为利润(或损失)。利润是企业所得扣除所耗后的剩余，是经济效益的综合体现。现代企业是不同利益集团的结合体，追求利润是现代企业经营的主要目的，因而利润表受到投资者、债权人及其他关注企业未来现金流入的使用者的重视。

净利润的来源是否清晰是衡量利润表准确性的客观指标，综合衡量企业盈利能力是对利润表定性分析的重要标准。阅读利润表时，首先分析企业的营业利润是不是其总利润，然后分析支撑营业利润的项目规模是否在行业中具有竞争力，还应分析利润的增长是否在合理的范围内。利润增幅的判断有几个重要依据：首先，看企业所处的行业总体盈利率高不高、竞争程度大不大；其次，看企业是否因经营方式产生了较高的毛利；最后，看是否出现了销售收入的增长或者企业内部成本的下降。

(一)总体分析

利润表的内容主要有：企业在一定时期内取得的全部收入；企业一定时期内发生的全部费用和支出；全部收入与支出配比的结果。通过该表反映的信息，可以从总体上了解企业的收入、成本和利润的构成情况，借以分析企业的盈利能力。

(二)构成分析

利润表构成是指利润表中各项目要素与主营业务收入的比值，通过分析各项目的重要程度，进而识别影响利润形成的内在因素和盈利能力的大小。利润结构可以从三个方面即收支结构、业务结构和主要项目结构来分析。通过利润结构的分析可以判断利润的质量，进而为预测未来的获利能力提供依据。

1. 收支结构分析

收支结构有两个层次：

第一个层次是总收入与总支出的差额及比例。利润与收入(或成本)的比值越高，利润质量就越高，企业抗风险的能力也越强。

第二个层次是总收入和总支出各自的内部构成。显然，正常的企业应以主营业务收入为主，而其他业务收入上升可能预示企业新的经营方向；营业外收入为偶然的、不稳定的收入；通过反常压缩酌量性成本、各种减值准备计提过低、预提费用过低而获得的利润，是暂时的、低质量的利润。

2. 业务结构分析

利润的业务结构就是各种性质的业务所形成的利润占利润总额的比重。利润总额由营业利润、投资收益、营业外净收入构成，营业利润又由主营业务利润和其他业务利润构成。对于生产经营企业，应以营业利润为主，主营业务利润下降可能预示着危机；其他业务利润、投资收益的上升可能预示新的利润点的出现，高额的营业外净收入只不过是昙花一现，甚至可能是造假。

3. 主要项目结构分析

利润的主要项目是指为企业做主要贡献的各种商品、产品或服务项目。通过主要项目结构分析，可以进一步揭示企业的市场竞争力和获利水平变化的原因。主要项目分散则难以发现企业是否陷入了困境。分析为企业做主要贡献的产品或服务项目所处的生命周期阶段及其市场竞争力，可以反映出企业的利润质量。

(三)财务比率分析

通过财务比率指标及利润表反映的信息，可以分析评判企业的经营业绩状况、利润增减变动原因、盈利能力状况和投资报酬率状况。

(四)重点项目分析

多步式利润表采用上下加减的报表式结构，将利润总额的计算分解为营业利润、利润总额、税后净利润和每股收益四部分。多步式利润表将不同性质的收入与其相应的耗费和支出进行比较，分别计算各层次的损益。将营业利润放在突出地位，对营业利润进行重点分析，能有效地分析企业主要经营项目的盈利能力，借以考核各部门的管理绩效，并有利于对前后各期相应项目进行比较。

此外，阅读分析利润表时还需要注意几个问题：一是不仅要看利润多少，还要关心利润质量以及盈利模式；二是不能仅以历史资料和销售情况评价盈利能力；三是关注税收政策、非物质性因素、利润结构及资本结构对盈利能力的影响。

第四节 现金流量表

现金流量表(statement of cash flows)是反映企业一定期间现金流入和流出信息的会计报表。它是以现金为基础编制的反映企业财务状况变动情况的动态报表，用以表明企业获得现金和现金等价物的能力。

现金流量表编制的基础是现金。这里的现金是指广义上的现金，包括库存现金、可以随时用于支付的存款以及现金等价物。其中，现金等价物是指企业持有的期限短、流动性强、易于转换为已知金额的现金、价值变动风险很小的投资。现金等价物虽然不是现金，但其支付能力与现金的差别不大，可视为现金，通常指企业购买的在3个月或更短时间内即可到期或即可转换为现金的投资。在实际工作中，不同企业现金等价物的范围可能不同，企业应当根据经营特点等具体情况，确定现金等价物的范围，并在会计报表附注中披露确定现金等价物的会计政策，并一贯保持这一标准。

一、现金流量及其分类

现金流量是指某一段时期内企业以货币金额表示的现金流入和现金流出的数量。现金流量信息能够表明企业经营状况是否良好、资金是否紧缺、企业偿付能力大小，从而为企业管理者、投资者和债权人等报表使用者提供非常有用的信息。

企业日常经济业务是影响现金流量的重要因素，但并不是所有的经济业务都影响现金流量。企业的经济业务可以分为三类：第一类业务的发生将引起现金及现金等价物项目此增彼减，如向银行提取现金、用存款购买短期国债等，这类业务的发生不会引起现金流量的变动；第二类业务的发生不涉及现金及现金等价物，如生产领用材料、产品完工验收入库等，这类业务的发生也不会引起现金流量的变动；第三类业务的发生将引起现金及现金等价物项目单方面增加或减少，如销售商品收到现金、购买材料支付现金等，这类业务则引起现金流量的变动。现金及现金等价物的增加形成企业的现金流入量，现金及现金等价物的减少则形成企业的现金流出量。

为了清晰地反映现金流量的增减变动情况，按照经济业务的性质可将企业一定期间内产生的现金流量归为三类。

1. 经营活动产生的现金流量

经营活动是指企业投资活动和筹资活动以外的所有交易和事项。就制造企业来说，经营活动主要包括购买材料、接受劳务、交纳税费、支付职工工资、销售商品等。

经营活动产生的现金流入有：销售商品、提供劳务和收到的税费返还；收到的其他投资活动产生的现金流量与经营活动有关的现金等。

经营活动产生的现金流出有：购买材料、接受劳务等支付的现金；支付经职工以及为职工支付的现金；支付各项需交纳税费；支付的其他与经营活动有关的现金等。

2. 投资活动产生的现金流量

投资活动是指企业长期资产的购买和不包括在现金等价物范围内的投资及其处置活动。这里所指的长期资产是指固定资产、临时设施、专项工程、无形资产和其他长期资产等持有期限在一年或一个营业周期以上的资产。之所以将包括在现金等价物范围内的投资排除在外，是因为已经将其视为现金了。

投资活动产生的现金流入有：收回投资、取得投资收益所收到的现金；处置固定资产、临时设施、无形资产和其他长期资产等而收到的现金净额；收到的其他与投资活动有关的现金等。

投资活动产生的现金流出有：投资所支付的现金；购买固定资产、临时设施、无形资产和其他长期资产所支付的现金；支付的其他与投资活动有关的现金等。本章“案例导读”中本期缴纳的增值税款中包含的与固定资产相关的增值税额17 000元应作为投资活动产生的现金流量处理。

3. 筹资活动产生的现金流量

筹资活动是指导致企业资本及债务规模和构成发生变化的活动。这里所说的资本，是指实收资本或股本、资本溢价或股本溢价及与资本有关的现金流入和流出项目，包括吸收投资、发行股票和分配利润等。债务是指企业对外举债所借入的款项，如发行债券、向金融机构借入款项及偿还债务等。

筹资活动产生的现金流入有：吸收投资所收到的现金；借款所收到的现金；收到的其他与筹资活动有关的现金等。

筹资活动产生的现金流出有：偿还债务所支付的现金；发生筹资费用所支付的现金；分配股利、利润或偿付利息所支付的现金；支付的其他与筹资活动有关的现金等。

二、现金流量表的作用

编制现金流量表，可为企业管理当局改善企业财务状况，投资者、债权人及其他报表使用者正确评价企业财务状况和预测企业发展情况提供会计信息。

(1)有助于企业管理当局掌握现金流量信息，搞好资金调度，最大限度地提高资金使用效率，化解财务风险。

(2)有助于投资者、债权人了解企业较真实的财务状况，预测企业的支付能力、偿债能力和未来发展情况。

(3)有助于经济管理部门对企业的财务活动进行监督。

三、现金流量表的格式及内容

现金流量表包括正表和补充资料两部分。正表是现金流量表的主体，依次分类反映经营活动产生的现金流量、投资活动产生的现金流量和筹资活动产生的现金流量，最后汇总反映企业现金及现金等价物的净增加额。现金流量表补充资料的披露格式，企业应当采用间接法在现金流量表附注中披露将净利润调节为经营活动现金流量的信息。补充资料包括三部分内容：(1)将净利润调节为经营活动的现金流量(即按间接法编制的经营活动的现金流量)；(2)不涉及现金收支的投资和筹资活动；(3)现金及现金等价物的净增加额。基本格式见表10—3。

表10—3 **现金流量表** 会企03表

编制单位：江夏公司 2×16年度 单位：元

项 目	本期金额	上期金额
一、经营活动产生的现金流量：		(略)
销售商品、提供劳务收到的现金	128 700 000	
收到的税费返还		
收到的其他与经营活动有关的现金		
经营活动现金流入小计	128 700 000	
购买商品、接受劳务支付的现金	93 600 000	
支付给职工以及为职工支付的现金	850 000	
支付的各项税费	9 700 000	
支付的其他与经营活动有关的现金		

续表

项　目	本期金额	上期金额
经营活动现金流出小计	104 150 000	
经营活动产生的现金流量净额	24 550 000	
二、投资活动产生的现金流量：		
收回投资收到的现金		
取得投资收益收到的现金	100 000	
处置固定资产、无形资产和其他长期资产收回的现金净额	46 000	
处置子公司及其他营业单位收到的现金净额		
收到的其他与投资活动有关的现金		
投资活动现金流入小计	146 000	
购建固定资产、无形资产和其他长期资产支付的现金	21 500 000	
投资支付的现金	490 000	
取得子公司及其他营业单位支付的现金净额		
支付其他与投资活动有关的现金		
投资活动现金流出小计	21 990 000	
投资活动产生的现金流量净额	21 844 000	
三、筹资活动产生的现金流量：		
吸收投资收到的现金		
取得借款收到的现金	600 000	
收到的其他与筹资活动有关的现金		
筹资活动现金流入小计	600 000	
偿还债务支付的现金	2 170 000	
分配股利、利润或偿付利息支付的现金	286 000	
支付的其他与筹资活动有关的现金		
筹资活动现金流出小计	2 456 000	
筹资活动产生的现金流量净额	—1 856 000	
四、汇率变动对现金及现金等价物的影响		
五、现金及现金等价物净增加额	850 000	
加：期初现金及现金等价物余额		
六、期末现金及现金等价物余额		
补充资料		
1. 将净利润调节为经营活动现金流量：		
净利润		

续表

项　目	本期金额	上期金额
加:资产减值准备		
固定资产折旧		
无形资产摊销		
长期资产摊销		
处置固定资产、无形资产和其他长期资产的损失(收益以"—"号填列)		
固定资产报废损失(收益以"—"号填列)		
公允价值变动损失(收益以"—"号填列)		
财务费用(收益以"—"号填列)		
投资损失(收益以"—"号填列)		
递延所得税资产减少(增加以"—"号填列)		
递延所得税负债增加(减少以"—"号填列)		
存货的减少(增加以"—"号填列)		
经营性应收项目的减少(增加以"—"号填列)		
经营性应付项目的增加(减少以"—"号填列)		
其他		
经营活动产生的现金流量净额		
2. 不涉及现金收支的重大投资和筹资活动:		
债务转为资本		
一年内到期的可转换公司债券		
融资租入固定资产		
3. 现金及现金等价物净变动情况:		
现金的期末余额		
减:现金的期初余额		
加:现金等价物的期末余额		
减:现金等价物的期初余额		
现金及现金等价物净增加额		

四、现金流量表的编制

编制现金流量表时,经营活动产生现金流量列报的方法有两种:一是直接法,二是间接法。

直接法是通过现金收入和现金支出的主要项目直接反映来自企业经营活动的现金流量。在实务中,一般以利润表中的主营业务收入为起算点,调整与经营活动有关项目的增减变动,然后计算出经营活动的现金流量。

间接法是以本期净利润为起算点，通过调整不涉及现金的收入、费用、营业外收支以及应收应付等有关项目的增减变动，计算出经营活动现金流量的一种方法。

在现行会计准则中，要求企业按直接法编制现金流量表，并在补充资料中披露按间接法将净利润调整为经营活动现金流量的信息。

(一)经营活动产生的现金流量的项目的内容和填列方法

(1)"销售商品、提供劳务收到的现金"项目，反映企业销售产品和材料、提供劳务实际收到的现金，包括本期销售商品、提供劳务收到的现金，以及前期销售商品和提供劳务本期收到的现金和本期预收的货款，根据"库存现金"、"银行存款"、"应收账款"、"应收票据"、"预收账款"、"主营业务收入"、"其他业务收入"等账户的记录，分析填列。

(2)"收到的税费返还"项目，反映企业收到返还的各种税费，如收到的增值税、营业税、所得税、教育费附加返还等，根据"库存现金"、"银行存款"、"应交税费"、"营业税金及附加"、"补贴收入"、"应收补贴款"等账户的记录，分析填列。

(3)"收到的其他与经营活动有关的现金"项目，反映企业除上述各项目外，收到的其他与经营活动有关的现金，包括捐赠现金收入、罚款收入、流动资产损失中由个人赔偿的现金收入等，根据"库存现金"、"银行存款"、"营业外收入"、"其他应收款"等账户的记录，分析填列。

(4)"购买商品、接受劳务支付的现金"项目，反映企业购买材料和商品、接受劳务实际支付的现金，包括本期购买材料和商品、接受劳务支付的现金，以及本期支付前期购入商品或材料、接受劳务的未付款项和本期预付供应单位购货款项，根据"库存现金"、"银行存款"、"应付账款"、"应付票据"、"主营业务成本"、"预付账款"、"材料采购"或各种材料等账户的记录，分析填列。

(5)"支付给职工以及为职工支付的现金"项目，反映企业实际支付给职工，以及为职工支付的现金，包括本期实际支付给职工的工资、奖金、各种津贴和补贴等，以及为职工支付的其他费用，不包括支付的离退休人员的各项费用和支付给专项工程人员的工资等，根据"管理费用"、"应付职工薪酬"、"库存现金"、"银行存款"等账户的记录，分析填列。

企业为职工支付的养老、失业等社会保险基金、补充养老保险、住房公积金、支付给职工的住房困难补助，以及企业支付给职工或为职工支付的其他福利费用等，应按职工的工作性质和服务对象，分别在本项目和在"购建固定资产、无形、资产和其他长期资产支付的现金"项目中反映。

(6)"支付的各项税费"项目，反映企业按规定支付的各种税费，包括本期发生并支付的税费，以及本期支付以前各期发生的税费和预交的税金，如支付的教育费附加、印花税、房产税、车船使用税等(不包括计入固定资产价值、实际支付的耕地占用税等)，根据"应交税费"、"库存现金"、"银行存款"等账户的记录，分析填列。至于本期退回的所得税，在"收到的税费返还"项目反映。

(7)"支付的其他与经营活动有关的现金"项目，反映企业除上述各项目外，支付的其他与经营活动有关的现金流出，如罚款支出、支付的差旅费、业务招待费现金支出、支付的保险费、离退休人员统筹退休金支出以及未参加统筹的退休人员的各项费用等，根据"库存现金"、"银行存款"、"管理费用"、"营业外收入"等有关账户的记录，分析填列。

(二)投资活动产生的现金流量的项目的内容和填列方法

(1)"收回投资所收到的现金"项目，反映出售、转让或到期收回除现金等价物以外的短期投资、长期股权投资而收到的现金，以及收回长期债权投资本金而收到的现金，根据"交易性金融资产”、“长期股权投资”、“持有至到期投资”、“可供出售金融资产”、“库存现金”、“银行存款”等账户的记录，分析填列。

(2)“取得投资收益所收到的现金”项目，反映企业因进行股权性投资和债权性投资而取得的现金股利、利息，以及从子公司、联营企业和合营企业分回利润收到的现金，根据“库存现金”、“银行存款”、“投资收益”等账户的记录，分析填列。

(3)“处置固定资产、无形资产和其他长期资产所收回的现金净额”项目，反映企业出售、转让、清理固定资产、临时设施、无形资产和其他长期资产所取得的现金，减去为处置这些资产而支付的有关费用后的净额，根据“固定资产清理”、“库存现金”、“银行存款”、“无形资产”、“临时设施”等账户的记录，分析填列。由于自然灾害所造成的固定资产等长期资产损失而收到的保险赔偿收入，也在本项目反映。

(4)“收到的其他与投资活动有关的现金”项目，反映企业除了上述各项以外，收到的其他与投资活动有关的现金流入，根据“库存现金”、“银行存款”等有关账户的记录，分析填列。

(5)“购建固定资产、无形资产和其他长期资产所支付的现金”项目，反映企业购买、建造固定资产和临时设施、取得无形资产和其他长期资产所支付的现金，根据“固定资产”、“在建工程”、“无形资产”、“库存现金”、“银行存款”等账户的记录，分析填列。为购建固定资产而发生的借款利息资本化的部分，以及融资租入固定资产支付的租赁费、借款利息，在筹资活动产生的现金流量中反映。

(6)“投资所支付的现金”项目，反映企业进行权益性投资和债权性投资支付的现金，包括企业取得的除现金等价物以外的短期股票投资、短期债券投资、长期股权投资、长期债权投资支付的现金，以及支付的佣金、手续费等附加费，根据“长期股权投资”、“交易性金融资产”、“持有至到期投资”、“可供出售金融资产”、“库存现金”、“银行存款”等账户的记录，分析填列。

企业购买股票和债券时，实际支付的价款中包含的已宣告但尚未领取的现金股利或已到付息期但是尚未领取的债券的利息，应在投资活动的“支付的其他与投资活动有关的现金”项目中反映；收回购买股票和债券时支付的已宣告但尚未领取的现金股利或已到付息期但尚未领取的债券的利息，在投资活动的“收到的其他与投资活动有关的现金”项目中反映。

(7)“支付的其他与投资活动有关的现金”项目，反映企业除了上述各项以外，支付的其他与投资活动有关的现金流出，根据“现金”、“银行存款”等有关账户的记录，分析填列。

(三)筹资活动产生的现金流量的编制方法

(1)“吸收投资所收到的现金”项目，反映企业收到的投资者投入的现金，包括以发行股票、债券等方式筹集资金实际收到的款项净额(发行收入减去支付的佣金等发行费用后的净额)，根据“实收资本(或股本)”、“应付债券”、“库存现金”、“银行存款”等账户的记录，分析填列。以发行股票、债券等方式筹集资金而由企业直接支付的审计、咨询等费用，在“支付的其他与筹资活动有关的现金”项目反映。

(2)“借款所收到的现金”项目，反映企业向银行等金融机构借入的资金，根据“短期借款”、“长期借款”、“银行存款”等账户的记录，分析填列。

(3)“收到的其他与筹资活动有关的现金”项目，反映企业除上述各项以外，收到的其他与筹资活动有关的现金流入，如接受现金捐赠等，根据“库存现金”、“银行存款”等有关账户的记录，分析填列。

(4)“偿还债务所支付的现金”项目，反映企业以现金偿还债务的本金，包括偿还银行等金融机构的借款本金、偿还债券本金等，根据“短期借款”“长期借款”、“应付债券”、“现金”、“银行存款”等账户的记录，分析填列。企业偿还的借款利息、债券利息，在“分配股利、利润或偿付利息所支付的现金”项目反映。

(5)“分配股利、利润和偿付利息所支付的现金”项目，反映企业实际支付的现金股利，支付给其他投资单位的利润以及支付的借款利息、债券利息等，根据“应付股利”、“财务费用”、“长期借款”、“库存现金”、“银行存款”、“应付债券”等账户的记录，分析填列。

(6)“支付的其他与筹资活动有关的现金”项目，反映企业除上述各项外，支付的其他与筹资活动有关的现金流出，如捐赠现金支出、融资租入固定资产支付的租赁费等，根据“现金”、“银行存款”等有关账户的，记录分析填列。企业在报告期如有因减少注册资本而对投资者支付现金，应单列“减少注册资本所支付的现金”项目加以反映。

(四)“汇率变动对现金的影响”项目填列方法

“汇率变动对现金的影响”项目，反映企业外币现金流量，按现金流量发生日的汇率或平均汇率折算的人民币金额与外币现金净额按期末汇率折算的人民币金额之间的差额。

在实务中，对当期发生的外币业务，可不必逐笔计算汇率变动对现金的影响，可以通过报表补充资料中“现金及现金等价物净增加额”数额与报表中“经营活动产生的现金流量净额”、“投资活动产生的现金流量净额”、“筹资活动产生的现金流量净额”三项之和比较，其差额即为“汇率变动对现金的影响额”。

(五)“现金及现金等价物净增加额”项目填列方法

“现金及现金等价物净增加额”项目，反映企业本期净增加的现金、银行存款、其他货币资金和持有期限短、流动性强、易于转换为已知金额现金、价值变现风险很小的投资。

(六)补充资料项目的内容及填列方法

1.“将净利润调节为经营活动的现金流量”项目

为了有助于报表使用者分析影响现金流量增减变动的原因和分析企业净利润的质量，现金流量还应采用间接法将净利润调节为经济活动的现金流量。由于利润表中反映的净利润是按权责发生制原则确定的，其中有些收入和费用和损失项目并没有实际发生现金流入或流出，有些不属于经营活动的损益，因此，要在净利润基础上计算经营活动的现金流量，必须对这些项目进行调整。即以净利润为起算点，将以权责发生制为基础确定的净利润调节为经营活动的现金流量，以揭示净利润与经营活动的现金流量之间的关系；同时，也是对正表计算的经营活动现金流量额的验证，即将净利润调节为经济活动的现金流量额与正表部分经营活动的现金流量额应当相等。

采用间接法将净利润调节为经营活动的现金流量时，需要调整的项目可分为四大类：一是实际没有支付现金的费用；二是实际没有收到现金的收入；三是不属于经营活动的损益；四是经营性应收应付项目的增减变动。各项目的填列方法如下。

(1)“资产减值准备”项目：反映企业计提的各项资产的减值准备，根据“资产减值损失”账户的记录，分析填列。

(2)“固定资产折旧”项目：反映企业本期累计提取的固定资产折旧、油气资产折耗和生产性生物资产折旧额，根据“累计折旧”等账户的贷方发生额分析填列。

(3)“无形资产摊销”和“长期待摊费用摊销”两个项目：分别反映企业本期累计摊入成本费用的无形资产的价值及长期待摊费用，根据“累计摊销”、“长期待摊费用”账户的贷方发生额，分析填列。

(4)“处置固定资产、无形资产和其他长期资产的损失(收益以“－”号填列)”项目：反映企业本期处置固定资产、无形资产和其他长期资产而发生的净损失，根据“营业外收入”、“营业外支出”、“其他业务收入”、“其他业务支出”账户所属有关明细账户的发生额分析填列。如为净收益，以“－”号填列。

(5)“固定资产报废损失(收益以“－”号填列)”项目：反映企业本期固定资产盘亏(减：盘盈)的净损失，根据“营业外支出”、“营业外收入”账户所属有关明细账户中固定资产盘亏损失减去固定资产盘盈收益后的差额填列。

(6)“公允价值变动损失(收益以“－”号填列)”项目：反映企业交易性金融资产以及采用公允价值模式计量的投资性房地产等公允价值变动形成的应计入当期损益的收益或损失，根据“公允价值变动损益”账户贷方发生额大于借方发生额的差额填列。如借方发生额小于贷方发生额，其差额为公允价值变动收益，应以“－”号填列。

(7)“财务费用(收益以“－”号填列)”项目：反映企业本期发生的应属于投资活动或筹资活动的财务费用，根据“财务费用”账户的本期借方发生额分析填列。如为收益，以“－”号填列。

(8)“投资损失(收益以“－”号填列)”项目：反映企业本期投资所发生的损失减去收益后的净损失，根据利润表“投资收益”项目的数字填列。如为投资收益，以“－”号填列。

(9)“递延所得税资产减少(增加以“－”号填列)”项目：反映企业本期递延所得税资产的净增加或净减少，根据资产负债表“递延所得税资产”项目的期初、期末余额的差额填列。期末数小于期初数的差额，以正数填列；反之，以“－”号填列。

(10)“递延所得税负债增加(减少以“－”号填列)”项目：反映企业本期递延所得税负债的净增加或净减少，根据资产负债表“递延所得税负债”项目的期初、期末余额的差额填列。期末数大于期初数的差额，以正数填列；反之，以“－”号填列。

(11)“存货的减少(增加以“－”号填列)”项目：反映企业本期存货的净减少或净增加额，根据资产负债表“存货”项目的期初、期末余额的差额填列。期末数大于期初数的差额，以“－”号填列。

(12)“经营性应收项目的减少(增加以“－”号填列)”项目：反映企业本期经营性应收项目(包括应收账款、应收票据和其他应收款中与经营活动有关的部分等)的减少额。如为增加额，以“－”号填列。

(13)“经营性应付项目的增加(减少以“－”号填列)”项目：反映企业本期经营性应付项目(包括应付账款、应付票据、应付福利费、应交税金、其他应付款中与经营活动有关的部分等)的增加额。如为减少额，以“－”号填列。

2.“不涉及现金收支的投资和筹资活动”项目

不涉及现金收支的投资和筹资活动，反映企业一定期间内影响资产或负债但不形成该期现金收支的所有投资和筹资活动的信息。这些投资和筹资活动虽然不涉及本期现金收支，但能影响本期和以后各期的现金流量。包括：“债务转为资本”项目，反映企业本期转为资本的债务金额；“一年内到期的可转换公司债券”项目，反映公司一年内到期的可转换公司债券的金额；“融资租入固定资产”项目，反映企业本期融资租入固定资产计入“长期应付款”账户的金额。

这些项目的金额，可根据“实收资本(或股本)”、“长期股权投资”、“长期应付款”等账户的记录，分析填列。

3. 现金及现金等价物净增加额

$$\text{现金及现金等价物净增加额}=\text{现金的期末余额}-\text{现金的期初余额}+\text{现金等价物的期末余额}-\text{现金等价物的期初余额}$$

"现金的期末余额"和"现金的期初余额"项目反映企业"库存现金"、"银行存款"、"其他货币资金"账户的期末、期初余额扣除不能随时支取定期存款后的合计数。

"现金等价物的期末余额"和"现金等价物的期初余额"项目反映企业持有期限短、流动性强、易于转换为已知金额现金、价值变动风险小的投资的期末、期初数，根据"交易性金融资产"账户的期末、期初余额分析填列。

补充资料中的"现金及现金等价物净增加额"应与现金流量表正表中最后一行"现金及现金等价物增加额"核对相符。

五、现金流量表的阅读

现金流量表主要反映了企业经营、投资和筹资三个方面的内容，可以全面地了解企业现金的来龙去脉和现金收支构成，评价企业经营状况、套现能力、筹资能力和资金实力。阅读现金流量表时，首先，分析企业的现金流是否稳定；其次，分析企业是否存在关联交易，尤其注意年中大股东向上市公司借钱，到年底再利用银行借款还钱，从而在年底报表上无法体现大股东借款的做法；最后，分析现金流量表是否能正常地反映资金的流向，注意今后现金注入和流出的原因和事项。

现金流量表是反映企业在各种经济业务上所发生的现金流量的一张动态报表，现金流量的最后结果是计算出本期新增加的净现金流量。现金流量表可以反映净收益与现金余额的关系，现金余额与企业盈亏并不一定呈正向变化，一般认为有现金流量支持的净收益是高质量的，否则反之。对现金流量表进行阅读可以了解企业本期及以前各期现金的流入、流出和结余情况，评价企业当前及未来的偿债能力和支付能力，科学预测企业未来的财务状况，从而为其科学决策提供充分的、有效的依据。然而利用现金流量表进行分析也有一定的局限性。报表中所反映的数据，是企业过去会计事项影响的结果，据这些历史数据计算得到的各种分析结果，对于预测企业未来的现金流动，只有参考价值，并非完全有效。

（一）总体分析

对现金流量表进行总体分析，了解该表的结构及特点，分析其内部构成，又要结合利润表和资产负债表进行综合分析，以求全面地、客观地评价企业的财务状况和经营业绩。

（二）结构分析

1. 经营活动产生的现金流量分析

将销售商品、提供劳务收到的现金与购进商品、接受劳务付出的现金进行比较。

将销售商品、提供劳务收到的现金与经营活动流入的现金总额比较，可大致说明企业产品销售现款占经营活动流入的现金的比重有多大。

2. 投资活动产生的现金流量分析

当企业扩大规模或开发新的利润增长点时，需要大量的现金投入，投资活动产生的现金流入量补偿不了流出量，投资活动现金净流量为负数，但如果企业投资有效，将会在未来产生现金净流入用于偿还债务，创造收益，企业不会有偿债困难。因此，分析投资活动现金流量，应结合企业目前的投资项目进行，不能简单地以现金净流入还是净流出来论优劣。

3. 筹资活动产生的现金流量分析

一般来说，筹资活动产生的现金净流量越大，企业面临的偿债压力也越大。在阅读分析时，可将吸收权益性资本收到的现金与筹资活动现金总流入比较，所占比重大，说明企业资金实力增强，财务风险降低。

（三）财务分析

根据现金流量表分析企业一定期间现金流入和流出的原因、一定时期内企业的偿债能力和支付股利的能力，预测企业未来现金流量，为其使用者进行决策，提供了有力依据。

（四）重点项目分析

企业的现金流量由经营活动产生的现金流量、投资活动产生的现金流量和筹资活动产生的现金流量三部分构成。对现金流量构成进行分析，首先，分别计算经营活动现金流入、投资活动现金流入和筹资活动现金流入占现金总流入的比重，了解现金的主要来源，然后对经营活动产生的现金流量作重点分析。一般来说，经营活动现金流入占现金总流入比重大的企业，经营状况较好，财务风险较低，现金流入结构较为合理。其次，分别计算经营活动现金支出、投资活动现金支出和筹资活动现金支出占现金总流出的比重，它能具体反映企业的现金用于哪些方面。一般来说，经营活动现金支出比重大的企业，其生产经营状况正常，现金支出结构较为合理。

此外，现金流量表是以收付实现制为编制基础，反映企业在一定时期内现金收入和现金支出情况的报表。对现金流量表的阅读分析，既要掌握该表的结构及特点，分析其内部构成，又要结合利润表和资产负债表进行综合分析，以求全面地、客观地评价企业的财务状况和经营业绩。

第五节　所有者权益变动表

一、所有者权益变动表的作用、格式及内容

所有者权益变动表（statement of changes in owner's equity）是反映企业在某一特定日期所有者权益增减变动情况的报表，用以详细说明实收资本或股本、资本公积、库存股、盈余公积、未分配利润的年初余额调整、本年增减变动的原因。

所有者权益变动表全面反映了企业的所有者权益在年度内的变化情况，便于会计信息使用者深入分析企业所有者权益的增减变化情况，并对企业的资本保值增值情况做出正确判断，从而提供对决策有用的信息。

所有者权益变动表至少应当单独列示反映以下信息的项目：①净利润；②直接计入所有者权益的利得和损失项目及其总额；③会计政策变更和差错更正的累积影响金额；④所有者投入资本和向所有者分配利润等；⑤按照规定提取的盈余公积；⑥实收资本（或股本）、资本公积、盈余公积、未分配利润的期初和期末余额及其调整情况。其中，反映“直接计入所有者权益的得利和损失”的项目即为其他综合收益项目。

所有者权益变动表以矩阵的形式列示：一方面，列示导致所有者权益变动的交易或事项，即所有者权益变动的来源，对一定时期所有者权益的变动情况进行全面反映；另一方面，按照所有者权益各组成部分（即实收资本、资本公积、盈余公积、未分配利润和库存股）列示交易或事项对所有者权益各部分的影响。我国企业所有者权益变动表的格式如表 10－4 所示。

表 10-4 **所有者权益变动表** 会企 04 表

编制单位： 2×16 年度 单位:元

项 目	本年金额						上年金额					
	实收资本（或股本）	资本公积	减:库存股	盈余公积	未分配利润	所有者权益合计	实收资本（或股本）	资本公积	减:库存股	盈余公积	未分配利润	所有者权益合计
一、上年年末余额												
加:会计政策变更												
前期差错更正												
二、今年年初余额												
三、本年增减变动金额(减少以“－”号填列)												
(一)净利润												
(二)直接计入所有者权益的利得和损失												
1. 可供出售金融资产公允价值变动净额												
2. 权益法下被投资单位其他所有者权益变动的影响												
3. 与计入所有者权益项目相关的所得税影响												
4. 其他												
上述(一)和(二)小计												
(三)所有者投入和减少资本												
1. 所有者投入资本												
2. 股份支付计入所有者权益的金额												
3. 其他												
(四)利润分配												
1. 提取盈余公积												
2. 对所有者(或股东)的分配												
3. 其他												
(五)所有者权益内部结转												
1. 资本公积转增资本(或股本)												
2. 盈余公积转增资本(或股本)												
3. 盈余公积弥补亏损												
4. 其他												
四、本年年末余额												

二、所有者权益变动表的编制

(一)上年金额栏的填列方法

所有者权益变动表“上年金额”栏内各项数字,应根据上年度所有者权益变动表“本年金额”栏内所列数字填列。如果上年度所有者权益变动表规定的各个项目的名称和内容同本年度不相一致,应对上年度所有者权益变动表各项目的名称和数字按本年度的规定进行调整,填入所有者权益变动表“上年金额”栏内。

(二)本年金额栏的填列方法

所有者权益变动表“本年金额”栏内各项数字一般应根据“实收资本(或股本)”、“资本公积”、“盈余公积”、“利润分配”、“库存股”、“以前年度损益调整”科目的发生额分析填列。

三、所有者权益变动表的阅读

1.“上年年末余额”

“上年年末余额”反映上年资产负债表中实收资本(或股本)、资本公积、库存股、盈余公积、未分配利润的年末余额。

2.“会计政策变更”和“前期差错更正”

“会计政策变更”和“前期差错更正”分别反映采用追溯调整法处理的会计政策变更的累积影响金额和采用追溯重述法处理的会计差错更正的累积影响金额。

3.“本年增减变动额”

(1)“净利润”,反映企业当年实现的净利润(或净亏损)金额。

(2)“直接计入所有者权益的利得和损失”,反映企业当年直接计入所有者权益的利得和损失金额。“可供出售金融资产公允价值变动净额”,反映企业持有的可供出售金融资产当年公允价值变动的金额。“权益法下被投资单位其他所有者权益变动的影响”,反映企业对按照权益法核算的长期股权投资,在被投资单位除当年实现的净损益以外其他所有者权益当年变动中应享有的份额。“与计入所有者权益项目相关的所得税影响”,反映企业根据《企业会计准则第18号——所得税》规定应计入所有者权益项目的当年所得税影响金额。

(3)“所有者投入和减少资本”,反映企业当年所有者投入的资本和减少的资本。“所有者投入资本”,反映企业接受投资者投入形成的实收资本(或股本)和资本溢价或股本溢价。“股份支付计入所有者权益的金额”,反映企业处于等待期中的权益结算的股份支付当年计入资本公积的金额。

(4)“利润分配”,反映企业当年的利润分配金额。“提取盈余公积”,反映企业按照规定提取的盈余公积。“对所有者(或股东)的分配”,反映对所有者(或股东)分配的利润(或股利)金额。

(5)“所有者权益内部结转”,反映企业构成所有者权益的组成部分之间的增减变动情况。“资本公积转增资本(或股本)”,反映企业以资本公积转增资本或股本的金额。“盈余公积转增资本(或股本)”,反映企业以盈余公积转增资本或股本的金额。“盈余公积弥补亏损”,反映企业以盈余公积弥补亏损的金额。

第六节　会计报表附注

会计报表附注是对在资产负债表、利润表、现金流量表和所有者权益变动表等报表中列示项目的文字描述或明细资料，以及对未能在这些报表中列示项目的说明等。

一、会计报表附注的作用

会计报表附注应当披露财务报表的编制基础，相关信息应当与资产负债表、利润表、现金流量表和所有者权益变动表等报表中列示的项目相互参照。

编制会计报表附注，一是拓展了企业财务信息的内容，打破了主要报表内容必须符合会计要素的定义，又必须同时满足相关性和可靠性的限制；二是突破了揭示项目必须用货币加以计量的局限性；三是充分满足了企业财务报告是为其使用者提供有助于经济决策的信息的要求，增进了会计信息的可理解性；四是提高了会计信息的可比性，比如，通过揭示会计政策的变更原因及事后的影响，可以使不同行业或同一行业不同企业的会计信息的差异更具可比性，从而便于进行对比分析。

二、会计报表附注的内容

附注是财务会计报告的重要组成部分。企业应当按照规定披露附注信息，主要包括下列内容。

(一)企业的基本情况

(1)企业注册地、组织形式和总部地址；

(2)企业的业务性质和主要经营活动；

(3)母公司以及集团最终母公司的名称；

(4)财务报告的批准报出者和财务报告批准报出日。

(二)财务报表的编制基础

企业应当说明会计年度、记账本位币、会计计量所运用的计量基础、现金和现金等价物的构成等编制财务报表的基础。

(三)遵循企业会计准则的声明

企业应当声明编制的财务报表符合企业会计准则的要求，真实地、完整地反映了企业的财务状况、经营成果和现金流量等有关信息。

(四)重要会计政策和会计估计

企业应当披露采用的重要会计政策和会计估计，不重要的会计政策和会计估计可以不披露。在披露重要会计政策和会计估计时，应当披露重要会计政策的确定依据和财务报表项目的计量基础，以及会计估计中所采用的关键假设和不确定因素。

(五)会计政策和会计估计变更以及差错更正的说明

企业应当按照《企业会计准则第28号——会计政策、会计估计变更和差错更正》及其应用指南的规定，披露会计政策和会计估计变更以及差错更正的有关情况。

(六)报表重要项目的说明

企业对报表重要项目的说明，应当按照资产负债表、利润表、现金流量表、所有者权益变动表及其项目列示的顺序，采用文字和数字描述相结合的方式进行披露。报表重要项目的明细金额合计，应当与报表项目金额相衔接。

(七)或有事项

1. 预计负债

(1)预计负债的种类、形成原因以及经济利益流出不确定性的说明；

(2)各类预计负债的期初、期末余额和本期变动情况；

(3)与预计负债有关的预期补偿金额和本期已确认的预期补偿金额。

2. 或有负债

或有负债不包括极小可能导致经济利益流出企业的或有负债。

(1)或有负债的种类及其形成原因，包括已贴现商业承兑汇票、未决诉讼、未决仲裁、对外提供担保等形成的或有负债；

(2)经济利润流出不确定性的说明；

(3)或有负债预计产生的财务影响，以及获得补偿的可能性，无法预计的，应当说明原因。

3. 或有资产

企业通常不应当披露或有资产，但或有资产很可能会给企业带来经济利益的，应当披露其形成原因、预计产生的财务影响等。

在涉及未决诉讼、未决仲裁的情况下，按照会计准则披露全部或部分信息预期对企业造成重大不利影响的，企业无须披露这些信息，但应当披露该未决诉讼、未决仲裁的性质，以及没有披露这些信息的事实和原因。

(八)资产负债表日后事项

(1)每项重要的资产负债表日后非调整事项的性质、内容，及其对财务状况和经营成果的影响。无法做出估计的，应当说明原因。

(2)资产负债表日后，企业利润分配方案中拟分配的以及经审议批准宣告发放的股利或利润。

(九)关联方关系及其交易

(1)本企业的母公司有关信息。母公司不是本企业最终控制方的，说明最终控制方名称。母公司和最终控制方均不对外提供财务报表的，说明母公司之上与其最近的对外提供财务报表的母公司名称。

(2)母公司对本企业的持股比例和表决权比例。

(3)本企业的子公司有关信息。

(4)本企业的合营企业有关信息。

(5)本企业与关联方发生交易的，分别说明各关联方关系的性质、交易类型及交易要素。交易要素至少应当包括：交易的金额；未结算项目的金额、条款和条件以及有关提供或取得担保的信息；未结算应收项目的坏账准备金额；定价政策。

本章小结

财务报告的目标是向投资者、债权人、政府部门及其他机构等财务报告使用者提供与企业财务状况、经营成果和现金流量等有关的会计信息，反映企业管理层受托责任履行情况，有助于财务报告使用者做出经济决策。财务会计报告是企业正式对外揭示或表述财务信息的总结性书面文件。由会计报表、会计报表附注和其他应当在财务会计报告中披露的相关信息和资料构成。

会计报表是财务报告的核心，是传递信息的重要手段。企业对外提供的会计报表至少应当包括资产负债表、利润表、现金流量表、所有者权益变动表。其中资产负债表指反映企业在某一特定日期财务状况的会计报表。利润表是反映企业在一定会计期间的经营成果的会计报表。现金流量表是反映企业一定期间现金流入和流出信息的会计报表。所有者权益变动表是反映企业在某一特定日期所有者权益增减变动情况的报表。此外，会计报表附注是对在资产负债表、利润表、现金流量表和所有者权益变动表等报表中列示项目的文字描述或明细资料，以及对未能在这些报表中列示项目的说明等。

复习思考题

一、简答题

1. 什么是财务会计报告？财务会计报告包括哪些内容？具体有哪些作用？
2. 什么是资产负债表？简述资产负债表的结构与编制方法。
3. 什么是利润表？简述利润表的结构与编制方法。
4. 什么是现金流量表？为什么要编制现金流量表？
5. 什么是现金流量？如何对现金流量进行分类？不同的现金流量各包括哪些内容？
6. 什么是所有者权益变动表？简述所有者权益变动表的结构与编制方法。
7. 会计报表附注一般应披露哪些内容？

二、单项选择题

1. 最关心企业的盈利能力和利润分配政策的会计报表使用者是(　　)。
A. 投资者　B. 货物供应商　C. 企业职工　D. 债权人
2. 最关心企业的偿债能力和支付利息能力的会计报表使用者是(　　)。
A. 政府机构　B. 债权人　C. 投资者　D. 企业职工
3. 下列会计报表中，反映企业在某一特定日期财务状况的是(　　)。
A. 现金流量表　B. 利润表　C. 资产负债表　D. 利润分配表
4. 月度报表不包括(　　)。
A. 资产负债表　B. 利润分配表　C. 利润表　D. 现金流量表
5. 资产负债表中资产的排列顺序是(　　)。
A. 资产的收益性　B. 资产的重要性　C. 资产的流动性　D. 资产的时间性
6. 根据我国统一会计制度的规定，企业资产负债表的格式是(　　)。
A. 报告式　B. 账户式　C. 多步式　D. 单步式
7. 在利润表中，从利润总额中减去(　　)，得出净利润。
A. 应交所得税　B. 利润分配数　C. 营业费用　D. 所得税费用
8. 下列会计报表中，属于静态报表的是(　　)。
A. 利润表　B. 利润分配表　C. 现金流量表　D. 资产负债表
9. 按照(　　)的不同，财务报表可以分为个别报表和合并报表。
A. 反映的经济内容　B. 资金运动形态　C. 编报主体　D. 编报时间
10. 下列利润表项目中，主要根据科目的贷方发生额分析填列的是(　　)。

A. 营业收入　　B. 营业税金及附加　　C. 销售费用　　D. 管理费用

三、多项选择题

1. 财务会计报告分为(　　)。

A. 年度财务会计报告　　B. 季度财务会计报告

C. 半年度财务会计报告　　D. 月度财务会计报告

2. 企业会计报表按照其反映的经济内容分为(　　)。

A. 资产负债表　　B. 利润表　　C. 现金流量表　　D. 收入支出总表

3. 下列各项中,属于中期财务会计报告的有(　　)。

A. 月度财务会计报告　　B. 季度财务会计报告

C. 半年度财务会计报告　　D. 年度财务会计报告

4. 按照《企业会计制度》的规定,月份终了须编制和报送的会计报表有(　　)。

A. 资产负债表　　B. 利润表　　C. 利润分配表　　D. 现金流量表

5. 下列各项中,属于财务会计报告编制要求的有(　　)。

A. 真实可靠　　B. 相关可比　　C. 全面完整　　D. 编报及时

四、判断题

1. 资产负债表是反映企业在一定时期内财务状况的报表。(　　)

2. 会计报表应当根据经过审核的会计账簿记录和有关资料编制。(　　)

3. 会计报表附注是对会计报表的编制基础、编制依据、编制原则和方法及主要项目所做的解释,以便于会计报表使用者理解会计报表的内容。(　　)

4. 编制会计报表的主要目的就是为会计使用者决策提供信息。(　　)

5. 报告式资产负债表中资产项目是按重要性排列的。(　　)

第十一章　会计报表分析

【案例导读】

1994 年 6 月上市的银广夏公司，曾因其骄人的业绩和诱人的前景而被称为“中国第一蓝筹股”。从 1994 年上市至 1998 年公司每年公布的净资产收益率均在 10%以上。1999 年 12 月 30 日银广夏股价突然启动，2000 年，银广夏的净资产收益率增长达到 34.56%。这一年，银广夏的股价从 13.97 元飙升至 75.98 元，涨幅 544%。

2001 年 8 月，《财经》杂志发表《银广夏陷阱》一文，对其虚构财务报表、虚增利润的造假行为进行了曝光，在证券市场内外引起巨大震动。

2002～2004 年，银广夏的主营业务收入逐年下降，从 2002 年的 3 340.22 万元下降到 2004 年的 1 572.09 万元。净利润从 2002 年的 1 396.31 万元下降到 2004 年的－3.46 亿元。2003 年的主营业务利润为 273.77 万元，2004 年该指标为－723.69 万元，主营业务收入减幅为 364.34%，净利润的减幅为 466.62%。

同时，该公司短期偿债能力下降，反映长期偿债能力的指标资产负债率从 2003 年的 190.83%上升到 2004 年的 282.07%，而超过 60%的债务水平就会产生过多的风险。至此，公司继 2001 年因三年连续亏损而被暂停上市之后，再次受到退市风险的困扰。

通过证监会对银广夏公司的调查，查明银广夏公司通过伪造购销合同、伪造出口报关单、虚开增值税专用发票、伪造免税文件和伪造金融票据等手段，虚构主营业务收入，虚构巨额利润 7.45 亿元。

请思考：

通过对企业财务报表及相关资料的分析，发现企业的造假行为，试讨论企业财务报表分析的重要性以及如何进行企业财务报表分析。

【本章导读】

会计报表是企业财务报告的主要部分，是企业向外传递会计信息的主要手段。本章主要从偿债能力、营运能力、盈利能力和成长能力等方面介绍财务指标，阐述有关会计报表的分析方法。通过本章的学习，你应该能够：(1)理解并掌握会计报表分析的目的与方法；(2)掌握偿债能力分析、营运能力分析、盈利能力分析和成长能力分析等常用财务指标的计算和分析方法;(3)理解并掌握杜邦财务分析体系的设计理念及分析方法。

第一节 会计报表分析概述

一、意义和目的

会计报表分析(analysis of financial statement),是运用一定方法对报表进行科学的加工处理,揭示报表上各项目的内在联系,研究各因素的增减变化规律,从而提高会计信息的有用性,使之更好地为信息的使用者服务。

(一)会计报表分析的意义

(1)评价企业的财务状况和经营成果,揭示财务活动过程中存在的矛盾和问题,为改善经营管理提供方向和线索;

(2)预测企业未来的报酬和风险,为投资人、债权人和经营者的决策提供帮助;

(3)考核经营管理人员的业绩,为完善合理的激励机制提供帮助。

(二)会计报表分析的目的

会计报表分析的目的是将财务报表数据转换成有用的信息,帮助报表使用人改善决策。

最早的会计报表分析,主要是为银行服务的信用分析。由于借贷资本在公司资本中的比重不断增加,银行家需要对贷款人进行信用调查和分析,这样就逐步形成了偿债能力分析等有关内容。资本市场出现以后,财务报表分析由为贷款银行服务扩展到为各种投资人服务。社会筹资范围扩大,非银行债权人和股权投资人增加,公众进入资本市场。投资人要求的信息更为广泛,逐步形成了盈利能力分析、筹资结构分析和利润分配分析等新的内容,发展出比较完善的外部分析体系。公司组织发展起来以后,经理人员为获得股东的好评和债权人的信任,需要改善公司的盈利能力和偿债能力,逐步形成了内部分析有关内容,并使财务报表分析由外部分析扩大到内部分析。内部分析不仅可以使用公开报表的数据,而且可以利用内部的数据,如预算、成本数据等。内部分析的目的是找出管理行为和报表数据的关系,通过管理来改善未来的财务报表。

具体来说,会计报表分析主要有以下三个目的:

(1)评价企业的财务状况和经营成果,揭示企业在生产经营活动中存在的矛盾和问题,为改善经营管理提供方向和线索;

(2)预测企业未来的报酬和风险,为投资者、债权人和经营者的决策提供科学有效的帮助;

(3)检查企业预算完成情况,考察经营管理人员的业绩,为完善管理经营机制提供帮助。

以本章案例导读中的银广夏事件为例,单纯从财务报表上的数据还不能直接或全面说明企业的财务状况,特别是不能说明企业经营状况的好坏和经营成果的高低,只有将企业的财务指标与有关的数据进行比较才能说明企业财务状况所处的地位。

会计报表分析能从财务角度出发,为决策者提供支持,快速识别财务数据中可能存在的造假成分,通过分析企业的营运资本,审视企业存在的弊病,从现金流量表来分析企业的真实利润水平。进行会计报表分析可以根据横向和纵向的相关数据比较,乃至使用统计软件做相关的分析以发现其趋势的异常,也可以进行比例分析,依据不同行业特性对重要的报表项目进行尽可能精细的审计,观察是否有反趋势或不正常的异动。从银广夏的报表数据看,它的收益指标非常好，利润率、收益率都很高，但通过现金流量指标分析就非常差，现金收益率连续几年出现很大的负数。这说明企业高额的利润没有带来应有的现金回报。会计报表分析一定要全面，尤其要关注现金流量分析。

二、程序和方法

(一)会计报表分析程序

在进行会计报表分析时，应搜集丰富的相关资料，以保证分析结果的客观性，具体资料一般包括以下内容。

1. 会计报表、报表注释及财务状况说明书

企业编制的会计报表主要有资产负债表、利润表和现金流量表。除会计报表外，报表注释也是重要资料，它主要说明了企业所采用的会计政策，会计政策的变更情况、变更原因、对企业财务状况和经营成果的影响以及非常事项、或有事项、期后事项、契约条款等。财务情况说明书主要说明企业的生产经营情况、利润实现和分配情况、资金增减和周转情况及其他对财务状况发生重大影响的事项。这些信息对报表使用者客观分析企业经营业绩具有重要意义。

2. 审计报告

注册会计师的审计报告(audit report)说明了有关会计报表是否可靠、可信，由此决定了分析的依据是否可靠，分析的结果是否真实。

3. 其他有关资料

其他有关资料主要有证券监管部门、行业协会、投资咨询机构等提供的有关资料，可以作为会计报表分析的补充资料。只有全面搜集、整理相关的信息，才能真正评判一个企业的财务状况和经营成果。

(二)会计报表分析方法

会计报表分析方法有趋势分析法、比较分析法和因素分析法等，但是没有哪一种分析方法可以囊括一切并满足各种会计报表使用者的需要，因此，分析会计报表时，必须综合运用不同的分析方法，取长补短。

1. 趋势分析法

趋势分析法(trend analysis approach)是根据一个企业两期或连续数期的会计报表，将报表中的相同指标进行对比分析，确定其增减变动方向、数额和幅度，以反映企业的财务状况和经营成果的变动趋势，并对企业发展前景做出正确的推断。趋势分析法一般采用编制比较会计报表的方法，将两期或两期以上的会计报表所提供的信息并行列示，相互比较，了解增减变动的情况，揭示发展趋势。比较会计报表有横向比较和纵向比较两种。

(1)横向比较法。横向比较法是在比较会计报表中用绝对额或百分比的形式，将会计报表上的同一项目作横向比较，分析其变化的趋势。

(2)纵向比较法。纵向比较法是对报表上有关项目之间的关系所进行的对比分析，它将报表里的某一关键项目的金额作为100%，然后分别计算出其中各有关项目所占的比重，以观察项目结构上的相对变化情况。

2. 比率分析法

比率分析法(ration analysis approach)是将财务报表中相关项目金额进行对比，计算出相应的财务比率，并将该比率与上期比较，与计划比较和同行业平均水平比较，说明企业的发展情况、计划的完成情况，以及与同行业的差距，为今后改善经营管理、提高竞争实力指明方向。

比率分析法的比率指标主要有以下几种。

(1)构成比率分析。构成比率分析又称结构比率分析,它以某项经济指标的各个组成部分占总体的比重为依据,分析部分与总体的关系,了解项目结构上的变化。

(2)相关比率分析。相关比率分析以某项经济指标与其他经济指标进行对比,求出两者的比率,反映有关经济活动的相互关系。利用相关比率指标,可以深入了解企业生产经营活动情况。例如,利润与销售收入的比率,反映企业每销售1元所创造的利润。

(3)效率比率分析。效率比率分析,是通过计算某一项经济活动的所费与所得的比率,反映投入与产出的关系,考察企业的经营成果,评价企业的经济效益。例如,销售成本与销售利润的比率、资金占用额与销售收入的比率等,可以反映企业获利能力的大小。

采用比率分析法,对比率指标的使用应注意:比率指标中对比指标要有相关性;对比指标的计算口径要一致;衡量标准要有科学性。

3. 因素替代法

因素替代法(factor substitution approach)又称连锁替代法,它是用来分析影响某一综合经济指标的各因素影响程度大小的一种分析方法。具体的分析程序如下:

(1)确定影响某经济指标的各个因素;

(2)确定各个因素同该经济指标的关系;

(3)按一定顺序将各个因素逐个替代,分析各个因素对该指标变动的影响程度。

运用因素替代法时应注意以下两点:

一是诸因素替代时,须假定当一个因素变动时其他因素保持不变;

二是替代顺序应依次进行,不可随意颠倒。

第二节 偿债能力分析

企业偿债能力是反映企业财务状况和经营能力的重要标志。企业偿债能力(solvency),静态地讲,就是用企业资产清偿企业债务的能力;动态地讲,就是用企业资产和经营过程创造的收益偿还债务的能力。企业有无现金支付能力和偿债能力是企业能否健康发展的关键。企业偿债能力分析是企业财务分析的重要组成部分。偿债能力是企业偿还到期债务的承受能力或保证程度,包括偿还短期债务和长期债务的能力。

一、短期偿债能力

短期偿债能力(short-term solvency)是指企业以流动资产偿还流动负债的能力,它反映企业偿付到期短期债务的能力。企业的流动资产与流动负债的关系以及资产的变现速度是影响短期偿债能力的主要因素。短期债务一般需要以现金偿还,所以企业短期偿债能力应注重一定时期的流动资产变现能力的分析;而按照权责发生制原则计算得到的会计利润,并不能反映企业现金流量大小,故短期债权人不太注重企业盈利能力分析,而比较关注短期偿债能力。

企业短期偿债能力分析主要采用比率分析法,包括流动比率、速动比率和现金比率等,为了全面真实地反映企业的偿债能力,本节还将介绍现金流量财务比率来辅助反映企业的短期偿债能力,主要采用现金流动负债比率。

(一)流动比率

流动比率(current ratio)是流动资产与流动负债的比率,表示企业每元流动负债有多少流动资产作为偿债的保证,反映企业的流动资产偿还流动负债的能力,计算公式为:

流动比率=流动资产/流动负债

【例 11—1】 江夏公司 2×16 年资产负债表、利润表及现金流量表分别如表 11—1、表 11—2和表 11—3 所示。

表 11—1　　**资产负债表**

编制单位:江夏公司　　2×16 年 12 月 31 日　　单位:元

资产	年初数	期末数	负债和所有者权益	年初数	期末数
流动资产:			流动负债:		
货币资金		16 256 750	短期借款		750 000
交易性金融资产			交易性金融负债		
应收票据			应付票据		440 000
应收账款		100 000	应付账款		3 002 500
预付账款		7 500	预收账款		8 000
应收利息			应付职工薪酬		655 020
应收股利			应交税费		62 980
其他应收款			应付利息		
存货		3 774 060	应付股利		
一年内到期的非流动资产			一年内到期的非流动负债		
其他流动资产			其他流动负债		
流动资产合计		20 138 310	流动负债合计		4 918 500
非流动资产:			非流动负债:		
可供出售金融资产			长期借款		5 000 000
持有至到期投资			应付债券		4 000 000
长期股权投资			其他非流动负债		
固定资产			非流动负债合计		9 000 000
固定资产原价		1 100 000	负债合计		13 918 500
减:累计折旧		65 00	所有者权益(或股东权益);		
固定资产净额		1035 00	实收资本(或股本)		7 750 000
固定资产清理			资本公积		200 000
无形资产		750 000	盈余公积		21 924
其他非流动资产			未分配利润		32 886
非流动资产合计		1 785 000	所有者权益(或股东权益)合计		8 004 810
资产总计		21 923 310	负债或所有者权益(或股东权益)合计		21 923 310

表 11—2　　利润表

编制单位:江夏公司　　2×16 年度　　单位:元

项　目	行　次	上年实际数	本年数
一、营业收入	(略)	(略)	1 057 500
减:营业成本			725 000
营业税金及附加			16 000
销售费用			155 900
管理费用			4 000
财务费用			5 000
加:公允价值变动收益			
投资收益(损失以"—"号表示)			
二、营业利润(亏损以"—"号表示)			151 600
加:营业外收入			
减:营业外支出			
三、利润总额(亏损以"—"号表示)			151 600
减:所得税费用			46 980
四、净利润			104 620
五、每股收益			1.04

表 11—3　　资产负债表

编制单位:江夏公司　　2×16 年度　　单位:元

项　目	行　次	金　额
一、经营活动产生的现金流量		
销售商品、提供劳务收到的现金		900 000
收到的租金		
收到的与其他经营活动有关的现金		
现金流入小计		900 000
购买商品、接受劳务支付的现金		
支付给职工以及职工支付的现金		460 000
支付的增值税		162 000
支付的所得税		100 000
现金流出小计		722 000
经营活动产生的现金流量净额		178 000
二、投资活动产生的现金流量		
收回投资所收到的现金		

续表

项　目	行　次	金　额
分得股利或利润所收到的现金		
处置固定资产、无形资产和其他长期资产所收到的金净额		215 000
现金流入小计		215 000
购置固定资产、无形资产和其他长期资产所支付的现金		780 000
现金流出小计		780 000
投资活动产生的现金流量净额		(565 000)
三、筹资活动产生的现金流量		
吸收权益性投资所收到的现金		6 250 000
借款所收到的现金		4 530 000
发行债券所收到的现金		4 000 000
现金流入小计		14 780 000
偿还债务所支付的现金		800 000
分配股利或利润所支付的现金		
偿付利息所支付的现金		1 350 000
现金流出小计		2 150 000
筹资活动产生的现金流量净额		12 630 000
四、现金及现金等价净增加额		6 256 750

根据表 11－1 华夏公司 2×16 年 12 月 31 日的资产负债表资料年末流动资产为 20 138 310元，流动负债为 4 918 500 元。计算华夏公司的流动比率。

年末流动比率＝ 20 138 310/4 918 500＝ 4.09

一般情况下，流动比率越高，反映企业短期偿债能力越强。因为该比率越高，不仅反映企业拥有较多的营运资金抵偿短期债务，而且表明企业可以变现的资产数额较大，债权人的风险越小。但是，过高的流动比率并不是好现象。因为流动比率过高，表明企业流动资产上占用的资金过多，或许是变现能力较差的存货资金过多，或许是应收账款过多，这些都反映了企业资产使用效率较低。所以，在分析流动比率时，还须注意流动资产的结构、流动资金的周转情况、流动负债的数量与结构，以及现金流量的情况。

从理论上讲，流动比率维持在 2∶1 是比较合理的，因为流动资产中变现能力较差的存货等金额，约占流动资产总额的一半，扣除该部分剩下的变现能力较强的流动资产至少要等于流动负债，流动负债的清偿就有保证，企业的短期偿债能力也就有了保障。但是，由于行业性质不同，流动比率的实际标准也不同。例如，商业和流通领域的企业，一般而言，流动性较高；而机器制造业及电力行业流动性则较差。所以，在分析具体公司流动比率时，应将其与同行业平均流动比率、与本公司历史的流动比率进行比较，才能得出合理的结论。

(二)速动比率

速动比率(quick ratio)，又称酸性测试比率(acid test ratio)，是流动资产中速动资产与流动负债的比率，计算公式如下所示：

速动比率＝速动资产/流动负债

其中，

速动资产＝流动资产－存货－预付账款

计算速动比率时，流动资产中应扣除存货，是因为存货在流动资产中变现速度较慢，有些存货可能滞销，无法变现。此外，由于各行业之间的差别，在计算速动比率时，除扣除存货以外，企业还可以从流动资产中扣除其他一些可能与当期现金流量无关的项目（如预付账款等）。因为这些项目根本不具有变现能力，只是减少企业未来的现金流出量。当然，由于它们在流动资产中所占的比重较小，企业在计算速动资产时也可以不扣除。

【例 11－2】 根据表 11－1 资料，江夏公司 2×16 年年末的流动资产为 20 138 310 元，存货为 3 774 060 元，流动负债为 4 918 500 元。计算江夏公司的速动比率。

年末速动比率＝(20 138 310－3 774 060)/4 918 500＝3.327

传统经验认为，速动比率维持在 1∶1 较为正常，它表明企业的每 1 元流动负债就有 1 元易于变现的流动资产来抵偿，短期偿债能力有可靠的保证。速动比率过低，企业的短期偿债风险较大；速动比率过高，企业在速动资产上占用资金过多，会增加企业投资的机会成本。但以上评判标准并不是绝对的。实际工作中，应考虑到企业的行业性质。例如，商品零售行业，由于采用大量现金销售，几乎没有应收账款，速动比率大大低于 1，也是合理的；相反，有些企业虽然速动比率大于 1，但速动资产中大部分是应收账款，并不代表企业的偿债能力强，因为应收账款能否收回具有很大的不确定性。所以，在评价速动比率时，还应分析应收账款的质量。

（三）现金比率

现金比率(cash ratio)又称即付比率，它是企业现金及现金等价物与流动负债的比率，反映企业直接支付能力，是衡量企业短期偿债能力的一项参考性指标。计算公式为：

现金比率＝现金类资产/流动负债＝(货币资金＋交易性金融资产)/流动负债

现金类资产包括企业拥有的货币资金和持有的有价证券，是速动资产扣除应收账款后的余额。由于应收账款存在着坏账及延期收回的可能性，所以剔除应收账款项目得到的现金比率最能反映企业直接偿付流动负债的能力。现金比率越高，表明企业直接偿付债务的能力越强。但是，在正常情况下，企业不可能也没必要始终保持过多的现金类资产，否则将会失去某些获利机会和投资机会。

【例 11－3】 根据表 11－1 资料，江夏公司 2×16 年年末的货币资金为 16 256 750 元，流动负债为 4 918 500 元。计算江夏公司的现金比率。

年末现金比率＝16 256 750/4 918 500＝3.305

（四）现金流量比率

现金流量比率是企业一定时期的经营现金净流量同流动负债的比率，它可以从现金流量角度来反映企业当期偿付短期负债的能力。企业偿还债务的方式很多，除了利用经营活动产生的现金流量偿付外，也可利用筹资方式偿债。但只有经营活动现金流量才能确切反映企业自身的偿债能力。因此，将该指标与流动比率指标结合使用，能比较全面地评价企业的偿债能力，效果更好，计算公式如下：

现金流量比率＝经营活动现金净流量/流动负债

【例 11－4】 根据表 11－1、表 11－3 资料，江夏公司 2×16 年度的流动负债为 4 918 500 元，经营活动现金净流量为 178 000 元。计算江夏公司的现金流量比率。

现金流量比率＝178 000/4 918 500＝0.04

该指标反映企业利用经营活动现金流量偿还到期债务的能力，比率越高，企业的流动性越好，偿债能力越强。

二、长期偿债能力

长期偿债能力(long-term solvency)是指企业偿还长期负债的能力，它的大小是反映企业财务状况稳定与否及安全程度高低的重要标志。其分析指标主要有资产负债率、产权比率、已获利息倍数、现金利息保障倍数等。

(一)资产负债率

资产负债率(asset-liability ratio)又称负债比率，是企业的负债总额与资产总额的比率。它表示企业资产总额中，债权人提供资金所占的比重，以及企业资产对债权人权益的保障程度。计算公式为：

资产负债率＝负债总额/资产总额×100％

【例 11—5】 根据表 11—1 资料，江夏公司 2×16 年年末的负债总额为13 918 500元，资产总额为 21 923 310 元。计算江夏公司的资产负债率。

年末资产负债率＝13 918 500/21 923 310×100％＝63.5％

资产负债率高低对企业的债权人和所有者具有不同的意义。对债权人而言，最关心的是提供给企业的贷款本金和利息能否按期收回。如果负债比率高，说明企业总资产中仅有小部分是由股东提供的，而大部分是由债权人提供的，这样，债权人就得承担很大的风险。所以，债权人希望负债比率越低越好，其债权的保障程度就越高。对所有者而言，最关心的是投入资本的收益率。由于企业的债权人投入的资金与企业所有者投入的资金发挥着同样的作用，所以，只要企业的总资产收益率高于借款的利息率，举债越多，即负债比率越大，所有者的投资收益就越大。

一般情况下，企业负债经营规模应控制在一个合理的水平，负债比重应掌握在一定的标准内。如果负债比率过高，企业的经营风险将越来越大，对债权人和所有者都会产生不利的影响。

(二)产权比率

产权比率也称负债与所有者权益比率，是指负债总额与所有者权益总额的比例关系，是企业财务结构稳健与否的重要标志，计算公式为：

产权比率＝负债总额/所有者权益总额×100％

【例 11—6】 根据表 11—1 资料，江夏公司 2×16 年末负债总额为 13 918 500 元，所有者权益总额为 8 004 810 元。计算江夏公司的产权比率。

年末产权比率＝13 918 500/8 004 810×100％＝173.9％

该比率反映了所有者权益对债权人权益的保障程度，即在企业清算时债权人权益的保障程度。对这一比率的解释与资产负债率相同。

(三)已获利息倍数

已获利息倍数又称为利息保障倍数，是企业经营的息税前利润与利息费用的比率，是衡量企业偿付负债利息能力的指标。计算公式为：

已获利息倍数＝息税前利润/利息费用

其中，息税前利润是指利润表中未扣除利息费用和所得税之前的利润；利息费用是指本期发生的全部应付利息，包括流动负债的利息费用、长期负债中进入损益的利息费用以及进入固定资产原价中的资本化利息。这是因为资本化利息虽然不在利润表中扣除，但仍然是要偿还的。

【例 11－7】 根据表 11－2 江夏公司 2×16 年度利润表的资料，税前利润为 151 600 元，利息费用为 5 000 元，计算江夏公司的以获利息倍数。

已获利息倍数＝(151 600＋5 000)/5 000＝31.32

已获利息倍数越高，说明企业支付利息费用的能力越强；该比率越低，说明企业难以保证用经营所得来及时足额地支付负债利息。因此，它是企业是否举债经营，衡量其偿债能力强弱的主要指标。

若要合理地确定企业的已获利息倍数，需将该指标与其他企业，特别是与同行业平均水平进行比较。根据稳健原则，应以指标最低年份的数据作为参照物。但是，一般情况下，已获利息倍数不能低于 1，因为低于 1，表明企业连借款利息的偿还都无法保证，更不用说偿还本金了。所以，已获利息倍数的高低，不仅反映了企业偿还利息的能力，而且也反映了企业偿还本金的能力。

(四)现金流量利息保障倍数

由于利润表上的利润净额并不等于现金流量，反映企业长期偿债能力的已获利息倍数不能客观地反映企业还本付息的能力，采用现金流量利息保障倍数能真实地反映出企业还本付息能力。现金流量利息保障倍数反映了企业用经营活动现金流量支付利息的能力，它剔除了非现金项目，弥补了权责发生制的已获利息倍数的不足。计算公式为：

$$\text{现金流量利息保障倍数}=\frac{\text{经营活动现金净流量}+\text{付现所得税}+\text{付现利息费用}}{\text{当期付现的利息费用}}$$

【例 11－8】 根据表 11－3 资料，江夏公司 2×16 年度当期支付的利息费用为 1 350 000 元，支付的所得税为 100 000 元，经营活动现金净流量为 178 000 元。计算江夏公司的现金流量利息保障倍数。

现金流量利息保障倍数＝(178 000＋1 350 000＋100 000)/11 350 000＝1.21

现金流量利息保障倍数反映了公司对投资者和债权人的现金支付能力，比率一般应大于 1，指标高说明企业有足够的现金用于偿付利息。通过上述分析可以发现，江夏公司有足够的能力支付债务利息。

第三节　营运能力分析

营运能力分析(operation capacity analysis)是指通过计算企业资金周转的有关指标分析其资产利用的效率，是对企业管理层管理水平和资产运用能力的分析。营运能力的分析有利于企业管理当局改善经营管理，有助于投资者进行投资决策和债权人进行信贷决策。从这种意义上讲，营运能力决定着企业的偿债能力和获利能力，而且是整个财务分析的核心。营运能力强，资金周转速度就快，企业就会有足够的现金来偿付流动负债，则短期偿债能力就强；营运能力强，企业就会取得更多的收入和利润，用足够的资金偿还本金和利息，则长期偿债能力就强。企业营运能力包括流动资产营运能力、长期资产营运能力和总资产营运能力。

一、流动资产营运能力

流动资产营运能力是决定总资产营运能力高低的重要因素。存货在营运能力中能否发挥出应有的营运能力，主要取决于存货对流动资产营运能力的作用程度和流动资产本身营运能力的高低。反映企业流动资产营运能力大小的指标主要有应收款项周转率、存货周转率和现金周期等。

(一)应收款项周转率

这里的应收款项仅指因销售引起的应收账款和应收票据。应收款项周转率(accounts receivable turnover)也称应收款项周转次数，是一定时期内赊销收入净额与应收款项平均余额的比率，是反映应收款项周转速度的一项指标。计算公式为：

应收款项周转率(次数)＝赊销收入净额/应收款项平均余额

其中，

赊销收入净额＝主营业务收入－现销收入－销售退回－销售折让－销售折扣

应收款项平均余额＝(期初应收款项＋期末应收款项)/2

应收款项包括“应收账款净额”和“应收票据”等全部赊销账款。应收账款净额是扣除坏账准备后的余额；应收票据如果已向银行办理了贴现手续，则不应包括在应收款项余额内。“赊销收入净额”在财务报表中一般很少标明，所以，可以采用主营业务收入净额替代。

应收账款周转天数计算公式为：

应收账款周转天数＝计算期天数/应收账款周转率(次数)

＝(应收款项平均余额×计算期天数)/赊销收入净额

【例 11－9】 根据表 11－1、表 11－2 资料，江夏公司 2×16 年度的赊销收入净额是1 050 000元，假设年初的应收账款净额为 9 000 元；年末的应收账款净额为 100 000 元。计算江夏公司的应收款项周转率。

应收款项周转率(次数)＝1 050 000/[(9 000＋10 000)÷2]＝11

应收款项周转天数＝ 360/11＝ 32.7(天)

应收款项周转率高，表明企业应收款项的回收速度快、坏账的可能性小，资产流动性强，短期偿债能力强。但是，在评价一个企业应收款项周转率是否合理时，应与同行业的平均水平相比较而定。

(二)存货周转率

存货周转率(inventory turnover)也称存货周转次数，是企业一定时期内的主营业务成本与存货平均余额的比率，它是反映企业的存货周转速度和销货能力的一项指标，也是衡量企业生产经营中存货营运效率的一项综合性指标，计算公式为：

存货周转率(次数)＝主营业务成本/存货平均余额

其中，

存货平均余额＝(期初存货＋期末存货)/2

存货周转天数计算公式为：

存货周转天数＝计算期天数/存货周转率(次数)

＝(存货平均余额×计算期天数)/主营业务成本

【例 11－10】 根据表 11－1、表 11－2 资料，江夏公司 2×16 年度主营业务成本为725 000元，假设年初的存货余额为 3 400 000 元，年末存货余额为 3 774 060 元。计算该公司存货周转率。

存货周转率＝725 000/[(3 400 000＋3 774 060)÷2]＝0.202

存货周转天数＝360/0.202＝1 782(天)

存货周转速度快慢，不仅反映了企业流动资产变现能力的大小，而且也反映了企业经营管理工作的好坏及盈利能力的大小。存货周转率高，存货占用水平低，存货积压的风险就越小，企业的变现能力以及资金使用效率就越高。但是在存货周转率分析中，应注意剔除因存货计价方法不同所产生的影响。

(三)现金周期

现金周期(cash cycle)测度了从为生产经营活动购买库存材料或商品消耗现金，到通过最终产品的销售而获取现金的时间跨度。这个指标可以用天数来衡量，它等于平均库存期加上平均获得时间，再减去应付账款时间。计算公式为：

现金周期＝存货周转天数＋应收账款周转天数－应付账款递延天数

＝生产经营周期－应付账款递延天数

【例 11－11】 在应收账款周转率和存货周转率例题中，应收款项周转天数是 32.7 天，存货周转天数是 1 782 天，假设江夏公司应付账款递延天数为 30 天。计算该公司现金周期。

现金周期＝1 782＋32.7－30＝1 784.7(天)

现金周期决定企业资金使用效率。现金循环周期的变化会直接影响所需营运资金的数额。一般来说，存货周转期和应收账款周转期越长，应付账款周转期越短，营运资金数额就越大，资金使用效率就低；相反，存货周转期和应收账款周转期越短，应付账款周转期越长，营运资金数额就越小，资金使用效率就高。

二、长期资产营运能力

固定资产周转率指标是反映企业长期资产营运能力大小的主要指标。固定资产周转率是企业主营业务收入净额与固定资产平均净值的比率，是衡量固定资产利用效率好坏的指标。计算公式为：

固定资产周转率＝主营业务收入净额/固定资产平均净值

其中，

固定资产平均净值＝(期初固定资产净值＋期末固定资产净值)/2

【例 11－12】 根据表 11－1、表 11－2 资料，江夏公司 2×16 年度的赊销收入净额是 1 050 000元，假设年初固定资产净值为 900 000 元，年末固定资产净值为 1 035 000 元，则该公司的固定资产周转率为：

固定资产周转率＝1 050 000/[(900 000＋1 035 000)÷2]＝1.085

固定资产周转率高，不仅表明企业充分利用了固定资产，同时也表明企业固定资产投资得当，固定资产结构合理，能够充分发挥其效率；固定资产周转率低，表明固定资产使用效率不高，企业的营运能力欠佳。

在实际分析该指标时，报表分析者应剔除下列因素的影响：

(1)固定资产的净值随着折旧计提而逐渐减少，因为固定资产更新，净值会突然增加；

(2)由于折旧方法不同，固定资产净值缺乏可比性。

三、总资产营运能力

总资产营运能力用总资产周转率来反映。总资产周转率是企业主营业务收入与企业平均资产总额的比率，计算公式为：

总资产周转率＝主营业务收入÷平均资产总额

其中，

平均资产总额＝(年初资产总额＋年末资产总额)/2

【例 11－13】 根据表 11－1、表 11－2 资料，江夏公司 2×16 年度的赊销收入净额是 1 050 000元，年末资产总额为 21 923 310 元。假设年初资产总额为 19 935 110 元，计算该公司固定资产周转率。

固定资产周转率＝1 050 000/[(21 923 310＋19 935 110)÷2]＝0.05

总资产周转率反映全部资产的周转速度，这一比率可用来分析企业全部资产的使用效率。如果这个比率较高，周转越快，反映销售能力越强。企业可以通过薄利多销的办法，加速资产的周转，带来利润绝对额的增加。如果这个比率较低，则说明企业利用全部资产进行经营的效率较差，最终会影响企业的获得能力。这样，企业就应该采取措施提高各项资产的利用程度从而提高销售收入或处理多余资产。

第四节　盈利能力分析

从企业角度来看，企业从事经营活动，其直接目的是最大限度地赚取利润并维持企业持续稳定地经营和发展。持续稳定地经营和发展是获取利润的基础；而最大限度地获取利润又是企业持续稳定发展的目标和保证。只有在不断地获取利润的基础上，企业才可能发展；同样，盈利能力较强的企业比盈利能力软弱的企业具有更大的活力和更好的发展前景。因此，盈利能力是企业经营人员最重要的业绩衡量标准和发现问题、改进企业管理的突破口。

盈利能力(earning power)反映的是企业赚取利润的能力。对于债权人而言，盈利能力在某种程度上比偿债能力更重要，因为企业正常经营并产生的利润是偿还债务的前提条件，盈利能力强，企业偿还债务的能力就强，债权人的风险就小。此外，盈利能力大小从某个侧面也反映了企业资本保值增值情况。盈利能力分析是指企业获取利润的能力，是投资者取得投资收益、债权人收取本息的资金来源，是经营者经营业绩的体现，也是职工集体福利设施不断完善的重要保障。因此，盈利能力分析十分重要。

反映企业盈利能力大小的常用指标有销售毛利率、销售利润率、总资产收益率、权益净利率和资本保值增值率等。这些指标一般根据资源投入及经营特点分为四大类：资本经营盈利能力分析、资产经营盈利能力分析、商品经营盈利能力分析和上市公司盈利能力分析。

一、资本经营盈利能力分析

资本经营是指企业以资本为基础，通过优化配置来提高资本经营效益的经营活动。资本经营型企业的管理目标是资本保值与增值或追求资本盈利能力最大化。其活动领域包括资本流动、收购、重组、参股和控股等领域。

资本经营盈利能力分析主要是通过净资产收益率指标对净资产获利情况进行分析和评价。净资产收益率(return on equity，ROE)也称权益净利率或股东权益收益率，它是净利润与净资产平均余额的比率。计算公式为：

权益净利率＝净利润/净资产平均余额×100％

其中，

净资产平均余额=(期初净资产+期末净资产)/2

【例11—14】 根据表11—1、表11—2资料，江夏公司2×16年度的净利润为104 620元，假设年初净资产为7 500 000元，年末净资产为8 004 810元。计算该公司权益净利率。

权益净利率=104 620/[(7 500 000+8 004 810)÷2]×100%= 1.3%

净资产收益率是从企业所有者角度分析企业盈利水平大小。该指标越高，说明企业给所有者投资带来的收益越高，该指标又是上市公司必须公开披露的重要信息之一。

二、资产经营盈利能力分析

资产经营的基本内涵是合理配置与使用资产，以一定的资产投入，取得尽可能多的收益。资产经营型企业的管理目标是资产的增值和追求资产盈利能力最大化。其活动领域包括资产的配置、重组和使用等领域。

资产经营盈利能力分析主要是通过总资产报酬率指标对资产获利情况进行分析和评价。总资产报酬率(return on assets,ROA)是企业息税前利润与资产平均余额的比率，它反映了企业资产综合利用的效果。计算公式为：

总资产收益率=息税前利润/资产平均余额×100%

=(利润总额+利息费用)/资产平均余额×100%

其中，

资产平均余额=(期初资产总额+期末资产总额)/2

【例11—15】 根据表11—1、表11—2资料，江夏公司2×16年度利润总额为151 600元，利息费用为5 000元，净利润为104 620元，年末资产总额为21 923 310元，假设年初资产总额为18 390 000元。计算该公司的总资产收益率。

总资产收益率=(151 600+5 000)/[(18 390 000+21 923 310)÷2]×100%= 0.78%

总资产报酬率越高，表明企业资产利用的效率越好，盈利能力越强。此外，该指标又是企业综合分析的起点。

三、商品经营盈利能力分析

商品经营是企业以市场为导向，组织供、产、销活动，以一定的人力、物力、财力的消耗，生产和销售尽可能多的社会需要的商品。商品经营的管理目标是追求供产销的衔接及商品的盈利性。

商品经营盈利能力分析主要是利用利润表进行收入利润率和成本利润率的分析，如销售毛利率、销售利润率和成本费用利润率等。

(一)销售毛利率

销售毛利率是毛利占销售净值的百分比，通常称为毛利率(gross margin ratio)。其中，毛利是销售净收入与产品成本的差，即销售毛利率是销售毛利与主营业务收入净额之比。计算公式为：

销售毛利率=销售毛利/主营业务收入净额×100%

=(主营业务收入净额-主营业务成本)/主营业务收入净额×100%

【例11—16】 根据表11—1、表11—2资料，江夏公司2×16年度的主营业务收入净额是1 050 000元，主营业务成本为725 000元，计算江夏公司的销售毛利率。

销售毛利率＝(1050 000－725 000)/1 050 000×100％＝31.0％

销售毛利率指标反映了产品或商品销售的初始获利能力。该指标越高，表示取得同样销售收入的销售成本越低，销售利润越高。

(二)销售利润率

销售利润率是企业的利润与主营业务收入净额的比率，根据利润表的构成，企业的利润分为营业利润、利润总额、净利润。所以销售利润率指标一般要计算税前销售利润率和税后销售净利率。计算公式为：

销售利润率＝利润/主营业务收入净额×100％

【例 11－17】 根据表 11－1、表 11－2 资料，江夏公司 2×16 年度的主营业务收入净额是 1 050 000 元，利润总额为 151 600 元，净利润为 104 620 元，计算江夏公司的销售利润率和净利率。

销售利润率＝151 600/1 050 000×100％＝14.4％

销售净利率＝104 620/1 050 000×100％＝9.7％

销售利润率指标反映了每 1 元主营业务收入净额给企业带来的利润。该指标越高，说明企业经营活动的盈利水平较高。此外，在销售毛利率和销售利润率指标分析中，还应将企业连续几年的利润率加以比较，并对其盈利能力的趋势做出评价。

(三)成本费用利润率

成本费用利润率，是企业一定时期利润总额与成本费用总额的比率。计算公式为：

成本费用利润率＝利润总额/成本费用总额×100％

其中，

成本费用总额＝营业成本＋营业税金及附加＋销售费用＋管理费用＋财务费用

【例 11－18】 根据表 11－2 资料，江夏公司 2×16 年度的营业成本是 725 000 元，税金及附加是 16 000 元，销售费是 4 000 元，管理费用是 155 900 元，财务费用是 5 000 元，利润总额为 151 600 元，计算该公司的成本费用利润率。

成本费用利润率＝151 600/(725 000＋16 000＋4 000＋155 900＋5 000)×100％
＝16.73％

成本费用利润率越高，表明企业为取得利润而付出的代价越小，成本费用控制得越好，盈利能力越强。

(四)盈余现金保障倍数

盈余现金保障倍数也称盈余现金比率(surplus cash ratio)是指企业一定时期经营现金净流量同净利润的比值，反映了企业当期净利润中现金收益的保障程度，真实地反映了企业的盈余的质量。计算公式为：

盈余现金保障倍数＝经营活动现金净流量/净利润

上式中，若净利润中含有筹资活动产生的利息费用、投资活动产生的投资损益，则在计算时应予以剔除。一般认为，当该比率在 1 左右时，企业利润的质量较高，说明利润的产生与现金流量几乎同步。

【例 11－19】 根据表 11－2、表 11－3 资料，江夏公司 2×16 年度净利润为 104 620 元，经营活动现金净流量为 178 000 元。江夏公司的盈余现金保障倍数如何计算？

盈余现金保障倍数＝178 000/104 620＝1.7

该指标反映了企业某一时期内实现的净利润中所获得的现金净流量。该指标值越大，表明企业实现的账面利润中流入现金的利润越多，企业营业利润的质量越高。因为只有真正收到的现金利润才是“实在”的利润，而非“观念”的利润。

四、上市公司盈利能力分析

上市公司盈利能力分析是在企业盈利能力分析的共性基础上，把股份多少和股票市价因素考虑进来，进一步对上市公司盈利能力进行分析。分析的重要方法还是比较，即与过去比较、与他人比较、与行业比较等，通过比较才能说明公司获利的相对能力。衡量上市公司盈利能力的主要指标有市盈率。

市盈率(price earnings ratio，PE)指普通股每股市价与每股收益的比率，它反映普通股股东愿意为每一元的净利润支付的价格，其中每股收益(earnings per share，EPS)是指可分配给普通股股东的当期净利润除以发行在外普通股的加权平均数。计算出的基本每股收益，反映每只普通股当年创造的净利润。计算公式为：

$$市盈率=每股市价/每股收益$$

其中：

$$每股收益=归属于普通股股东的当期净利润\div 当期发行在外普通股的加权平均数$$

$$\begin{array}{c}发行在外普通\\股加权平均数\end{array}=(\begin{array}{c}期初发行在外\\普通股股数\end{array}+\begin{array}{c}当期新发行\\普通股股数\end{array})\times 已发行时间\div 报告期时间-\begin{array}{c}当期回购\\普通股股数\end{array}\times 已回购时间\div 报告期时间$$

【例 11—20】 假设江夏公司无优先股，根据表 11—2 资料，江夏公司 2×15 年度每股收益是 1.04 元，2×16 年 12 月 31 日普通股每股市价为 36 元，计算江夏公司的市盈率。

市盈率=36/1.04=34.62

市盈率是很具参考价值的股市指标，容易理解且数据容易获得。一家公司享有非常高的市盈率，说明投资人普遍相信该公司未来每股盈余将快速成长，以至数年后市盈率可降至合理水平。一旦盈利增长不如理想，支撑高市盈率的力量无以为继，股价往往会大幅回落。

第五节 成长能力分析

企业成长能力分析是对企业扩展经营能力的分析，用于考察企业通过逐年收益增加或通过其他融资方式获取资金扩大经营的能力。企业成长能力分析的目的是为了说明企业的长远扩展能力和企业未来生产经营实力。对企业成长能力的分析，也可以判断企业未来经营活动现金流量的变动趋势，预测未来现金流量的大小。

通常，一个企业要发展，长期资产的规模必须增加，其投资活动中现金净流出量就会大幅度提高。对内投资的现金流出量大幅度提高，往往意味着该企业面临一个新的投资机会；对外投资的现金流出量大幅度提高，则说明该企业在通过对外投资来寻求新的获利机会或发展机遇。在分析企业成长能力时，常常将投资活动与筹资活动所产生的现金流量联系起来考察和分析。如果投资活动的现金流出量与筹资活动的现金流入量在本期的数额都相当大，说明该企业在保持内部经营稳定进行的前提下，从外界筹集了大笔资金以扩大生产经营规模。反之，如果投资活动产生的现金流入量与筹资活动产生的现金流出量在数额上比较接近且数额较大，说明企业在保持内部经营稳定进行的前提下，收回大笔对外投资的资金支付到期债务，意味着企业没有扩张动机。评价企业成长能力的主要指标有总资产增长率、净利润增长率和总现金净流量增长率以及其他若干指标。

一、总资产增长率

总资产增长率是企业本年总资产增长额同年初资产总额的比率，反映企业本期资产规模的增长情况。计算公式为：

总资产增长率＝(本期资产总额－上期资产总额)/上期资产总额×100％

【例11－21】 根据表11－1资料，江夏公司2×16年度年末资产总额为21 923 310元，假设年初资产总额为18 390 000元。计算江夏公司的总资产增长率。

总资产增长率＝(21 923 310－18 390 000)/18 390 000×100％＝19.21％

总资产增长率越高，表明企业一定时期内资产经营规模扩张的速度越快。但在分析时，需要关注资产规模扩张的质和量的关系，以及企业的后续发展能力，避免盲目扩张。

二、净利润增长率

净利润增长率，即本年净利润减去上年净利润之差再除以上年净利润的比值。计算公式为：

净利润增长率＝(本年净利润－上年净利润)/上年净利润×100％

【例11－22】 根据表11－2资料，江夏公司2×16年度的净利润为104 620元，假设江夏公司2×15年度的净利润为78 000元。则净利润增长率为：

净利润增长率＝(104 620－78 000)/78 000× 100％＝34.13％

净利润是公司经营业绩的最终结果。净利润的增长是公司成长性的基本特征，净利润增幅较大，表明公司经营业绩突出，市场竞争能力强；反之，净利润增幅小，甚至出现负增长，也就谈不上具有成长性。

三、总现金净流量增长率

总现金净流量增长率是本年与上一年总现金净流量差额再除以上一年总现金净流量。计算公式为：

总现金净流量增长率＝(本年总现金净流量－上年总现金净流量)/上年总现金净流量

【例11－23】 根据表11－3资料，江夏公司2×16年度的总现金净流量为18 499 750元，假设江夏公司2×14年度的总现金净流量15 352 736元。计算江夏公司总现金净流量增长率。

总现金净流量增长率＝(18 499 750－15 352 736)/15 352 736＝20.50％

该比率越高，说明企业收回现金的能力越强。总体来看，江夏公司总现金净流量呈上升趋势，因此江夏公司回收现金能力正在增强。

四、其他指标

(一)股本比重

股本比重用来反映企业扩展能力大小。计算公式为：

股本比重＝股本(注册资金)/股东权益总额

（二）固定资产比重

固定资产比重用来衡量企业的生产能力，体现企业存在增产的潜能。计算公式为：

固定资产比重＝固定资产总额/资产总额

（三）利润保留率

利润保留率用来说明企业税后利润的留存程度，反映企业的扩展能力和补亏能力。该比率越大，企业扩展能力越大。计算公式为：

利润保留率＝（税后利润－应发股利）/税后利润

（四）再投资率

再投资率反映企业在一个经营周期后的成长能力，该比率越大，说明企业在本期获利越大，今后的扩展能力越强。计算公式为：

再投资率＝（税后利润－应付利润）/股东权益

第六节　杜邦财务分析体系

前几节有关企业偿债能力、营运能力和盈利能力指标的分析，仅仅从某一个特定角度对企业的经营活动进行了分析，不能全面评价企业的整体财务状况和经营成果。为此，报表分析者还应对企业的会计报表进行综合分析。所谓企业会计报表的综合分析是将揭示偿债能力、营运能力和盈利能力的指标纳入一个有机的分析体系中，全面地分析、解剖企业的财务状况和经营成果，对企业的经济效益做出客观的评价与判断。

综合分析的方法主要有杜邦财务分析体系和财务比率的综合评价，本节只介绍杜邦财务分析体系。

一、杜邦财务分析体系的特点

杜邦财务分析体系，简称杜邦体系，又称杜邦分析法（DuPont analysis），是利用各主要财务比率指标间的内在联系，对企业财务状况及经济效益进行综合系统分析和评价的方法。该体系是以权益净利率为龙头、以资产净利率为核心，重点揭示企业获利能力及其前因后果。因其最初由美国杜邦公司成功应用，所以得此名。

杜邦财务分析体系的特点在于：它通过几种主要的财务比率之间的相互关系，全面地、系统地、直观地反映出企业的财务状况，从而大大节省了财务报表使用者的时间。杜邦财务分析体系中的几种主要的财务指标关系为：

权益净利率＝资产净利率×权益乘数

其中，

资产净利率＝销售净利率×资产周转率

所以，

权益净利率＝销售净利率×资产周转率×权益乘数

在理解上述杜邦财务分析指标时要注意以下几点：

（1）权益净利率也称净资产收益率，它是一个综合性最强的财务分析指标，是杜邦分析系统的核心。这一指标也是企业所有者、经营者十分关心的。而权益净利率高低的决定因素主要有三个方面，即销售净利率、资产周转率和权益乘数。这样分解之后，可以把权益净利率这样一项综合性指标发生升、降变化的原因具体化，比只用一项综合性指标更能说明问题。

(2)权益乘数，表示企业的负债程度，权益乘数越大，企业负债程度越高。通常的财务比率都是除数，除数的倒数叫乘数。权益除以资产是资产权益率，权益乘数是其倒数即资产除以权益。权益乘数计算公式为：

$$权益乘数=1\div(1-资产负债率)$$

权益乘数主要受资产负债比率的影响。负债比例大，权益乘数就高，说明企业有较高的负债程度，能给企业带来较大的杠杆利益，同时也给企业带来较大的风险。

(3)销售净利率高低的因素分析，需要我们从销售额和销售成本两个方面进行。这方面的分析可以参见有关盈利能力指标的分析。当然，经理人员还可以根据企业的一系列内部报表和资料进行更详尽的分析，而企业外部财务报表使用人不具备这个条件。

(4)资产周转率是反映企业运用资产以产生销售收入能力的指标。在对资产周转率进行分析时，需要对影响资产周转的各因素进行分析。此外，企业除了对资产的各构成部分从占用量上是否合理进行分析外，还可以通过对流动资产周转率、存货周转率和应收账款周转率等有关各资产组成部分使用效率进行分析，判明影响资产周转的原因。前文已对上述指标的使用作了介绍，兹不重复。

二、杜邦财务分析体系图

利用杜邦财务分析体系进行综合分析时，可把各项财务指标之间的关系绘制成杜邦财务分析体系图，并用数字说明它们之间的相互关系。以江夏公司为例，用图 11—1 表示其主要内容。

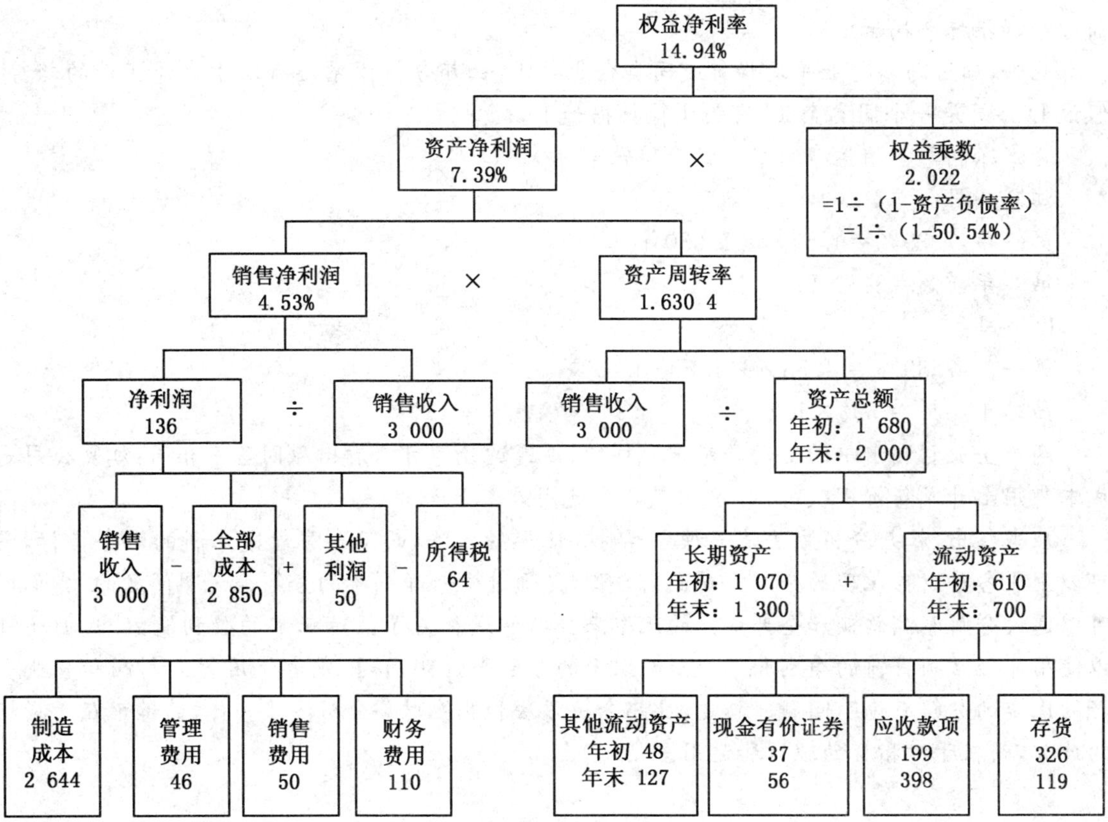

图 11—1 江夏公司杜邦分析图

图 11—1 中的资产负债率是指全年平均资产负债率，它是企业全年平均负债总额与全年平均资产总额的百分比。

【例 11—24】 江夏公司 2×16 年度年初负债总额为 800 万元(流动负债 220 万元，长期负债 580 万元)，年末负债总额为 1 060 万元(流动负债 300 万元，长期负债 760 万元)。依上式计算权益乘数为：

$$权益乘数=1\div\left[1-\frac{(800+1\ 060)\div 2}{(1\ 680+2\ 000)\div 2}\times 100\%\right]=1\div(1-50.54\%)=2.022$$

假设江夏公司第二年权益净利率下降了，有关数据如下：

权益净利率＝资产净利率×权益乘数

第一年：14.93%＝7.39%×2.02

第二年：12.12%＝6%×2.02

通过分解可以看出，权益净利率的下降不在于资本结构(权益乘数没变)，而是资产利用或成本控制发生了问题，造成资产净利率下降。

要说明的是，在杜邦分析中，这种分解可以在任何层次上进行，如可以对资产净利率进一步分解：

资产净利率＝销售净利率×资产周转率

第一年：7.39%＝4.53%×1.630 4

第二年：6%＝3%×2

通过分解可以看出，资产的使用效率提高了，但由此带来的收益不足以抵补销售净利率下降造成的损失。至于销售净利率下降的原因是售价太低、成本太高还是费用过大，则应进一步通过分解指标来揭示。

此外，通过与本行业平均指标或同类企业对比，杜邦分析体系还有助于解释变动的趋势。假设 D 公司是一个同类企业，有关比较数据如下。

资产净利率＝销售净利率×资产周转率

江夏公司：

第一年：7.39%＝4.53%×1.630 4

第二年：6%＝3%×2

D 公司：

第一年：7.39%＝ 4.53%×1.630 4

第二年：6%＝ 5%×1.2

两个企业利润水平的变动趋势是一样的，但通过分解可以看出原因各不相同：江夏公司是成本费用上升或售价下跌，而 D 公司是资产使用效率下降。

应当指出，杜邦分析方法是一种分解财务比率的方法，而不是另外建立新的财务指标，它可以用于各种财务比率的分解。前面的举例，是通过资产净利率的分解来说明问题的，我们也可以通过分解利润总额和全部资产的比率来分析问题。为了显示正常的盈利能力，我们还可以使用非经常项目前的净利和总资产的比率的分解来说明问题，或者使用营业利润和营业资产的比率的分解来说明问题。总之，杜邦分析方法和其他财务分析方法一样，关键不在于指标的计算，而在于对指标的理解和运用。

本章小结

为了更加有效地利用会计报表提供的信息，还需要对会计报表进行再加工——会计报表分析，它是连接会计报表与其使用者的桥梁，通过比较和评价，帮助使用者判断和把握企业经营业绩和发展前景。财务分析方法多种多样，主要包括趋势分析法、比率分析法和因素分析法等。

会计报表分析主要包括偿债能力分析、营运能力分析、盈利能力分析和发展能力分析，分别考察企业资金运动的安全性、周转性、收益性和成长性四个方面的内容。偿债能力分析目的在于确保投资的安全，包括短期偿债能力分析和长期偿债能力分析。营运能力分析主要是分析财务报表中各项资金周转速度的快慢，是对企业管理层管理水平和资产运用能力的分析。盈利能力是企业获取利润的能力，无论是企业的经理人员、债权人还是股东(投资人)都非常关心企业的盈利能力，并重视对利润率及其变动趋势的分析与预测。成长能力分析即成长性分析，用于考察企业通过逐年收益增加或通过其他融资方式获取资金扩大经营的能力。企业成长能力分析的目的是为了说明企业的长远扩展能力和企业未来生产经营实力。对企业成长能力的分析，也可以判断企业未来经营活动现金流量的变动趋势，预测未来现金流量的大小，如总现金净流量增长率。

为了全面地对企业财务状况、经营状况进行解剖和分析，有必要在分项分析的基础上，把企业营运能力、偿债能力和盈利能力等方面的分析纳入到一个有机的分析系统之中，进行总体分析，从而对企业经济效益做出较为准确的评价与判断。本章重点介绍了杜邦财务分析体系，该体系是以权益净利率为龙头、以资产净利率为核心，将企业在某一时期的销售成果以及资产营运状况全面联系在一起层层分解，逐步深入地揭示了企业获利能力及其前因后果。

复习思考题

一、简答题

1. 与资产负债表相关的财务比率有哪些？
2. 与利润表相关的财务比率有哪些？
3. 与现金流量表相关的财务比率有哪些？
4. 财务报告分析的方法有哪些？各种方法的基本原理是什么？
5. 反映偿债能力的财务比率有哪些？各比率如何计算？
6. 反映资金周转能力的财务比率有哪些？各比率如何计算？
7. 反映获利能力的财务比率有哪些？各比率如何计算？
8. 企业财务比率的类别、主要比率以及各主要比率的用途是什么？
9. 用财务信息对企业财务状况进行分析的基本方法有哪些？
10. 杜邦分析方法的作用是什么？局限性有哪些？

二、单项选择题

1. 计算流动比率、速动比率和现金比率这三个财务比率时，都需要利用的指标是(　　)。

A. 流动资产　　B. 流动负债　　C. 速动资产　　D. 货币资金

2. 某企业去年的销售净利润率为6.25%，资产周转率为2.86；今年的销售净利润率为

5.12%,资产周转率为 3.25。若两年的资产负债率相同,今年的净资产收益率与去年的相比(　　)。

A. 下降　　B. 上升　　C. 不变　　D. 不能确定

3. 下列指标中比率越高,说明企业偿债能力越强的是(　　)。

A. 资产负债率　　B. 应收账款周转率　　C. 现金比率　　D. 净资产收益率

4. 下列指标中,能够反映企业营运能力的财务指标是(　　)。

A. 应收账款周转率　　B. 流动比率

C. 资产负债率　　D. 资产净利润率

5. 在计算速动比率时,要从流动资产中扣除存货部分,这样做主要的原因是(　　)。

A. 存货的价值较大　　B. 存货的质量不稳定

C. 存货的变现能力较差　　D. 存货的未来销售不定

6. 财务分析中,将某项财务指标与性质相同的指标标准进行对比,提示企业财务和经营成果的分析方法是(　　)。

A. 比较分析法　　B. 比率分析法　　C. 趋势分析法　　D. 综合分析法

7. 某企业销售收入为 500 万元,现销收入占销售收入的比重为 80%,销售折让和折扣共计 10 万元,假设无销售退回,应收账款平均余额为 10 万元,则该企业应收账款周转率为(　　)。

A. 5　　B. 6　　C. 9　　D. 10

8. 某企业 2×16 年末有关资料如下:总资产 100 万元,流动负债 20 万元,长期负债 40 万元,则该企业的产权比率为(　　)。

A. 0.6　　B. 0.67　　C. 1.5　　D. 2.5

9. 若企业占用过多的存货和应收账款,一般不会直接影响企业的(　　)。

A. 资金周转　　B. 获利能力

C. 偿债能力　　D. 长期资本结构

10. 杜邦分析体系的源头和核心指标是(　　)。

A. 权益收益率　　B. 资产净利润　　C. 权益乘数　　D. 总资产收益率

三、多项选择题

1. 比较分析法中通常采用的指标评价标准有(　　)。

A. 绝对标准　　B. 相对标准　　C. 行业标准　　D. 目标标准

2. 下列项目中属于企业速动资产的有(　　)。

A. 货币资金　　B. 存货　　C. 短期投资　　D. 应收票据

3. 经常用于进行财务分析的财务比率有(　　)。

A. 相对比率　　B. 相关比率　　C. 绝对比率　　D. 结构比率

4. 反映企业获利能力的指标主要有(　　)。

A. 销售净利润率　　B. 资产净利润率

C. 实收资本利润率　　D. 资产负债率

5. 反映企业偿债能力的指标主要有(　　)。

A. 流动资产比率　　B. 产权比率　　C. 速动比率　　D. 现金比率

四、综合题

1. 某企业2×16年12月31日简要的资产负债表如下：

资产负债表

单位：万元

资　产	金　额	负债及所有者权益	金　额
现金	820	应付账款	2 359
应收账款	2 470	应付票据	654
存货	3 189	其他流动负债	400
流动资产合计	6 479	流动负债合计	3 413
固定资产净额	3 790	长期负债	2 236
		所有者权益	4 620
资产合计	10 269	负债及所有者权益合计	10 269

要求：计算该企业的流动比率、速动比率、资产负债率、产权比率（有关项目以年末金额代替平均数额）。

2. 某企业期初流动比率为2，速动比率为1.2，期初存货为10万元，期末流动资产比期安增加20%，期末流动比率为2.5，速动比率为1.5，本期销售成本275万元。

要求：计算存货周转次数。

第十二章　会计决策与控制

【案例导读】

某企业只产销一种产品。上年产品盈亏临界点的销售量为600件，全年销量为1 800件，固定成本为18 000元，销售单价为150元，单位成本为130元，其中变动成本为120元。在新的一年里，企业想通过控制成本来增加企业的利润。试讨论以下问题。

(1)如果企业要求本年的利润比上年增加20%，主管会计提供了以下几个措施：一是单价提高4元，二是使变动成本降低为118元，三是使销量提高到2 000件，四是降低固定成本到12 000元。讨论这几个方案是否可行？如果可行，可使利润上升多少？如果不可行，应采取怎样的单一措施才能达到目标利润？

(2)如果企业在今年要求实现的利润为42 000元。经过企业管理会计的分析，降价10%可以扩大销量实现目标利润，但是由于生产能力有限，销售量只能达到所需销售量的55%。为此，企业管理层提出降低单位变动成本。但分析人员认为企业变动成本最低只能降到110元，为此不得不降低企业的固定成本。

请思考：

如果你是单位的会计，你将如何落实目标利润？

【本章导读】

会计预测、决策、控制和分析职能，是经济管理活动的重要组成部分。本章旨在介绍管理会计的基本理论问题，重点讲述本量利分析的运用，业绩评价的方法，阐述会计信息预测、决策和控制的管理功能的基础知识。通过学习本章，你应能够：(1)了解成本习性的分类和特点；(2)掌握本量利分析的应用；(3)了解预测与决策的重要性；(4)理解会计控制的内容；(5)掌握业绩评价的方法。

第一节　成本习性与本量利分析

传统意义上的成本专指某一种产品或商品所归集与其有某种关联关系的费用，其本质属性是“对象性”或“归属性”。随着经济的日益发展，会计业务在不断地延伸和拓展，成本的内涵也在不断地补充和丰富。西方会计中往往将成本描述为用以取得收益的全部支出，或者为实现某目标而付出的(可能包括的)代价。管理会计的出现使得成本的概念多样化，人们以不同的方式在各种场合使用成本这个概念。管理会计在西方会计中称为“用于企业决策的会计”或直接称为“决策会计”，不同的决策决定不同的信息需求，而所有与会计相关的决策都需要相应的成本信息。于是，一些新的成本概念应运而生，而对于成本的分类也有了非传统的界定。

一、成本习性的形态

成本习性(cost behavior)是指成本随业务活动水平变化而变化的方式和特性。成本习性也称成本性态，指成本与特定业务量或作业量之间的依存关系，即当业务量和作业量发生变动时，与其相对应的成本将如何反应。成本习性的形态有三种，即固定成本、变动成本和混合成本(或称半可变成本)。大多数企业的成本都含有这三种成本形态。每一种成本形态在一个企业中所占的比例构成该企业的成本结构。企业的成本结构对其决策有着重要影响。

(一)固定成本

固定成本(fixed cost)又称固定费用，是指成本总额在一定时期和一定业务量范围内，不受业务量增减变动影响而能保持不变的成本。当业务活动量在一定的相关范围内变化时，固定成本的总金额将保持不变。

1. 固定成本的种类

为对成本进行计划和控制，可以将固定成本进一步细分为约束性固定成本和酌量性固定成本两类。

约束性固定成本是指管理当局决策不能随意改变其支出数额的固定成本，即用于形成和维护经营能力、对生产经营能力有约束力的固定成本，通常与公司的厂房设备等决定公司基本结构的投资有关，如厂房及设备的折旧、固定资产税、保险及高层管理及销售人员的工资。

酌量性固定成本是指企业管理当局在会计年度开始前，根据经营、财力等情况确定的计划期间的预算额而形成的固定成本。这类成本的数额不具有约束性，企业领导可以斟酌不同的情况加以确定，如广告费、调研费、交际费用和职工培训费用等，均属于酌量性固定成本范畴。

从根本上说，酌量性固定成本与约束性固定成本有两个主要的区别：第一，酌量性固定成本的计划时间比较短，一般为一年，而相比之下，约束性固定成本涵盖的时间有许多年；第二，在极端萧条的情况下，可以削减短期内的某些酌量性固定成本开支，只要这些削减对公司的长期目标影响不大。

在以上关于固定成本的讨论中，我们在约束性固定成本和酌量性固定成本之间画了一条很明显的界线。但是在实际操作中，这两类成本之间的界线是比较灵活和相对的。一项成本是约束性固定成本还是酌量性固定成本，在很大程度上取决于管理层的观念。

2. 固定成本和相关范围

对大多数公司来说，一般都要在每个会计期初，确定当期生产经营项目并编制相关预算。酌量性固定成本的高低取决于相关生产经营项目对酌量性固定成本投入的需求，而这一需求的大小至少部分地取决于整个组织的预计经济活动量。在经济活动量达到很高值时，生产经营项目通常扩大或延伸。例如，要想让销售量提高25%所需的广告费用肯定比维持目前销售量所需的广告费多得多。因此，当活动量增加时，固定成本也会逐渐增加。

虽然酌量性固定成本比约束性固定成本更容易变动，但是当一个公司的活动量增加时，约束性固定成本也会发生变动。当一个公司的活动量增加时，它目前所拥有的装备将不能满足发展需要，而且其管理队伍一般也需要扩充。这必然导致约束性固定成本的增长，因为更新大型装备和设置新的管理位置，都需要增加成本。

（二）变动成本

变动成本（variable costs）是指在一定条件下，总额随业务量的变动而呈正比例变动的成本。制造企业常见的变动成本一般包括产品成本中的直接材料成本和直接人工成本，制造费用中随业务量呈正比例变动的物料用品费、燃料费和动力费，按销售量支付的销售佣金、包装费、装运费等。

1. 变动成本的特点

(1)成本总额随业务量的增减变动呈正比例变动，如图12－1所示。

(2)单位业务量的变动成本（即单位变动成本）不受业务量增减变动的影响而保持不变，如图12－2所示。

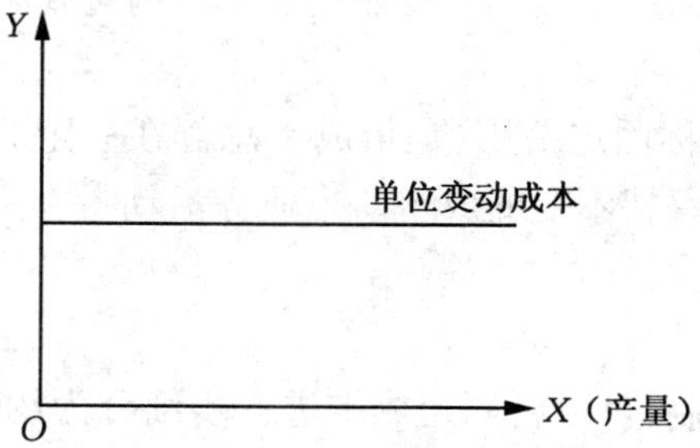

图12－1　成本总额随业务量增减变动

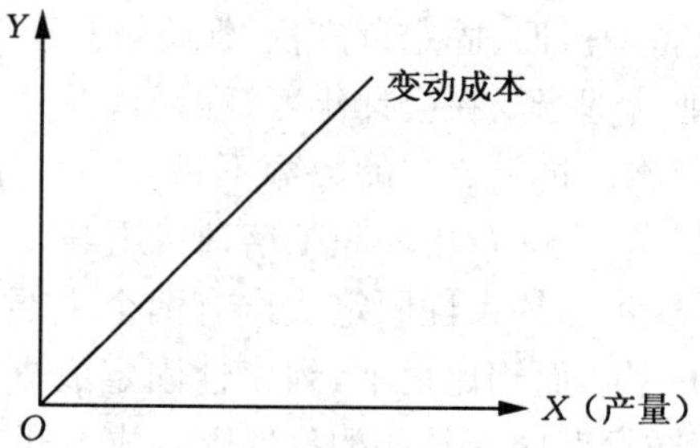

图12－2　单位变动成本随业务量增减变动

2. 变动成本的分类

变动成本又可进一步分为约束性变动成本和酌量性变动成本。

(1)约束性变动成本是由产品的工艺设计所确定的，只要工艺技术及产品设计不改变，成本就不会变动。

(2)酌量性变动成本通常受管理层决策影响，有很大的选择性。例如，在不影响质量和单耗不变的前提下，企业可以在不同地区或不同供货单位采购不同价格的某种原材料，其成本消耗就属于酌量性变动成本。

3. 变动成本的相关范围

变动成本与固定成本一样，变动成本与业务量之间的线性依存关系也是有条件的，即有一定的适用区间，如图 12—3 中的“相关范围”所示。也就是说，超出相关范围时，变动成本发生额可能呈非线性变动。

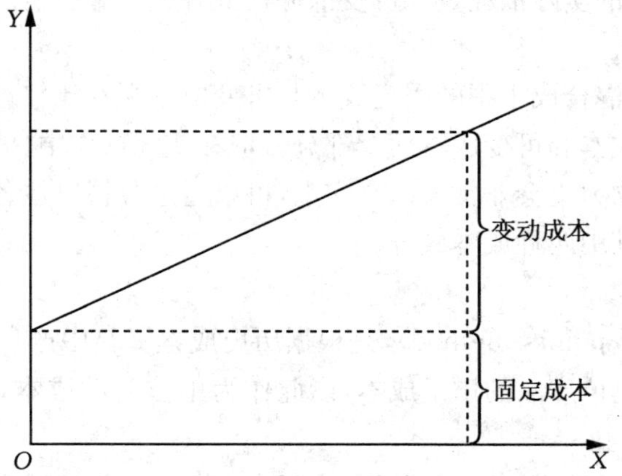

图 12—3　变动成本的相关范围

(三)混合成本

混合成本是指兼有可变成本和不变成本两种特性的成本。混合成本也叫半可变成本。混合成本按其与业务量的关系又可分为半变动成本和半固定成本。

混合成本的习性如图 12—4 所示。图中混合成本线是条直线。

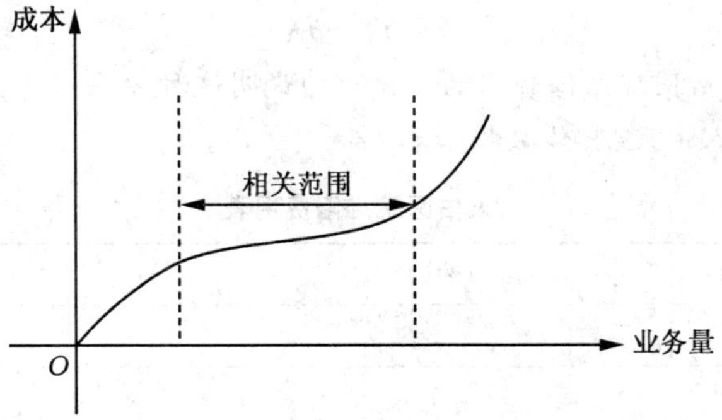

图 12—4　混合成本模型

混合成本与活动量之间的关系如下式所示：

$$Y=a+bX$$

式中，Y 为混合成本；a 为固定成本总量(直线的垂直截距)；b 为单位活动量的可变成本(直线的斜率)；x 为业务活动量。

二、混合成本分析

在日常生活中，混合成本的例子几乎随处可见。例如，医院里为病人提供 X 光治疗的成本就是混合成本。设备的折旧与放射师和技术人员的工资属固定成本，但是 X 光胶片和电力等都属于可变成本。航空公司的维护成本也是一种混合成本。其中，租用维修设备的费用、雇用熟练的技术人员的工资，均属于固定成本，但是购买零配件、润滑油等材料的成本，就要随着公司飞机起降的次数及飞机的飞行里程而变化了。

混合成本中的固定部分代表着提供一项服务所需的最基本的成本,而混合成本中的可变成本则代表着此项服务的实际消耗量。可变部分在混合成本中所占的比例随着服务量的多少而变化。

管理人员怎样估算混合成本中的固定成本与可变成本呢?比较理想的方法是每登录一笔账时,就把它分成固定成本和可变成本两个部分。但在实际操作中,即使有可能作这种细致的划分,所花费的人力和物力也会非常大。事实上,可以通过分析以往各种业务活动水平上混合成本的变化规律,估算其中两种成本成分。

(一)高低点法

高低点法(high-low points method),是根据历史成本资料中产量最高和产量最低期成本以及相应的产量,推算单位产品的增量成本,以此作为单位变动成本,进而分析混合成本的方法。

假设最高点的业务量为 X_1,这时的成本为 Y_1,最低点的业务量为 X_2,这时的成本为 Y_2,则最高点、最低点业务量时的成本函数分别为:

$$Y_1=a+bX_1, Y_2=a+bX_2$$

联立两式进行求解,可得:

$$\text{单位变动成本 } b=(Y_1-Y_2)/(X_1-X_2)$$

$$\text{固定成本 } a=Y_2-bx_2$$

或:

$$a=Y_1-bX_1$$

【例 12—1】 以天佑医院维修费用的变化为例说明这种方法。该医院的相关活动量范围为:5 000~8 000 个病人·天,具体数据如表 12—1 所示。

表 12—1 **天佑医院维修费用表**

月份	活动量(病人·天)	维修费用(元)
1	5 600	7 900
2	7 100	8 500
3	5 000	7 400
4	6 500	8 200
5	7 300	9 100
6	8 000	9 800
7	6 200	7 800

运用高低点法,首先找出活动最高和最低的时期,这里是 6 月和 3 月。下面运用这两个月活动量计算可变成本的比例:

单位可变成本=成本差额/活动量差额

已计算出维护成本中的单位可变成本是每天每个病人 0.80 元,再用活动量最高或最低时的总成本额减去当时的可变成本额,就可以计算出固定成本额。在下面的计算中,我们用活动量最高时的总成本来计算固定成本量:

固定成本＝总成本－可变成本
＝9 800－(0.80×8 000)
＝3 400(元)

这样,可变成本和固定成本均已求得。

在所分析的相关范围内的维修成本可以表示为 3 400 元加上 0.80 元/病人・天乘于病人・天数。有时我们把这一表述叫作"成本公式",即在 5 000～8 000 病人・天的相关范围内的维修成本＝3 400 元固定成本＋ 0.80 元/病人・天×病人・天数。这个成本公式也可以表示成为一个线性方程式:

Y＝3 400 元＋0.80X
↑　　　　↑
维修成本　病人・天数

上述方程式中的数据可以用图 12－5 表示。对此有三点需要说明。

(1)Y 用坐标图的纵轴表示,成本是因变量。

(2)活动量 X(在这里指每天的病人数)作为坐标图的横轴,业务活动量是自变量。

(3)在运用成本公式时一定要注意,对于相关范围之外的图中的点,此公式不适用。

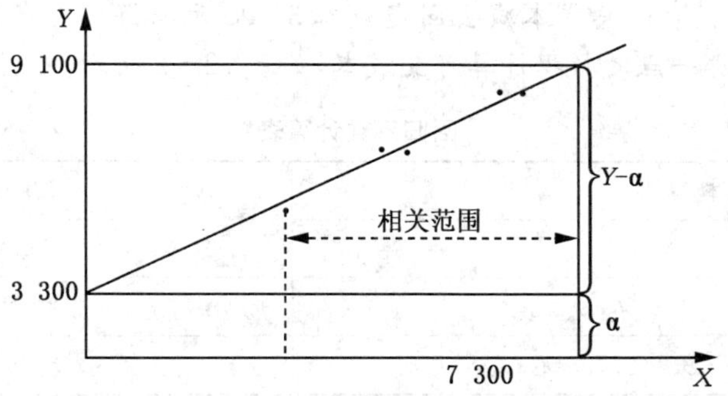

图 12－5　成本分析的高低点法

有时,业务活动量的最高点和最低点不一定同成本的最大值和最小值一致。例如,拥有活动量最高值的区域内不一定含有成本的最大值,但是活动量的最高值和最低值照样可用来分析混合成本。

高低点法容易掌握,但是有一个致命的缺点,就是只运用两个点的数据。一般而言,在成本分析中,两个点的数据不足以产生准确的结果。另外,业务活动量偶尔低或是偶尔高的区段也会导致不正确的结果。运用这些非正常区域里的数字得出的成本公式将与在正常区域里得出的真实的成本关系大相径庭。管理者使用高低点法的时候,应该充分了解这种方法的局限性。

(二)散点图法

散点图法(dot graph method)是根据若干期历史成本资料,绘制各期成本点散布图,按目测所得成本变动趋势画出成本直线,在图上确定直线的截距即固定成本,然后据以计算单位变动成本的一种成本分解方法。散点图法将所有的成本数据考虑在内,而不仅仅是最高、最低的两点,是一种较为精确的混合成本分析方法。

用上述方法绘制的图形叫作散点图(如图 12－6 所示),而图中连接各坐标点的直线叫作回归线。回归线实际上是一条平均线,直线的斜率表示单位活动量下的平均可变成本,而回归线与成本坐标轴的交点代表平均固定成本。

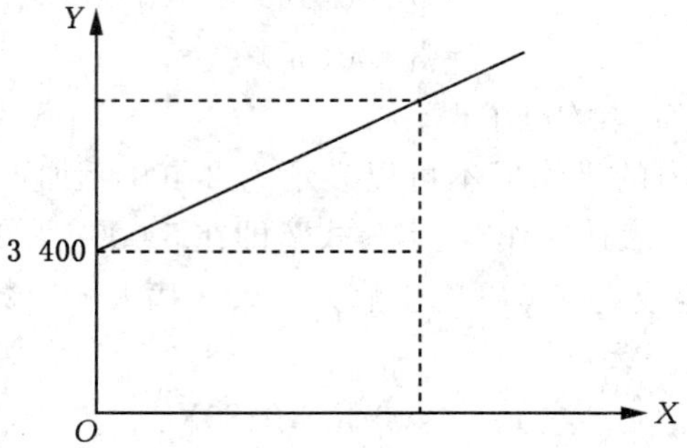

图 12—6　成本分析的散点图

【例 12—2】 运用天佑医院的维修成本数据，以散点图法绘制的图形如图 12—6 所示。

由图 12—6 可见，位于回归线之上和之下的点，其数量基本上是相等的。另外还可以发现，回归线总是要通过所有这些点中的一个点。这样做并非完全必要，只是为了计算相应的结果时方便些。回归线与纵轴相交的点所表示的 3 300 元代表固定成本额。可变成本额可以用回归线上任何一点所代表的总成本减去固定成本 3 300 元而得。现在就用位于回归线上、代表 7 300 病人 · 天的那一点的数据计算可变成本，如表 12—2 所示。

表 12—2　回归系数计算表

7 300 病人 · 天的成本	9 100 元
减去固定成本额	3 300 元
可变成本额	5 800 元
5 800 元/7 300 病人 · 天=0.795 元/病人 · 天	

这样，图 12—6 中回归线的成本计算公式就为 3 300 元+0.795 元/病人 · 天×病人 · 天数。

在天佑医院的例子中，用高低点法计算出来的成本公式与用散点图法计算得出的成本公式没有太大区别。但是，在某些情况下却是有很大差别的，此时用散点图法得出的结论一般更为可信。

对于经验丰富的分析员而言，散点图是一个非常实用的工具。训练有素的分析员一般都会对出于恶劣天气、机器故障等原因导致的成本习性变异非常敏感，他们会具体分析这些例外情况，相应地对数据作些调整以便更为准确地绘制出回归线。由于用图形来表达数据非常直观有效，一些成本分析家认为散点图法应是每个成本分析员应掌握的最基本的方法。不过也不是所有人都赞同散点图法，比如有些人就认为散点图法比较主观，用同样的数据、同样的方法，任何两个分析员都不可能绘制出两条完全一致的回归线；而且，散点图法对于固定成本的估算也不如其他方法那样精确，这是因为这种方法很难准确地确定回归线与纵轴交点的金额。散点图法的主观性及不精确性使管理者对这种方法不敢过于信任，他们希望能有一种可以给出准确答案的方法，无论谁使用这种方法进行分析，都会得出相同的结果。

（三）最小平方法

最小平方法（least square method）也称为回归直线法，是根据一系列历史成本资料，用数学上的最小平方法的原理，计算能代表平均成本水平的直线截距和斜率，以其作为固定成本和单位变动成本的一种成本分解方法。这种方法比仅凭视觉绘制回归线的散点图法更为客观和准确。借助图 12—7 来说明最小平方法的基本原理(图中的散点是假设的)。

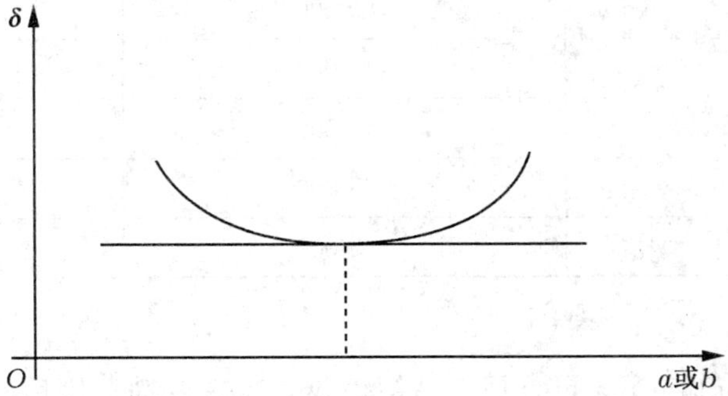

图 12—7　最小平方法

从图 12—7 可以看出，回归线至散点的距离是用垂直线段的长度来表示的，这些线段叫作回归误差，它是理解最小平方回归法原理的关键所在。最小平方回归法力图精确计算回归线位置，以使回归误差的总值最小化。最小平方回归法的计算比较复杂，有时需使用计算机，但原理十分简单，如下式所示。

$$固定成本\ a=\sum x_i^2\sum y_i-\sum x_i\sum x_iy_i/n\sum x_i^2-(\sum x_i)^2$$

$$单位变动成本\ b=\sum x_iy_i-\sum x_i\sum y_i/n\sum x_i^2-(\sum x_i)^2$$

【例 12—3】　天佑医院可以运用统计软件来进行以下最小平方回归计算，以确定总固定成本(a)及单位活动量可变成本(b)的数值：a=3 431 元；b=0.759 元/病人・天。

由此法得出的结论是：每月维修成本中的固定成本是 3 431 元，单位可变成本是 0.759 元/病人・天。

用方程 $Y=a+bX$ 来表示，成本公式为：$Y=3\ 431+0.759X$。活动量 X 表示病人天数。可以用微机来计算 a 或 b 的值，也可以用手工计算，公式在绝大部分统计学教科书中都可以找到。

三、本量利分析

本量利分析是成本—产量(或销售量)—利润依存关系分析的简称，也称为 CVP 分析(cost-volume-profit analysis)，是指在变动成本计算模式的基础上，以数学化的会计模型与图文来揭示固定成本、变动成本、销售量、单价、销售额和利润等变量之间的内在规律性的联系，为会计预测决策和规划提供必要的财务信息的一种定量分析方法。本量利分析着重研究销售数量、价格、成本和利润之间的数量关系，它所提供的原理、方法在管理会计中有着广泛的用途，同时它又是企业进行决策、计划和控制的重要工具。

本量利分析在成本习性分析的基础上，分析成本、利润、业务量与单价等因素之间的关系，研究其变动的规律性，从而为企业进行经营决策和目标控制提供有效的信息。

从生产话筒的江夏公司的贡献式损益表入手。贡献式损益表将重点放在对成本习性的分析上，因而在帮助管理者判断销售价格、成本和销量变化对利润的影响时非常有用。

表 12—3 中销售收入、可变费用和贡献毛利既列示了总量又列示了单位数量。这种做法

有利于利润分析，因而在编制用于内部决策的损益表时应用非常普遍。

表 12—3　　江夏公司 6 月份收入贡献表　　单位：元

	合　计	单位产品
销售收入(400 只话筒)	100 000	250
减：可变费用	40 000	150
贡献毛利	40 000	100
减：固定费用	35 000	
净收入	5 000	

(一)贡献毛利

贡献毛利(contribution margin)是产品销售收入减去变动费用后的余额。也就是说，它是在一个时期内的固定费用补偿额和公司所实现的利润之和。贡献毛利的计算公式为：

贡献毛利＝销售收入(销售额)－变动成本

这里需注意的是，贡献毛利是首先用于补偿固定费用的，补偿固定费用后的余额才是企业的利润。如果贡献毛利不足以补偿固定费用，那就是发生了亏损。为了说明这一点，下面看一个比较极端的例子。

【例 12—4】 假设江夏公司某月中旬只销售了一件产品，这时该公司的损益表如表 12—4 所示。

表 12—4　　江夏公司 X 月份收入贡献表　　单位：元

	合　计	单位产品
销售收入(1 只话筒)	250	250
减：可变费用	150	150
贡献毛利	100	100
减：固定费用	35 000	
净亏损	(34 900)	

从表 12—4 可以看出，在这一个月里，公司每多卖一件产品，便能多得到 100 元贡献毛利来补偿固定费用。当公司产品销售数量达到 350 件时，全部固定费用将被补偿，也就是说，达到了盈亏平衡，见表 12—5。

表 12—5　　江夏公司收入贡献表　　单位：元

	合　计	单位产品
销售收入(350 件产品)	87 500	250
减：可变费用	52 500	150
贡献毛利	24 000	100
减：固定费用	35 000	
净收入	0	

经过以上分析可以看出，盈亏平衡点既可以看作总销售收入与总费用相等时的那一点，也可以看作贡献毛利总额与固定费用总额相等时的那一点。

一旦达到盈亏平衡点后，每多销售一件产品所带来的贡献毛利便会全部变成净收入。当销售量达到351件时，净收入为100元，当销售量达到352件时，净收入则为200元，依此类推。这样就可得到一种计算净收入的简便方法，即以盈亏平衡点以上的销售量乘以单位贡献毛利。

总之，有了贡献毛利的概念和方法，管理者便可以很容易理解，若产品销售数量为零，公司将会产生相当于固定费用总额的亏损；每销售出一件产品，便会减少相当于一个单位贡献毛利金额的亏损；销售量一旦达到盈亏平衡点的水平后，每增加一件产品的销售，公司的利润便会增加一个单位的贡献毛利。

（二）贡献毛利率

贡献毛利额在总销售额中所占的比重叫贡献毛利率（contribution ratio），即：

贡献毛利率＝贡献毛利额/销售额

也可以用单位数进行计算：

贡献毛利率＝单位产品贡献毛利额/单位产品销售额

贡献毛利率的概念非常有用，因为它揭示了销售总额变化引起贡献毛利变化的规律。

【例12—5】 以上面提到的江夏公司为例。该公司的贡献毛利率为：

贡献毛利率＝4 000/10 000＝0.4

这意味着，江夏公司的销售额每增加1元，其贡献毛利额将增加0.4元，若固定成本保持不变，净收入也将增加0.4元。

本例表明，销售额的变化对净收入的影响可以用贡献毛利率快速计算出来。比如，若江夏公司计划下个月增加30 000元的销售额，那么其贡献毛利便可望增加12 000元（30 000元×贡献毛利率40%）。这样，如果固定成本保持不变，净收入也就会增加12 000元。

有些管理者宁愿利用贡献毛利率而不愿使用单位贡献毛利数字进行收入增量的预测。因为在公司同时销售多种产品的情形下，贡献毛利率特别有用。如果公司有可能增加多种产品的销售，应当首先考虑哪个产品呢？当然应先考虑增加一个单位销售量能带来最大贡献毛利的产品，即贡献毛利率最大的产品。

（三）本量利的应用举例

【例12—6】 唯普公司的会计主管想应用本量利分析的概念和方法进行一系列分析和计划编制，用作决策参考。目前，会计主管取得了以下数据（见表12—6）。

表12—6　唯普公司相关数据

	单位产品（件）	百分比（%）
销售价格	250	100
可变费用	150	60
贡献毛利	100	40
每月固定成本为35 000元		

会计主管将使用这些数据分析可变成本、固定成本、销售价格和销售量的变动对于公司盈利的影响。

1. 固定成本和销售量的变化

唯普公司目前每月销售 400 件产品，月销售额为 100 000 元。销售经理认为每月增加 10 000元广告费支出将会带来 30 000 元的销售额的增长。这笔广告费用应当增加吗？会计主管列表 12－7。

表 12－7　　销售收入计算表　　单位:元

预计贡献毛利总额	13 000×40%(贡献毛利率)	52 000
当前贡献毛利总额	100 000×40%	40 000
贡献毛利增加额		12 000
减:固定成本增加额		
广告费用增加额		10 000
净收入增加额		2 000

基于表 12－7，若其他因素不变，公司广告预算应当追加。由于在本例中，只有固定成本和销售量发生了变动，因而可以按以下简便方法分析，如表 12－8 所示。

表 12－8　　销售收入计算表　　单位:元

贡献毛利增加额	30 000×40%	12 000
减:广告费增加额		10 000
净收入增加额		2 000

使用表 12－8 的方法进行分析无需知道以前的销售量，而且这种分析不必列示损益表。这是由于，上述两种方法都运用增量分析方法，增量分析法只关注那些受新计划影响的项目(如收入、成本和销售量)。增量分析方法简单、直接，便于决策者们将他们的注意力专注于那些与决策有关的特定项目，因而纵然有损益表可供使用，绝大多数管理者还是更愿意使用这种方法。

2. 可变成本与销售量的变化

仍用上例的数字，即唯普公司目前销售量为 400 件产品，销售额为 100 000 元。管理层现考虑使用较高质量的部件进行生产，这将使可变成本增加并导致每件产品的贡献毛利下降 10 元。但同时，销售经理预测产品质量的提高将使销售量每月增至 480 件。较高质量的部件应当采用吗？会计主管应用表 12－9 进行分析。从表 12－9 可知，如果固定成本保持不变，使用较高质量部件将使贡献毛利额增加 3 200 元，进而使净收入额增加 3 200 元，因而应当使用较高质量的部件。

表 12－9　　贡献毛利增加额计算表　　单位:元

预计贡献毛利总额	480×(100－10)	43 200
当前贡献毛利总额	400×100	40 000
贡献毛利增加额		3 200

3. 固定成本、销售价格和销售量的变化

为了增加销售量，销售经理计划将每年产品的价格下调 20 元，同时每月增加 15 000 元广告费支出。销售经理相信采取这两项措施后，产品销售量将增长 50%。那么究竟应不应当这样做呢？会计主管列表 12－10 进行分析。由表 12－10 可得出结论，公司不应采取上述两项措施。比较损益表(表 12－11)也可以得出同样结论。

表 12－10　　**贡献毛利增加值计算表**　　单位：元

预计贡献毛利总额	400×150%×80	48 000
当前贡献毛利总额	400×100	40 000
贡献毛利增加值		8 000
减：广告费用增加额		15 000
净收入减少		7 000

表 12－11　　**损益计算表**　　单位：元

	当前每月 400 件销售量		预计每月 600 件销售量		差异
	总额	单位产品	总额	单位产品	
销售额	100 00	250	138 000	230	38 000
减：可变费用	60 000	150	90 000	150	30 000
贡献毛利	40 000	100	48 000	80	8 000
减：固定费用	35 000	50 000*			15 000
净收入(或损失)	5 000		(2 000)		(7 000)

* 35 000＋15 000－50 000。

4. 可变成本、固定成本和销售量的变动

销售经理现在计划改变每月付给销售人员 6 000 元固定工资的做法，改为每销售 1 件产品，付给销售人员 15 元佣金。销售经理有信心通过这一改革使每月销售额增长 15%。这一措施是否应当采取呢？

将销售人员固定薪酬制改为佣金制将对固定成本和可变成本产生影响。固定成本将减少 6 000 元，即从 35 000 元减少至 29 000 元，而可变成本将从 150 元增至 165 元，这将对贡献毛利产生什么影响呢？会计主管列表 12－12 进行分析。结论是：应当采取该措施。这个结论同样可以通过比较损益表得出，如表 12－13 所示。

表 12－12　　**贡献毛利增加值计算表**　　单位：元

预计贡献毛利总额 400×115%×85	39 100
当前贡献毛利总额	40 000
贡献毛利增加值	(900)
减：广告费用增加额	6 000
净收入减少	5 100

表 12－13　　**损益计算表**　　单位:元

	预计每月 400 件销售量		净收入差异 460 件销售量		差异
	总额	单位产品	总额	单位产品	
销售额	100 00	250	115 000	230	15 000
减:可变费用	60 000	150	75 900	165	(15 900)
贡献毛利	40 000	100	39 100	85	(900)
减固定费用	35 000		29 000		6 000
净收入(或损失)	5 000		10 100		5 100

本量利分析法的主要目标是寻找可变成本、固定成本、销售价格和销售量的最佳组合。上述例 12－6 表明,在决策分析中,需重点考虑的是这四个因素的组合变化对贡献毛利产生的影响。可以看到,在贡献毛利下降的情况下,若固定成本下降幅度更大,则利润仍会增加。但增加利润的更常见的途径是增加贡献毛利额。这一目标有时可以通过降低销售价格从而增加销售量实现,有时可以通过增加固定成本(如广告费)从而增加销售量实现,而有时也可以通过减少可变成本和固定成本,同时保持销售量不致大幅下降得以实现。总之,只要能促进利润的提高,各种可能的组合都是可行的。

单位贡献毛利和贡献毛利率的高低对公司采取何种措施促进利润增长具有十分重要的影响。比如,一种产品的单位贡献毛利越大,公司便越愿意为该种产品付出更多的费用以增加该产品的销售。因此,具有较高单位贡献毛利的公司(如汽车制造商)会投入巨额广告费用,而单位收益较低的公司(如餐盘制造商)则大多在广告上花费很少。

简而言之,各因素变动对于贡献毛利的影响是最为重要的决策依据。

(四)盈亏平衡分析

盈亏平衡分析(break-even analysis)是本量利分析方法的重要组成部分,它是一种通过分析产品成本、销售量和销售利润这三个变量之间的关系,掌握盈亏变化的临界点(保本点)而进行选择的方法。它研究的核心问题是,当公司的销售额下降到何种水平时公司将发生亏损。

1. 盈亏平衡点的计算

盈亏平衡点(break-even point)可以定义为收入总额与费用总额相等时的那一点,也可定义为贡献毛利额与固定成本相等时的那一点。由盈亏平衡点的定义即可引出盈亏平衡分析的两种方法——方程法和贡献毛利法。

将损益表的计算程序用下列方程式表达:

销售额－(可变费用＋固定费用)＝利润

销售额＝可变费用＋固定费用＋利润

在盈亏平衡点上,利润为零,即销售额与可变费用、固定费用之和相等。

【例 12－7】 以例 12－6 中所述唯普公司为例。

$250X=150+35\,000+0$

$X=350$(件)

即唯普公司盈亏平衡点为销售量 350 件,这时销售额为 350×250＝87 500 元。

有时可变成本与销售收入绝对量的关系是未知的,但单位产品可变成本在单位产品销售额中所占比重已知(例如:单位可变成本/单位销售额＝0.60)。在这种情况下,盈亏平衡点计算：

销售额＝可变费用＋固定费用＋利润

X＝0.60X＋固定费用＋利润

即，

X＝0.60X＋ 35 000＋0

X＝87 500(元)

在实际的预测分析中，有些公司常常只能得知可变成本在产品销售额中所占的比重，而难以知道确切的绝对数，因此上述方法对推算盈亏平衡点非常有用，但要注意的是，用这种方法计算出的盈亏平衡点是达到盈亏相等时的销售额水平，而不是销售量。就是说，上述例子中的"X"，是销售额。要用这种方法求得盈亏平衡时的销售量，就要知道确切的产品售价，如上例中单位产品售价为 250 元，那么盈亏平衡销售量为 87 500/250＝350 件。

本章案例导读中的企业如要达到本年的利润比上年增加 20％的目标，即利润为 43 200 元，拟采取的四项措施中：一是单价提高 4 元，利润为 43 200 元；二是使变动成本降低为 118 元，利润为 39 600 元；三是使销量提高到 2 000 件，利润为 42 000 元，四是降低固定成本到 12 000元，利润为 42 000 元。四个方案中仅方案一才能达到目标利润。

如果企业在今年要求实现的利润为 42 000 元，降价 10％虽然可以扩大销量实现目标利润，但是由于生产能力有限，销售量只能达到所需销售量的 55％，即 2 200 件，利润为 15 000 元，无法完成目标利润。将单位变动成本降低到 110 元，利润为 54 000 元，可以落实目标利润。

贡献毛利法实际上仅仅是上述方程法的变形。这种方法的原理前面已经提到，即每销售一件产品，就应当得到一定量的贡献毛利以补偿固定成本。

一般来说，企业收入＝成本＋利润，如果利润为零，则有收入＝成本＝固定成本＋变动成本，而收入＝销售量×价格，变动成本＝单位变动成本×销售量。这样由销售量×价格＝固定成本＋单位变动成本×销售量，可以推导出盈亏平衡点的计算公式为：

盈亏平衡点(销售量)＝固定成本/单位边际贡献

这一公式的一个变形是用贡献毛利率代替单位贡献毛利，结果将得到盈亏平衡时的销售额，而不是上述公式中的销售量。

【例 12－8】 唯普公司单位产品的贡献毛利为 100 元(产品售价 250 元减去 150 元单位可变成本)，固定费用总额为 35 000 元，盈亏平衡点销售量为多少？

盈亏平衡点销售量＝35 000/100＝350(件)

这种盈亏平衡分析方法在公司具有多条生产线并希望将公司作为一个整体计算出单一的盈亏平衡点时特别有用。

2. 盈亏平衡分析的作用

盈亏平衡分析可以对项目的风险情况及项目对各个因素不确定性的承受能力进行科学的判断，为投资决策提供依据。传统盈亏平衡分析以盈利为零作为盈亏平衡点，没有考虑资金的时间价值，是一种静态分析。盈利为零的盈亏平衡实际上意味着项目已经损失了基准收益水平的收益，项目存在着潜在的亏损。把资金的时间价值纳入盈亏平衡分析中，将项目盈亏平衡状态定义为净现值等于零的状态，便能将资金的时间价值考虑在盈亏平衡分析内，变静态盈亏平衡分析为动态盈亏平衡分析。由于净现值的经济实质是项目在整个经济计算期内可以获得的、超过基准收益水平的、以现值表示的超额净收益，所以，净现值等于零意味着项目刚好获得了基准收益水平的收益,实现了资金的基本水平的保值和真正意义的“盈亏平衡”。动态盈亏平衡分析不仅考虑了资金的时间价值,而且可以根据企业所要求的不同的基准收益率确定不同的盈亏平衡点,使企业的投资决策和经营决策更全面、更准确,从而提高项目投资决策的科学性和可靠性。

第二节 预测与决策分析

一、会计预测

会计预测(accounting forecast)是以过去的历史资料和现在所取得的信息为基础,运用人们的科学知识和实践经验,预计或推测事物发展的规律的过程。会计预测作为经济管理的重要手段,其目的是定量或定性地判断、推测和规划经济活动的发展变化规律,并对其做出评价,以指导和调节经济活动,谋求最佳经济效果。会计预测的依据主要是会计资料,它是利用已取得的会计信息产生新的会计信息的过程,所以说会计预测是一个信息处理和信息反馈的过程。

(一)会计预测的特点

(1)预测的主要依据是已经反映出来的会计资料,是信息的处理和反馈过程;

(2)预测的对象是价值运动,是企业价值管理的一种形式;

(3)预测的直接目的是为企业经营决策服务,最终目的是提高企业经济效益。

(二)会计预测的类型

会计预测可以根据不同的标准进行分类,具体如表12－14所示。

表12－14 会计预测的分类

划分标准	名 称	含 义
预测性质	探索性预测	根据过去和现在会计信息推断未来发展趋势
	目的性预测	围绕经营目标根据过去和现在会计信息,寻求实现目标的最佳途径和方案
预测方式	定性预测	根据过去和现在会计信息,采用逻辑推理方法,对未来发展趋势从本质方面进行估计推断
	定量预测	根据过去和现在会计信息采用数字模型和电子计算机运算的方法,对未来发展趋势从数量方面进行估计和推断
预测期限	长期预测	对5至10年以上的前景进行预测
	中期预测	对1至5年以下的前景进行预测
	短期预测	对年内发展变化趋势进行预测

(三)会计预测的内容

常见的会计预测主要有资金预测、成本预测和利润预测。

1. 资金预测

资金预测是指企业对将来进行生产经营活动所需资金,以及扩展业务所需追加资金的估计和测算。预测内容如图12－8所示。

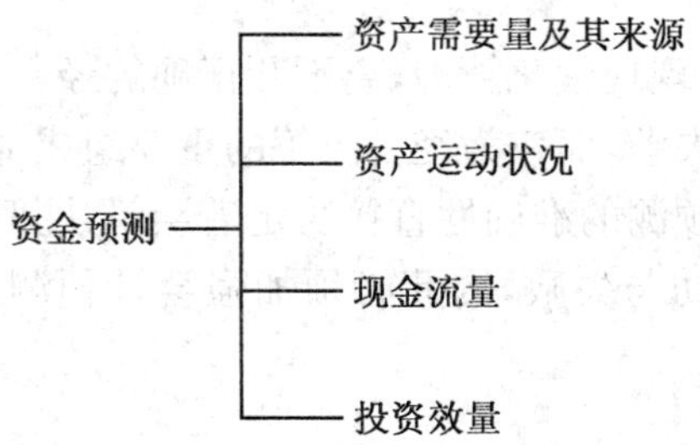

图 12—8　资金预测的内容

资金预测的方法有以下两种。

(1)比例分析法。根据某项经济指标与另一项经济指标经常保持一定比例关系的原理来预测某项经济指标。

(2)移动平均法。根据企业资金指标的历史资料,随年度的变化,计算顺序移动平均数来确定资金预测值,又分为简单移动平均法和加权移动平均法。

2. 成本预测

成本预测是指运用一定的科学方法,对未来成本水平及其变化趋势做出科学的估计。通过成本预测,掌握未来的成本水平及其变动趋势,有助于减少决策的盲目性,使经营管理者易于选择最优方案,做出正确决策。预测内容如图 12—9 所示。

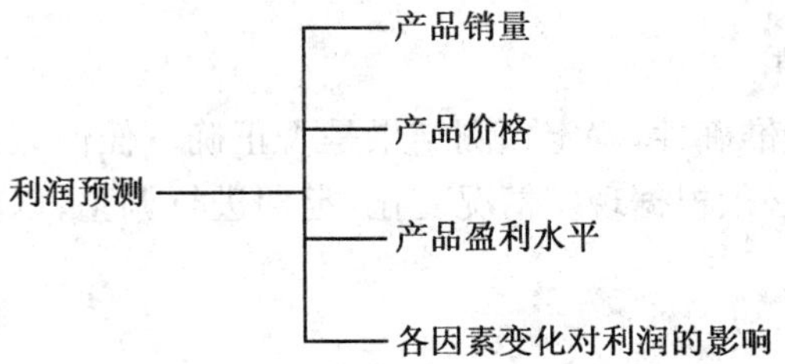

图 12—9　成本预测的内容

3. 利润预测

利润是企业在一定会计期间的经营成果,利润包括收入减去费用后的净额、直接记入当期利润的利得和损失等。利润预测是实现企业经营目标的重要环节,能合理确定企业未来一定期间的利润目标。预测内容如图 12—10 所示。

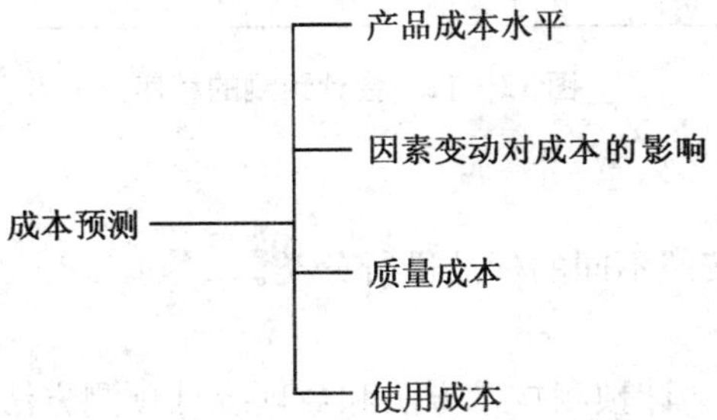

图 12—10　利润预测的内容

(四)会计预测的程序

企业要提高经济效益,实现现代化管理,离不开正确的经营决策。经营决策的正确与否关系到企业经济活动的成功与失败,而作为经营决策的重要组成部分的会计决策,其决策信息均是来自于会计预测的。会计预测的准确性直接决定着会计决策的成败,而会计决策的成败又直接影响企业经营决策的成功与失败,因此必须加强会计预测工作,充分发挥会计的预测职能,积极参与企业的经营决策。

1. 确定预测对象和目标

预测的目的不同,预测的内容和项目所需要资料以及运用的方法都会有所不同。根据经营活动的需要,明确进行预测的具体要求,并根据具体要求拟定预测项目,制定预测计划以保证预测顺利进行。

2. 收集与分析资料数据

包括会计资料、统计资料和研究资料。进行会计预测必须要有充分的资料,这样才能为会计预测提供进行分析的可靠数据。因此,收集资料是进行会计预测的重要一环,是会计预测的基础性工作。

3. 选择预测方法,建立预测模型

选择什么样的预测方法是由预测的目的、要求和占有的资料数据情况而定的,通常采用定量预测法。用定量预测法进行预测时,必须根据预测目的和历史数据的变化类型来选择数学模型,确定各变量之间可能存在的联系,根据有关参数,建立预测模型,将有关数据代入预测模型,求得预测值。

4. 分析与修正预测值

通过判断预测模型的准确性,确定预测结果是否正确。任何方式的预测都不是一劳永逸的,特别是中、长期预测,必须根据现实情况变化,定期进行调整,以便预测能切实为决策提供科学依据。

5. 提出预测报告和建议

根据预测分析,撰写预测报告,并提出修正建议。预测程序如图 12－11 所示。

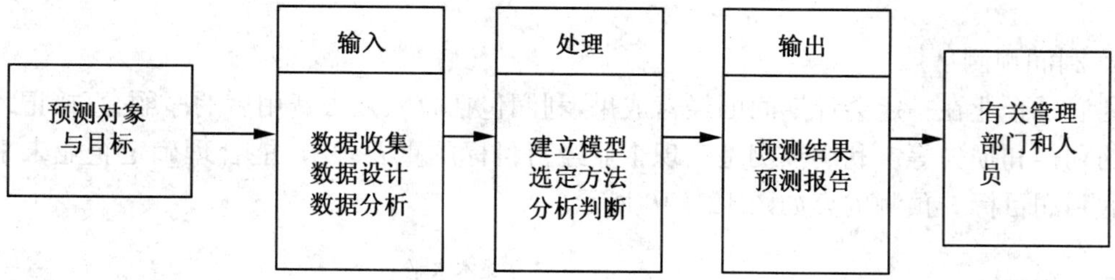

图 12－11　会计预测的程序

(五)会计预测的方法

会计预测的方法可以按照不同的标准进行分类。

1. 按来源分类

会计预测的方法包括:会计预测技术方法和数理统计预测方法。

2. 按性质分类

会计预测的方法包括:定量预测分析法和定性预测分析法。

（1）定量预测法即根据预测变量之间存在的某种规律性建立数学模型，然后据以计算分析的方法。常用的方法有：时间序列预测法、回归与相关分析预测法、会计预测法、本量利分析法、现金流量法、投入产出法。定量预测法着眼点在于用数量关系，揭示事物根本特征，即通过准确的数据和图表反映事物的现状和相互关系，从而使不确定的、模糊的经济现象变得相对确定和明晰。这种方法是以数据所反映的“量”为依据，其分析结果是否正确，完全取决于数据的科学性。

（2）定性预测法即采用调查研究、分析判断等方法对预测对象的发展性质和趋势加以估计和推测的方法。由于这种方法没有做出确切的定量分析，只能定性地估计经济活动的发展趋势和优劣程度，其预测结论的准确与否，完全取决于会计人员的知识和经验。它一般运用于缺乏完备、准确的历史会计资料的会计预测。

定量预测法是根据一定数据，运用数学模型来确定各变量之间的数量关系，并据此预测事物未来的发展变化；定性预测法则是依据预测者个人的经验和分析能力，通过对影响事物变化的各种因素的分析、判断、推理来预测事物的发展变化。在实践中应将定量预测法与定性预测法结合起来运用，两种方法相辅相成，以便对事物未来的发展变化做出科学预测。

二、会计决策

会计决策（accounting decision）是指企业单位为达到特定的目标，运用专门的科学方法从两种以上备选方案中选择最优方案的过程，会计决策是会计参与经营决策的过程。会计决策是指会计人员为了解决企业资金运动过程中所出现的问题和把握机会而制定和选择活动方案的过程。由于企业资金运动的方向、方式、状态与效益等方面都具有多种发展可能性，这就在客观上要求企业在多种发展可能性中做出有利的选择。由于企业资金运动具有可控性，人们就可以通过决策和控制，促使企业的资金运动朝着有利的方向发展。会计决策可以按不同的标准进行分类。例如，按照企业资金运动所处的不同环节，可分为资金筹措决策与资金运用决策等；按照企业资金运动的确定性程序，可分为确定性决策、风险性决策与不确定性决策等。

（一）会计决策的意义

一般认为，对于企业资金运动的重大管理决策，会计人员是作为群体决策者的一员，处于参与决策的地位。在当代企业的科学管理中，决策职能呈现出由个人决策向群体决策发展的趋势，这是因为：

（1）当代科学技术的发展带来了生产和生活的快速化，要求人们的各种决策活动快速完成，否则就会失去机会而造成巨大损失。这种严峻的社会环境要求较大单位的重大决策由个人活动向集体活动方向发展。

（2）现代企业的规模宏大，企业本身及其外部环境所产生的巨额数量的动态信息，即使任何一个天才的企业家都难以独自做出最后抉择。

（3）企业目标的多元化，要求企业进行管理决策时考虑对各项目标的影响程度，这就使得一项具体的管理决策往往同时涉及若干个不同的管理决策问题，需要进行认真的分析、研究和评价，以避免决策的盲目性和片面性。这就需要具有不同专业的管理决策。在参与企业的重大管理决策过程中，会计人员着重从经济效益的角度分析决策的经济可行性。

（二）会计决策的方法

1. 差量分析法

差量分析法（differential analysis）是通过比较各种方案的收入、支出和效益，确定最优方案。差量分析法的两类因素包括差量收入和差量成本。

(1)差量收入。差量收入是一个备选方案的预期收入与另一个备选方案的预期收入的差额。

(2)差量成本。差量成本是一个备选方案的预期成本与另一个备选方案的预期成本的差额。

如果差量收入大于差量成本,即差量损益为正数,则前一个方案是较优的;反之,如差量收入小于差量成本,即差量损益为负数,则后一个方案是较优的。

【例 12—9】 唯普公司面临生产哪一种产品的决策。生产甲产品的单位变动成本为 80 元,预计销售量为 1 000 件,预计销售单价为 110 元;生产乙产品的单位变动成本为 220 元,预计销售量为 500 件,预计销售单价为 260 元。生产甲、乙产品的固定成本相同,则生产甲产品与生产乙产品的分析如下:

差量收入=(110×1 000)-(260×500)=-20 000(元)

差量成本=(80×1 000)-(220×500)=-30 000(元)

差量损益=(-20 000)-(-30 000)=10 000 元,说明生产甲产品比生产乙产品可多获利润 10 000 元,生产甲产品对企业是有利的。

差量分析的一般步骤为四步:计算备选方案的差量收入;计算备选方案的差量成本;计算备选方案的差量利润;比较最优方案。

2. 决策表法

决策表法是采用表格形式,将各种自然状态下不同方案的数据列示出来,以选择最优方案。

3. 决策树法

决策树法是将会计决策的各个要点、抉择方案、可能事件和机遇结果,按顺序展开列成树枝形图表,然后计算出各个方案的期望值,加以比较,找出最优方案。

决策树分析法是常用的风险分析决策方法。该方法是一种用树形图来描述各方案在未来收益的计算、比较以及选择的方法,其决策是以期望值为标准的。人们未来可能会遇到好几种不同的情况,每种情况均有出现的可能,目前无法确知,但是可以根据以前的资料来推断各种自然状态出现的概率。在这样的条件下,计算的各种方案在未来的经济效果只能是考虑到各种自然状态出现概率的期望值,与未来的实际收益不会完全相等。

(三)会计决策的程序

会计决策的一般程序是:发现和确定问题;明确决策目标;拟定决策方案;评价决策方案;选择最优方案;试验实证方案;实施决策方案。

(四)会计决策的内容

会计决策的内容主要包括资金决策、成本决策和利润决策等,如图 12—12 所示。

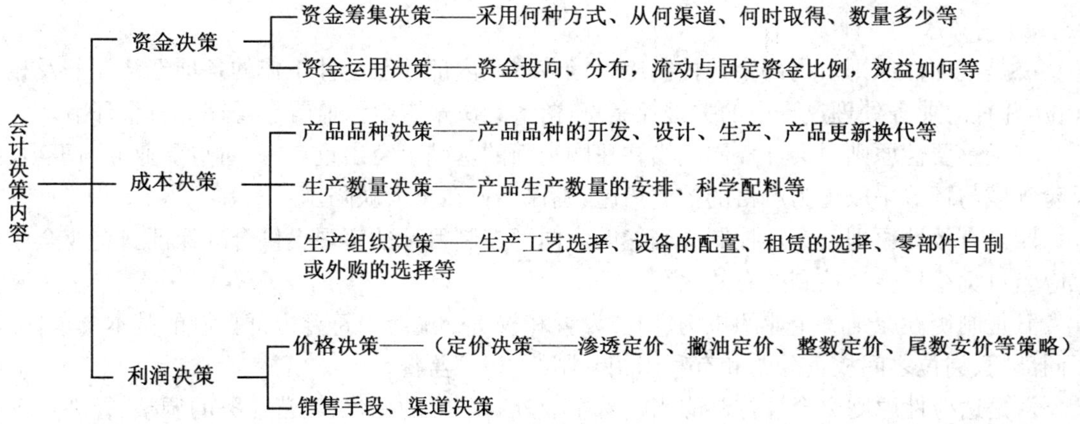

图 12－12 会计决策的内容

第三节 会计控制

在现代企业制度中由于所有权和经营权的分离,便自然而然地形成了企业所有者和受托经营者之间控制与反控制这一矛盾。由于所有者和经营者之间利益不一致、信息不对称,从而造成了现实生活中企业会计信息失真等问题。在此情况下,会计控制理论应运而生。

一、会计控制的含义

广义的会计控制既包括会计控制,也包括对会计的控制。会计控制(accounting control)是指通过会计工作和利用会计信息对企业生产经营活动所进行的指挥、调节、约束和改进等活动,以使企业实现效益最大化的目标;而对会计的控制则是指对会计工作及其质量所进行的控制,这是对控制者所进行的一种再控制。实践中这两方面的会计控制都需要,它们都是为了保障所有者的经济利益,是经营者履行受托经济责任必不可少的管理环节。会计控制是在控制地位、控制利益和控制目标不对等、不一致甚至相互对立和矛盾的两个控制主体之间架起的一座使之彼此信任的桥梁,它是现代企业制度建立和发展的保障。

2001 年我国财政部发布的《内部会计控制规范——基本规范(试行)》规定,会计控制是指企业为提高会计信息质量,保护资产安全、完整,确保有关法律法规、规章制度的贯彻执行等而制定和实施的一系列控制方法、措施和程序。会计控制发展到今天已经扩展到了内部控制,它是建立内部控制机制的重要组成部分,是实现透明、可靠的财务报告的基础,是内部控制的第一级基本目标。2008 年 6 月 28 日五部委联合发布《内部控制基本规范》规定,会计控制是指会计人员(部门)通过财务法规、财务制度、财务定额、财务计划目标等对资金运动(或日常财务活动、现金流转)进行指导、组织督促和约束,确保财务计划(目标)实现的管理活动。

二、会计控制的原则和必要性

(一)会计控制的原则

会计控制应该遵循以下七项基本原则:

一是合法性原则。会计控制应当符合法律、行政法规的规定和有关政府监管部门的监管要求。

二是全面性原则。内部会计控制应当涵盖单位内部涉及会计工作的各项经济业务及相关岗位,并针对业务处理过程中的关键控制点,落实到决策、执行、监督和反馈等各个环节。

三是重要性原则。会计控制应当在兼顾全面的基础上突出重点,针对重要业务与事项、高风险领域与环节采取更为严格的控制措施,确保不存在重大缺陷。

四是有效性原则。会计控制应当能够为内部控制目标的实现提供合理保证。企业全体员工应当自觉维护会计控制的有效执行。

五是制衡性原则。企业的机构、岗位设置和权责分配应当符合内部控制的基本要求,确保不同部门、岗位之间权责分明和有利于相互制约、相互监督。

六是适应性原则。会计控制应当随着企业外部环境的变化、经营业务的调整、管理要求的提高等不断改进和完善。

七是成本效益原则。会计控制应当在保证会计控制有效性的前提下,合理权衡成本与效益的关系,争取以合理的成本实现更为有效的控制。

(二)会计控制的必要性

1. 会计控制是保证国民经济正常运转的客观要求

目前,我国会计失控现象较为严重,这是造成经济环境恶化、经济秩序混乱的一个重要原因。例如,在生产领域,生产消耗过高,费用居高不下,成本严重失控。这不仅表现在成本总量上的直线上升,而且对成本所含的经济内容也无法控制,企业乱摊成本、乱挤费用、人为调节成本现象十分严重;在分配领域,一些企业偷税、漏税、截留利润,结果是颠倒了利润分配的主次关系,企业得利,国家受到严重损失。

2. 加强会计控制是履行会计职能的需要

现代会计的两个基本职能:一是反映,二是控制。反映是控制的基础,只有适宜的反映,才能实现有效的控制;也只有有效的控制,才可能反映出正确的信息。会计控制是在处理和利用会计信息的过程中进行的,如对差旅费报销,按照有关制度的标准进行控制,使得一切不符合政策规章、规定的支出及时加以制止,这样不仅控制了支出本身,而且能为企业提供真实、可靠的信息,保证企业目标的实现,以充分发挥会计职能的作用。

3. 会计控制是经济技术发展的客观要求

当今社会经济技术迅猛发展并且日益复杂,人们越来越需要经济活动的过程按既定目标运行,客观上就要求社会经济发展过程进行符合人类自身利益的控制,经济技术越发展,作为经济管理的重要手段——会计控制就越重要。从实际需要和经济管理的角度来看,加强会计控制是提高经济管理水平、增加管理时效性和科学性的客观要求。

三、会计控制的内容

内部会计控制的内容是内部会计控制的主体和核心,会计控制内容主要包括:货币资金、实物资产、对外投资、工程项目、采购与付款、筹资、销售与收款、成本费用、担保等经济业务的会计控制。

(1)货币资金会计控制,主要运用不相容职务相分离、授权批准、会计系统等内部会计控制方法,对货币资金收入、保管、支付等全过程中的关键控制点做出较为严格的规范。

(2)实物资产会计控制,主要从实物的取得、保管、领用、发出、盘点和处理等环节找出关键控制点，采用授权批准、会计记录与实物保管相互分离和制约、非实物保管人员无权领发货物等一系列控制方法，防止各种实物资产的偷拿、毁损和流失。

(3)对外投资会计控制，重点规范对外投资的决策机制和程序，提倡集体审议联签等责任制度，防止对外投资决策失误和不讲科学的个人专断，避免重大投资损失无人负责现象，严格控制投资风险。

(4)工程项目会计控制，除了规范工程项目决策程序和责任制度外，重点强调了对项目招投标、承发包等关键环节的控制。

(5)采购与付款会计控制，针对单位采购过程中存在回扣现象而导致单位资金流失或采购物资质次价高等问题进行会计控制。

(6)销售与收款会计控制，主要关注定价原则、收款方式等销售政策的制定，明确销售机构和推销人员的职责权限，加强合同订立、商品发出和账款回收的会计控制，防范销售过程中的舞弊行为，避免或减少坏账损失。

(7)成本费用会计控制，要求建立成本费用控制系统，实行预算管理、指标分解，控制差异、降低成本。

(8)筹资活动会计控制，重点在于合理地确定筹资规模和筹资结构、选择筹资方式。

(9)担保会计控制，要求建立担保决策程序和责任制度，控制担保行为，防止随意签订担保合同，规避担保的潜在风险。

会计控制内容及关键点如图 12－13 所示。

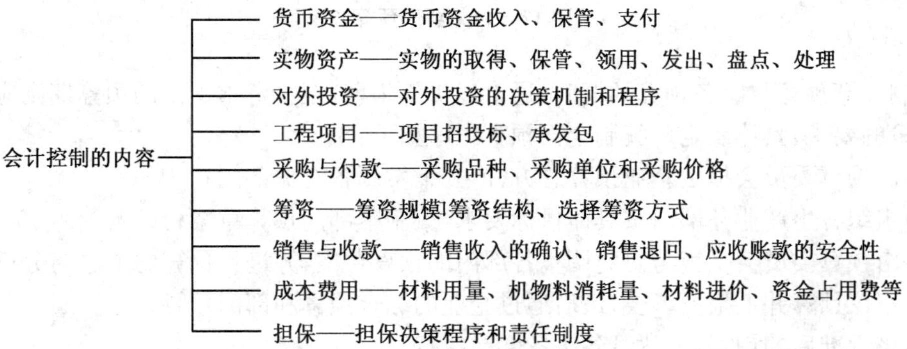

图 12－13　会计控制内容及关键点

四、全面预算管理

全面预算(overall budget)是指企业对一定期间的经营活动、投资活动和财务活动等做出的预算安排。全面预算作为一种全方位、全过程、全员参与编制和实施的预算管理模式，凭借其计划、协调、控制、激励和评价等综合管理功能，整合和优化配置企业资源，提升企业运行效率，成为促进实现企业发展战略的重要手段。

全面预算主要包括营业预算、财务预算和资本支出预算三个部分。

(1)营业预算是企业为其供应、生产、销售以及管理活动所编制的预算，包括销售预算、生产预算、直接材料预算、直接人工预算、制造费用预算、期末产成品存货预算、销售与管理费用预算。

(2)财务预算是反映预算期财务结果、财务状况的预算，包括现金预算、预计利润表、预计资产负债表。

(3)资本支出预算是指有关设备扩充或投资的预算，一般是为企业长期投资决策而做的预算。全面预算主要包括营业预算和财务预算两大部分。

全面预算体系如图 12－14 所示。

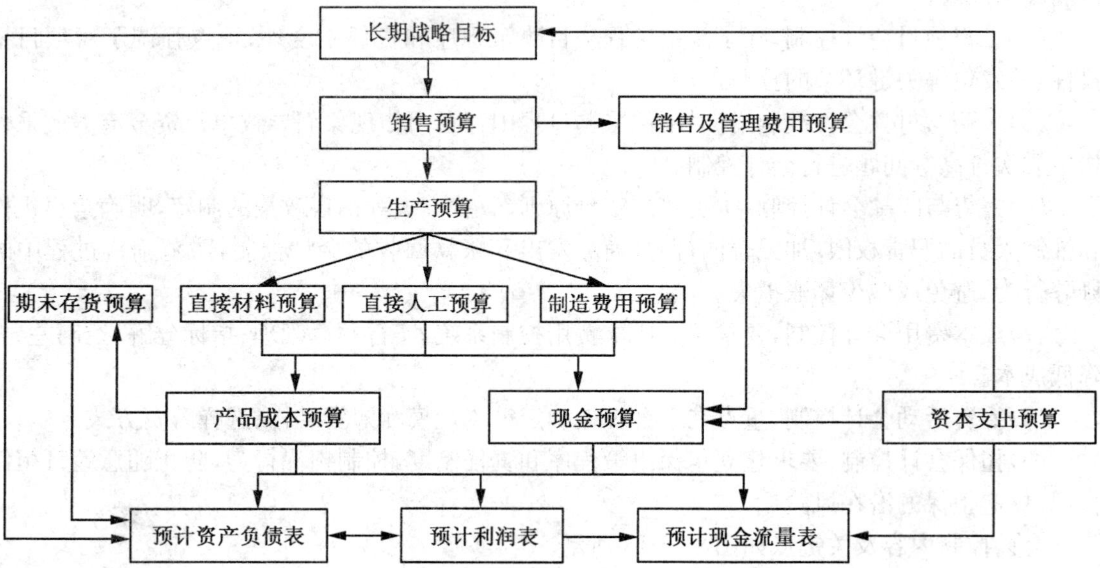

图 12－14 全面预算体系

编制经营预算与财务预算的期间，通常以 1 年为期，至于资本支出的预算期则应根据长期投资决策的要求，具体制定。编制全面预算程序如下：

(1)由预算委员会拟定企业预算总方针，并下发到各有关部门；

(2)组织各生产业务部门按具体目标要求，编制本部门预算草案；

(3)由预算委员会平衡与协商调整各部门的预算草案，并进行预算的汇总与分析；

(4)审议预算并上报董事会，最后通过企业的综合预算和部门预算；

(5)将批准后的预算，下达给各级各部门执行。

预算可以根据不同的预算项目，分别采用相应方法进行编制，主要方法有以下四种。

一是固定预算。固定预算(fixed budget)又称静态预算，是根据预算期内正常的、可实现的某一业务量水平为基础来编制的预算。固定预算不考虑预算期内业务活动水平可能发生的变动，只按预算期内所规定的某一业务量水平确定预算额。

二是弹性预算。弹性预算(flexible budget)在按照成本(费用)习惯性分类的基础上，根据量、本、利之间的依存关系，考虑到计划期间内业务量可能发生变动，编制出一套适应多种业务量的费用预算。弹性预算是为了反映不同的业务情况下所应支付的费用水平，它是为了弥补固定预算的缺陷而产生的。

三是零基预算。零基预算法(zero-base budget)是"以零为基础编制预算"的方法，采用零基预算法在编制费用预算时，不考虑以往期间的费用项目和费用数额，主要根据预算期的需要和可能分析费用项目和费用数额的合理性，综合平衡编制费用预算。零基预算不受前期费用项目和费用水平的制约，能够调动各部门降低费用的积极性。

四是滚动预算。滚动预算法(rolling budget)又称连续预算法或永续预算法，是在上期预算完成情况基础上，调整和编制下期预算，并将预算期间逐期连续向后滚动推移，使预算期间保持一定的时期跨度。滚动预算能够使预算适应实际情况发展的需要，由于每期都要进行一次预算的编制和调整，使各期不相适应的项目得到修订，因而各期预算能保持协调一致。

五、标准成本控制

标准成本控制（standard cost control）也称为标准成本制度、标准成本会计或标准成本法，是以制定的标准成本为基础，将实际发生的成本与标准成本进行对比，揭示成本差异形成的原因和责任，采取相应措施，实现对成本的有效控制，是成本控制中应用最为广泛和有效的一种成本控制方法。

一般情况下，在制定标准成本时，企业可以根据自身的技术条件和经营水平，在以下三种不同的原则中进行选择：一是理想标准成本，是指在现有条件下所能达到的最优的成本水平；二是以历史平均成本作为标准成本，是指过去较长时间内所达到的成本的实际水平；三是正常标准成本，是指在正常情况下企业经过努力可以达到的成本标准。通常，正常标准成本大于理想标准成本，但小于历史平均成本。正常标准成本具有客观性、现实性、激励性和稳定性等特点，因此被广泛地运用于下列具体的标准成本的制定过程中。

标准成本法的运作程序如图 12－15 所示。

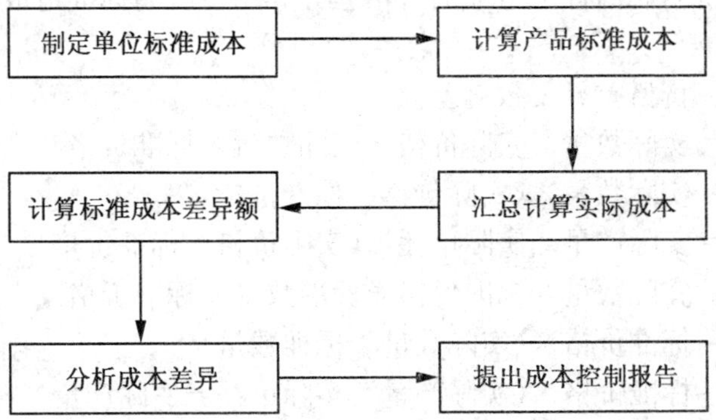

图 12－15　标准成本法运作程序

（一）标准成本的制定

制定标准成本（standard cost）应按成本项目进行，包括直接材料、直接工资、变动性制造费用和固定性制造费用标准成本的制定。

某单位产品耗用的直接材料的标准成本是由材料的用量标准和价格标准两项因素决定的。材料的价格标准通常采用企业制定的计划价格。企业在制订计划价格时，通常以订货合同的价格为基础，并考虑将来各种变化情况，按各种材料分别计算。材料的用量标准，是指单位产品耗用原料及主要材料的数量，通常也称为材料消耗定额。材料的用量标准应根据企业产品的设计、生产和工艺的现状和经营管理水平的要求，按照产品的零部件来制定各种原料及主要材料的消耗定额。具体公式为：

直接材料标准成本＝单位产品的用量标准×材料的标准单价

直接人工标准成本是由直接人工的价格标准和直接人工用量标准两项因素决定的。直接人工的价格标准就是标准工资率，而标准工资率是由标准工资总额除以标准总工时来计算的。人工用量标准就是工时用量标准，也称工时消耗定额，是指企业在现有的生产技术条件、工艺方法和技术水平的基础上，考虑提高劳动生产率的要求，采用一定的方法，按照产品生产加工所经过的程序，确定的单位产品所需耗用的生产工人工时数。具体公式为：

直接工资标准成本＝单位产品的标准工时×小时标准工资率

制造费用可以分为变动制造费用和固定制造费用两部分。这两部分制造费用都按标准用量和标准分配率的乘积计算，标准用量一般都采用工时表示。具体公式为：

变动制造费用标准成本＝单位产品直接人工标准工时×每小时变动制造费用的标准分配率

其中，

变动制造费用标准分配率＝变动制造费用预算总数/直接人工标准总工时

固定制造费用标准成本＝单位产品直接人工标准工时×每小时固定制造费用的标准分配率

其中，

固定制造费用标准分配率＝固定制造费用预算总数/直接人工标准总工时

（二）成本差异分析

实际成本与标准成本之间的差额，称为标准成本的差异，或称为成本差异。成本差异是反映实际成本脱离预定目标程度的信息。根据成本性态不同，可以将成本差异分为变动成本差异和固定成本差异。

直接材料、直接人工和变动制造费用都属于变动成本，其成本差异分析的基本方法相同。成本差异可以归结为价格脱离标准造成的价格差异和用量脱离标准造成的数量差异两类。用公式表示如下所示。

成本差异＝价格差异＋数量差异

价格差异＝实际数量×实际价格－实际数量×标准价格

＝实际数量×（实际价格－标准价格）

＝实际产量×实际单耗×（实际价格－标准价格）

数量差异＝实际数量×标准价格－标准数量×标准价格

＝标准价格×（实际数量－标准数量）

＝标准价格×（实际产量×实际单耗－实际产量×标准单耗）

1. 直接材料成本差异分析

直接材料差异，包括材料用量差异和材料价格差异。其计算公式为：

直接材料成本差异＝直接材料价格差异＋直接材料数量差异

价格差异＝实际数量×（实际价格－标准价格）

数量差异＝（实际数量－标准数量）×标准价格

由于采购部门具有购料价格的控制权，一般而言，价格差异应由采购部门负责，如未按经济采购批量进货、未能及时订货造成紧急订货、采购时舍近求远等。而材料数量差异，一般应由生产部门负责，如工人用料不精心、操作技术改进而节省材料、机器或工具不适用造成用料增加等。但有时也可能是采购部门的责任，如采购的材料质量差而造成浪费等。针对具体成本差异应作具体分析、研究。

2. 直接人工成本差异分析

直接人工成本、差异包括直接人效率差异和直接人工工资率差异。其计算公式为：

直接人工成本差异＝直接人工价格差异＋直接人工数量差异

＝直接人工工资率差异＋直接人工效率差异

工资率差异＝实际工时×(实际工资率－标准工资率)

人工效率差异＝(实际工时－标准工时)×标准工资率

工资率差异形成的原因，可能是由生产中升级或降级而使用不同工资等级的工人(会反映在平均工资率的变动中)，也可能是加班工资所形成的工资率差异，一般应由生产部门负责，但也可能是由于工资标准的调整，因此应具体分析。而效率差异形成的原因，可能是由于工人的熟练程度、设备的原因、管理的问题，也可能是由于原材料的质量。一般应由生产部门负责，但也可能由采购部门责任。

3. 变动性制造费用差异分析

变动性制造费用差异是指按生产上实际耗用工时计算的变动性制造费用与按标准工时计算的变动性制造费用之间的差额，由变动性制造费用效率差异(即数量差异)和变动性制造费用耗费差异(即价格差异)构成。其计算公式为：

变动性制造费用成本差异＝变动制造费用价格差异＋变动制造费用数量差异

＝变动制造费用耗费差异＋变动制造费用效率差异

变动性制造费用耗费差异＝实际工时×(变动性制造费用实际分配率－变动性制造费用标准分配率)

变动性制造费用效率差异＝(实际工时－标准工时)×变动性制造费用标准分配率

耗费差异是部门经理的责任，他们有责任将变动性费用控制在弹性预算限额之内；变动性制造费用效率差异的形成原因与人工效率差异相同。

4. 固定性制造费用差异分析

固定性制造费用在一定相关范围内不会受生产活动水平变动的影响而变动，因此，固定性制造费用是通过固定预算进行控制的。固定性制造费用差异由固定性制造费用耗费差异、固定性制造费用效率差异和固定性制造费用生产能力利用差异三部分组成。其计算公式为：

固定性制造费用差异＝实际产量实际固定性制造费用－实际产量标准固定性制造费用

＝固定性制造费用实际分配率×实际产量实际工时－固定性制造费用标准分配率×实际产量标准工时

固定性制造费用耗费(开支)差异＝实际固定制造费用－预算固定制造费用

＝实际固定制造费用－预算产量标准工时×标准分配率

固定性制造费用生产能力利用差异＝(预算产量标准工时－实际产量实际工时)×标准分配率

固定性制造费用效率差异＝(实际产量实际工时－实际产量标准工时)×标准分配率

在企业经营中，固定制造费用耗费差异的产生主要受管理人员的工资率、利税率、折旧率等的影响。固定性制造费用生产能力利用差异反映的是计划生产能力的利用程度，只有通过对业务量的控制才能控制。固定性制造费用效率差异主要受机器工作效率、人工工作效率等的影响。

第四节 业绩评价

业绩评价(performance evaluation),是指运用数理统计和运筹学方法,通过建立综合评价指标体系,对照相应的评价标准,定量分析与定性分析相结合,对企业一定经营期间的盈利能力、资产质量、债务风险以及经营增长等经营业绩和努力程度等各方面进行的综合评判。

一、业绩评价的内容

业绩评价由财务业绩定量评价和管理业绩定性评价两部分组成。

(一)财务业绩定量评价

财务业绩定量评价是指对企业一定期间的盈利能力、资产质量、债务风险和经营增长四个方面进行定量对比分析和评判。

企业盈利能力分析与评判主要通过资本及资产报酬水平、成本费用控制水平和经营现金流量状况等方面的财务指标,综合反映企业的投入产出水平以及盈利质量和现金保障状况。

企业资产质量分析与评判主要通过资产周转速度、资产运行状态、资产结构以及资产有效性等方面的财务指标,综合反映企业所占用经济资源的利用效率、资产管理水平和资产的安全性。

企业债务风险分析与评判主要通过债务负担水平、资产负债结构、或有负债情况、现金偿债能力等方面的财务指标,综合反映企业的债务水平、偿债能力及其面临的债务风险。

企业经营增长分析与评判主要通过销售增长、资本积累、效益变化以及技术投入等方面的财务指标,综合反映企业的经营增长水平及发展潜力。

2. 管理业绩定性评价

管理业绩定性评价是指在企业财务业绩定量评价的基础上,通过采取专家评议的方式,对企业一定期间的经营管理水平进行定性分析和综合评判。

二、业绩评价指标

业绩评价指标由财务业绩定量评价指标和管理业绩定性评价指标两大体系构成。确定各项具体指标之后,再分别分配以不同的权重,使之成为一个完整的指标体系。

1. 财务业绩定量评价指标

财务业绩定量评价指标依据各项指标的功能作用划分为基本指标和修正指标。其中,基本指标反映企业一定期间财务业绩的主要方面,并得出企业财务业绩定量评价的基本结果;修正指标是根据财务指标的差异性和互补性,对基本指标的评价结果作进一步的补充和矫正。

企业盈利能力指标包括净资产收益率、总资产报酬率两个基本指标和营业利润率、盈余现金保障倍数、成本费用利润率、资本收益率四个修正指标。

企业资产质量指标包括总资产周转率、应收账款周转率两个基本指标和不良资产比率、流动资产周转率、资产现金回收率三个修正指标。

企业债务风险指标包括资产负债率、已获利息倍数两个基本指标和速动比率、现金流动负债比率、带息负债比率、或有负债比率四个修正指标。

企业经营增长指标包括营业收入增长率、资本保值增值率两个基本指标和营业利润增长率、总资产增长率、技术投入率三个修正指标。

2. 管理业绩定性评价指标

管理业绩定性评价指标包括企业发展战略的确立与执行、经营决策、发展创新、风险控制、基础管理、人力资源、行业影响、社会贡献等八个方面的指标。

三、业绩评价的分类

1. 成本中心的业绩评价

成本中心(cost center)是指能控制成本或费用的责任中心。一个责任中心,如果不形成或不考核其收入,而着重考核其成本和费用,这类中心就被称为成本中心。

成本中心有两种类型,即标准成本中心和费用中心。标准成本中心,必须是所生产的产品稳定而明确,并且已经知道单位产品所需要的投入量的责任中心。标准成本中心业绩考核关注的是在产品质量和数量既定的条件下,实际成本与理想成本或者正常状态下成本之间的差额。费用中心通常以事先编制的费用预算作为评价和考核实际费用水平的尺度。

2. 利润中心的业绩评价

利润中心(profit center)是既对成本负责,又对收入和利润负责的责任中心。

利润中心按其产品销售和提供劳务的方式不同,可以划分为自然的利润中心和人为的利润中心两种类型。自然的利润中心可以直接对外销售自己的产品或提供劳务,并由此而获得相应的收入,它同外界市场有着密切的业务联系;人为的利润中心,其产品或劳务不直接进入外界市场,而是按照“内部转移价格”在本企业内部各责任中心之间进行销售。

3. 投资中心的业绩评价

投资中心(investment center)是既对成本、收入和利润负责,又对全部营业资产使用效果负责的责任中心。对于投资中心的业绩,除要考核其成本、收入和利润等指标外,还要重点考核投资报酬率、剩余收益和经济增加值三个指标。

四、业绩评价模式

业绩评价系统根据不同的划分标准可以划分为不同的模式。以评价指标的计算基础为主要划分依据,综合考虑评价目标、评价方法等不同的因素,可以将业绩评价产生以来出现的业绩评价系统划分为成本控制、会计基础、经济基础、战略管理和利益相关这五种模式。这五种模式都与财务评价相关。其中,成本控制模式、会计基础模式和经济基础模式强调财务指标的应用,属于财务评价类型;而战略管理模式和利益相关者模式虽然强调非财务评价指标的应用,但同时也肯定财务评价指标的作用,因此也包含了财务评价。由于这种原因,会计基础、经济基础和战略管理是目前为止已被人们广泛接受并在实践中得到普遍应用的业绩评价模式。因此,这里重点介绍这三种业绩评价模式。

1. 会计基础业绩评价模式

会计基础业绩评价模式的主要特点就是采用会计基础指标作为业绩评价指标。会计基础指标的计算主要是利用财务报表的数据。会计基础业绩评价模式的内容和方法根据评价对象与评价目的的不同而有所不同。比如,它可以是对筹资活动、投资活动、经营活动和分配活动的综合评价,也可以是对盈利能力、营运能力、偿债能力和增长能力的综合评价。我国企业经济效益评价体系从评价指标体系看,是对盈利能力、偿债能力和社会贡献能力三个方面进行综合评价。我国的国有资本金绩效评价体系从指标体系看,是对财务效益状况、资产营运状况、偿债能力状况和发展能力状况四个方面进行评价。会计基础业绩评价的方法有许多种，包括综合指数法，综合评分法、功效系数法等。企业经济效益评价使用的是综合指数法，国有资本金效益评价使用的是功效系数法。

会计基础业绩评价模式的优点在于：会计基础指标计算数据相对容易取得，且严格遵循公认会计准则，具有较高程度的可比性和可靠性。

会计基础业绩评价模式的局限性：一是会计收益的计算未考虑所有资本的成本，仅仅解释了债务资本的成本，却忽略了对权益资本成本的补偿；二是由于会计方法的可选择性以及财务报表的编制具有相当的弹性，会计收益存在某种程度的失真，往往不能准确地反映企业的经营业绩；三是会计收益是一种“短视指标”，片面强调利润，容易造成企业管理者为追求短期效益而牺牲企业长期利益的短期行为。

2. 经济基础业绩评价模式

经济基础业绩评价模式的主要特点就是采用经济基础指标作为业绩评价指标。经济基础指标的计算主要是采用经济利润的理念。与传统的会计基础业绩评价模式相比，经济基础业绩评价模式更注重于股东价值的创造和股东财富的增加。经济增加值是经济基础业绩评价模式的典型代表。

经济附加值(economic value added，EVA)是一种新型业绩评价指标，克服了传统指标的不足，直接与公司价值相联系，使经理人在追求自身利益的同时实现了股东财富最大化，可以说是“股东至上”模式下的业绩评价。

经济附加值是由美国学者斯图尔特(Stewart)提出，并由美国著名的思腾思特咨询公司注册并实施的一套以经济增加值理念为基础的财务管理系统、决策机制及激励报酬制度。它是基于税后营业净利润和产生这些利润所需资本投入总成本的一种企业绩效财务评价方法。

资本费用是经济附加值最突出、最重要的一个方面。在传统的会计利润条件下，大多数公司都在盈利。但是，许多公司实际上是在损害股东财富，因为所得利润是小于全部资本成本的。经济附加值纠正了这个错误，并明确指出，管理人员在运用资本时，必须为资本付费，就像付工资一样。经济附加值改变了会计报表没有全面考虑资本成本的缺陷，它可以帮助管理者明确了解公司的运营情况，从而向管理者提出了更高的要求。但是经济附加值指标归根结底来源于历史性的会计数据，是一个只能反映公司当期业绩的静态指标。它给予当前存量资产价值较大的权重，而相对忽视未来增长机会的价值，因而无法衡量一家公司在行业创造财富中的相对地位(公司在行业新增财富中的份额)。公司可能拥有较高的当前经济附加值水平，但却缺乏未来持续发展的竞争优势。

3. 战略管理业绩评价模式

战略管理业绩评价模式源于20世纪90年代，此时人类社会开始由工业经济向知识经济转型。引入非财务指标并将评价指标与战略相联系是战略管理业绩评价模式的显著特点。平衡计分卡是这一模式的典型代表，强调财务指标与非财务指标之间的平衡。

平衡计分卡(balanced score card，BSC)是目前国际上主流的业绩评价工具，遵循的是“企业的社会综合价值的最大化”的逻辑，不仅重视股东的利益，而且重视其他利益相关者对经营者的监控，可以说是“共同治理”模式下的业绩评价。

平衡计分卡是由哈佛商学院的会计教授卡普兰和一个咨询公司的总裁大卫·诺顿建立的。平衡计分卡克服企业主要依靠财务方法衡量业绩的缺陷，开发出一套更全面的企业业绩评价体系。它由四个各具特色的方面构成，即财务、顾客、内部经营过程、学习与成长。

平衡计分卡弥补了传统财务指标偏重于公司内部评价，而忽视对外部环境如客户、市场等方面分析的不足。通过财务、客户、内部经营、学习与成长四个方面的内容，做到了财务与非财务衡量方法之间的平衡、长期目标与短期目标之间的平衡、外部与内部的平衡、结果与过程的平衡、管理业绩与经营业绩的平衡等多个方面，所以能反映组织综合经营状况，使业绩评价趋于平衡和完善，利于组织长期发展。但是平衡计分卡的实施要求企业有明确的组织战略，管理基础差的企业难以直接引入平衡计分卡，并且平衡计分卡涉及四个方面的指标，指标数量多，贯穿平衡计分卡的因果关系链很难做到真实、可靠。

五、综合评价报告

综合评价报告是根据业绩评价结果编制、反映被评价企业业绩状况的文件，由报告正文和附件构成。

综合评价报告正文应当包括评价目的、评价依据与评价方法、评价过程、评价结果以及评价结论、需要说明的重大事项等内容。

综合评价报告附件应当包括企业经营业绩分析报告、评价结果计分表、问卷调查结果分析、专家咨询报告、评价基础数据及调整情况等内容。

本章小结

本量利分析是成本、业务量和利润三者依存关系分析的简称，它是指在成本习性分析的基础上，运用数学模型和图式来揭示固定成本、变动成本、销售量、单价、销售额、利润等变量之间的内在规律性的联系，为会计预测、决策和控制提供必要的财务信息的一种定量分析方法。成本习性亦称成本性态，揭示成本总额对业务量(产量、销售量或工作量)总数的依存关系。这种关系是客观存在的，具有固有的性质，因此称为"习性"。按成本习性可以把企业发生的全部成本分为固定成本、变动成本和混合成本(包括半变动成本和半固定成本)。从成本习性来认识和分析成本并将成本重新进行分类，有助于进一步加强成本管理，挖掘内部潜力，并能促使企业搞好经营预测和决策，争取实现最大的经济效益。

会计预测作为经济管理的重要手段，其目的是定量或定性地判断、推测和规划经济活动的发展变化规律，并对其做出评价，以指导和调节经济活动，谋求最佳经济效果。它是利用已取得的会计信息产生新的会计信息的过程，主要包括资金预测、销售预测、成本预测、利润预测等。

会计控制是内部控制的重要组成部分，是实现透明可靠的财务报告基础。企业会计控制最重要的控制工具是全面预算控制和标准成本管理控制，全面预算控制能够细化公司战略规划和年度经营计划，有利于战略规划和年度经营计划的监控执行，也为公司员工设定了行为标准，明确工作努力方向。标准成本控制是成本控制中应用最为广泛和有效的一种方法，标准成本的制定与成本的事前控制相联系，成本差异分析、确定责任归属、采取措施改进工作则与成本的事中和事后控制相联系。业绩评价是管理控制系统的一个子系统，主要包括三种模式，即会计基础业绩评价模式、经济基础业绩评价模式和战略管理业绩评价模式。其中会计基础业绩评价模式主要采用会计基础评价指标作为业绩评价指标。经济基础业绩评价模式和战略管理业绩评价模式的典型代表分别是经济附加值和平衡计分卡。

复习思考题

一、简答题

1. 什么是成本性态？成本性态可以划分为几种类型？

2. 什么是混合成本？混合成本有几种分解方法？

3. 会计决策的方法有哪些？

4. 什么是会计控制？会计控制的内容有哪些？

5. 什么是全面预算？全面预算为什么以销售预算为起点？

6. 什么是标准成本控制？标准成本法运作程序是怎样的？

7. 业绩评价分为哪几种类型？

8. 绩效评价的工具有哪些？

9. 经济附加值有哪些特点？

10. 平衡计分卡有哪些优势和不足？

二、单项选择题

1. 在正常情况下，给员工支付固定的月工资，当产量超过正常水平后则需要支付加班费，这种人工成本属于(   )。

A. 半变动成本　　B. 半固定成本　　C. 阶梯式成本　　D. 延期变动成本

2. 已知某项成本的习性模型为：$Y=500+3X$，当业务量 X 由 1 000 单位上升到时 2 000 单位时，该项成本的增加量为(   )。

A. 2 000　　B. 5 000　　C. 3 000　　D. 1 000

3. 在应用高低点法进行成本估计时，选择高点坐标的依据是(   )。

A. 最高的产量　　B. 最高的成本

C. 最高的产量和最高的成本　　D. 最高的产量或最高的成本

4. 本月生产甲产品 1 000 件，实际耗用 A 材料 2 000 千克，其实际价格为每千克 20 元。该产品 A 材料的用量标准为 2.5 千克，标准价格为每千克 18 元，其直接材料数量差异为(   )元。

A. －9 000　　B. －10 000　　C. 90 000　　D. 10 000

5. 本月实际产量 400 件，发生固定制造成本 1 424 元，实际工时为 890 小时；企业生产能量为 500 件(1 000 小时)；每件产品固定制造费用标准成本为 3 元/件，每件产品标准工时为 2 小时。则下列说法中不正确的是(   )。

A. 固定制造费用耗费差异为－76 元　　B. 固定制造费用效率差异为 135 元

C. 固定制造费用限制能量差异为 165 元　　D. 固定制造费用能量差异为 165 元

6. 下列关于标准成本的说法中，不正确的是(   )。

A. 理想标准成本不能作为考核的依据

B. 在标准成本系统中，广泛使用现行标准成本

C. 现行标准成本可以成为评价实际成本的依据

D. 基本标准成本不宜用来直接评价工作效率和成本控制的有效性

7. 编制全面预算的关键和起点是(   )。

A. 产品成本预算　B. 生产预算　C. 销售费用预算　D. 销售预算

8. 在平衡计分卡方法中，了解顾客看问题的角度的目标是(　　)。

A. 评估企业继续创造未来价值的能力

B. 评估企业业务过程运营的效率和效果

C. 评估企业的产品或服务创造价值的方式

D. 评估企业如何为其股东创造价值，以及股东如何看待企业

9. 下列关于企业预算的说法中，正确的有(　　)。

A. 零基预算比较稳定

B. 采用增量预算有降低本成的动力

C. 增量预算能够促进更为有效的资源分配

D. 零基预算容易强调短期利益而忽视长期目标

10. 单耗相对稳定的外购零部件成本属于(　　)。

A. 约束性固定成本　B. 酌量性固定成本

C. 技术性变动成本　D. 酌量性变动成本

三、多项选择题

1. 在确定直接人工标准成本时，标准工时包括(　　)。

A. 直接加工操作必不可少的时间　B. 必要的工间休息

C. 整设备时间　D. 可避免的废品耗用工时

2. 下列关于经济增加值的表述中，正确的有(　　)。

A. 基本经济增加值=税后经营利润－加权平均资本成本

B. 披露的经济增加值可以解释公司市场价值变动的90%

C. 特殊的经济增加值更接近公司的市场价值

D. 真实的经济增加值要求对每一个经营单位使用不同的资金成本，以便更准确地计算部门的经济增加值

3. 按照成本的性态，可以将成本分为(　　)。

A. 固定成本　B. 变动成本　C. 混合成本　D. 半固定成本

4. 全面预算包括(　　)。

A. 营业预算　B. 财务预算　C. 资本支出预算　D. 零基预算

5. 属于酌量性固定成本的有(　　)。

A. 研究开发费　B. 广告费　C. 保险费　D. 折旧费

四、计算题

1. 蓝星公司机器设备的修理费与机器设备的工作时间相关。2×15年下半年有关资料如下表所示：

机器工时与修理费

月份	机器工时(小时)	修理费(元)
7	2 500	63 000
8	2 000	60 000

续表

月份	机器工时(小时)	修理费(元)
9	5 500	95 000
10	4 800	90 000
11	1 800	55 000
12	1 500	50 000

要求：

(1)用高低点法将修理费进行成本分解。

(2)若计划期机器工时为 6 000 小时，试预测其修理费用。

2. 通达公司生产和销售甲、乙、丙 3 种产品，预计某年的全年固定成本总额为 100 000 元，3 种产品可以实现产销平衡。有关各种产品销量、售价、成本预算资料如下表所示。

销售和成本资料

产品	单价(元)	单位变动成本(元)	销售(件)
甲	300	240	1 000
乙	200	120	2 000
丙	100	40	3 000

要求：

(1)计算加权平均边际贡献率；

(2)计算甲、乙、丙 3 种产品的综合盈亏平衡点销售额；

(3)计算各产品的盈亏平衡点销售额；

(4)计算各产品有盈亏平衡点销售量。

参考文献

[1]胡华夏,洪荭.会计学[M].北京:人民邮电出版社,2010.

[2]陈晓芳.会计学原理[M].大连:东北财经大学出版社,2016.

[3]全国会计从业资格考试辅导教材编委会.会计基础[M].上海:立信会计出版社,2016.

[4]中国注册会计师协会.税法[M].北京:经济科学出版社,2016.

[5]李宇洋.初级会计实务[M].南京:南京大学出版社,2015.

[6]企业会计准则编审委员会.企业会计准则第2号——长期股权投资[M].上海:立信会计出版社,2014.

[7]企业会计准则编审委员会.企业会计准则第9号——职工薪酬[M].北京:中国财政经济出版社,2014.

[8]企业会计准则编审委员会.企业会计准则第30号——财务报表列报[M].北京:中国财政经济出版社,2014.

[9]企业会计准则编审委员会.企业会计准则第33号——合并财务报表[M].上海:立信会计出版社,2014.

[10]企业会计准则编审委员会.企业会计准则第37号——金融工具列报[M].北京:中国财政经济出版社,2015.

[11]企业会计准则编审委员会.企业会计准则第39号——公允价值计量[M].北京:中国财政经济出版社,2014.

[12]企业会计准则编审委员会.企业会计准则第41号——在其他主体中权益的披露[M].北京:中国财政经济出版社,2014.

[13]小企业会计准则编审委员会.小企业会计准则讲解2015年版[M].上海:立信会计出版社,2015.

[14]企业会计准则编审委员会.企业会计准则应用指南[M].上海:立信会计出版社,2015.

[15]企业会计准则编审委员会.企业会计准则2015年版[M].上海:立信会计出版社,2015.

[16]财政部会计司.企业内部控制基本规范及配套指引[M].北京:中国商业出版社,2015.

[17]会计专业技术资格考试教材编委会.经济法基础[M].北京:企业管理出版社,2015.

[18]会计从业资格考试辅导教材编写组.会计基础[M].上海:立信会计出版社,2014.

[19]文杨.一本书读懂财务报表[M].北京:中国华侨出版社,2014.